权威·前沿·原创

皮书系列为

“十二五”“十三五”“十四五”时期国家重点出版物出版专项规划项目

BLUE BOOK

智库成果出版与传播平台

北京体育蓝皮书

BLUE BOOK OF BEIJING SPORTS

北京市青少年体育发展报告（2022~2023）

ANNUAL REPORT ON DEVELOPMENT OF YOUTH SPORTS IN BEIJING (2022-2023)

主　编／石风华　郝晓岑

副主编／苏　峻　刘忠心　朱　宏

社会科学文献出版社
SOCIAL SCIENCES ACADEMIC PRESS (CHINA)

图书在版编目(CIP)数据

北京市青少年体育发展报告 . 2022-2023 / 石风华，郝晓岑主编；苏峻，刘忠心，朱宏副主编 . --北京：社会科学文献出版社，2023. 7
（北京体育蓝皮书）
ISBN 978-7-5228-1777-4

Ⅰ. ①北… Ⅱ. ①石… ②郝… ③苏… ④刘… ⑤朱… Ⅲ. ①青少年-体育工作-研究报告-北京-2022-2023 Ⅳ. ①G812. 45

中国国家版本馆 CIP 数据核字（2023）第 076055 号

北京体育蓝皮书
北京市青少年体育发展报告（2022~2023）

主　　编／石风华　郝晓岑
副 主 编／苏　峻　刘忠心　朱　宏

出 版 人／王利民
组稿编辑／任文武
责任编辑／张丽丽
责任印制／王京美

出　　版／社会科学文献出版社 · 城市和绿色发展分社（010）59367143
地址：北京市北三环中路甲 29 号院华龙大厦　邮编：100029
网址：www. ssap. com. cn
发　　行／社会科学文献出版社（010）59367028
印　　装／三河市东方印刷有限公司

规　　格／开　本：787mm × 1092mm　1/16
印　张：21. 75　字　数：326 千字
版　　次／2023 年 7 月第 1 版　2023 年 7 月第 1 次印刷
书　　号／ISBN 978-7-5228-1777-4
定　　价／128. 00 元

读者服务电话：4008918866

编　委　会

主　编　石风华　郝晓岑

副主编　苏　峻　刘忠心　朱　宏

编　委　（按姓氏笔画排序）

牛建华　毛婉晴　石风华　朱　宏　朱丽敏
刘　典　刘平江　刘忠心　刘佳易　刘晓明
苏　欣　苏　峻　李佳豫　李海燕　吴　宇
汪　流　宋贺祥　张龙凤　张立川　周　芮
赵卓伦　郝　杰　郝晓岑　侯一凡　贾有雄
唐艳丽　高晓峰　郭　彬　燕　凌

编 审 组

组　长　石风华

副组长　郝晓岑　苏　峻　刘忠心

成　员　（按姓氏笔画排序）

朱　宏　刘佳易　吴　宇　张立川　贾有雄

摘　要

《北京市青少年体育发展报告（2022~2023）》是关于北京市青少年体育的第一本蓝皮书。本报告采用文献资料、专家访谈、实地调查、数理统计、逻辑推理等研究方法，对北京市近年青少年体育发展进行全面、系统、有效的历史分析，对北京市青少年体育发展状况进行具体研究，并提出政策建议。

报告指出，北京市逐步探索和实施体育、教育部门常态化会商机制，推动二者在政策制定、规划研讨、赛事举办、师资培训、学生体质健康测试、传统校建设、俱乐部管理等方面深入合作。以一年一项政策制度的速度建章立制，逐步搭建青少年体育政策制度体系，夯实了青少年体育发展基础，对全市青少年体育政策体系起到了很好的补充和完善作用。逐步完善青少年体育的管理体系和协同机制。青少年体育工作基本形成上下联动、全市“一盘棋”的良好格局。赛事改革方面，精品赛事、冰雪赛事、京津冀赛事和常规赛事等青少年体育赛事活动基本趋于稳定。青少年集训体系按照分类指导、全面推进的发展思路，基本呈现出基础项目稳中有进、三大球项目有的放矢、京津冀后备人才争创品牌，极限项目顺利起步，以及海外集训开创先河的良好态势。升级青少年体育培训体系，扩大青少年体育培训范围。制订新周期教练员培训计划，分项目组织开展教练员集中培训和全员轮训。

报告认为，北京市青少年体育工作在党中央治国理政新理念新思想新战略指引下，以青少年体育体制机制改革创新为主线，以增强青少年体质和培养竞技体育后备人才为核心，不断加快建立青少年体育公共服务体系，紧密结合新形势、新任务，不断推进青少年体育取得新发展、新进步，为北京首善之区建设贡献应有的力量。面对新时代、新目标、新要求，北京需要进一步深化体教融合，从理念上将包括幼儿在内的青少年体育纳入青少年个人终身成长的大局中，从机制上积极探索青少年体育管理的整体融合与部署，从效益上全面推进青少年体育工作的增质提速，从实效上着力解决青少年体育发展不平衡不充分的问题。不断加强组织领导和监督考核，健全保障机制，加大经费投入，培养专业人才，加强风险防范，打造数字体育。通过推动北京青少年体育高质量发展，提高青少年身体素质，促进青少年身心健康。

关键词： 北京市　青少年体育　体教融合

目录

I 总报告

B.1 北京市青少年体育发展面临的机遇与挑战
…………………………………………… 郝晓岑 周 芮 毛婉晴 / 001

一 问题的提出 ………………………………………………………… / 002

二 2018~2022年北京市青少年体育发展举措与成效 ……… / 003

三 北京市青少年体育发展面临的机遇与挑战 ……………… / 023

四 未来展望：建立健全各项保障措施，确保各项工作有效落实 ………………………………………………………… / 027

五 促进北京市青少年体育发展的政策建议 ……………… / 029

六 结语 ……………………………………………………………… / 032

II 体教融合篇

B.2 北京市体教融合发展报告……………………… 汪 流 刘 典 / 035

B.3 北京市中小学生体育家庭作业现状调研报告
…………………………………………………… 李海燕 郝 杰 / 070

Ⅲ　体质健康篇

B.4　北京市中小学生体质健康测试达标调查报告
…………………………………………………… 朱丽敏　张龙凤 / 098

Ⅳ　竞赛活动篇

B.5　北京市青少年体育赛事活动发展状况分析
……………………………… 郭　彬　侯一凡　李佳豫　牛建华 / 145

Ⅴ　后备人才篇

B.6　北京市各级各类体校发展路径与优化措施……………… 高晓峰 / 225
B.7　北京市青少年冰雪运动开展状况分析
……………………………… 赵卓伦　王子暄　汪嘉琳　陈凯璐 / 263

Abstract …………………………………………………………………… / 322
Contents …………………………………………………………………… / 324

皮书数据库阅读**使用指南**

总 报 告

General Report

B.1 北京市青少年体育发展面临的机遇与挑战

郝晓岑　周　芮　毛婉晴*

摘　要：　“少年强、青年强则中国强。”北京市青少年体育工作为贯彻落实党的二十大精神，不断加强制度建设，推进体教融合发展，全面提升青少年后备人才实力，推动冬季项目发展，在体教融合、体质健康、竞赛活动以及后备人才培养等方面持续发力，形成了“大体育”发展格局。在相关政策制定、青少年业余训练、体教融合、社会力量引入等方面作出了突破性机制调整，取得了实质性的管理成效，呈现出管理有序、充分发展的良好局面。当前北京市青少年体育面临着前所未有的发展机遇和挑战，本报告从组织领导、监督考核、保障机制、人才培养、风险防范、体育科技等

* 郝晓岑，博士，首都体育学院教授，博士生导师，主要研究方向为体育管理与产业发展、青少年体育；周芮，首都体育学院在读博士研究生，主要研究方向为体育管理、足球教学与训练；毛婉晴，首都体育学院在读硕士研究生，主要研究方向为公共体育治理、体育管理与产业发展。

方面提出促进北京市青少年体育发展的保障措施，以及政策建议。

关键词： 青少年体育　体教融合　体育管理

一　问题的提出

健康是人类生存、社会进步、国家发展的基本前提和重要内容；体育是我国社会主义现代化建设中具有基础性、引领性和标志性的事业，促进青少年的身体健康对健康中国的建设具有重大的现实意义。党的十九大报告提出"实施健康中国战略"；党的二十大报告进一步提出"加强青少年体育工作，促进群众体育和竞技体育全面发展，加快建设体育强国"① 的要求，将青少年体育工作作为国家事业发展的重中之重。

习近平总书记指出："少年强、青年强则中国强。少年强、青年强是多方面的，既包括思想品德、学习成绩、创新能力、动手能力，也包括身体健康、体魄强壮、体育精神。"② 青少年是国家的未来和民族的希望，促进青少年健康是建设体育强国、健康中国的重要内容。党的十八大以来，以习近平同志为核心的党中央高度重视青少年体育工作，亲切关怀青少年和儿童的健康成长。习近平总书记将儿童青少年比喻为小树苗，并说，"身体是人生一切奋斗成功的本钱，少年儿童要注意加强体育锻炼，家庭、学校、社会都要为少年儿童增强体魄创造条件，让他们像小树那样健康成长，长大后成为建设祖国的栋梁之材"③。2022 年党的二十大报告指出，"加强青少年体育工作，促进群众体育和竞技体育全面发展，加快建设

① 《加强青少年体育工作　加快建设体育强国》，https：//www.sport.gov.cn/n20001280/n20067626/n20067861/c24951355/content.html。

② 《不断提升学生体质健康水平（人民时评）》，https：//baijiahao.baidu.com/s? id = 1711095051441940927&wfr = spider&for = pc。

③ 《习近平寄语少年儿童》，http：//politics.people.com.cn/n1/2019/0601/c1001-31115023.html。

体育强国”[①]，青少年体育工作是体育强国建设的重要内容。

2022 年冬奥会的举办，为北京青少年体育的发展带来了前所未有的机遇和挑战。《中华人民共和国体育法》（以下简称《体育法》）以及相关政策的修订实施，引导广大青少年积极参与体育健身，强健体魄、砥砺意志，凝聚和焕发青春力量。青少年体育事业不断开创新局面，迎来新发展。[②] 北京市青少年体育乘势而上，近年来逐步构建起促进青少年健康、提升青少年体质的管理体制，完善和制定了与首都北京首善之区相配套的青少年体育发展政策和文件。“十四五”时期，北京市在全面总结“十三五”时期青少年体育工作所取得的成果和经验的基础上，对新时期青少年工作作出了更好的谋划和提出了更高的要求，在体教融合、体质健康、竞赛活动以及后备人才培养等方面持续发力。重点围绕落实国家体育总局、教育部联合印发的《关于深化体教融合促进青少年健康发展》文件精神，广泛征询多方意见，力争在“十四五”期间编制完成“1125”政策办法，推动北京市青少年体育工作的纵深发展，即：1 个规划（《北京市“十四五”时期青少年体育发展规划》）；1 个意见（《北京市关于加强青少年竞技体育后备人才培养工作的指导意见》）；2 个总则（《北京市第十六届运动会竞赛规程总则》和《北京市第二届冬季运动会竞赛规程总则》）；5 个办法（《北京市青少年体育工作考评管理办法》《北京市青少年运动员注册管理办法》《北京市体育传统特色学校管理办法》《北京市青少年冬季项目运动队管理办法》《北京市青少年体育俱乐部管理办法》）。可以说，当前北京市青少年体育已进入承前启后、快速科学的发展阶段。

二　2018～2022年北京市青少年体育发展举措与成效

2007 年 5 月 7 日，《中共中央　国务院关于加强青少年体育增强青少年

① 《加强青少年体育工作　加快建设体育强国》，https：//www. sport. gov. cn/n20001280/n20067626/n20067861/c24951355/content. html。

② 顾宁：《少年强中国强　体育强中国强——青少年体育开创新局面　迎来新发展》，https：//www. sport. gov. cn/n20001280/n20067626/n20067861/c24320207/content. html。

体质的意见》出台①，这是中华人民共和国成立以来最高规格的关于青少年体育工作的政策法规。2008 年国家体育总局创建青少年体育司，各省市体育局创建青少年体育处（科），自此，全国青少年体育工作呈现出管理有序、充分发展的良好局面。从国家层面到各省市层面，体育部门和教育部门都制定了一系列宏观指导青少年体育工作的政策法规，从体制机制上保证了青少年体育政策执行的合法性、联动性和有效性。

北京市体育局青少年体育处（下文简称“青少处”）于 2012 年成立。北京市体育局青少处的成立标志着北京市青少年体育工作在向更有序、更深入的方向发展，是北京市青少年体育治理工作的新起点。北京市体育局青少处和北京市教委体育卫生与艺术处在青少年体育管理职责上各有侧重点，北京市教委体育卫生与艺术处的主要工作职责是统筹北京市学校体育、卫生健康教育、艺术教育、国防教育及校外教育工作，指导大中小学体育竞赛等。② 北京市教委的管理职责更偏重于青少年的校内体育工作。北京市体育局青少处的主要工作职责是拟定本市青少年体育发展规划和政策并组织实施；指导和监督学生体质健康标准的实施和学生体质监测；推动学校体育设施向社会开放；拟定青少年业余训练管理制度；指导推动各级各类体育运动学校和业余体校的建设及相关训练工作，培养和输送优秀竞技体育人才；指导并组织协调青少年体育比赛及全国青少年体育比赛参赛工作。③ 北京市体育局青少处的管理职责更偏重于青少年的校外体育工作。

北京市加强不同部门的共建联办，在青少年体育事业方面形成“大体育”发展格局，在相关政策制定、青少年业余训练、体教融合、社会力量引入等方面作出了突破性机制调整，取得了实质性的管理成效。

---

① 《中共中央　国务院关于加强青少年体育增强青少年体质的意见》，http：//www. gov. cn/gongbao/content/2007/content_ 663655. htm。

② 《北京市教育委员会体育卫生与艺术教育处》，http：//jw. beijing. gov. cn/xxgk/zfxxgkml/zwgkjgzn/zwgknsjg/202001/t20200108_ 1568817. html。

③ 《北京市体育局青少年体育处》，http：//tyj. beijing. gov. cn/bjsports/jgzz17/458329/jgcs/1305302/index. html。

（一）加强制度建设，构建组织网络，夯实青少年体育发展基础

1. 建章立制，夯实青少年体育发展基础

北京市青少年体育工作着眼全局，既强化顶层设计，又坚持问题导向，把建立和完善青少年体育各项政策制度作为工作的重点。

根据青少年体育事业发展的战略需要，研制北京市青少年体育发展五年规划，一方面对上一个五年规划实施情况进行总结，另一方面提出下一个五年规划的战略发展目标和重点工作内容。

不断探索青少年体育标准化建设。针对中小学生体育与健康发展实际，北京市体育局与北京市教委积极推进体育标准化工作，研究制定了《中小学生体育与健康课运动负荷监测与评价》和《中小学生体育与健康课运动负荷监测与评价数据元》北京市地方标准。

针对青少年冰雪运动，研究制定了《北京市青少年冰雪校外活动中心创建标准》《北京市冰雪运动校园辅导员任职条件》《北京市青少年冰球、滑雪、滑冰、冰壶四个项目的培训大纲》等，通过科技助力，推动青少年体育科学规范发展。

按照“放管服”工作要求和精简、高效原则，科学有效评价北京市青少年体育工作绩效，2022 年北京市体育局制定印发《北京市青少年体育工作考评管理办法》，将原有的业余训练考评、冬季项目运动队考评、体育传统校评估、青少年体育俱乐部考评进行了优化和整合，统一到青少年体育工作考评之中，配套细化了《北京市青少年体育工作考核指标体系》。通过以考促改、以评促干的形式，加强对各区业余训练、体育传统项目学校、青少年体育俱乐部，以及冬季项目运动队等青少年体育工作的检查、督促、指导。不断提升各区体育局青少年体育工作管理水平，基本形成了北京市青少年体育工作规范、科学、有序发展的良好局面。青少年体育工作考评对青少年体育工作的持续健康发展具有积极的推动作用。

针对青少年体育工作的不断推进，北京市调整完善青少年体育考评方式方法和考核指标体系，颁布了《北京市青少年体育工作评估管理办法》，以

考评促工作，使考评工作更好地发挥督促和检查工作的作用，指导和推动各区青少年体育工作开展，形成更好的绩效评价机制。

为保证青少年体育工作平稳有序开展，北京市体育局青少处基本按照一年制定一项政策制度的速度，逐步搭建了青少年体育政策制度体系。与此同时，北京市各区也根据北京市的基本要求，结合实际制定了一些区域性的政策制度，取得了良好的效果，对全市青少年体育政策制度体系起到了很好的补充和完善作用。

2. 发展壮大，构建青少年体育组织网络

北京市逐步完善青少年体育的管理体系和协同机制。在市级层面，建立了青少年体育联席会议制度。在区级层面，鼓励引导各区成立了专门的青少年体育职能科室。同时，积极规范引导，推动各类体育组织发展。截至2021年12月31日，北京市拥有青少年运动员55731人，国家级后备人才基地14个。市级以上体育传统项目学校225所，国家级体育传统项目学校25所。三大球（足球、篮球、排球）基层网点校463所，三大球重点示范校77所以及重点示范运动队130支。国家级青少年俱乐部144个，国家级青少年户外体育活动营地6个。青少年体育工作基本形成了上下联动、全市“一盘棋”的良好格局。

3. 创新升级，强化青少年体育培训体系

扩大青少年体育培训范围。在组织举办足球、篮球、排球教练员培训的基础上，2018年又组织举办了青少年体育管理人员培训、体育传统校体育教师培训、青少年体育俱乐部管理人员培训等，培训范围进一步扩大，青少年体育工作力量进一步增强。持续增加青少年体育培训人数，其中，培训足球教练员1495人，篮球教练员400人，排球教练员160人，青少年体育管理人员140人，体育传统校体育教师337人，青少年体育俱乐部管理人员240人，累计培训人数达到2772人。踊跃组织参加全国青少年体育培训。2018年组织50人参加田径、游泳、武术、篮球、排球、乒乓球、速滑等项目的全国体育传统校师资培训，组织90人参加全国各级各类体校教练员培训，组织18人参加全国青少年体育户外营地、俱乐部管理人员培训，参训规模不断扩大。目前，北京市各级各类体校教练员已经全部完成一轮通识轮训工作。

4. 改革落实，竞赛体系不断创新完善

根据国家体育总局对全国青少年体育比赛的改革要求，北京市将原有的北京市业余体校冠军赛更名为北京市青少年 U 系列冠军赛，并制定了 2019 年北京市青少年 U 系列冠军赛竞赛规程，部分项目增加了年龄段组别，为各区业余训练工作的顺利开展创造了有利条件，搭建了各区各项目梯队建设平台。

北京市青少年 U 系列冠军赛改变、改革、创新办赛模式，通过公开遴选的形式，向社会广泛征集承办单位。通过发布公开遴选通知、拟承办赛事单位申报、组织专家组评审、发布确认承办公告等规范化流程确认赛事承办单位。通过创新工作方法，提高了办赛水平和办赛质量。与此同时，组织举办了北京市青少年足球俱乐部联赛、北京市青少年篮球俱乐部联赛。通过这两项赛事，吸引社会力量参与，满足青少年校外体育锻炼需求，发现和培养青少年足球、篮球后备人才，推动全市足球、篮球项目发展。此外，北京市青少年体育冬季赛事蓬勃开展，通过组织开展青少年冰雪赛事，举办北京市青少年冰球俱乐部联赛以及北京市青少年 U 系列滑雪、短道速滑和花样滑冰冠军赛，为北京市逐步打造和完善北京市青少年冬季项目赛事体系奠定了坚实基础。2019 年共有近 3 万名运动员通过青少年运动员注册审核，为年度青少年赛事储备了大量的后备人才。

5. 促进合作，落实体育对外交流工作

北京市积极推进体育对外交流工作。落实京津冀协同发展战略，整合三省市资源，实现竞技体育后备人才全项目、全年龄、全天候互通合作。加强与“一带一路”国家，日本、韩国等邻国，欧美体育先进国家的学习互访，取长补短，不断提高。加强京港、京澳体育与文化的合作交流，促进合作、交流、学习与提高。

从 2017 年开始，每年通过全市选拔组织田径项目运动员赴美国、游泳项目运动员赴澳大利亚集训，两个集训项目开创了全市青少年体育海外集训先河。

北京市还加强青少年体育集训交流与合作，打造京津冀藏疆青少年体育集训营。2018 年与天津市、河北省签署《京津冀青少年体育协同发展框架协议》[①]，在原有田径、游泳、三大球交流的基础上，增加柔道、武术、冬季项目等的交流合作，同时积极推进京津冀青少年体育文化、体育科研等方面的交流合作，整合资源打造具有全国影响力的京津冀青少年体育嘉年华。

通过青少年体育交流促进中华文化认同和交流。2019 年北京市成功举办了京澳青少年体育交流活动。在北京市木樨园体育运动技术学校、北京市先农坛体育运动技术学校、北京市什刹海体育运动学校、北京世纪星滑冰俱乐部同时开展了柔道、乒乓球、跆拳道、花样滑冰 4 个项目的京澳两地青少年体育技术的交流活动。在此基础上，协调组织相关体育文化的交流活动，邀请澳门青少年运动员参观了 2022 年北京冬奥会场馆，澳门青少年运动员在北京亲身体验了旱雪、滑冰项目的体育培训文化，促进了京澳两地体育文化的融合发展。

体育文化交流活动的组织，对提升北京市青少年体育工作人员整体素质，提升竞技体育后备人才水平，促进青少年体育交流合作起到了积极的作用。

（二）以业余训练为主体，全面提升竞技体育后备力量

在原有的《北京市青少年运动员注册管理办法（试行）》[②]《北京市少年儿童业余体校管理办法》[③]《北京市青少年业余训练考评办法》[④]《北京市

① 《京津冀签署青少年体育协同发展框架协议》，https：//www. sport. gov. cn/n20001280/n20745751/n20767277/c21360839/content. html。

② 《北京市体育局关于印发新修订的〈北京市青少年运动员注册管理办法（试行）〉的通知》，http：//tyj. beijing. gov. cn/bjsports/zcfg15/fgwj/dffg/1690747/index. html。

③ 《2015 年北京市体育工作总结》，http：//tyj. beijing. gov. cn/bjsports/zfxxgk_ /gzzj/1304777/index. html。

④ 《北京市体育局关于印发〈北京市青少年业余训练考评办法〉的通知》，http：//tyj. beijing. gov. cn/bjsports/zcfg15/fgwj/qtwj/1639628/index. html。

青少年竞技体育后备人才培养意见（初稿）》等相关文件的基础上，2022年1月26日北京市体育局颁布《关于加强和改进北京市业余训练工作的实施意见》[①]（以下简称《意见》）。《意见》践行以人民为中心的发展理念，坚持体育、教育和社会共同推进发展的“大体育”发展战略。提出在业余体校建设、重点项目布局、后备人才选拔和培养、复合型业余训练指导团队打造、社会力量引入和高水平运动队建设等方面一体化设计、一体化推进，全力推动北京市青少年业余训练发展，为北京市体育强市建设奠定坚实的基础。

1. 加快深化各级各类体校改革

以特色化、专业化、社会化、科学化为改革方向，建设以现代化训练场馆设施为支撑，以专业化教练团队和服务保障团队为核心，以联合办训和合作培养为补充的新型现代化体校。在此基础上，将全市24所业余体校建设成为青少年体育训练活动中心，充分发挥体校教练员专业特长，接收周边学校学生进行技能培训并开展选拔，实现体育技能培训与后备人才选拔培养的有机结合、共同发展。

2. 努力提升后备人才培养质量

北京市体育局青少处2021年制定发布了《北京市青少年运动员注册管理办法（征求意见稿）》《北京市青少年竞技体育后备人才培养意见（初稿）》，实现体育、教育、竞赛注册管理一体化。加大业余训练规模，加强科学选材，使全市经常训练和参赛的体育后备人才数量保持稳定。继续加强国家高水平体育后备人才基地建设，争创国家精品体校。逐步完善北京市各运动项目业余训练教研组，加强对业余训练的专业指导。开展北京市各运动项目集训营，选拔组建各项目后备人才梯队。打造“3+3+3”重点项目布局，在田径、游泳和三大球等必设项目的基础上，打造2~3个特色项目，每个重点项目不少于3个区设项，每个设项区的项目不少于3名教练。扶持

① 《北京市体育局印发〈关于加强和改进北京市业余训练工作的实施意见〉的通知》，http：//tyj. beijing. gov. cn/bjsports/zfxxgk_ /tzgg40/21214265/index. html。

区级三大球运动队发展。

3. 继承和提高青少年教练员业务水平

启动“双百精英教练员计划”，创建“名教练工作室”，建立项目扶持和奖励激励机制，调动广大教练员和体育教师参与业余训练工作的积极性。制订新周期教练员培训计划，分项目组织开展教练员集中培训和全员轮训。选派优秀教练员，参加国家体育总局组织的教练员培训。采取“请进来、走出去”等方式，聘请高水平专家加强全市教练员业务培训，同时有计划地组织教练员到先进地区和单位交流学习，创造条件选派优秀教练员到国外学习深造，不断提高教练员执教能力。

4. 加强青少年体育监测和科研攻关

积极推进“科技助力”，建立北京市青少年体育智库，加强与高校和科研机构的合作，促进青少年体育科学研究开展。利用政策引导各区提高体育科研机构数量，配备专职科研人员、体能教练员，推进青少年训练形成科学的技能监测、体能训练和测试评价机制。不断加快青少年体育标准化进程，推进中小学生体育课运动负荷监测与评价地方标准全面实施。2022 年组织开展运动负荷监测与评价试点工作，在 8 所国家高水平后备人才基地学校中共监测了 1908 名学生的日常运动负荷及体育课情况。建立和完善青少年体育预防和反兴奋剂工作机制。

5. 完善升级青少年体育培训体系

北京市青少年集训体系按照分类指导、全面推进的发展思路，基本呈现出基础项目稳中有进、“三大球”项目有的放矢、京津冀后备人才争创品牌、极限项目顺利起步，以及海外集训开创先河的良好态势。其中，田径、游泳项目利用节假日进行分项目强化训练的效果显著。

“三大球”项目更是突飞猛进，2013 年北京市体育局、北京市教委、北京市财政局、北京市人力社保局联合印发《关于加强“三大球”项目布局基层网点校建设的实施办法》，指出“坚持以科学发展观为指导，以建设国际体育中心城市为目标，围绕振兴北京三大球的目标任务，不断夯实青少年三大球发展基础，全面加强和推进三大球基层网点校建设，形成区县开展广泛、梯队衔接紧密、项目布局均衡、赛事活动普及、人才培养精良的充满生机活力的青少年三大球工作局面”①。

2015 年，北京市体育局与北京市教育、财政、人力社保部门在联合调研的基础上，积极进行调研成果的转化，制定下发了《北京市青少年三大球专项资金管理办法》，以文件的形式对三大球基层网点校和重点示范校的数量和投入标准进行明确，对青少年三大球运动技能培训、三大球训练营、三大球冠军赛、三大球教练员培训等给予经费支持。

尤其是 2018 年，北京市体育局青少处以备战 2019 年第二届全国青年运动会为目标，针对足球项目组织 15 期精英集训班选拔了 U7 至 U14 共 8 个年龄段 2009 人次参加集训，集训时间达 66 天；针对篮球项目选拔小学至初中阶段男、女各两支队伍 80 人，聘请 NBA 教练团队开展专项训练；针对排球项目举办 3 期集训营，选拔培训运动员 170 人。北京市以三大球体育传统特色校、基层网点校和重点示范校运动队建设和发展为基础，以三大球青少年社会培训为补充，以三大球年度传统特色校比赛、冠军赛、锦标赛、联赛为载体，以三大球集训营为主要手段，逐步形成特色鲜明、衔接有序、人才辈出的青少年三大球人才培养模式，为北京打造三大球名片作出贡献。

同时，羽毛球、武术散打、乒乓球、网球、武术套路、跆拳道、击剑、射箭、摔跤、柔道等京津冀青少年体育后备人才集训项目收获也颇丰。通过组成大集训营，北京市 600 名体育后备人才与来自天津、河北、拉萨的百余名运动员同吃、同住、同训，力争打造京津冀藏青少年体育后备人才集训营暨嘉年华活动品牌；攀岩、冲浪、滑板、小轮车 4 个极限项目，采取聘请外教与中方教练配合训练的方式，利用暑假进行为期两周的集训，顺利迈出第一步；通过市运会选拔田径、游泳等项目的优秀运动员到海外参加集训，使运动员在训练方法、技术、体能等方面得到了强化训练，运动员整体水平得

① 《北京市体育局　北京市教育委员会　北京市财政局　北京市人力社保局印发〈关于加强“三大球”项目布局基层网点校建设的实施办法〉的通知》，http：//tyj. beijing. gov. cn/bjsports/zcfg15/fgwj/qtwj/1263061/index. htmll。

到很大提高，开创了海外集训的先河，为今后青少年竞技体育后备人才培养“走出去”积累了经验。在第二届青运会上，北京市取得了金牌 85 枚、银牌 88 枚、铜牌 107 枚的优异成绩。

（三）以体教融合为基础，不断推进一体化发展

为深入贯彻落实中共中央办公厅、国务院办公厅颁布的《关于全面加强和改进新时代学校体育工作的意见》[①] 和国家体育总局、教育部颁布的《关于深化体教融合　促进青少年健康发展的意见》[②]，北京市坚持“健康第一，全面发展”的体教融合发展原则，2022 年 3 月 2 日北京市体育局和北京市教委联合印发《北京市深入推进体教融合实施方案》（以下简称《方案》）。《方案》以习近平新时代中国特色社会主义思想为指导，坚持“以体育人”“以体育智”“以体育心”，帮助青少年学生在体育锻炼中享受乐趣、增强体质、健全人格、锤炼意志，实现一定时期内学生体质健康、青少年竞技体育水平“双提升”，促进青少年学生全面发展、健康成长。[③]

1. 齐抓共管深化体教融合

为认真贯彻落实国家体育总局、教育部颁布的《关于深化体教融合　促进青少年健康发展的意见》，体育与教育主管部门齐抓共管，根据“一体化设计、一体化推进”的原则加强和改进新时代学校体育工作，破解青少年学生在升学转学等方面的体制机制障碍，着力落实国家提出的四方面要求：围绕一致性目标体育和教育部门实现深度匹配、共建共享实现双方资源的有效融通、结构重塑实现体制机制的灵活变通、发挥北京地区优势实现推进措施的靶向发力。

---

① 《中共中央办公厅　国务院办公厅印发〈关于全面加强和改进新时代学校体育工作的意见〉和〈关于全面加强和改进新时代学校美育工作的意见〉》，http：//www.gov.cn/zhengce/2020-10/15/content_ 5551609.htm。

② 《体育总局　教育部关于印发深化体教融合　促进青少年健康发展意见的通知》，http：//www.gov.cn/zhengce/zhengceku/2020-09/21/content_ 5545112.htm。

③ 《北京市体育局　北京市教育委员会关于印发〈北京市深入推进体教融合实施方案〉的通知》，http：//tyj.beijing.gov.cn/bjsports/zfxxgk_ /tzgg40/21244887/index.html。

探索新时期竞技体育后备人才贯通式和多元化培养路径，探索北京市青少年体育可持续发展的前进方向。体育、教育部门建立常态化会商机制，在政策制定、规划研讨、赛事举办、师资培训、学生体质健康测试、传统校建设、俱乐部管理等方面进行深入合作，其中在政策制定方面，北京市体育局配合北京市教委制定了《北京市人民政府办公厅关于加强学校体育工作促进学生身心健康全面发展的实施意见》，努力实现体育、教育责任共担、资源共享、优势互补。

2022 年 8 月 16 日，北京市体育局和北京市教委联合印发《北京市加强青少年足球体教融合发展十条措施》[①]。这十条措施包括加强组织领导会商机制、坚持多部门联动形成合力、共同打造品牌赛事、持续开展专业人才培养培训、鼓励足球专业人士进校园、共同建立竞赛管理系统、推进足球场地设施向青少年开放、加强青少年足球培训机构规范管理、引导优秀实体服务校园、探索足球业余训练新路径等。

在竞赛协作方面，共同制发青少年竞赛计划表，合力打造了田径、游泳、武术等 8 个项目的中小学生冠军赛。通过广泛动员促进了体育、教育部门资源的优化组合，推动了参赛范围更广、人数更多、水平更高的青少年冠军赛的发展，扩大了青少年赛事的影响力；在学生体质健康测试方面，配合教育部门实施《国家学生体质健康标准》测试赛制度，发放运动“处方”，开展科学指导，推动学生体质健康合格率稳中有升。

建立青少年体育后备人才库。北京市体育局和北京市教委建立了市、区两级竞技体育后备人才库及各项目专家库。探索制定各学段竞技体育后备人才升学办法，将国家队、省队建设改革与高水平运动队建设相衔接，在高水平运动队训练、竞赛、保障等方面给予大力支持，形成既符合教育发展规律又适应体育发展需求的竞技体育后备人才培养和选拔机制，为竞技体育发展提供人才保障。

---

① 《北京市体育局　北京市教育委员会关于印发〈北京市加强青少年足球体教融合发展十条措施〉的通知》，http：//tyj. beijing. gov. cn/bjsports/zcfg15/fgwj/qtwj/325912105/index. html。

2. 加强体育传统项目学校和特色学校建设

体育传统项目学校即传统校，是指有效实施素质教育，学校体育工作成绩突出，学生体质健康水平明显较高，严格执行国家体育与健康课程标准，学生体育活动具有特色，并至少在一个体育运动项目上形成传统，经体育、教育行政部门联合命名的普通中小学校和中等职业学校。北京市体育局和北京市教委研究制定了《北京市体育传统项目学校管理办法》（以下简称《管理办法》），并不断进行修订完善，逐渐形成了科学规范的体育传统项目学校绩效考评系统。①

从 1983 年开始，北京市、区两级体育、教育部门共同推进体育传统项目学校建设，多年来形成了从申报、审核、命名、竞赛到考评比较完善的体育传统项目学校管理机制和运行模式。2019 年，北京市体育局联合北京市教委命名了北京市级体育传统项目学校 225 所、备案区级体育传统项目学校 262 所；重新命名了三大球基层网点校、重点示范校，以及重点示范校运动队。其中，三大球基层网点校 439 所，重点示范校 91 所，重点示范校运动队 146 支。与此同时，北京市拥有国家级体育传统项目学校 25 所。通过对青少年体育工作的指导、监督和绩效考评，北京市逐步夯实体教融合工作基础，不断提升管理水平。北京市还逐渐形成了包含篮球、乒乓球等 13 个项目的北京市体育传统项目学校系列赛事，该项赛事每年有 600 多所学校近 20000 名运动员参加，是全市参与人员最广泛的青少年体育赛事之一。

北京按照“一校一品”“一校多品”的学校体育模式，研究制定了体育传统特色学校评定办法、管理细则、竞赛管理办法、师资培训和考评机制等规范性配套文件，健全完善体育传统特色学校发展体系。以体育传统特色学校为依托，鼓励各学校建立学生运动队，同时做好小学、初中、高中阶段的衔接工作，建立“一条龙”的人才培养体系。在运动队建设、师资配备、场地条件等方面建立了一套比较科学的标准体系。体育传统特

① 《北京市体育传统项目学校管理办法》，http：//tyj. beijing. gov. cn/bjsports/zcfg15/fgwj/qtwj/1170925/index. html。

色学校建设和管理在深化体教融合、推进开展学校体育工作方面发挥着至关重要的作用。

3. 拓宽深化品牌赛事活动引领作用

北京市不断开拓创新发展青少年体育赛事。经过近几年的赛事改革，北京市以赛事为核心，将专业化的青少年体育赛事作为推动青少年体育发展的重要抓手，形成了常规赛事、创新赛事、精品赛事和顶级赛事四大类赛事体系。常规赛事包含了 13 项体育传统项目学校比赛、34 项青少年 U 系列冠军赛及学校体育竞赛活动、36 项北京市青少年锦标赛和 4 项京津冀青少年合作交流赛事；创新赛事包括了近年来支持创建的北京市青少年篮球俱乐部联赛、京少足球联赛、夏季滑雪挑战赛以及滑板、小轮车、攀岩、冲浪等极限赛事；精品赛事包括北京市中小学生校际冰球联赛、北京市青少年冰球俱乐部联赛、北京市中小学生篮球冠军赛和排球锦标赛，经过市场化运作和广泛宣传，已成为具有区域影响力的赛事品牌；顶级赛事是四年一次代表青少年最高竞技水平的北京市运动会和北京市冬季运动会。北京市以赛事为平台，将越来越多的青少年吸引到体育活动中来。①

在此基础上，北京市继续推进青少年体育赛事一体化。做好国际与国内赛事衔接。积极申办青奥会或亚青会或青运会。推动青少年三大球、冰球、棒球等国际赛事落地。做好市级与区级赛事衔接。形成自下而上，衔接有序，项目全、水平高的全市青少年体育赛事网络。做好社会与学校赛事衔接。满足青少年在校内、校外参加赛事活动的需求。做好常规与精品赛事衔接。打造北京市中小学生篮球冠军赛和排球锦标赛、北京市中小学生校际冰球联赛、北京市青少年冰球俱乐部联赛四大精品赛事，努力提高常规赛事品质。打造因地制宜、类型多样、覆盖全面、参与广泛的青少年赛事新体系。线上线下体育活动精彩纷呈。

幼儿体育赛事精彩纷呈。为贯彻落实《体育强国建设纲要》，鼓励儿童

① 《北京青少年体育工作会　总结“十三五”　开局“十四五”》，https：//www. sport. gov. cn/n20001280/n20745751/n20767277/c21293890/content. html。

青少年在寒假积极参与体育锻炼，在常态化疫情防控形势下，北京市体育局从2020年开始举办线上亲子体育活动。2020年线上亲子体育活动共设置3个组别16个项目，旨在通过“迎六一”，以家庭为单位，由一个孩子带动一个家庭，营造支持儿童青少年参与体育锻炼的家庭氛围，促进儿童青少年身心健康全面发展。2020年线上亲子体育活动幼儿组有1025个家庭3075人参与，小学低龄组有4375个家庭13125人参与，小学高龄组有83个家庭249人参与，共计参与人数达到16449人。2021年线上亲子体育活动秉承促进儿童青少年身心健康全面发展的基本宗旨，以亲子体育活动为切入点，动员社会广泛参与，通过普惠性、多样化的青少年儿童和家长喜闻乐见的亲子体育活动，营造支持青少年参与体育锻炼的家庭氛围，促进青少年身心健康、全面发展。活动设置了“亲子跑+2项体育运动项目”共3个打卡项目，其中2项体育运动项目不限制体育运动项目的种类（例如跳绳、足球、篮球、排球、羽毛球、乒乓球、游泳、击剑、拳击、马术、帆船、橄榄球、曲棍球、滑雪、滑冰等）。经统计，共有18289个家庭参与了2021年线上亲子体育活动，项目设置数量和项目参加人数均有提升，形成了政府主导有力、部门协作顺畅，家庭、学校、社团联动，社会活力进一步增强的青少年体育工作新局面。

“奔跑吧·少年”儿童青少年主题健身活动成为青少年品牌健身活动。为深入贯彻落实习近平总书记关于“让孩子们跑起来”的指示精神，广泛推动儿童青少年积极参与健身活动，提高儿童青少年健康水平，国家体育总局谋划并实施“奔跑吧·少年”儿童青少年主题健身活动。北京市主动作为，制定《北京市体育局关于开展2021年“奔跑吧·少年”儿童青少年主题健身活动工作实施方案》，积极申请筹办2021年全国“奔跑吧·少年”儿童青少年主题健身活动的北京主会场活动。2021年5月29日，“奔跑吧·少年”儿童青少年主题健身活动全国主会场（北京）暨红星小兵团亲子体验跑在北京西山滑雪场正式启动。活动以红星小兵团亲子体验跑为主要形式，以红军长征历史事件为主要载体，通过模拟红军长征途中的艰难险阻，将党史教育与体育教育紧密结合，使得小选手们获得层层通关打卡体验，培养了广大儿童青少年不惧艰险、永不言败的优秀品质，也达到了促进建立良好亲子关系的目的。全程 3.5 公里赛道共设置 9 大关卡、18 个小关卡。报名儿童青少年年龄段共分为 4 个组别，分别是亲子组 4～6 岁、7～9 岁，以及青少年个人组 10～12 岁和 13～15 岁。活动为期两天，有 1000 个家庭参加，深化了青少年健身活动的开展。

4. 落实青少年体质健康监测和体育科学健身普及

为加强青少年体质健康监测，提升青少年身体素质，北京市体育局牵头联合市教委、市卫生健康委编制并发布了《中小学生体育与健康课运动负荷监测与评价》地方标准，同时由北京市体育局青少处实施地方标准试点工作。截至 2022 年参与体育与健康课运动负荷监测的学生达 43900 余人次，累计监测运动负荷数据达 2466 万条，通过数据分析，对 6800 余名学生给予了有针对性的体育与健康课健康评价。试点工作旨在通过心率带、表等体育科研和技术手段直观地对学生在体育课上的运动负荷进行监测与评价，为体育教师提高教学质量提供理论参考。试点工作的开展重点强化了中小学生体育与健康课过程性监测与评价，提升了中小学校体育与健康课运动负荷达标率水平，引领促进了加强青少年体质健康的新实践，调动了青少年参与体育活动的热情，营造了重视青少年体质健康的良好氛围。

5. 青少年体育冬夏令营体系建设逐步完善

为深入贯彻《体育总局办公厅关于做好 2019 年全国青少年体育冬夏令营实施工作的通知》[①] 文件精神，北京市制定了《2019 年全国青少年体育冬夏令营北京站工作方案》，以公益性和普及性为宗旨，采取全额资助、差额资助和市场化非资助三种形式，利用寒、暑假时间，开展了乒乓球、足球、跆拳道、游泳、高尔夫、短道速滑等 26 个体育项目 50 场次 6528 人次参与的青少年体育技能培训。

① 《体育总局办公厅关于做好 2019 年全国青少年体育冬夏令营实施工作的通知》，https：//www.sport.gov.cn/n20001280/n20067626/n20067732/c20199273/content.html。

（四）以社会力量为补充，逐步形成“大体育”发展格局

1. 激发市场活力

创造良好环境，激发市场活力。北京市坚持“敞开大门”培养竞技体育后备人才。以市场培育、社会参与为核心，优化政策环境、构建发展平台。充分发挥专业社会机构的能动性、专业性，逐步探索将竞技体育后备人才培养部分职能，委托社会机构承担，第三方监督管理，通过政府购买服务方式，为竞技体育后备人才培养增加供给，创造更好环境。

2. 发挥社团作用

动员行业力量，发挥社团作用。以社团的社会化、实体化改革为契机，通过政府购买服务方式，依托社团制定并执行行业标准、团体标准，开展体育后备人才培训，进行项目教练员认证，举办相关赛事活动。通过社团枢纽，团结和动员行业力量共同参与竞技体育后备人才培养工作，使竞技体育后备人才培养的范围进一步拓展。

3. 扶持和规范社会培训机构

为贯彻落实中共中央办公厅、国务院办公厅《关于进一步减轻义务教育阶段学生作业负担和校外培训负担的意见》和《中共北京市委办公厅、北京市人民政府办公厅印发〈北京市关于进一步减轻义务教育阶段学生作业负担和校外培训负担的措施〉的通知》等文件精神，促进青少年校外体育培训机构健康发展，提升服务质量，北京市体育局制定颁布了《北京市青少年校外体育培训机构设立审查工作指引（试行）》（以下简称《工作指引》），明确了北京市青少年校外体育培训机构是指拟在北京市登记注册，以传授体育技能、提升运动能力为目的，面向义务教育阶段学生提供体育培训服务的市场主体。对于面向学龄前儿童（3~6岁）及普通高中生提供体育培训服务的市场主体，参照执行《工作指引》。① 与《工作指引》相配套

① 《北京市青少年校外体育培训机构设立审查工作指引（试行）》，https：//view. officeapps. live. com/op/view. aspx？ src = http% 3A% 2F% 2Ftyj. beijing. gov. cn% 2Fbjsports% 2Fzfxxgk _ % 2Ftzgg40%2F325739969%2F20220331113956l2563. doc&wdOrigin = BROWSELINK。

的《北京市青少年校外体育培训机构准入审查工作指南》为青少年校外体育培训机构提供了清晰的准入审查流程。

由此，北京市遴选培育出一批青少年体育服务社会机构，并将其作为青少年体育培训定点采购单位。建立全市青少年体育社会培训机构信息库，严格执行备案制度、准入机制和淘汰机制，尝试开展社会培训机构信用评级，逐步完善社会机构培训体系。探索以经费补贴方式，支持青少年到社会机构参与体育训练。研究制定各项目训练标准，使社会培训行为规范统一。将向社会机构购买服务相关内容纳入体育事业发展规划，逐步提高政府向社会机构购买服务的份额。

4. 推动体育俱乐部发展

鼓励社会机构向市级专业队或国家队输送优秀后备人才，鼓励社会机构组队参加国际、国内大型赛事，并使社会机构参照相关奖励办法享受同等奖励。加强政策研究探讨，扶持推动国家级青少年体育俱乐部发展。从 1999 年开始，依托中小学校，北京市先后成功创建国家级青少年体育俱乐部 212 个，国家示范性青少年体育俱乐部 5 个。各青少年体育俱乐部发挥学校载体优势、利用学校场地设施条件，通过个性化、各具特色的活动内容和形式，满足青少年体育活动需求。仅 2018 年，各俱乐部举办 20 人以上的体育培训班 2600 期，开展体育竞赛交流 1601 次，活动累计参与人次数达 589. 47 万人次；85. 7%的青少年体育俱乐部会员平均每周到俱乐部锻炼的次数不少于 2 次，近六成每周不少于 4 次；72. 9%的俱乐部会员选择在周一至周五放学后到俱乐部进行体育锻炼。逐步完善了国家级青少年体育俱乐部管理机制，通过两年一次的考核评估，使俱乐部在运行管理、服务效益等方面得到进一步规范。近年来，各青少年体育俱乐部还通过引进社会培训资源，弥补学校体育教育资源的不足，丰富了学生课外体育活动内容，增加了青少年体育供给，在推进社会力量进校园、推动青少年课外体育活动计划实施等方面发挥了重要作用。

为进一步规范体育俱乐部的管理与培训，北京市发布《北京市青少年体育培训机构等级评定办法（征求意见稿）》[①] 向社会公开征集意见，2022年开始实施青少年体育俱乐部星级评定工作，加强管理，推动社会机构成为青少年运动技能普及和体育后备人才培养的新阵地。

5. 完善体制机制

加快构建适应新时代体育改革发展要求的青少年体育社会机构管理体系。健全青少年体育运动伤害风险防范机制，支持建立青少年体育安全事故第三方处理和调解机制。加强对青少年体育社会机构的政策和业务指导，建立部门间有效的协调和沟通机制，为青少年体育社会机构健康有序发展创造更加有利的政策环境和现实条件。

（五）以举办冬奥会为契机，推动青少年冬季项目成为竞技体育新的增长极

1. 优化项目布局

优化项目布局，贯通培养渠道。继续按照“城区以冰为主，郊区以雪为主”的发展思路，积极推进资源共享和区域合作。以冬运会为龙头，逐步完善优胜劣汰机制，逐步探索形成更加符合各区实际的青少年冰雪业余训练格局，全市区级青少年冬季项目运动队总量控制在125支左右，不断提质升级，努力使青少年冰雪运动成为北京竞技体育的亮点和特点。

建立北京市冰雪项目二级班，完善二级班运动员就学等各项保障机制。打造从冰雪运动特色学校、俱乐部到区级冬季项目运动队，到二级班，再到专业队的冬季项目“一条龙”人才培养输送体系，为北京冬季项目竞技体育的发展奠定坚实的基础。

2. 加强队伍管理

完善全市冬季项目业余训练体系，采取以市级财政扶持推动各区建立区级冬季项目运动队的办法，研究制定了青少年冬季运动项目补助标准。印发

---

① 《关于对〈北京市青少年体育培训机构等级评定办法（征求意见稿）〉公开征集意见的反馈》，http：//tyj. beijing. gov. cn/bjsports/gzcy/zjdc/325829891/index. html。

了《北京市财政局　北京市体育局关于印发北京市青少年冬季运动项目补助标准的通知》，明确市、区相关部门职责，为各区开展冬季项目业余训练提供了依据和支持。规范冬季项目运动队运动员选拔、教练员选聘，队伍日常训练、运动队申报和审批等一系列工作的程序和办法，加强监督考核，不断推进青少年冬季项目业余训练工作快速、健康和可持续发展。

先后制定《北京市支持校园冰雪运动发展项目管理办法（试行）》①、《北京市青少年校外冰上活动中心创建标准》和《北京市青少年校外滑雪活动中心创建标准》② 以及《北京市冰雪运动校园辅导员任职条件》、《北京市冰雪运动校园辅导员培训冰球运动教学大纲》、《北京市冰雪运动校园辅导员培训滑冰运动教学大纲》、《北京市冰雪运动校园辅导员培训高山滑雪运动教学大纲》、《北京市冰雪运动校园辅导员培训越野滑雪运动教学大纲》③，从顶层设计层面加强了青少年校外冰雪活动场所的标准化和冰雪校园辅导员的规范化，为青少年冰雪运动的普及和推广提供了政策支持。

3. 创新训练模式

因地制宜，探索更加适合北京区域特点的青少年冬季项目训练模式。鼓励通过轮冰结合等方式丰富冰上项目训练手段。鼓励通过滑雪机、转训等方式解决夏季滑雪项目训练难题。支持各冬季项目协会研究制定青少年冬季项目训练大纲，通过不断提高训练质量，提高青少年冬季项目后备人才训练水平。

冬季项目业余训练体系逐步完善，实现了“三个全覆盖”，即项目全覆盖（具备开展条件的冬季项目在全市都有开展）、布局全覆盖（每个区至少开设一个冬季项目）、参赛全覆盖（市级青少年冰雪赛事所有区都参赛）。

---

① 《北京市教育委员会北京市财政局关于印发北京市支持校园冰雪运动发展项目管理办法（试行）的通知》，http：//jw. beijing. gov. cn/xxgk/zfxxgkml/zfgkzcwj/zwgkxzgfxwj/202001/t20200107_ 1562992. html。

② 《北京市体育局　北京市教育委员会关于印发北京市青少年校外冰上活动中心创建标准》，http：//tyj. beijing. gov. cn/bjsports/zfxxgk_ /tzgg40/10846780/index. html。

③ 《北京市体育局北京市教育委员会关于印发北京市冰雪运动校园辅导员相关文件的通知》，http：//tyj. beijing. gov. cn/bjsports/zfxxgk_ /tzgg40/10846789/index. html。

区级冬季项目运动队数量2017年从零起步，到2022年发展到125支，注册运动员由2016年的79人发展到2022年的7565人，增长了近100倍。涌现出安香怡、王晔等一批国家队运动员，在2019年第二届全国青年运动会冬季项目比赛中，北京市运动员一举夺得28枚金牌，位居全国前列。

4. 增强竞技实力

持续扩大业余训练规模，积极引导广大青少年参与冬季项目业余训练，稳步提高青少年冬季项目运动员人数，夯实竞技体育后备人才培养基础。完善冬季项目竞赛体系，组织开展优秀冬季项目后备人才集训营，组建北京市各冬季项目青少年运动队，积极组织参加国际国内各项赛事，努力提高青少年冬季项目整体实力，为把冬季项目打造成为北京竞技体育新的增长点作出贡献。

5. 科学布局冬季项目，发展冰雪赛事

合理规划科学布局冬季项目。目前北京市青少年冰雪运动业余训练主要针对短道速滑、冰球、花样滑冰、冰壶和滑雪五个项目。其中，城六区以冰上运动项目为主，远郊区以雪上运动项目为主。截至2022年底，冬季项目注册运动员达6576人。冰球项目规模最大，注册运动员达2295人；花样滑冰项目注册运动员达888人；滑雪项目注册运动员达1252人；短道速滑项目注册运动员达1670人；冰壶项目注册运动员达471人。冰雪竞赛活动精彩纷呈。

为了更好地推广普及青少年冰雪运动，搭建良好的赛事平台，北京市体育局通过政府购买服务，打造了四项青少年冰雪运动品牌赛事。其中，北京市中小学生校际冰球联赛，以学校为单位组队参赛，调动了广大学校和学生参赛的积极性。2019年比赛规模达到325场，有118所中小学校132支球队近2000名运动员近1万人次参与其中；北京市青少年冰球俱乐部联赛，比赛人数屡创新高。2018~2019赛季有31家俱乐部199支代表队2613名运动员参加，比赛场次达824场，是目前亚洲地区规模最大、历时最长的青少年冰球赛事；京津冀青少年滑雪比赛暨北京市青少年滑雪比赛，是目前北京市规模最大的青少年冰雪赛事，赛事规模逐年加大，比赛分为竞技组和群众组，2017 年有来自北京、天津、河北的近 600 名选手参赛；北京市青少年花样滑冰比赛，逐渐成为北京市的一项传统性冰雪赛事，有了这项比赛，参与花样滑冰的青少年越来越多。

北京市从厚植冰雪运动发展土壤着眼，构建完善冬夏并举，学校、体校、社会共同发力的青少年体育服务体系。2021 年依托国家体育馆和五棵松体育馆两个冬奥会比赛场馆举办北京市中小学生校级冰球联赛，有 119 所学校 126 支队伍，共计 1730 名运动员参赛，比赛场次达 310 场，青少年运动员提前体验冬奥会比赛场馆成为本次比赛的一大亮点。通过利用冬奥会比赛场馆申报创建青少年校外冰雪活动中心，建立区级青少年冬季项目运动队等方式[①]，引导区级青少年冬季项目运动队与冬奥会比赛场馆开展合作，鼓励冬奥会比赛场馆承接本市青少年冬季项目赛事活动。

在冬奥会后，持续推进冬奥会后青少年冰雪运动的“四季拓展”，以京张体育文化旅游带建设为重点和牵引，组织实施国家队公益服务行动计划，开展中国冰雪大篷车、冰雪知识微课堂、全民冰雪公开课以及冰雪运动进校园等活动。北京市教委发布认定冰雪运动特色学校 200 所，将冰雪运动知识教育纳入大中小学校体育教学计划，培育中小学冰雪运动骨干师资队伍。积极以政府购买等方式，支持学校与社会机构合作开展冰雪运动教育教学。在青少年综合性运动会中持续增设冬季项目。[②]

三　北京市青少年体育发展面临的机遇与挑战

（一）国家治理体系的构建对青少年体育发展提出新要求和新任务

党的二十大报告提出“加强青少年体育工作，促进群众体育和竞技体

① 《北京市体育局关于确认 2022 年度区级青少年业余训练冬季项目运动队的通知》，http：//tyj. beijing. gov. cn/bjsports/zfxxgk_ /tzgg40/21214219/index. html。

② 《文化和旅游部、国家发展改革委、国家体育总局联合印发〈京张体育文化旅游带建设规划〉》，https：//www. mct. gov. cn/whzx/whyw/202201/t20220130_ 930843. htm。

育全面发展，加快建设体育强国”[①]。青少年是体育强国建设的生力军，青少年体育既是全民健身的重要组成部分，又是竞技体育发展的基础，是体育强国建设的重要内容。

《“十四五”公共服务规划》指出，到“十三五”末，普惠性幼儿园覆盖率达到84.7%，九年义务教育巩固率达到95.2%，高中阶段教育毛入学率达到91.2%，高等教育毛入学率达到54.4%，大量的适龄青少年进入学校学习，为青少年的体育活动的开展提供了时间和空间上的可能性。同时，《“十四五”公共服务规划》指出，要加快发展体育服务，“倡导全民健身，鼓励兴办多种形式的健身俱乐部和健身组织，加快发展健身休闲产业。繁荣发展足球、篮球、排球、冰雪、水上等运动，普及推广户外运动，推动体育竞赛表演产业发展，鼓励培育品牌赛事，丰富群众体育赛事活动”[②]，青少年体育工作在全民健身和竞技体育之间起着重要的承接作用。

（二）《体育法》的法规要求对青少年体育工作提出了新挑战

青少年是国家发展的未来，青少年健康关系到体育强国和健康中国的建设和实现。2022年6月，《体育法》修订颁布，在总则中增加了第十条，“国家优先发展青少年和学校体育，坚持体教融合，促进青少年全面发展”，从法律上明确了青少年体育发展的优先性，并指出了青少年体育发展的途径和目标。[③] 关于青少年体育的内容集中在《体育法》的第三章，而第三章由修订前的“学校体育”调整为“青少年和学校体育”，具体条目由修订前的7条增加到15条，将“青少年和学校体育”放在了体育事业发展的重要位置，充分显示出包括学校体育在内的青少年体育在国家体育事业发展中的重要作用。《体育法》第36条进一步指出，“教育行政部门、体育行政部门和

---

① 《加强青少年体育工作　加快建设体育强国》，https：//www.sport.gov.cn/n20001280/n20067626/n20067861/c24951355/content.html。

② 《关于印发〈“十四五”公共服务规划〉的通知》，http：//www.gov.cn/zhengce/zhengceku/2022-01/10/content_ 5667482.htm。

③ http：//www.npc.gov.cn/npc/c30834/202206/ad515e98ae274e44b1cd2c02687db07f.shtml.

学校应当组织、引导青少年参加体育活动，预防和控制青少年近视、肥胖等不良健康状况，家庭应当予以配合”。新时期青少年体育工作已由政府一元管理转变为由政府、社会和市场多元参与治理的发展格局①，家庭、学校、社会等领域和部门对青少年体育工作的多管齐下也反映出青少年体育工作协调统一管理的必要性和任务实施的艰巨性。

与此同时，对象的特殊性和复杂性也对青少年体育工作提出了新的挑战。青少年体育工作对象的特殊性表现在青少年个体发展的重要性以及发展的不可逆性上，复杂性表现在青少年人群年龄结构和个体发展的多元性、个体性和不确定性上。这都对青少年体育工作提出了新挑战。

（三）“双减”政策对青少年体育工作提出了新使命和新期待

体育运动对于身体发育和体质健康来说至关重要，对于青少年更是如此。中共中央办公厅、国务院办公厅在 2021 年 7 月印发了《关于进一步减轻义务教育阶段学生作业负担和校外培训负担的意见》，旨在通过减轻学生作业负担和校外培训负担，重塑教育本源，给予学生高质量的教育，促进学生德智体美劳全面发展。②

“双减”政策出台之后，越来越多的家长将对孩子的培养重心放在包括体育在内的全面发展上，家长希望孩子在青少年时期能参加更多的体育运动。学校作为青少年参与体育活动的主阵地，通过因地制宜、深化体教融合改革、创新“一校一品”体育课程、加强体育教师队伍建设等方式，积极探索青少年体育活动开展的新方法、新模式。与此同时，以篮球、足球、排球三大球，乒乓球、羽毛球、网球三小球以及滑冰滑雪、户外拓展、舞蹈等体育项目为主的校外培训机构在“双减”政策的引导下进一步拓展项目内容和开展形式，延伸产业链，加强培训机构的广泛性与专业性。北京市出台

① 柳鸣毅、王梅：《我国青少年体育重点工程建设与创新发展对策》，《体育科学》2018 年第 11 期。

② 柴王军、刘哲辰、李国：《“双减”政策背景下青少年体育培训业高质量发展的实践模式与推进策略》，《武汉体育学院学报》2021 年第 7 期。

《北京市青少年校外体育培训机构设立审查工作指引（试行）》（以下简称《工作指引》），增强青少年体育培训行业的规范化、标准化，助推青少年体育培训行业的良性发展。

在落实“双减”的同时必然会推动“双增”，即增加学生参加户外活动、体育锻炼、艺术活动、劳动活动的时间和机会，增加学生接受体育和美育方面课外培训的时间和机会。“双减”政策的落实让青少年有了更多的业余时间参与体育锻炼，使得青少年在培养良好的体育锻炼习惯和体育精神、增强身体和心理素质等方面获得有利的条件和机遇。

因此，政府、学校、校外培训机构面临着新机遇下的新挑战：如何科学有效地落实“双减”政策开展新时期的青少年体育工作，提高体育教学质量；如何通过有效手段和途径让学生切实掌握体育技能；如何通过不同形式的体育竞赛鼓励引导学生积极参加体育锻炼。在“双减”政策执行过程中，学校作为体育工作的“一线战场”，发挥着至关重要的作用，中小学校既承担着提升和巩固青少年身体素质的职责，又承担着培养青少年体育运动习惯和青少年体育精神塑造的职责。校外体育培训机构作为青少年体育培养工作的有力补充，既要承担培养青少年体育兴趣，提升青少年体育素养的职责，又要针对青少年的自身特点和个性差异制订更符合青少年成长特点的培训计划，从而最大可能地促进和完善青少年体育工作的开展。

体育的功能不仅仅体现在对青少年身体素质的提升上，更体现在对青少年心理品格、生活方式等多方面素质的培养上。“双减”政策的出台为青少年体育锻炼提供了更多空间，我们应当把握机遇、直面挑战，积极促进青少年体育的健康发展。

（四）首都城市发展对青少年体育发展提出了新要求

北京作为首都，是全国政治中心、文化中心、国际交流中心和科技创新中心，2022 年冬奥会的胜利闭幕，使得北京市成为全球首座“双奥之城”，历史选择了中国，时代造就了“双奥之城”，为北京这座世界体育城市画上了浓墨重彩的一笔。北京世界体育城市的发展对青少年体育工作提出了更高的要求，对青少年体育发展给予了更高的期望。

青少年体育工作是一个系统工程。党的二十大的胜利召开，为首都北京的发展指明了方向和目标。新时代、新目标、新要求，北京青少年体育面临新的使命担当。在《北京市深入推进体教融合实施方案》的指导下，北京市从体育、教育等多个部门以及体制、机制入手，多管齐下，强化青少年体育工作。北京市创造性地探索青少年体育治理体系和治理能力的现代化，引领北京体育事业的高质量发展，推动首都“世界体育城市”建设，在体育强国建设的道路上打造青少年体育发展的全国样板。

四　未来展望：建立健全各项保障措施，确保各项工作有效落实

（一）加强组织领导

更好发挥市青少年体育卫生工作联席会作用，坚持不定期召开联席会议，协调制定和组织实施有关政策和措施。各相关部门应明确工作职责，加强协调配合，将加强青少年体育人才培养作为共同的目标任务，抓实抓好。各区应制定本地青少年体育人才培养的具体实施方案。

（二）加强监督考核

各级体育、教育部门要将青少年体育人才培养列入体育、教育综合督导检查指标体系。修订完善《北京市青少年体育评估办法》。同时，各区要建立青少年体育工作综合评价体系，将学校体育、青少年业余训练、青少年体质健康、青少年体育竞赛活动等纳入街道、乡镇政府的绩效考核体系。建立业余训练单位、个人以及社会培训机构黑白名单。对成绩突出的单位、部门、学校和个人进行奖励。

（三）健全保障机制

完善北京市青少年体育人才培养奖励政策，对输送优秀运动员进入市优

秀运动队和代表北京参加国际、国内大赛取得优异成绩的输送单位、输送教练员、文化课老师、校长进行奖励。各区应制定相应的输送和运动成绩奖励政策。完善教练员收入激励政策。调整优化教练员职称评定办法，建立更加科学合理的教练员职级评定体系。完善并强化落实体校学生训练津贴、赛事奖金等激励政策。

（四）加大经费投入

做好重点投入，大力支持青少年冰雪运动发展、改善学生体质、场馆设施建设、体育活动开展、对外交流合作、业余训练竞赛、技能培训等工作。制定相应的资金管理使用办法，规范资金申报、使用、监管等一系列过程，使青少年体育资金发挥应有的作用。不断完善青少年体育人才培养资金多元化筹集机制，优化投融资引导政策，推动财税相关优惠政策的落实和完善，引导社会力量捐助、捐赠和出资开展竞技体育后备人才培养工作。

（五）培养专业人才

更新观念，整合资源，构建覆盖多领域、贯穿多层次的新型青少年体育人才培养专业人才队伍。打通渠道，实现青少年体育人才培养专业人才与教育、科技、文化、卫生等部门人才的共享与教育培训衔接。健全培训制度，优化培训内容，全面提高青少年体育人才培养专业人才队伍理论素养和业务素质。创新激励保障机制，创建新型人力资源平台，积极引导社会体育指导员、体育志愿者、退役运动员等相关人才从事青少年体育人才培养工作。

（六）加强风险防范

与保险机构合作，健全青少年体育运动伤害风险防范机制，支持建立青少年体育安全事故第三方处理和调解机制。加强对从业人员和青少年的安全教育，建立青少年体育安全管理规范。在现有青少年体育险种的基础上，探索大型赛事、冰雪运动、训练过程意外、出国参赛等方面的险种，不断完善青少年体育保险体系，发挥保险在保障青少年参与体育运动中的积极作用。

（七）打造数字体育

充分利用大数据、云计算等先进技术，为青少年体育人才培养提供科学化保障。改造升级北京市青少年体育公共服务信息平台。及时发布青少年体育相关政策、赛事、活动、场馆设施、培训以及科学健身理论与方法等信息。积极推动“互联网+”、大数据、“5G+8K”等技术在青少年体育活动领域的创新与运用，不断加快青少年体育信息化进程。

五　促进北京市青少年体育发展的政策建议

（一）从理念上将包括幼儿在内的青少年体育纳入青少年个人终身成长的大局中

新时期我国幼儿体质健康状况不容乐观，2020 年我国 6 岁幼儿近视率达 14.3%；6 岁以下幼儿超重肥胖率达 10.4%①；3~6 岁幼儿的肥胖和超重率已经在全球位居前列②；0~6 岁儿童平均每天睡眠时间为 9.29 小时，而全球 0~6 岁儿童平均每天睡眠时间为 10.14 小时③。面对少年儿童不容乐观的健康状况以及作业多、课外辅导班多，生活方式和体育环境不佳等现象，习近平总书记深表担忧，他说：“中国孩子玩得太少了，要让他们多玩一玩”；“现在孩子普遍眼镜化，这是我的隐忧。还有身体的健康程度，由于体育锻炼少，有所下降。文明其精神，野蛮其体魄，我说的‘野蛮其体魄’就是强身健体”④。视力下降是影响儿童青少年健康的一个因素。2018 年习近

① 刘雨、范巍：《中国共产党百年幼儿体育政策研究》，《沈阳体育学院学报》2021 年第 5 期。

② 叶林、李寅：《我国幼儿体育教育政策的多源流分析：政策之窗的开启与推动》，《学术研究》2020 年第 11 期。

③ 钟秉枢：《问题与展望：体教融合促进青少年健康发展》，《上海体育学院学报》2020 年第 10 期。

④ 习近平：《孩子们要文明精神　野蛮体魄》，http：//www.12371.cn/2020/04/22/VIDE1587516601081496.shtml。

平总书记在全国教育大会上发表重要讲话并指出："要树立健康第一的教育理念。"[①] 同时，他不止一次在不同场合提出"健康第一"的教育理念。2020年4月27日，习近平总书记在中央全面深化改革委员会第十三次会议讨论中又一次提出树立"健康第一"的教育理念，他指出儿童健康事关家庭幸福和民族未来。[②] 可以说，青少年的健康事关国家和民族的健康和未来，因此，需要从理念上将青少年体育纳入青少年个人终身成长的大局中。

2021年7月24日，中共中央办公厅、国务院办公厅印发的《关于进一步减轻义务教育阶段学生作业负担和校外培训负担的意见》就是从全面压减作业总量和时长，减轻学生过重作业负担的实际问题入手，要求学校和家长积极引导学生放学回家后开展适宜的体育锻炼。[③]

北京市目前推进的体育家庭作业制度就是通过家校合作调动家长积极性，形成良好的家庭氛围，促进学生养成良好的身体锻炼习惯，培养学生坚韧不拔的体育精神。从实现手段上来说，"打卡"是保障体育家庭作业完成的有效途径和有力抓手。

（二）从机制上积极探索青少年体育管理的整体融合与部署

以编制落实"十四五"北京市体育发展规划为契机，以落实中央深改委有关深化体教融合促进青少年健康发展精神为出发点，加强青少年体育发展顶层设计，编制出台相关政策文件，着力解决北京市青少年体育人才培养工作发展不平衡、体校改革进程缓慢、体教结合机制不畅、社会力量发挥不充分等问题。

在体制机制上探索青少年体育管理工作的顶层设计和实践部署，在已有

① 《习近平出席全国教育大会并发表重要讲话》，http：//www.gov.cn/xinwen/2018-09/10/content_5320835.htm。

② 《习近平主持召开中央全面深化改革委员会第十三次会议强调：深化改革健全制度完善治理体系　善于运用制度优势应对风险挑战冲击》，http：//www.gov.cn/xinwen/2020-04/27/content_5506777.htm。

③ 《中共中央办公厅　国务院办公厅印发〈关于进一步减轻义务教育阶段学生作业负担和校外培训负担的意见〉》，http：//www.gov.cn/xinwen/2021-07/24/content_5627132.htm。

成果的基础上继续做好青少年科学健身普及工作、校园科学运动干预工作、青少年体育人才队伍建设工作以及青少年体育综合考评工作。

大力推进青少年科学健身普及活动。组织开展以促进提升青少年体质为目的的趣味运动会，同时开展相应的青少年科学健身普及进社区活动，营造重视青少年体质健康的良好氛围。

积极开展校园科学运动干预。在全市实施《中小学生体育与健康课运动负荷监测与评价》地方标准，开展监测与评价工作，为体育课开展提供科学数据，提高学校体育科学化水平，提升青少年体质健康服务水平。

加强青少年体育人才队伍建设。继续组织举办全市青少年体育管理干部培训班。选派优秀教练员、体育教师、相关管理人员参加国家培训。通过培训不断提高全市青少年体育队伍整体素质。

（三）从效益上全面推进青少年体育工作的增质提速

保证青少年体育管理工作的实效性，需要上下结合，不仅要注重青少年竞赛活动的整合，而且要搭建青少年体育后备人才集训体系，构建区级业余训练新体系，从效益上全面推进青少年体育工作的增质提速。通过各级各类体校的改革，建立并完善业余训练制度，强化以冰雪运动为代表的各项目运动队的业余训练，完善后备人才的选拔、训练、输送机制，为北京竞技体育的发展奠定坚实的基础。搭建青少年体育后备人才集训体系，提升青少年体育集训品质，进一步完善青少年体育集训机制，不断巩固青少年体育集训成果。

（四）从实效上着力解决青少年体育发展不平衡不充分的问题

新时代我国社会的主要矛盾是“人民日益增长的美好生活需要和不平衡、不充分的发展之间的矛盾”，这种矛盾在北京市青少年体育工作中同样存在，各区之间、各区内部在幼儿体育基础工程、青少年 U 系列赛事、业余训练以及后备人才培养等方面存在发展不平衡、不充分的问题，因此需要从特色发展和一般发展两方面促进北京市青少年体育工作的稳步推进。

六 结语

北京市青少年体育工作在党中央治国理政新理念新思想新战略指引下，以青少年体育体制机制改革创新为主线，以增强青少年体质和培养竞技体育后备人才为核心，不断加快建立青少年体育公共服务体系，紧密结合新形势、新任务，不断推动青少年体育工作取得新发展、新进步，为北京体育强市建设贡献应有的力量。当前，北京市青少年体育工作基本形成体制机制健全、政策制度顺畅、区域发展均衡，社会、学校和家庭相互促进，具有北京特色的青少年体育运行体系，基本形成更加明晰和完善的政府主导、部门协同、全社会共同参与的青少年体育发展格局。青少年体育服务供给更加全面和充分，青少年体育需求得到更好满足。

参考文献

《中共中央、国务院关于加强青少年体育增强青少年体质的意见》，http：//www.gov.cn/gongbao/content/2007/content_ 663655.htm。

《京津冀签署青少年体育协同发展框架协议》，https：//www.sport.gov.cn/n20001280/n20745751/n20767277/c21360839/content.html。

《关于印发新修订的〈北京市青少年运动员注册管理办法（试行）〉的通知》，http：//tyj.beijing.gov.cn/bjsports/zcfg15/fgwj/dffg/1690747/index.html。

北京市体育局：《2015 年北京市体育工作总结》，http：//tyj.beijing.gov.cn/bjsports/zfxxgk_ /gzzj/1304777/index.html。

《关于印发〈北京市青少年业余训练考评办法〉的通知》，http：//tyj.beijing.gov.cn/bjsports/zcfg15/fgwj/qtwj/1639628/index.html。

《北京市体育局　北京市教育委员会　北京市财政局　北京市人力社保局印发〈关于加强“三大球”项目布局基层网点校建设的实施办法〉的通知》，http：//tyj.beijing.gov.cn/bjsports/zcfg15/fgwj/qtwj/1263061/index.html。

《中共中央办公厅　国务院办公厅印发〈关于全面加强和改进新时代学校体育工作的意见〉和〈关于全面加强和改进新时代学校美育工作的意见〉》，http：//

www. gov. cn/zhengce/2020-10/15/content_ 5551609. htm。

《体育总局 教育部关于印发深化体教融合 促进青少年健康发展意见的通知》，http：//www. gov. cn/zhengce/zhengceku/2020-09/21/content_ 5545112. htm。

《北京市体育局 北京市教育委员会关于印发〈北京市深入推进体教融合实施方案〉的通知》，http：//tyj. beijing. gov. cn/bjsports/zfxxgk_ /tzgg40/21244887/index. html。

《北京市体育局 北京市教育委员会关于印发〈北京市加强青少年足球体教融合发展十条措施〉的通知》，http：//tyj. beijing. gov. cn/bjsports/zcfg15/fgwj/qtwj/325912105/index. html。

《北京市体育传统项目学校管理办法》，http：//tyj. beijing. gov. cn/bjsports/zcfg15/fgwj/qtwj/1170925/index. html。

《北京青少年体育工作会 总结“十三五” 开局“十四五”》，https：//www. sport. gov. cn/n20001280/n20745751/n20767277/c21293890/content. html。

《体育总局办公厅关于做好 2019 年全国青少年体育冬夏令营实施工作的通知》，https：//www. sport. gov. cn/n20001280/n20067626/n20067732/c20199273/content. html。

《北京市青少年校外体育培训机构设立审查工作指引（试行）》，https：//view. officeapps. live. com/op/view. aspx? src = http% 3A% 2F% 2Ftyj. beijing. gov. cn% 2Fbjsports% 2Fzfxxgk _ % 2Ftzgg40% 2F325739969% 2F2022033111395612563. doc&wdOrigin = BROWSELINK。

《关于对〈北京市青少年体育培训机构等级评定办法（征求意见稿）〉公开征集意见的反馈》，http：//tyj. beijing. gov. cn/bjsports/gzcy/zjdc/325829891/index. html。

《北京市教育委员会北京市财政局关于印发北京市支持校园冰雪运动发展项目管理办法（试行）的通知》，http：//jw. beijing. gov. cn/xxgk/zfxxgkml/zfgkzcwj/zwgkxzgfxwj/202001/t20200107l562992. html。

《北京市体育局 北京市教育委员会关于印发北京市青少年校外冰雪活动中心创建标准的通知》，http：//tyj. beijing. gov. cn/bjsports/zfxxgk_ /tzgg40/10846780/index. html。

《北京市体育局北京市教育委员会关于印发北京市冰雪运动校园辅导员相关文件的通知》，http：//tyj. beijing. gov. cn/bjsports/zfxxgk_ /tzgg40/10846789/index. html。

《北京市体育局关于确认 2022 年度区级青少年业余训练冬季项目运动队的通知》，http：//tyj. beijing. gov. cn/bjsports/zfxxgk_ /tzgg40/21214219/index. html。

《文化和旅游部、国家发展改革委、国家体育总局联合印发〈京张体育文化旅游带建设规划〉》，https：//www. mct. gov. cn/whzx/whyw/202201/t20220130_ 930843. htm。

《关于印发〈“十四五”公共服务规划〉的通知》，http：//www. gov. cn/zhengce/zhengceku/2022-01/10/content_ 5667482. htm。

《中国人民共和国体育法》，http：//www. npc. gov. cn/npc/c30834/202206/ad515e98ae274e44b1cd2c02687db07f. shtml。

张加林、唐炎、胡月英：《我国儿童青少年体育环境特征与存在问题研究》，《体育科学》2017 年第 3 期。

章小亮、李世宏：《健康促进视域下我国青少年体育健身面临的机遇、挑战与路径——基于新冠肺炎疫情冲击下青少年体育健身发展的分析》，《沈阳体育学院学报》2021 年第 3 期。

李小伟、袁圣敏：《后疫情时期中国体育与健康教育的思考与发展策略研究》，《成都体育学院学报》2020 年第 5 期。

叶林、李寅：《我国幼儿体育教育政策的多源流分析：政策之窗的开启与推动》，《学术研究》2020 年第 11 期。

钟秉枢：《问题与展望：体教融合促进青少年健康发展》，《上海体育学院学报》2020 年第 10 期。

《习近平：孩子们要文明精神　野蛮体魄》，http：//www. 12371. cn/2020/04/22/VIDE1587516601081496. shtml。

《习近平出席全国教育大会并发表重要讲话》，http：//www. gov. cn/xinwen/2018-09/10/content_ 5320835. htm。

体教融合篇

Integration of Sports and Education

B.2
北京市体教融合发展报告

汪 流 刘 典*

摘　要： 青少年体育是整个体育工作的基础和先导，是体育强国建设的基础工程。体教融合作为青少年体育工作的一个重要的理念变革和战略趋势，旨在实现体育和教育在价值、功能和目的上的充分融合，共同作用于青少年的发展。近年来，各地体育部门和教育部门创新思路，多措并举，针对青少年体育工作中的难点、痛点，积极进行了体教融合的实践探索。本报告运用文献资料、社会调查、逻辑分析等研究方法，在梳理、借鉴上海体教融合工作实践的基础上，对北京市体教融合工作的推进现状及难点问题进行分析，进而提出推动北京市体教融合的实施路径。

关键词： 青少年　体育　教育　体教融合

* 汪流，博士，首都体育学院教授，主要研究方向为体育社会学；刘典，首都体育学院在读硕士研究生，主要研究方向为体育社会学。

体教融合是体育强国建设、教育强国建设、健康中国建设的重要内容，是新时代体育部门和教育部门工作的重点。[①] 2020 年 8 月 31 日，国家体育总局、教育部联合印发了《关于深化体教融合　促进青少年健康发展的意见》。2022 年 6 月 24 日通过的新《体育法》明确提出“国家优先发展青少年和学校体育，坚持体育和教育融合，文化学习和体育锻炼协调，体魄与人格并重，促进青少年全面发展”。如何应势而动，顺势而为，推动体教融合，发展青少年和学校体育，不仅是政府部门关注的问题，也是学界理应思考的课题。

一　体教融合背景下的青少年体育工作

（一）中国特色体教融合的时代意蕴

1. “健康第一”理念的本质要求

体教融合的首要任务是促进青少年健康发展。青少年群体作为中国经济社会发展的未来，其体质健康情况一直备受党和国家的高度关注。可令人遗憾的是，家长群体长期以来“唯分数论”的思维定式与学校过度追求“一本率”“清北率”等硬指标的绩效考核制度，致使我国家庭体育与学校体育处于长期的“缺位”状态之中。学生在家中原有的休闲时间被大量的作业、学科教育补习班所占用，连学校的体育课时间也常有被主科教师剥夺的事实存在。相关数据表明，2019 年我国青少年体质健康达标优良率仅为 23.8%[②]，2020 年青少年超重肥胖率接近 20%[③]、近视率高达 52.7%[④]。面对如此严峻的现实，如何有效改善青少年体质，促进其健康发展成为新时代中国发展的重要

① 刘海元、展恩燕：《对贯彻落实〈关于深化体教融合　促进青少年健康发展的意见〉的思考》，《体育学刊》2020 年第 3 期。

② 《第八次全国学生体质与健康调研结果发布》，《中国学校卫生》2021 年第 9 期。

③ 《〈中国居民营养与慢性病状况报告（2020 年）〉发布会图文实录》，http：//www.scio.gov.cn/xwfbh/xwbfbh/wqfbh/42311/44583/wz44585/Document/1695276/1695276.htm。

④ 《国家卫生健康委：推进综合防控儿童青少年近视工作情况》，中国教育新闻网，https：//baijiahao.baidu.com/s?id=1721258043406119062&wfr=spider&for=pc。

议题。2018 年，习近平总书记在全国教育大会中指出："要树立健康第一的教育理念，开齐开足体育课，帮助学生在体育锻炼中享受乐趣、增强体质、健全人格、锤炼意志。"① 2020 年，中央全面深化改革委员会第十三次会议审议并通过《关于深化体教融合　促进青少年健康发展的意见》②（以下简称《意见》）。《意见》同样强调："要树立健康第一的教育理念。"作为新时代推进中国特色体教融合的理念支撑，"健康第一"的本质要求与推进体教融合的目标之间终归存在高度的内在关联性。《意见》中将体教融合高度凝练为"促进全体青少年健康发展"这一根本目标。新时代体教融合新目标的确立与推进，既符合我国体育、教育发展的客观规律，同时也是为了回应"健康第一"的本质要求，让理念真正落地，全面提升青少年身体健康水平。

2. 竞技体育后备人才培养的必由之路

竞技体育后备人才是我国发展竞技体育运动，在国际比赛乃至奥运会中夺得荣誉的重要基石。一直以来，我国培养高水平竞技体育后备人才大多通过专门的竞技体育运动学校这一主体来进行，这种培养模式也为我国竞技体育持续发展提供了动力支撑。但也应看到，近年来后备人才在质量上及数量上均有一定的下滑现象③，为进一步加强我国竞技体育后备人才储备，《"十四五"体育发展规划》明确指出，"建立主体多元、途径多样的青少年体育优秀人才培养体系"④。《意见》中也指出："要加强学校体育工作，建立学校代表队，增加竞技体育在校人口，使学校体育输送竞技体育人才成为可能。"因此，推进"体教融合"，构建部门协同的体制机制，融合体育和教育两个系统的技术和后备人才资源，对于构建多元化竞技体育人才上升渠道

① 张烁：《坚持中国特色社会主义教育发展道路　培养德智体美劳全面发展的社会主义建设者和接班人》，《人民日报》2018 年 9 月 11 日第 1 版。

② 《体育总局　教育部关于印发深化体教融合　促进青少年健康发展意见的通知》，中国政府网，http：//www.gov.cn/zhengce/zhengceku/2020-09/21/content_ 5545112.htm。

③ 朱岩、李国红、张景峰、杨庆宇：《我国竞技体育后备人才多元培养困境与对策》，《体育文化导刊》2022 年第 3 期。

④ 国家体育总局：《体育总局关于印发〈"十四五"体育发展规划〉的通知》，http：//www.sport.gov.cn/n315/n20001395/c23655706/content.html。

具有重要意义，是我国竞技体育人才挖掘与培养的必由之路。一方面，体教融合将我国竞技体育人才的培养工作纳入了学校的教育系统之中，连通、整合了体育系统、教育系统和社会系统，创造了多元后备人才的培养形式；另一方面，体教融合重点解决了竞技体育人才“学训矛盾”的问题，即训练与学习相冲突、难以融合的弊端。通过合理安排体育训练与教育课程，优势互补，走出“学训矛盾”困境；同时，体教融合一定程度上也缓和了运动员退役就业的问题。事实上，只有极少数的运动员有机会走进国家队，迈向更大的国际舞台。而剩余的大多数运动员由于缺乏与社会相适应的文化知识、职业素养和学历教育，在早期退役后面临严峻的就业安置问题①。体教融合从根本上缓和了这一问题，在早期培养运动员竞技技能的同时，充分利用国民教育体系中的教育资源，提升运动员的教育水平与基本社会常识，为运动员退役生活提供了一定保障。综上，新时期我国体教融合的推进工作必将有助于我国竞技体育后备人才的培养，从而助力我国竞技体育与经济社会双向发展。

3. 融合发展观的重要体现

为进一步提升我国青少年身体素质，加强学校体育工作建设，培养国之栋梁人才，促进体育与教育系统的深度交融，相关职能部门曾有“体教配合”“体教结合”“教体结合”“教体融合”等诸多提法。政策文件之中也能找寻到相关提法存在的事实依据，例如《关于进一步加强运动员文化教育工作的意见》《国务院办公厅关于强化学校体育促进学生身心健康全面发展的意见》，分别提及了要促进“体教结合”以及注重“教体结合”。而“教体融合”“体教融合”等提法常见于领导人讲话、学者的论文以及教育部回复人大建议的答复文件之中②。例如，2017 年 9 月刘延东同志在全国学

① 李波、丁洪江、朱琳琳：《新时代体教融合的再考量》，《体育学研究》2020 年第 5 期，第 1~13 页。

② 孙科、刘铁军、马艳红、张震、郇昌店、纪成龙、任慧涛、王永顺、闫士展、李立：《中国特色体教融合发展思考——对〈关于深化体教融合　促进青少年健康发展意见〉的诠释》，《成都体育学院学报》2021 年第 1 期。

校体育工作座谈会上第一次公开提出“构建体教深度融合的青少年训练竞赛体系”要求[①]。2018年孙春兰同志在辽宁考察期间，专门“了解素质教育、体教融合情况”[②]。《教育部对十三届全国人大一次会议第6837号建议的答复》中也指出，“教育部积极会同国家体育总局推进工作对接和资源共享，在发挥各自优势和特长的基础上，推进体教融合发展”。关于体育与教育系统联系提法的变更与迭代，一方面意味着以往“体教结合”的发展方式还不足以深度打破体制机制壁垒，难以触碰体育改革中的深层次矛盾；另一方面也预示着我国体育教育系统与国家倡导的“融合发展观”在宏观层面的接轨，即顺应时代发展的趋势，体现融合发展观念。融合发展是社会发展重要规律之一。进入新时代，以习近平同志为核心的党中央本着系统思维与全局意识，创新性地提出以融合发展的方式妥善处理各种主体矛盾，优化资源配置，争取以最小成本实现发展的“帕累托最优”[③]。体医融合、体卫融合、体旅融合……党和政府在体育的各个领域、各个方面、各个层次制定的战略、策略、方针、政策，无不贯穿着融合发展的重要思想。在诸多行业和领域，相关提法早有涉及，例如“军民融合”“城乡融合”“产业融合”“融媒体”等，相关政策文件也自2018年3月开始不断颁布，例如《关于推进军民融合深度发展若干财政政策的意见》《关于加强县级融媒体中心建设的意见》《关于推动先进制造业和现代服务业深度融合发展的实施意见》等。“融合发展”无疑已经成为党中央顶层制度设计的重要理念和发展创新模式。所以此次深度推进体教融合，首次以国家政策文件形式颁布《意见》，自然也就成为融合发展观的又一重要体现。

---

① 《刘延东在全国学校体育工作座谈会上的讲话》，http：//www. china. com. cn/education/2017-10/27/content_ 41803914. htm。

② 《孙春兰在辽宁调研时强调发挥教育优势服务东北振兴》，中国政府网，http：//www. gov. cn/guowuyuan/2018-10/27/content_ 5335082. htm。

③ 杨继星、陈家起、高奎亭、孙传宁：《体育与医疗融合发展的政策研究：起始诉求及路径选择——基于习近平总书记关于融合发展重要论述的解构》，《武汉体育学院学报》2022年第1期。

（二）体教融合对青少年体育工作提出的要求

1. 目标任务的深度匹配

培养德智体美劳全面发展的社会主义建设者和接班人是我国教育的终极旨归[①]，深化体教融合也主要是为了回应青少年身体健康水平逐年下降的现实，通过体育和教育系统的深度融合，让更多学生可以通过体育锻炼提升身体素质，健全人格品格，争做五育俱佳的合格社会主义接班人。然而，作为推动体教融合工作重要的执行主体，体育部门和教育部门长期以来却有着明显的目标分歧：体育部门把目光聚焦在竞技体育后备人才培养、提升运动员文化教育水平以及退役运动员就业安置等问题上；教育部门除了关注入学率、升学率等具体学业指标外，还把目光锁定在增强学生体质以及促进学生身心健康发展上。显然这种“单打独斗”的现实并未产生应有效果，青少年身体健康、运动员文化水平等方面的问题均没有得到有效解决，且有加重的倾向。究其原因是二者目标任务不一致，始终没有形成有效合力，在推进体教融合的过程中出发点和落脚点之间存在偏差，没有形成深度融合发展的局面。此次《意见》的颁布，对相关部门推动青少年体育工作提出了更高要求，即双方要在目标任务上达到深度匹配。具体而言，首先要让体育回归教育本位。体育本身便是身体的教育，而对身体的塑造就是一个教育问题，在教育体系中应是首要的[②]。所以教育部门促进青少年身体健康也应采取体育课、运动训练、体育竞赛等多种手段，不应将其割裂开来。其次，体育部门需要充分发挥专业优势，加强对学校体育工作的指导，为学校体育的决策、管理及学生的科学锻炼提供更多技术指导和专业服务，积极创造条件协同教育部门共同促进青少年身体健康[③]。最后要实现从单一融合向多元融合的转变，即不仅涵盖体育和教育部门，社会力量也应参与其中，共同围绕

① 顾明远：《新时代教育发展的指导思想——学习习近平总书记在全国教育大会上的讲话》，《中国教育学刊》2018 年第 10 期。

② 韩丹：《论体育源起和体育概念的源流演变》，《哈尔滨体育学院学报》2016 年第 4 期。

③ 李洪波：《城市社区公共体育资源合理配置研究》，山东人民出版社，2015。

一致的目标任务进行深度融合，在目标任务上实现深度匹配，进而不断深化体教融合进程，从根本上解决当下青少年体质、运动员培养与退役就业等方面的客观问题。

2. 双方资源的有效融通

习近平总书记将“共享”作为发展的出发点和落脚点，这为深化体教融合提供了价值取向，“共建共享”亦成为体教融合发展的理想追求。但是，我国体育与教育系统的长期分离，造成彼此间资源共享极为不充分，甚至存在严重壁垒，诸如“体育与教育资源分离、流通不顺畅以及资源配置能力羸弱”[①] 等问题普遍存在，在人才资源、赛事体系资源等方面共享和融通的程度还远远不足。为不断深化体教融合，切实改善青少年身体健康状况，优化竞技体育后备人才培养体系，应不断强化教育与体育部门改革，通过资源融通来顺利推进体教融合进程。双方要在教学体系、训练体系、人才培养体系以及竞赛体系等多方面进行有效的资源共享、融通，进而有效弥补单一主体在资源存量、资源配置上存在的弊端与不足，促进双方互利共赢。此外，还应实现资源融通的方式创新，即在双方资源有效融通的基础上，广泛吸纳优质社会资源进校园，在多主体、多领域实现资源的高层次融通。通过全方位、立体化的资源融合配置，丰富体教融合资源融通的内涵，补齐体育、教育部门资源缺失短板，最终促进实现体教融合育人质量上的飞跃。

3. 体制机制的灵活变通

尽管《意见》中描绘了促进青少年身体健康发展的美好愿景，但体育与教育部门长久以来不同的发展思路与各自为营的工作逻辑，导致它们难免在推进体教融合的过程中面临各种体制与机制上的阻力。事实上，制度层面的鼓励性政策一定程度上虽能解决现实中局部存在的问题，但唯有重视体教融合中体制机制的变革，实现纵向管理体制与横向融合机制之间的灵活变通，才是推动体教融合不断深化发展的长久之计。因此，深化体教融合，应

① 王茜、王家宏：《“融合型”运动员人力资本产权归属配置问题的法律研究》，《体育科学》2019 年第 1 期。

重点在宏观的体制与中观的机制方面进行重塑，构建有利于体教融合不断发展的制度体系与运行规范。在管理体制上，党的十八大以来，党中央多次强调："加快形成社会协办、政府负责、党委领导、公众参与、法制保障的社会管理体制。"新时期深化体教融合发展，促进各级职能部门改革，也应积极顺应国家治理体系的发展要求，在体育与教育部门之间，形成党委领导、政府主导，多部门联结、多要素协同发力的管理体制①。在此基础上，不断强化、优化中观层面的不同主体之间的各类运作机制。首先应建立规范化、制度化的部门联动机制，以充分发挥不同部门在推动体教融合过程中的协同作用。其次应健全责任落实机制，强化各级政府在落实体教融合发展中的责任，建立标准的责任清单，将具体任务细化、分配到各基层学校、社会体育俱乐部等责任主体，实现体教融合的精细化管理。最后应健全常态化的监督机制，建立多层级的评估机制，对不同地区体教融合的推进情况、政策落实的客观现实进行可量化的评估考核，形成深化体教融合的内生动力。通过领导体制与运作机制的不断改革与优化，最大限度地凝聚多元合力，共同促进学生身心健康以及提升我国竞技体育水平。

4. 推进举措的靶向发力

青少年体育工作涉及面广泛，涵盖学校体育之内的课程、师资、赛事、训练以及学校体育之外的课余竞赛、体育休闲活动等，所以体教融合工作本身也面临着组织体系、体制机制、思想目标、竞赛活动、课程设计等多维度的推进考量。这也决定了在推进体教融合的具体举措方面，不能试图在所有层面上都有所作为，因为体教融合本身所涉及的主体、利益、制度等多方面因素复杂，所以其过程注定是缓慢的、长期的。分清长期目标与阶段性目标，把握好全局和局部、主要矛盾与次要矛盾，通过"以点带面"的方式，从重点、核心领域进行融合与推进，是后期打通更多要素之间种种壁垒的必然举措。这就要求不断深化体教两部门的协同，靶向发力，突出体教融合工

① 杨国庆：《中国体教融合推进的现实困境与应对策略》，《成都体育学院学报》2021 年第 1 期。

作的重点、突出地方的特色和优势。不同地区的资源禀赋、硬件设备、文化传统均存在差异，所以在推进体教融合工作中，要充分发挥地方特色，充分考虑地区实际，依托地方有利资源，实现体教融合工作的深化。例如，高校资源丰富的地区，可以通过与高校联合，引进高校人才进校园；社会资本聚集的地区，可以利用市场力量，引入社会机构参与到青少年赛事举办、运动项目的培训、校园课后体育服务之中；民族传统体育文化发展较好的地区，可以联合当地的民间组织，积极发扬当地的传统体育文化，让体育文化进校园，为其传承注入原动力。总之，对于体教融合工作的推进，要做到“工作重点明确”“发挥地区优势”两方面的“靶向发力”。

二　地方借鉴：上海市体教融合的基本实践

（一）探索历程

上海作为我国超大城市之一，为我国竞技体育发展输送了一批又一批人才。为有效补充竞技体育后备人才，早在20世纪80年代上海市便有了“体教结合”的办学理念与想法。1999年6月，上海市体委与市教委共同召开联席会议，双方一致认为“体教结合”的竞技体育人才培养模式是上海市竞技体育实现可持续发展的根本保障。同年，上海市委与市政府在全国范围内率先提出并且落地实施了以体教结合的方式来培养竞技体育后备人才的模式，下发了《关于上海市“教体结合”工作若干意见的通知》，聚焦竞技体育后备人才培养，提出了“资源共享、责任共担、人才共育、特色共建”的指导思想。自1999年开始，同济大学、上海交通大学、复旦大学等6所高校便肩负起了一线运动员的日常训练工作。2001～2006年，上海市共有35所中小学先后变为上海市市级的“体教结合”学校，承担奥运项目二线运动员的训练工作，区级的“体教结合”中小学达到700余所。2012年，上海市委和市政府共同下发了《关于深化本市体教结合工作的意见》，明确了分别隶属于体育和教育部门的八条工作任务，即“双八条”。2016年，上海市委与市政府印发《上海市体教结合促进计划（2016~2020）》，将“双八条”升级为“双十条”，同时在1999年的指导思想中加入了“多元共治”，为上海市体教进一步结合翻开了崭新篇章。2019年，上海市开始明确“一条龙”布局，即明确高中阶段学校要按照一定比例与初中、小学实现“一条龙”布局，实现教学、训练系统的高度衔接，为体教深度融合打下坚实基础。

（二）主要举措

1. 领导体制变革

2004年，上海市便在体教融合的领导体制上进行了突破，将体教融合所涉及的市教委体教卫艺处、学生处、基教处以及市体育局人事处、青少年竞赛管理中心等多个职能部门联系起来，成立了上海市“体教结合联合办公室”，同时建立起来一整套的联席会议制度，并将此领导体制进行全市范围的推广，区县一级的政府机关与职能部门也组建了专门的领导小组，以便于不同主体共同协商和解决推进体教融合过程中的一系列问题。

2. 思想认知统一

随着上海市经济社会的不断发展与体教结合工作的不断推进，体育和教育部门之间对于体教结合工作的认知也在发生变化。体教结合对于两个部门而言意味着相同的命题：对于教育部门而言，意味着如何增强体育运动对于青少年的吸引力；对于体育部门而言，意味着如何积极探索竞技体育后备人才的崭新培养路径。这两个命题的最终答案只有体教开始结合，慢慢走向融合才能得到。《上海市体教结合促进计划（2016~2020年）》中提出了“资源共享、责任共担、人才共育、特色共建、多元共治”的指导思想，进而促进体教两部门在健全和完善学校教育、培养高素质竞技运动后备人才、优秀运动员退役进校园等多个层面达成了基本共识，形成了倾城合作、深度协同、人才共育的基本认知，为上海市不断推进体教融合奠定了思想基础。

3. 多重机制构建

（1）组织领导机制

在组织领导机制上，上海市建立了体教结合工作领导小组，由市委副书记作为组长，分管上海市体育、教育发展的副市长作为副组长，教育、体育、发展改革、财政、人力资源社会保障等多部门主要领导作为下属成员。多元主体共同组成了上海市体教结合工作领导小组，该小组定期沟通汇报本市体教融合工作的现状与问题，推进上海市体教融合项目的整体布局、经费分配以及重大青少年活动赛事安排等事宜，充分发挥各主体的优势，助力上海市体教融合发展。

（2）教师培训机制

2012 年，上海市相关体育部门和教育部门共同培训了体育教师 1000 余人。同时，教育部门还通过多种方式来提升上海市体育教师的教学技能水平和业务水平，例如上海市体育传统项目学校师资培训工作就是上海市体育局与上海市教委携手开展的系统性工作，其目的是推动本市体育传统项目学校的发展，全面提升体育教师的教学水平。上海市体育传统项目学校师资培训通过邀请各个传统项目相关的专家学者，为上海市近 150 名优秀体育教师进行为期 5 天的理论与实践培训，并颁发结业证书，截至 2020 年，在上海市体育局与教育部门的共同努力下，已经有超过 1000 名体育传统项目学校的专项体育教师参加①。

（3）体教互援机制

体教融合对于体育与教育部门的合作要求极高，需要体育与教育部门通力合作、深度融合。一方面，上海市将体育学校纳入了本市教育发展的规划之中。上海市教委把两所市级的体育院校纳入了优质教育资源托管项目之中，在院校的文化建设、师资队伍建设等方面给予帮扶，为体育院校带去了新的教育理念和管理方式，提升了学校整体的办学水平。另一方面，上海市

① 《我们的体育老师是李秋平教的！深化体教融合，上海五年培训千名体育专项教师》，https：//export. shobserver. com/baijiahao/html/332109. html。

体育部门帮助教育部门组队参与中运会以及大运会等赛事，同时陆续将击剑、冰壶等项目交由符合条件的高校来承办，让上海市高校承担一部分运动员的日常训练工作。通过彼此的双向支撑，不断推进上海市体教融合发展。

（4）竞赛共办机制

上海市体育与教育部门共同搭建“推动普及、促进提高、选拔精英、导向明确、分层分类”的青少年体育竞赛体系，共同拟订赛事计划，改革青少年运动员的注册办法，统一注册资格。共同制定青少年学生体育赛事管理办法和评价标准，提升办赛的水平。例如，上海市学生运动会就是由上海市体育局和上海市教委共同推进的。再如，上海市的大学生足球“联盟杯”赛也是由上海市教委和上海市体育局结合民营企业共同推进的青少年体育赛事。

4. 多样化人才培养模式

（1）“一条龙”模式

“一条龙”模式是指在全市范围内建立一整套从小学到中学再到大学的竞技体育后备人才培养体系，即在中小学阶段主要依托市级设点学校，建设若干区县级设点学校，由低层级逐渐向高层级输送体育人才，以高校高水平运动队和省级专业队为目标而形成的学校课余运动训练网络①。例如，上海市金沙江路小学-梅陇中学-曹杨二中的“一条龙”女足培养系统，三个学校彼此间联系密切，信息交互顺畅，20 年的时间里为上海市输送了大批优秀女子足球运动员。同时 2019 年起，上海市也不断推进高中阶段的学校按比例与初中、小学组成“一条龙”的布局，真正实现教学、训练的全面对接。再如在上海市徐汇区体育局、教育局的共同推动下，徐汇区的篮球已经形成了以南洋模范中学为龙头，以南模初中、五十四中学、高安路一小、交大附小为基础的“一条龙”培养体系，篮球运动员每周训练六次，其间学

① 冉强辉、郭修金：《上海市“体教结合”运行现状与对策的研究》，《成都体育学院学报》2006 年第 1 期。

校也会单独安排教师进行教学辅导①，这可以说是上海市“一条龙”模式的一个缩影。

（2）“校体”联合模式

自1999年上海市提出“体教结合”战略以来，截至2008年，上海市已经有15所高校、17个项目创建了高水平运动队；共有35所中小学开始承担二线运动队伍的日常训练工作，成为二线运动队学校；有市级传统项目学校38所，区县级的学校高达100余所。这其中二线运动队学校和传统体育院校大多采取“校体”联合的培养模式。具体而言，如果院校以教育部门管理为主体，那么其项目一般是群众基础较好的大项目，较多偏重体能，对技术技巧的要求相对较低，对器械场地的要求也较低；如果院校以体育部门管理为主体，那么其学生的学习和部分项目的训练一般都会被放到普通高中，少部分院校要求较高，学生的学习和部分项目的训练则由体校的教练在体校中执行。此外，还有最后一种普通中学与传统体校合作的情况，这种情况下运动员的学籍一般由运动员所在学校来管理，运动员可以单独编班上课，也可以插班上课②。

（3）“社会化”模式

上海市自从2015年布局“上海市青少年足球精英培训基地”以来，通过政府购买服务以及委托办训的形式，大胆推进“放管服”改革，积极鼓励社会力量参与竞技体育后备人才培养工作。据统计，2021年，在上海市青少年训练管理中心进行备案的青少年体育俱乐部有178家，在训少年人数超过8000人③。由此可见，社会力量经营的青少年体育俱乐部已经成为上海市培养竞技体育人才的重要场域之一，其推动了上海市体育人才培养社会化、市场化发展。俱乐部的注册资质一般有三类：民办非企业、社会团体、

① 《打造中小学体育“一条龙”，上海体教融合有哪些经验可借鉴》，https：//baijiahao.baidu. com/s? id=1725907123361821516&wfr=spider&for=pc。

② 董超、田来、崔洁、周战伟、董翠香、季浏：《上海市业余训练运动员队伍建设及培养方式转变研究》，《广州体育学院学报》2014年第6期。

③ 《上海市青少年体育俱乐部注册人数创新高，申城青少年体育迎来“生力军”工作》，https：//www. sohu. com/a/453371900_ 499986。

民营企业。这些拥有注册资质的俱乐部会积极和当地的学校保持平等合作的关系，推动上海市青少年体育发展。俱乐部的运动员身份在义务教育阶段均为学生身份，完成义务教育后可以继续保留学生身份，也可以转为职业的运动员。例如，上海市曹燕华乒乓球俱乐部、上海李国君排球俱乐部等，都与普通中学有着紧密的联系。借助学校的体育场馆和生源优势，俱乐部提供优秀的教练人才，进行优势互补、资源共享；再如上海市奉贤区的青少年体育俱乐部是一家民非机构，主管单位是上海市奉贤区体育局。在上海市奉贤区体育局的指导和帮扶下，俱乐部和当地的奉贤区实验小学、曙光中学、南桥小学等多所学校共同来开展体育工作，内容十分丰富①。上海市体育局2020~2021年度的“上海市竞技体育后备人才社会培养基地”申报通知中也预计未来将有1200万元的经费用于借助社会力量培养竞技体育后备人才，利用扶持经费来帮助俱乐部等社会力量解决办训过程中的教练员、场地、比赛等问题，实现俱乐部向“培训+办训”的复合型经营转变②。

（三）经验梳理

1. 高度统一的体教融合发展理念

在我国推进健康中国、体育强国的重要战略背景下，体育被赋予了更为深刻的功能与内涵。教育本身包含着丰富的体育元素，而体育的过程也是教育的一种体现形式，体教融合正是现代“大教育观”的一种体现。传统体育部门与教育部门相互“割裂”的客观事实，一定程度上阻碍着二者之间的融合进程。若要冲破现实困境，推动体教融合，首要任务便是推动体育、教育部门在思想认知上的高度融合与统一，为今后融合工作的开展留出更大空间。在2016年上海市体教结合工作会议中，时任上海市委副书记、常务副市长应勇指出：“体教结合不是简单的体育和教育相加，而是要牢固树立

① 刘镇锋：《我国青少年体育俱乐部与学校联动发展现状及策略研究》，河南大学，硕士学位论文，2020。

② 《出资1200万上海市体育局大力扶持社会力量培养竞技体育后备人才》，https://sghservices.shobserver.com/html/baijiahao/2020/04/21/171923.html。

体教协同育人的理念，产生 1+1 大于 2 的效果。”①《上海市体教结合促进计划（2016~2020 年）》中也指出了“资源共享、责任共担、人才共育、特色共建、多元共治”的指导思想。这些都深化了上海市各级体育与教育部门的思想认知，使二者形成了高度统一的体教融合发展理念，指引着二者积极合作，将理念延伸至现实，持续推动上海市体教融合的深入发展。

2. 深入细化的体教融合机制

新时代体教融合政策的落地执行是一个复杂的系统，其所涉及的领域丰富、主体多元、内涵广泛，同时，实践过程中体育与教育部门不同的工作逻辑和发展思路也会对推进体教融合工作产生一定的阻力。这就要求体教融合工作构建出内外协调、上下衔接的多样且细化的各种运作机制来保障其可以顺利推进。上海市所构建的组织领导机制、资金供给机制、教师培训机制以及体教互援机制等，均是上海市推进体教融合工作的重要基础。这些机制更深刻的目的是进一步推动体育部门与教育部门在多个领域的合作与协同，增强彼此的交融程度，从而为上海市体教融合的发展注入活力。各种机制的背后其实已然预示着上海市体育与教育部门彼此资源的互相融通，彼此支撑、相互助力，充分利用自身优势资源进行互补，进而形成统一的合力来持续推动上海市体教融合工作的开展。

3. 多模式的后备人才培养方式

长期以来，我国竞技体育后备人才培养资金大部分来源于国家补贴，人才上升通道十分闭塞，与教育系统的融合程度极低，致使培养能力逐渐萎缩，人才数量和质量均有显著下降，人才文化素养也普遍不高，越发难以满足社会对竞技体育后备人才的需求。而国外竞技体育后备人才的治理方式主要是协同共治、多元主体合作②。所以这就启示我们在推进竞技体育后备人才培养工作时，要注重多模式、多主体的培养方式。上海在推进本市体教融

① 《上海公布体教结合“双十条”》，https://www.chinanews.com.cn/gn/2016/12-22/8102119.shtml。

② 于芬：《对高水平学生运动员培养体系的探讨——清华大学跳水队实证研究》，《北京体育大学学报》2008 年第 3 期。

合工作中，对于竞技体育后备人才的培养，就是通过多主体参与、多模式推进来展开的。上海市的“一条龙”、“校体”联合、“社会化”模式就是比较典型的人才培养模式，需要当地体育部门与教育部门等多元主体参与其中。这样的体教融合培养方式，一方面，可以有效为我国输送大批优秀的竞技体育后备人才；另一方面，可以有效提升运动员的文化素质水平，避免“运动水平高，文化素养低”的实然窘境。体育与教育两部门资源共享、优势互补、人才共育，不仅提升了上海市人才培养的效率，也为上海市竞技体育发展注入源源不断的力量。

4. 积极发动社会力量办训

随着我国社会与市场经济的不断发展，仅依靠体校等学校来培养竞技体育后备人才的弊端不断显现，而社会组织却更加专业化和高效率①，所以，积极鼓励社会力量参与我国竞技体育后备人才培养，进一步激发社会潜能是至关重要的。上海市政府通过积极推动“放管服”改革，发动社会力量开展青少年体育培训和办训工作，取得了良好的社会效益与经济效益。同时，上海市也非常重视青少年体育俱乐部与学校的深度合作，通过使二者资源共享，充分发挥各自优势，共同为青少年提供丰富的体育竞赛活动。体育部门也会给予社会力量一定的经费支撑，辅以政府购买公共服务的方式来让俱乐部培养青少年运动员，以解决俱乐部在培训和办训过程中存在的问题，助力其稳定发展。

三　北京市体教融合的推进现状及难点

（一）北京市体教融合的推进现状

北京市始终把体教融合作为厚植青少年体育发展的土壤、做强竞技体育

① 刘海元：《当前加强普通高等学校高水平运动队建设的若干问题探讨》，《首都体育学院学报》2018 年第 5 期。

后备人才梯队的基础性工作，体育部门和教育部门抓机制联合、抓赛事联办、促融合发展。早在 2012 年，北京市体育局就联合市教委、财政局、人力资源和社会保障局，出台了《北京市关于加强足球、篮球、排球项目工作的意见》，提出在校园内开展“1248”后备人才梯队建设工程，充分利用体育特长生招生录取优惠政策，加大优秀后备人才培养力度。2013 年，上述四部门又联合印发《关于加强“三大球”项目布局基层网点校建设的实施办法》，旨在不断夯实青少年“三大球”发展基础，形成梯队衔接紧密、项目布局均衡、赛事活动普及、人才培养精良、充满生机活力的青少年“三大球”工作局面，树立了体教结合的典型范例。近年来，北京市率先在理念和模式上实现了从“体教结合”向“体教融合”的转变，在青少年体育标准化建设与普及、区级业余训练改革、学校体育工作、青少年体育赛事和集训等方面取得了一定的成绩，开创了体教融合发展新局面。

1. 专业人才队伍建设

体育专业人才队伍建设是推动北京市体教融合工作开展的重要基层抓手，其水平的高低直接关乎体教融合工作的进程。就体育师资的发展现状而言，相关数据显示，截至 2019 年，北京市中小学体育教师的数量增加到 9871 人，相较于 2011 年增幅高达 32.4%[①]。在体育教师的学历分布上，相关研究表明本科学历占比最高，其次是硕士学历，大专和高中学历人数较少[②]；在性别比例上，男性要多于女性；在专业结构上，体育教育专业的体育教师比例更高[③]。在政策保障上，北京市体育局与市教委于 2013 年出台了《北京市体育传统项目学校体育师资培训三年计划（2013~2015 年）》，以国内重点体育学院为载体，对学校体育教师进行理论、技能等多方面的业

① 《北京市 2020 年教育新地图：体育教师数量 8 年增长 32.4%　新增 3 万个学前学位》，http：//m. gxorg. com/beiliu/guonei/2020/0117/39915. html。

② 张芳：《对北京市体育传统项目学校现状的调查与研究》，首都体育学院，硕士学位论文，2016。

③ 程菡：《北京市中小学新入职体育教师教学工作现状调查研究》，首都体育学院，硕士学位论文，2016。

务培训，3 年间累计培训了优秀骨干体育教师数百人①。2019 年，北京市教委为贯彻落实《北京市人民政府办公厅关于强化学校体育促进学生身心健康全面发展的实施意见》中关于加强体育师资队伍建设的要求，决定开展连续为期五年的中小学体育教师专业技能考核与展示工作。预计通过五年时间，组织好各区的体育教师培训与考核工作，为提高体育教师的业务水平，促进优秀体育教师互相交流经验，提供展示平台，最终全面提升中小学体育课堂质量②。

此外，北京市也在积极推动优秀退役运动员进校园。在政策保障上，《北京市加强中小学体育增强学生体质健康二十条措施》中指出要大力支持教练员、退役运动员等高水平专业体育人才经过培训和考核到中小学任教③；《北京市加强青少年足球体教融合发展十条措施》中也指出要鼓励专业人士进校园，探索优秀退役运动员进入学校任专任教师的方法与途径④。在教师资格培训上，2022 年 10 月由北京市体育专业人员管理中心举办的退役运动员考取中小学体育教师资格证笔试考试线上培训圆满完成。培训针对运动员文化基础薄弱的问题，通过精心设计课程、直播授课、互动答疑等方式助力退役运动员进校园。共计 36 人参加了培训，满意度为 91.67%⑤。但在实践中，目前北京市退役运动员进校园的比例仍然不高，相关数据显示，在对优秀跆拳道退役运动员转型后就业情况的调查中，仅有 14%左右的运动员选择从事中小学体育教师工作，主要影响因素是运动员自身文化水平⑥。

① 《北京制定体育传统项目学校体育师资培训计划三年培训不少于六百人》，https：//sports. huanqiu. com/article/9CaKrnJChNs。

② 《北京市教育委员会关于开展北京市中小学体育教师专业技能考核与展示的通知》，http：//jw. beijing. gov. cn/xxgk/zfxxgkml/zfgkzcwj/zwgzdt/202001/t20200107_ 1564707. html。

③ 《北京二十条措施加强中小学体育工作》，http：//www. moe. gov. cn/jyb_ xwfb/s5147/202101/t20210119_ 510320. html。

④ 《北京市体育局　北京市教育委员会关于印发〈北京市加强青少年足球体教融合发展十条措施〉的通知》，http：//tyj. beijing. gov. cn/bjsports/zcfg15/fgwj/qtwj/325912105/index. html。

⑤ 《北京市首期退役运动员考取中小学体育教师资格证笔试考试线上培训班圆满结束》，http：//tyj. beijing. gov. cn/bjsports/gzdt84/zwdt/325971905/index. html。

⑥ 李康：《北京市优秀跆拳道运动员退役转型研究》，首都体育学院，硕士学位论文，2018。

北京市也十分重视对于优秀体育教练员的引入。为深化体教融合工作，2023 年 2 月 1 日，国家体育总局等四部门联合印发了《关于在学校设置教练员岗位的实施意见》，提出“面向取得一级及以上运动员技术等级的退役运动员公开招聘”“做好退役运动员转型学校教练员工作”。早在 2021 年，北京市教委发布的《北京市加强中小学体育增强学生体质健康二十条措施》就提出了“在北京市大中小学设立专（兼）职教练员岗位，继续研制北京市兼职体育教师的管理细则，继续支持优秀教练员进入中小学任教”① 的举措。实践中，北京市部分学校也在积极引入社会上的优秀体育教练员，例如北京市海淀北部新区实验学校就与北京京羽体育文化发展有限公司进行合作，让公司专业的羽毛球教练不定期为学生进行羽毛球的指导和培训工作②；北京国安俱乐部的一线球员也会经常到北京市的中小学，对学生进行足球技能传授和培训工作③。再如在 2017 年的“北京市网球教育实验校”创建工作中，北京市网球中心定期选派优秀的教练员进驻到当地学校之中，开展网球教学和培训活动，受到了广大家长、师生的一致好评④。

2. 体育传统项目学校建设

早在 1994 年 5 月，北京市体委和市教育局就共同制定并颁布了《北京市体育传统项目学校试行办法》。根据多年政策的执行情况，北京市体育局和市教委于 2009 年 11 月将其更名为《北京市体育传统项目学校管理办法》，同时相继制定了《北京市体育传统项目学校评定办法》和《北京市体育传统项目学校评定标准及评分》。从 2010 年起，北京市体育局与市教委每两年会进行一次市级的体育传统项目学校评选及表彰。2016 年，市体育局

① 《北京二十条措施加强中小学体育工作》，http：//www. moe. gov. cn/jyb_ xwfb/s5147/202101/t20210119_ 510320. html。

② 《专业教练“羽毛球拓展课程”进校园，迎来阵阵欢呼声!》，https：//www. sohu. com/a/231185332_ 391284。

③ 《公益足球进校园　北京国安连续走进北京中小学校园》，https：//www. 163. com/dy/article/GK1MHVF80529VCL4. html。

④ 《创建“北京市网球教育实验校”第一学期课程圆满结束》，http：//tyj. beijing. gov. cn/bjsports/gzdt84/qthd/1469843/index. html。

和市教委对《北京市体育传统项目学校管理办法》进行了修订，其中对于传统项目学校的申报和命名、评估与撤销、建设和发展、保障和服务等多方面内容进行了更为细致的解释，进一步规范了北京市体育传统项目学校的管理工作①。数量方面，从北京市体育局目前的公示来看，全北京市的体育传统项目学校一共568所，其中国家级的体育传统项目学校有25所，北京市级体育传统项目学校有223所，区级体育传统项目学校有320所。在体育传统项目学校特色项目上，呈现出多样化的态势，既有传统的足球、篮球、田径、武术、排球、健美操等项目，也有独具特色的棒球、冰上项目、冰雪项目等。相关研究数据表明，当前北京市体育传统项目学校的项目建设中游泳、羽毛球、射击等奥运会优势项目数量较少，田径项目数量较多。类型结构上，小学占的比例最大，其次是初中和高中。在经费来源上，大多还是各级教委和体育局来进行资助，学校自筹经费和其他经费较少②。在分布区域上，国家级层面体育传统项目学校建设数量处于前两位的是东城区与海淀区，市级层面体育传统项目学校建设数量处于前两位的也是东城区与海淀区，区级层面体育传统项目学校建设数量处于前两位的是朝阳区和西城区。总体呈现出市中心区域建设情况较优，生态涵养区与副中心区建设情况略弱的特点③。

3. 高水平校园运动队建设

截至2019年，经教育部批准，北京市共有29所高校有资格建立高水平运动队④，在全国高校高水平运动队建设中位居前列，一定程度上代表了国家的先进水平。其中，在招生运动项目的设计上，主要有田径、游泳、篮

① 邓菊会：《北京市竞技体育后备人才培养政策执行的研究》，北京体育大学，硕士学位论文，2017。

② 张芳：《对北京市体育传统项目学校现状的调查与研究》，首都体育学院，硕士学位论文，2016。

③ 《北京市体育传统项目学校名单》，http：//tyj. beijing. gov. cn/bjsports/xxcx/tyctxmxx/index. html#div2。

④ 《北京市高水平运动队高校建设》，http：//jw. beijing. gov. cn/tmc/ty_ 15698/jjtyhbrcpy/201905/t20190513_ 1166546. html。

球、排球、足球、健美操、定向越野以及冰雪运动等。在高校分布上，北京市的高校高水平运动队大多分布在著名院校，以清华大学和北京大学为首，其经教育部批准的招生项目数量居前两位，其余院校的项目分布则相对均匀，但热门项目如田径、篮球等大多高校都有涉及，网球、跆拳道等项目则相对较少。在高校人才选拔上，多限于应届毕业生和体校、体工队队员，少数名校会招收现役或者退役的运动员，形成自身后备人才培养基地的高校较少，只有清华初步形成了从小学到中学再到大学的“一条龙”人才培养体系。在运动员管理上，学生入学后的学籍由校内的各个院系负责管理，学生运用课余时间进行运动训练。训练馆里的训练任务一般交由校内的体育学院和体育部门负责，日常生活管理由院系负责。在高校高水平运动队的教练员构成上，大部分为本校的体育老师，少部分为退役运动员，还有一部分通过外聘方式招募而来①。同时部分高校也会通过多种方式提升本校教练员的综合素质，例如清华大学会邀请国内外的高水平教练和专家学者来校给教练员进行前沿知识传授与讲解，并派遣校内优秀教练员出国进行交流。中国人民大学也会定期参与教育部、中国大学生体育协会以及国家各个体育协会举办的教练员培训。北京理工大学的足球项目高水平运动队连续几年赴韩国，与当地高校和俱乐部高水平教练和专家进行沟通学习②。在高水平运动队建设经费来源上，目前主要有学校体育经费支持、合作注册共同发展以及企业赞助三种。这其中，北京市学校每年会根据国家规定，对运动员安排 1.5 万元的配套支出；同时也会与其他省市合作注册，共同培养，经费由省市投入，训练由学校负责。例如，北京大学的田径运动员注册在上海、湖南等地；清华大学的田径运动员注册在北京、山西等地。高校通过和地方体育局联合注册共同培养，使得体育局也要支付部分经费，拓宽了经费来源；最后企业赞助也成了运动队建设的重要资金来源，例如北京理工大学足球队每年都会得

① 韦晓康：《北京高校现有高水平运动队发展现状的研究》，北京体育大学，硕士学位论文，2007。

② 张磊：《首都普通高校高水平运动队建设状况及发展对策研究》，首都体育学院，硕士学位论文，2013。

到爱国者、361°等企业的经费赞助[①]。

4. 业余训练体系构建

业余训练是通过充分利用少儿的业余时间培养竞技体育后备人才的一种形式，是以体育系统为主体、教育系统为依托，以不同年龄段少儿的科学选材、基础训练、培养输送为根本任务的社会体育活动[②]。早在 1970 年，北京市体委就颁布了《北京市业余训练学生运动员注册管理办法》来推进本市业余训练的发展[③]。2016 年北京市体育局颁布《北京市青少年业余训练考评办法》为全市青少年业余训练工作考核提供了制度依据。2022 年北京市体育局颁布了《关于加强和改进北京市业余训练工作的实施意见》，分别从强化各区级业余体校建设、打造重点项目及市区两级人才库建设等多方面，为深化北京市体教融合，促进本市业余训练工作的开展指明了未来出路[④]。在业余训练的形式上，北京市目前大多数业余体校采用集中训练的形式；在业余训练运动员人数上，北京市保持着稳定的增长势头，常年坚持业余训练的青少年运动员在 3 万名以上，每年可以向市级优秀运动队输送 300 人以上，现有注册的青少年运动员超过 5 万人[⑤]。在业余训练项目上，北京市重点业余训练项目包括足球、篮球、排球、田径、游泳、乒乓球、体操等 35 个夏季项目，冰球、滑雪、短道速滑等 5 个冬季项目；在业余训练项目投入经费上，北京市规定一般项目每年 1 万元，重点项目例如田径、游泳为 9 万元，体操（含跳水）为 12 万元，乒乓球为 7 万元；等等。相关研究表明，业余训练的教练从事教练工作的时间大多在 1～5 年，队伍年轻化程度高，同时也不乏教龄在 11～20 年的骨干教练从事业余训练工作；学历层次上，

---

① 郝光安、刘茂辉：《北京市普通高校高水平运动队建设的经验》，《体育学刊》2014 年第 5 期。

② 周战伟：《2012 年上海市业余训练管理干部培训班讲义》，上海市青少年训练管理中心，2012。

③ 《北京市体委关于印发〈北京市业余训练学生运动员注册管理办法〉的通知》，https：//m. fabao365. com/code/law_ 422410. html。

④ 《北京市体育局印发〈关于加强和改进北京市业余训练工作的实施意见〉的通知》，http：//tyj. beijing. gov. cn/bjsports/zfxxgk_ /tzgg40/21214265/index. html。

⑤ 《北京市注册青少年运动员超 5 万人，今年继续整合竞赛活动》，https：//baijiahao. baidu. com/s? id=1699364441023352084&wfr=spider&for=pc。

本科学历教练占比较大，研究生学历教练数量不断增加；同时北京市教委和市体育局经常会聘请知名体育院校相关学科专家为业余训练教练员提供全方位的培训，颁发结业证书①。同时，在新冠肺炎疫情背景下，部分区域也开始尝试科技助力青少年业余训练。例如，疫情期间，北京市朝阳区对青少年运动队均采取居家训练的方式，将数据库应用到实际训练中，教练员可通过数据库在线上对运动员进行精准指导，朝阳区联合科研单位和数据库开发团队及北京体育大学科技中心等主体，共同为朝阳区青少年业余训练任务科技化发展提供有力支撑②。

5. 青少年体育赛事体系构建

北京市体育竞赛管理和国际交流中心的数据显示，仅 2021 年北京市市级层面加上区级层面所开展的青少年各类体育赛事活动就高达百余场次。同时，《北京市深入推进体教融合实施方案》中也明确提出要建立市、区、校三级的青少年体育赛事体系，扩大青少年体育赛事供给。总体来看，目前北京市在不同项目中已初步形成向多级别的青少年体育赛事体系发展的格局。例如，2015 年北京市成立了青少年校园足球工作领导小组，北京市的校园足球竞赛体系逐渐完善，北京市教委增加“四级联赛”活动，初步形成了以校内竞赛、校际四级联赛（小学、初中、高中、大学）、选拔性竞赛（区组队赛事、满天星训练营）为核心的三大类赛事。其中从 2016 年开始，北京市的校内竞赛也逐渐成为代表性赛事，构建了校内班级赛、区级班级赛、市级班级赛多层级，涵盖小学、初中、高中多年龄段的复合型青少年体育赛事体系。再如，北京市青少年冰球俱乐部联赛是由北京市体育局与北京市冰球运动协会共同承办的青少年体育赛事。从 2012 年至 2021 年，由北京市冰球运动协会承办的北京市层面的冰球俱乐部联赛已经达到 7241 场，2013～2019 年的中小学校际冰球联赛赛事达 1354 场、2016～2019“奥运城市杯”

① 王晓楠：《北京市体育传统项目学校现状的调查研究》，硕士学位论文，首都体育学院，2010。

② 《完善科学促训　助力居家训练　北京朝阳区业余训练线上平台显优势》，https：//www.sport.gov.cn/n20001280/n20745751/n20767239/c21479316/content.html。

国际青少年冰球邀请赛赛事达161场，初步形成了丰富的青少年赛事体系①。同时，伴随2022年冬奥会的结束，冰球运动在北京市也迎来了发展高潮，俱乐部赛事、校际赛事、城区赛事以及市级赛事共同构成了北京市青少年冰球赛事体系②，不断推动着北京市青少年体育的发展。

6. 社会力量进校园

在政策保障上，北京市各相关部门均出台了关于社会力量进校园的官方文件，为社会力量进校园提供了制度依据。2021年1月北京市发布《关于全面加强和改进新时代学校体育工作的行动方案》③ 及《北京市加强中小学体育增强学生体质健康二十条措施》④，其中均指出要鼓励社会力量参与学校体育，进一步激发社会力量参与学校体育发展的活力。2022年3月，北京市体育局、北京市教委联合印发《北京市深入推进体教融合实施方案》⑤，指出要鼓励优秀实体服务校园。搭建供需平台，建立准入标准、服务标准，由培训机构与学校自由双向选择，探索以购买服务等方式，由青少年体育培训机构向学校提供体育锻炼服务。2022年9月，北京市体育局、市教委联合印发了《北京市加强青少年足球体教融合发展十条措施》⑥，也指出要鼓励足球专业人士进校园，推动社会场地免费或低收费向青少年开放，加强青少年足球培训机构规范管理，引导优秀实体服务校园。

在实践之中，北京市多地积极响应政策号召，不断加大对社会力量进校

① 任帅：《北京市青少年冰球俱乐部联赛发展现状及对策研究》，首都体育学院，硕士学位论文，2021。

② 赵子茜：《北京市青少年冰球赛事发展现状与对策研究》，北京体育大学，硕士学位论文，2020。

③ 《中共北京市委办公厅　北京市人民政府办公厅印发〈关于全面加强和改进新时代学校体育工作的行动方案〉的通知》，http：//www. gov. cn/xinwen/2021-01/20/content_ 5581266. htm。

④ 《北京市加强中小学体育增强学生体质健康二十条措施》，http：//www. beijing. gov. cn/ywdt/gzdt/202101/t20210120_ 2227243. html。

⑤ 《北京市印发〈北京市深入推进体教融合实施方案〉》，http：//tyj. beijing. gov. cn/bjsports/gzdt84/zwdt/21244884/index. html。

⑥ 《北京市体育局　北京市教育委员会关于印发〈北京市加强青少年足球体教融合发展十条措施〉的通知》，http：//tyj. beijing. gov. cn/bjsports/zcfg15/fgwj/qtwj/325912105/index. html。

园的支持力度。2021 年，北京市西城区教委整合了 12 家区属少年宫、科技馆等社会机构资源，列出 200 余个课后服务清单，涵盖音乐、艺术、京剧、田径、篮球、健美操等多种选项。通过“清单式”的服务，在回应“双减”政策的同时，也为社会力量进校园提供了有力支撑[①]。同样，2021 年北京市朝阳区教委也开始积极整合当地的冰雪场地机构、体育场馆、博物馆等社会机构资源，协同为学校配资源、供服务[②]。2021 年为积极筹划“冰雪运动进校园”活动，国家体育总局社会体育指导中心、北京市社会体育指导员协会等主体与北京市各大中小学学校展开合作，先后走进东城区回民实验小学、北京师范大学第二附属中学等中小学之中，培训学生达数千余人，普及了冰雪运动知识，同时也实现了社会力量进校园[③]。2022 年北京市保龄球运动协会积极开展保龄球进校园活动，联合北京宏志中学、北京市第五十五中学、北京一零一中等中小学开展了保龄球进校园系列活动，为培养青少年保龄球人才，激发学生对保龄球运动的兴趣夯实了基础[④]。

（二）北京体教融合的难点

1. 融合内容较为宽泛

就体教融合的目标来看，体教融合是要从根本上扭转青少年体质健康问题的产生根源，让体育真正回归国民教育体系之中。但从“体教结合”到“体教融合”，历经数十年的风雨变迁，目前仍然还存在体制机制、思想理念、政策制度等方面的诸多问题，需要通过“融合”来进一步打破壁垒，促进提升交融程度。细究起来，除各个职能部门的利益取向迥异之外，不得

① 《西城整合 200 余项课后服务，学生可“点单”到校!》，https：//baijiahao. baidu. com/s? id = 1710392890300571032&wfr = spider&for = pc。

② 《北京朝阳区落实“双减”课后服务实现“三送”》，https：//m. gmw. cn/baijia/2021 - 09/28/35196753. html。

③ 《北京社会体育指导员“冰雪运动进校园”活动培训学生近 3000 人次》，https：//baijiahao. baidu. com/s？ id = 1720537745468335268&wfr = spider&for = pc。

④ 《“强身树人、阳光少年”——京保协开展保龄球进校园活动》，http：//bowling. sport. org. cn/zxxx/2022/0719/410603. html。

不考量的另一问题便是“体教融合”所涉及的要素过于宽泛。北京市推进体教融合工作同样面临“融合点”过多的问题。换言之，面对如此纷繁复杂的“融合”业务，应该从哪些业务开始“融合”？哪些业务要推迟“融合”？哪些业务应需要尽快“融合”？拿最简易的“资源共享”来说，简单的四个字涵盖了太多的细分要素，体育和教育系统中人力、物力、财力、无形的资源等，将其中任意要素拿出来进行“融合”都需要花一定的时间去设计与考量，更不用说“资源共享”只是其中之一，“业余训练”“机制融合”“共建赛事”“社会力量培育”等都是“体教融合”这一命题所应涵盖的要素。所以，要真正使得部门之间达到深度交融的程度，远非一朝一夕可以实现的。在相对有限的时间和精力下，大量的“融合”领域意味着短时间之内难以做到“面面俱到”。这也无疑成为北京市推动体教融合工作的一大难点，需要通过理性的策略与短期利益、长期利益的博弈考量来进行解决。

2. 组织体系基础薄弱

多层次治理理论强调要建立不同级别、不同部门相互协调的治理结构，这种结构具有整体性、不可分割性，每个环节都有其联系方式①。体教融合过程所涉及的参与部门众多，这些部门在层级和行动方式上都有所不同，所以就需要构建一个涵盖多元主体的组织体系，以达到促进多元主体之间联动的效果。然而，现在北京市体教融合的组织体系并不完善，《北京市深入推进体教融合实施方案》中仅提及要发挥市级体育卫生工作局际联席会议的作用，相关体教融合的工作专班、区（县）层级的体教融合组织架构均还未健全，纵向的各级政府间的体教融合相关部门的联动态势还未形成，同时横向的职能部门与当地学校、社会组织、市场联合驱动体教融合发展也初具雏形，相关的地方实践较少，且大多存在于北京市经济发展状况较好的行政区之中，总体来看组织基础相当薄弱，急需加强。

① 冯春辉、柴国荣：《多层次治理视域下我国体教融合发展困境及完善对策》，《体育文化导刊》2022 年第 1 期。

3. 运作机制尚不健全

体育与教育部门长期以来相互独立，是我国推进体教融合工作面临的最大障碍[①]。当前北京市在推动体教融合工作过程中，多元主体之间的运作机制还有待健全，因为长期以来体育系统抓竞技、群众体育，教育系统抓学校体育，彼此间的合作壁垒没有被完全打破，所以在资源的共享、共建机制上自然缺乏基础。例如，在退役运动员进校园以及学校教师进入体教体系为学生传授知识等方面，均还没有形成有效的共享机制。北京市原有的体育系统和教育系统分管着不同的青少年竞赛体系，总体上北京市青少年锦标赛、U系列赛事等均由北京市体育局主办；北京市校际、中小学比赛等多数由北京市教委、各区教委举办。换言之，如若把这些复杂多样的体育赛事整合到课余时间的校内比赛、周末的校际比赛或是跨区域的比赛之中，同时交给两部门共同管理、推进，其中所涉及的赛制、规模、举办权等问题以及与之相对应的机制问题均应当得到解决。但现实中这些问题仍然没有得到解决。多元主体彼此间的联动机制目前也相对匮乏，大多是体育部门或者是教育部门单独通过购买服务的方式来推动社会力量协同提供青少年体育服务，鲜有多元主体共同举办某项赛事或提供服务的项目，职能部门与多元社会力量的协同联动机制也有待健全。

4. 微观配套措施缺乏

近年来，为顺利推进体教融合进程，无论是国家层面还是北京市层面，均出台了相关政策。例如国家层面颁布了《关于深化体教融合　促进青少年健康发展的意见》，北京市层面颁布了《北京市深入推进体教融合实施方案》等。尽管体教融合的相关政策还有进一步增加、深化的趋势，但这无法掩盖当前我国体教融合仍然处于前期探索阶段的事实。从北京市深化体教融合的制度体系来看，若要真正推进体教融合持续深入发展，需要出台更多政策配套和落实措施，否则势必会造成各主体在政策执行中互相推诿

① 杨桦、任海：《我国体育发展新视野：整体思维下的跨界整合》，《北京体育大学学报》2014 年第 1 期。

以及权责模糊的现象。例如《北京市深入推进体教融合实施方案》积极推动社会力量进校园，探索以购买服务等方式向青少年体育培训机构购买服务，但并未指出付费方是体育部门还是教育部门；再如《北京市深入推进体教融合实施方案》要求按照“一校一品”“一校多品”模式共建体育传统特色学校，这其中便涉及相关评定标准的再制定、考评机制的重构、管理细则的再评判等诸多问题，这些也都需要更加细化的政策来加以规定。这些微观层面政策的缺失与不完善，显然已经成为北京市推动体教融合工作的一大难点。

5. 社会力量进校园所面临的桎梏

事实上，竞技体育和学校体育工作大多处于体育与教育部门纵向管理体制的末端，在国家严格控制事业编制、行政编制数量的前提下，各级体育与职能部门均难以在具体的操作层面上提供服务所需的特定人才、资源和技术支撑。从发达国家的经验来看，发达国家基层具体的操作环节大多交由社会力量承办，因为社会力量具有较强的专业性和较高的效率[①]。对此，《北京市深入推进体教融合实施方案》中也明确指出要“积极规范引导体育社会组织和青少年体育培训机构对接学校学生需求，指导普及运动技能，提高青少年体育服务质量”。但在实践过程中，社会力量发挥的效果仍然十分有限：一是当前相关体育社会组织数量较少。有数据表明，截至 2017 年，我国平均每 10 万人拥有体育社会组织数量不足 2 个[②]。2021 年，“我国平均每 9660 个体育锻炼者只拥有 1 个正式体育社会组织”[③]。同时，北京市体育局 2019 年登记注册的青少年体育俱乐部数量只有 144 家[④]，且分布十分不均

① Poza L., M. D. Brooks, G. Valdés, “Entre Familia: Immigrant Parents’ Strategies for Involvement in Children’s Schooling,” *School Community Journal*, 2014, 24: 119-148.

② 国家体育总局人事司：《新中国体育人才工作发展研究》，《体育文化导刊》2019 年第 11 期。

③ 吴雨伦：《“创办你的体育社会组织”，中国首个运动员公益创业培训项目在沪启动》，https://wenhui.whb.cn/third/baidu/202103/28/397834.html。

④ 《2019 年北京市青少年体育俱乐部注册统计表》，http://tyj.beijing.gov.cn/bjsports/xxcx/sjxz/1608115/index.html。

匀，大多集中在海淀区、朝阳区、东城区等中心城区。所以有关青少年体育的社会组织数量总体来看仍较低。二是大多体育社会组织自身治理还存在诸多问题。相关研究也表明当前北京市体育社会组织还存在管理人员不足、资源有限、规章制度不健全、缺乏场地、管理人员与资金不足等诸多问题①，同时青少年体育俱乐部主要依托学校而建立，缺乏稳定的资金支持，大多由北京市体育局体育彩票公益金资助三年，三年后只能依靠自身能力筹集资金②。三是社会力量之间的竞争机制不完善。从北京市政府购买青少年体育服务项目来看，由于体育行业的专业性和当前北京市体育社会组织发展缓慢等，政府购买大多采用非竞争性的协商购买和合作模式，长此以往，对服务质量的监管不力、透明度不足容易引发腐败寻租、社会力量缺乏盈亏商业观念等问题，十分不利于社会组织的长期发展③，也不利于将更加优秀的社会力量引入校园。

6. 融合理念及思路有待深化

随着体教融合进程的不断推进，北京市教育和体育部门在青少年体育赛事体系建设、青少年体育联合办赛、青少年体育工作相关政策文件制定、业余训练体系重建等方面已经进行了初步探索，这表明在推进体教融合的过程中，两部门之间的合作已经有了一定的基础，形成了初步的体教融合态势。但在理念、思路层面的深度融合上还需进一步提升，深化体教融合理念要求两部门恪守革新育人观念，不能将体教融合视作体教两部门工作理念的简单叠加，而应视作一场“化学反应”，将两部门各自的优势整合成促进体育和教育融合的共同优势。当前，教育部门注重推广普及，强调五育并举；体育部门注重竞技体育后备人才的挖掘，注重青少年体育赛事的筹办，二者在工作理念上各有侧重，导致在某些行动上二者存在一定的偏差。同时，体教融

① 李捷、汪流：《北京市街道（乡镇）体育社会组织的现状》，《首都体育学院学报》2016年第4期。

② 李媛媛：《北京市200所国家级青少年体育俱乐部发展现状研究》，《成都体育学院学报》2018年第3期。

③ 夏贵霞：《政府购买青少年课外体育服务的实践探索与发展导向——以北京实践为例》，《武汉体育学院学报》2016年第4期。

合的推进工作目前尚停留在表象层面，尚未触及深层次的全要素融合，对于管理体制、工作理念、资源等要素的“融合”尚未形成清晰、全面的推进思路。

四 北京市体教融合的实施路径

2022 年 3 月，北京市体育局、北京市教委联合印发《北京市深入推进体教融合实施方案》，明晰了体教融合发展的工作思路、路径和方法，为推进体教融合制定了路线图和时间表，形成高质量的“北京方案”。在此基础上，还需要做好以下几方面的工作。

（一）夯实组织基础

为打破以往相关体育、教育部门的认知局限，消除部门隔阂，应尽早树立“一体化”的体教融合发展逻辑，夯实体教融合的组织基础。要高度重视政府部门联席会议制度的整合协调作用，以破除相关体制壁垒，实现横向多部门之间一体化的组织联系，从而更好地推动形成各层级的体育与教育部门相互支撑、相互补充、相互促进的发展格局。具体而言，第一，要实现纵向各层级政府和相关部门的有效联动。北京市在进一步深化体教融合进程、制定相关细节政策时，要充分结合北京市存在区域发展差异的客观事实，实事求是地考虑地方有关部门展开合作的可能性与可操作性，同时也应将地方推进体教融合的有特色的方式作为上级政策的有效补充，确保整个政策的制定与落实均能够体现出纵向上下组织间良好的联动效应。第二，要强化各级政府、青少年体育俱乐部与学校之间的有效联动。地方政府、体育与教育部门要依据当地社会体育俱乐部的实际情况，有针对性地制定社会体育俱乐部进校园的可量化标准，对社会体育俱乐部资质的审查要做细、做精，多方联合为学校体育活动开展、优秀运动人才培养提供更加专业的服务，真正实现多元主体的资源互融，夯实北京市体教融合发展的组织基础。第三，尽可能全面推动校际合作，包括但不限于体育赛事的共同开展、体育人力与设施资源的融合共享等，尽最大可能提升北京市体育传统项目学校、普通学校、体校之间的交融程度，推动从小学到大学的体育发展系统的衔接，彻底解决体育人才培育与体育事业发展的错配问题，深化体教融合发展。

（二）优化运行机制

深化体教融合，一方面要解决我国目前青少年存在的现实问题，另一方面则要强化体育在整个教育体系中的重要作用，通过各类机制的建立与创新，真正让我国体育与教育系统深度融合，让体育素养成为新时代青少年的基本特质。对于北京市推动体教融合工作来讲，要积极建立一体化的各类运作机制。具体而言，首先，要实现部门之间人才的共享机制。部门应联合制定优秀运动员进校园的具体细则以及明确学校系统教师进入体校任教的方式，在政策上明晰两系统人才的共享机制。其次，要强化一体化的青少年赛事运营机制。处于各层级的体育与教育系统赛事要进行并轨，对于选手的参赛资格、成绩的认定标准、职业与赛事等级的判定依据，要形成统一的制度体系，破除传统的两系统赛事“割裂”的弊端。再次，要建立完善的购买服务机制。部门应联合制定社会力量进校园的相关制度，包括但不限于购买主体的识别与认定、承办主体资质审查、活动质量监督评价标准等。最后，建立多边互动机制。学校、社区、社会组织与各地体育、教育职能部门应积极联动，依据各级体育和教育系统联合制定的推动当地体教融合的相关细则，定期、定时、定量开展协商工作，认真推动本地区体教融合事业发展。

（三）完善保障体系

推动体教融合工作的顺利实践落地，关键在于要建立一整套涉及政策、评价、监督等要素的保障体系。宏观来看，体教融合的过程具有长期性、复杂性，其所涉及的主体更是十分多元，需要体育、教育、市场监督等多个职能部门深度合作，建立一体化的保障体系。在具体实施过程中，要引导不同主体形成推动体教融合工作的合力，打造学校、社区、家庭体育一体化的育人模式，要在政策、评价、监督等多方面设立专门的制度，以提升多元主体的工作积极性①。首先，要不断深化体教融合的制度体系。在《北京市深入推进体教融合实施方案》的基础上，对于体教融合过程中体育、教育、卫生健康等多部门的协同职责与权责边界、学校体育意外损伤的约定等事宜进一步进行细化，深化有关政策，不同区（县）也应根据当地发展的实际情况，实事求是地制定细化的政策，不断完善制度体系。其次，各部门要建立统一的标准评价体系。教育部门要同体育、卫生健康部门联合制定学校体育标准，加强学校体育教学、训练、竞赛、学生体质健康监测等工作②。在评价体系上，要打造市、区、街道三级体教融合评价体系，在市政府的宏观领导下，各区要对本地区体教融合发展的现状进行定期评估，专门成立相应的评估工作小组，强化对本地区体教融合工作的监督检查力度，将培养优秀体育后备人才、促进提升本市青少年身体健康水平作为重要内容，保证体教融合目标的实现，推动本市体教融合工作落地生根。

（四）培育社会力量

政府与社会力量合作提供青少年体育服务是我国经济社会发展中的"新常态"，北京要积极培育社会力量，推动校园大力引进优质社会力量，使社会力量协助多元职能部门促进青少年体育事业发展。针对当前社会力量存在的相关问题，急需进行有针对性的路径建设。一是认真落实《行业协会商会与行政机关脱钩总体方案》的要求，深入推动行业体协与行政单位的脱钩，制定有关体教融合、服务于青少年体育发展的社会组织"依法登记注册制度"，同时放开"非竞争性"原则限制。通过政策引导的形式大力培育"体教融合"行业的体育社会组织和俱乐部，通过多重激励手段吸引教练员、退役专业运动员、体育教师、专家学者加入，在宏观层面提升青少

① 孙科、郇昌店、任慧涛、闫士展、纪成龙、张震、王永顺：《危机与应对：新型冠状病毒肺炎疫情下的中国体育叙事》，《上海体育学院学报》2020 年第 5 期。

② 熊文：《健康的追求与体育的坚守：学校体育"健康第一"的人文价值参照与审视》，《天津体育学院学报》2020 年第 4 期。

年体育社会组织的数量和质量。二是要求体育与教育部门认真落实国务院印发的《关于加快发展体育产业促进体育消费的若干意见》，盘活市场力量，取消非必要的审批流程，为市场组织培养竞技体育后备人才破除壁垒。三是要完善政府购买服务的制度体系，尤其是在当前深化体教融合的背景下，对于部门之间“谁来买”“向谁买”“买什么”“如何买”等问题均应当给予相应的制度保障。应加快明确购买青少年体育服务的内容和类别，规范合同管理的程序、服务质量监督制度、服务主体监管制度、购买纠纷解决制度、购买主体权责边界制度，等等。通过一系列制度的建设，真正发挥体育、教育系统的合力，并使体育、教育系统同社会组织、市场组织协同，深化体教融合进程，助力青少年身体健康发展。

（五）统一融合理念

实现体育和教育思想理念的融合统一是体教融合推进过程中的一大难题，但也有其不可忽视的价值和作用。新时代体教融合树立了“健康第一”的革新理念、确立了学校体育主体地位发展理念、体教协同育人的价值理念和多元开放融合的治理理念①。当前，各地体教融合尚处在体育与教育部门联办赛事活动、具体事宜对接等初始合作阶段，对体教融合的意义虽已形成共识，但各方面的工作却仍处于理想与现实的夹缝间，与体教融合的内在要求相去甚远。就北京市体教融合的推进工作而言，第一，应强化融合思维，尤其是体育和教育部门更应该在体教融合工作上深度沟通协调，彻底消除以往“体教分离、体教结合”所遗留下来的思想隔阂与鸿沟，在思想理念上达成高度统一。第二，应树立“大体育”观念，让体育回归教育，发挥教育系统优势，由体育系统提供相应的行业服务支持。通过政策文件、演讲活动、体育赛事等普及体育在育人方面的终极价值，逐渐改变家庭和社会以往对体育的偏见，奠定体教融合推进的社会基础。

① 杨国庆、刘宇佳：《论新时代体教融合的内涵理念与实施路径》，《天津体育学院学报》2020 年第 6 期。

五　结语

体教融合涉及复杂的、系统性的、结构性的改造，不可能毕其功于一役，需要付出艰苦的努力。在当前部门职能分割的现实与体教融合的要求存在客观矛盾的情况下，北京市需要坚持创新发展，走出一条具有首都特色的体教融合之路，开创青少年体育工作新局面。一是牢固树立“健康第一、全面发展”的理念，强调体育与教育在功能和目标上的充分融合，促进青少年健康成长、全面发展。二是坚持“一体化设计、一体化推进”的总体原则，注重政策的统一性和延续性。三是遵循“复杂问题有限求解”的基本思路，确定重点的融合领域，精准、重点发力，进而起到“牵一发而动全身”的作用。四是充分利用“双奥之城”遗产，巩固冰雪运动进校园成果，把教育和体育相关的资源有机整合起来，打造体教融合试验田。

参考文献

[1] 柳鸣毅、敬艳、但艳芳等：《体教融合视域中学校体育改革的实践逻辑——基于中小学校体育改革的多案例扎根理论分析》，《体育学研究》2022 年第 5 期。

[2] 李国华、卞辉、李艳茹：《困境与突破：新时代体教融合背景下高校体育发展策略研究》，《西安体育学院学报》2022 年第 5 期。

[3] 但艳芳、柳鸣毅、敬艳等：《体教融合视域下体育师资协同培养的理念、机制与路径研究》，《山东体育学院学报》2022 年第 4 期。

[4] 杨国庆：《体教融合背景下我国高校高水平运动队建设：历史考察、经验凝练与优化策略》，《北京体育大学学报》2022 年第 7 期。

[5] 丁省伟、储志东：《是何 · 为何 · 如何：体教融合研究综述与展望》，《上海体育学院学报》2022 年第 7 期。

[6] 王莹、戴俊、问绍飞：《体教融合视域下青少年体质健康促进政策法律化研究》，《沈阳体育学院学报》2022 年第 4 期。

[7] 吴建喜、陈海鹏：《体教融合背景下政府购买体育公共服务进校园的问题审视和优化策略》，《体育学刊》2022 年第 4 期。

[8] 彭响、胡科、刘如：《学校深化体教融合视域下青少年身体素养培育的理论阐释与实践逻辑》，《体育学刊》2022 年第 3 期。

[9] 欧阳井凤、邢金明：《共生理论视域下体教融合现实审视及路径构建》，《体育文化导刊》2022 年第 5 期。

[10] 丁明露、杨雅晰：《欧盟体教融合政策阐释与模式借鉴——基于〈欧盟体教融合指导纲要〉文本分析视角》，《沈阳体育学院学报》2022 年第 2 期。

[11] 吉煜靖、彭国强：《美国学校体育实施体教融合育人的特征及其启示》，《沈阳体育学院学报》2022 年第 2 期。

[12] 柳鸣毅、陈石、孔年欣等：《体教融合视域中体育传统特色学校创建的影响因素及功能再造》，《体育科学》2022 年第 3 期。

[13] 贾志强、董国民、贾必：《体教融合背景下我国竞技篮球后备人才培养新格局与发展路径》，《体育文化导刊》2022 年第 3 期。

[14] 季彦霞、马国义、吕万刚等：《体教融合背景下我国青少年体育后备人才培养多元共治及实现路径》，《西安体育学院学报》2022 年第 2 期。

[15] 郭振、王松、钟玉姣、刘波：《新时代体教融合的概念、价值与实践路径探析》，《体育科学》2022 年第 2 期。

[16] 李燕、骆秉全：《新时代体教融合的动力、困境和实施路径研究》，《体育科学》2022 年第 2 期。

[17] 张孝禄、梁勤超、高鹏飞：《深化体教融合中利益相关者主体话语权及利益博弈》，《体育与科学》2022 年第 1 期。

[18] 冯春辉、柴国荣：《多层次治理视域下我国体教融合发展困境及完善对策》，《体育文化导刊》2022 年第 1 期。

[19] 赵亚男、郭蔚蔚、刘志云等：《体教融合背景下中国青少年足球赛事体系的优化路径》，《上海体育学院学报》2022 年第 1 期。

B.3 北京市中小学生体育家庭作业现状调研报告

李海燕　郝　杰*

摘　要： 家庭作业是连接课内与课外、学校与家庭的桥梁，可以提升学生的综合素养能力。本报告对北京市中小学生体育家庭作业的现状进行了调研，对体育家庭作业的布置、收集情况，以及相关主体对体育家庭作业的评价情况进行了问卷调查。结果显示，体育家庭作业的布置内容一般涉及学生基本身体素质练习、健康知识普及、专项运动技能方面；“目标管理”式的作业收集方式不再拘泥于“是否每天做了作业”的过程，而让学生更加积极、自主地瞄准最终目标进行锻炼；对体育家庭作业的评价主体和方式，不再局限于单一的体育教师评价和结果性评价，而逐步倾向于评价主体多元化、评价方式多元化。本报告对北京市体育家庭作业实践中存在的问题进行了归因分析，如对体育学科边缘化属性的刻板印象、体育家庭作业缺乏专业指导、体育家庭作业的评价机制不健全以及体育家庭作业所需场地器材不足。本报告对体育家庭作业的改进提出了相应的策略，如在布置类别上体现体育家庭作业内容的多样化，在评价机制方面搭建体育家庭作业的展示平台，在保障条件方面实现体育场地器材利用的最大化，在家校协同方面提升家长的认知性与认同感。

关键词： “双减”　北京市　中小学生　体育家庭作业

* 李海燕，博士，首都体育学院副教授、硕士生导师，主要研究方向为体育人文社会学；郝杰，首都体育学院在读硕士研究生，主要研究方向为体育人文社会学、学校体育学。

家庭作业是课程的有机组成部分，是连接课内与课外、学校与家庭的桥梁，可以提升学生的综合素养能力。增强青少年体质，促进青少年健康成长，是关系国家和民族未来的大事，是实现“中国梦”的重要基石。体育家庭作业是体育课和课外体育活动的延伸，是促进青少年体质健康的重要渠道。体育家庭作业是体育教师根据体育课内容要求、学生身心健康发展的特点所制定的适合学生在课外、校外实施的体育参与方案。体育家庭作业是在“双减”政策的背景下应运而生的，也是落实新课标中提出的“教会、勤练、常赛”要求的具体措施之一。本报告在对北京市中小学生体育家庭作业进行调查研究的基础上，对其实施现状进行解析，分析其存在的不足，并提出有效的应对策略。

一　体育家庭作业的设置背景和意义

（一）体育家庭作业的设置背景

1. 国家文件关于体育家庭作业的新理念

2020 年 10 月，中共中央办公厅、国务院办公厅联合印发的《关于全面加强和改进新时代学校体育工作的意见》指出：合理安排校外体育活动时间，着力保障学生每天校内、校外各 1 个小时的体育活动时间，促进学生养成终身锻炼习惯①。2020 年 9 月，国家体育总局、教育部发布《关于深化体教融合　促进青少年健康发展的意见》指出：调动家庭、社会的积极性，形成“家校社”共同支持体育教育的良好环境②。2021 年 4 月 19 日，教育部办公厅印发《关于进一步加强中小学生体质健康管理工作的通知》指出，强化中小学生“五项管理”之体质健康管理工作。学

① 《中共中央办公厅　国务院办公厅印发〈关于全面加强和改进新时代学校体育工作的意见〉》，http：//www. gov. cn/zhengce/2020-10/15/content_ 5551609. htm。

② 《体育总局　教育部关于印发深化体教融合　促进青少年健康发展意见的通知》，htp：//ww. moe. gov. cn/jyb_ xxgk/moe_ 1777/moe_ 1779/202009/20200922_ 489794. html。

校要对体育家庭作业加强指导，提供优质的锻炼资源，及时与家长保持沟通。

《义务教育体育与健康课程标准（2022 年版）》指出，促进课内外有机结合，引导学生养成良好的体育锻炼习惯。落实“教会、勤练、常赛”“学生每天校内锻炼 1 小时、校外锻炼 1 小时”的要求，加强课内教学与课外体育活动的有机结合以及学校、家庭和社区体育的多元联动①。教师应在提高课内教学质量的基础上，积极组织、指导学生参与校内多种形式的课外体育活动和竞赛活动，布置学生独立或合作完成、与家长共同完成的体育家庭作业等，促进学生经常锻炼、刻苦练习，逐渐培养学生的体育锻炼习惯，缓解学生的学习压力，丰富学生的课余文化生活，更好地培育学生的核心素养。

《“健康中国 2030”规划纲要》中提出“青少年学生每周参与体育活动达到中等强度 3 次以上”的任务要求，体育家庭作业将大幅度提升学生的锻炼时间，有利于家校体育共育，促进家长更加关心学校体育和孩子的身心健康发展，有利于向全社会普及科学体育锻炼知识，促进体育锻炼的风气形成，构建健康的生活方式②。

2.“双减”政策对体育家庭作业的新要求

2021 年 7 月 24 日，中共中央办公厅、国务院办公厅印发《关于进一步减轻义务教育阶段学生作业负担和校外培训负担的意见》，指出全面压减作业总量和时长，减轻学生过重作业负担，一、二年级学生不布置书面作业，其余年级书面作业完成时间则不超过 60 分钟，鼓励学校和家长引导学生放学回家后开展适宜的体育锻炼③。对于学校的课后服务也提出了不同于以往的明确要求，指出第一阶段开展体育锻炼，保障学生的每天

① 《教育部关于印发义务教育课程方案和课程标准（2022 年版）的通知》，http：//www.moe.gov.cn/srcsite/A26/s8001/202204/t20220420_ 619921.html。

② 《中共中央国务院印发〈“健康中国 2030”规划纲要〉》，http：//www.gov.cn/xinwen/2016-10/25/content_ 5124174.htm。

③ 《中共中央办公厅　国务院办公厅印发〈关于进一步减轻义务教育阶段学生作业负担和校外培训负担的意见〉》，http：//www.gov.cn/xinwen/2021-07/24/content_ 5627132.htm。

锻炼一小时目标实现；第二阶段开展课业辅导与综合素质拓展类活动，主要表现为参与文体性质的兴趣小组以及社团活动。“双减”政策主要是基于解决当前中国青少年体质严重下降这一现实问题而提出的，体育与健康课程是重中之重，留体育家庭作业是应有之义，只有减少其他科目作业量，不断增加体育家庭作业量，增强学生体育参与，才能有效提升学生身体素质。

“双减”政策发布前的数十年里，学生囿于各学科的书面作业无法抽身进行大量的体育锻炼活动，造成身体素质大幅度的下滑，“小眼镜”“小胖墩”层出不穷，相关体育家庭作业的设置也是名存实亡，学术研究与理论探讨更是少之又少，基层教学现实中体育家庭作业多使学生进行普适性的基本素质练习，缺乏趣味性且完成度偏低，整体处于学科作业的末端。目前，在政策指引之下，学生课业负担进一步减轻，有更充足的课余时间，如何利用好课外时间，推进体育家庭作业有效实施，开辟学校体育“第二战场”已成为强化学校体育的重要一环。与“双减”同时存在的是“双加”，“双加”的第一要求是“加强校内外教育以及对学生的综合素养和身心健康的教育”。同时，学校推进体育家庭作业制度，探索家校合作的模式，有效地调动了家长的积极性，促进学生在家庭中进行体育锻炼的良好习惯的养成，激发家庭和社会对促进青少年健康成长的责任感。有效利用学生居家时间使学生积极主动地参与体育活动，督促学生规律运动，培养学生运动兴趣和运动习惯，体育家庭作业“打卡”是有效途径和有力抓手。

（二）体育家庭作业的设置意义

1. 构建“课内外一体化”课程体系

学校体育要做到“教会、勤练、常赛”，体育课要教授学生运动技能与运动技术，达到“教会”这一目标。但想要做到“勤练”仅仅依靠学生在学校的时间往往是不够的。体育家庭作业就是充分利用学生的课外时间，增加学生练习的次数，使学生在锻炼身体的同时熟练掌握在课堂上学到的知识。“双减”政策发布后学生文化作业相对减少，空余的时间更多，学生能更好地参与体育锻炼完成体育家庭作业。《“健康中国 2030”规划纲要》中强调要将“课堂教育与课外实践相结合”，学生在学校学习知识，在校外巩固所学知识，部分学生在课堂上无法精准掌握正确的技术动作，在这种情况下当天的体育家庭作业就能起到巩固定型的作用，帮助学生更快、更好地掌握所学内容。学生还可以根据自身特点选择适合自身的课外实践内容，展现学生自身特色。学校根据学生学习进度举办特色比赛，在比赛中检验学生学习成果，锻炼学生意志品质。体育家庭作业促进了课内外相结合，始于“教会”，止于“常赛”，促进学校落实“教会、勤练、常赛”这一教学理念，打造学校一体化发展新高地。

2. 完善“三位一体”育人机制

发展学校体育是实现体育强国的手段之一，但仅仅靠学校的力量是远远不够的，社会体育、家庭体育也是不可或缺的一部分。我国多部文件中强调要“加强家庭和社区的青少年体育活动，形成学校、家庭和社区的合力”。体育家庭作业就是促进学校、家庭、社区友好合作的一个桥梁，孩子在回家完成体育家庭作业的同时带动家长一起锻炼，同时也能促进改善亲子关系，构建和谐的家校关系。完成体育家庭作业时学生需要体育场地、体育器材等，从而侧面带动了体育产业的发展，促进社会经济发展。社会经济的发展则有助于更好地完善和补足社区体育器材，促进学生体育家庭作业的完成度大大提高。学校体育是家庭体育的基础，家庭体育是学校体育的延续，社会体育是学校体育的保障，学校、家庭、社会“三位一体”形成一个稳固的三角关系，才能更好地提升教育的有效性，保证教育的高度一致性。

3. 提高青少年健康水平

毛泽东在《体育之研究》中强调“体育于吾人实占第一之位置，体强壮而后学问道德之进修勇而收效远”。目前我国经济快速发展，但“小胖子”“豆芽菜”“近视眼”却越来越多。中小学时期是青少年学生体质发展的最好时期，教师通过布置体育家庭作业，让学生走出家门，放下手机，远离电视，增加学生进行体育运动的时间，能够很好地实现校外一小时锻炼计划。体育老师根据学生身心特点设计不同内容、不同种类的作业，能够促进学生体质健康发展。总之，体育家庭作业作为一种积极的干预手段，可以很好地提高学生的锻炼兴趣，使学生掌握运动技能，更可以提高学生健康水平。

二 北京市中小学生体育家庭作业的实施现状

为了进一步了解北京市中小学生体育家庭作业的实施现状，在北京市体育局的支持和协助下，本报告分别设计并发放了教师问卷与家长问卷，此外，还与北京市基础教育研究中心课题组共享了一份学生居家锻炼问卷，从中抽取了我们所需的部分内容和数据。其中，收集“北京市中小学体育家庭作业现状调研家长问卷”261 份、“北京市中小学体育家庭作业现状调研教师问卷”922 份，抽取使用“北京市中小学体育家庭作业现状调研（中小学生居家锻炼问卷）”89285 份，涉及小学一年级至高三年级的学生。本报告就是基于以上几份问卷结果整理而成的。

（一）体育家庭作业的布置

1. 体育家庭作业的布置依据

体育教师主要依据《国家学生体质健康标准》测试项目的要求、体育中考项目、《体育与健康课程标准》的内容及学生身心全面发展具体情况来设计体育家庭作业内容，也会根据学校运动会竞赛项目的运动特点布置体育家庭作业。《国家学生体质健康标准》的测试项目规定，小学阶段有 50 米跑、坐位体前屈、1 分钟跳绳、1 分钟仰卧起坐、“50 米×8”往返跑，其中 1 分钟跳绳为加分项目，加分幅度为 20 分；初中、高中和大学的测试项目有 50 米跑、坐位体前屈、立定跳远、引体向上、1 分钟仰卧起坐、1000 米跑（男）/800 米跑（女），其中加分指标为男生引体向上和 1000 米跑，女生 1 分钟仰卧起坐和 800 米跑，各项指标加分幅度均为 10 分，各项指标还被进行了单项评分和权重赋分①。

各省市体育中考项目对学生的运动技能掌握和身体素质提升也具有积极的促进作用，如北京市体育项目中男生有 1000 米跑（必考项目），引体向上或原地正面掷实心球（考生从两个项目中选择一个），足球运球绕标志物、排球垫球、篮球运球绕标志物（考生从三个项目中选择一个）；女生有 800 米跑（必考项目），1 分钟仰卧起坐或实心球（考生从两个项目中选择一个），足球运球绕标志物、排球垫球、篮球运球绕标志物（考生从三个项目中选择一个）。

《义务教育体育与健康课程标准（2022 年版）》中指出，体能训练主要针对的是改善身体成分，发展心肺耐力、肌肉力量、肌肉耐力、柔韧性、反应能力、位移速度、协调性、灵敏性、爆发力、平衡能力等，为学生增强体质健康和增强训练专项运动技能奠定良好基础。发展心肺耐力的练习方法有 1 分钟跳绳、较长距离的游泳或滑冰、折返跑、障碍跑和校园定向运动等。发展肌肉力量的练习方法有上坡跑、沙地跑、跳跃障碍、攀登、仰卧起坐等。发展肌肉耐力的练习方法有支撑、悬垂、举轻哑铃、连续单脚跳、连续双脚跳、匍匐前进等。发展柔韧性的练习方法有横/纵叉、仰卧推起成桥、握杆转肩、体侧屈和坐位体前屈等。发展反应能力的练习方法有正反口令练习，听口令变向跑、起动与制动等。发展位移速度的练习方法有 30 米跑、5 秒快速高抬腿跑和变速跑等。发展协调性的练习方法有投掷、抓握、抛接等简单的手眼协调练习，踢毽子、跑动中踢准和射门等眼脚协调练习。发展灵敏性的练习方法有翻越、十字象限跳、绕杆跑、折返跑、变向跑和追逐跑等。发展爆发力的练习方法有立卧撑、纵跳摸高和快速斜身引体等。发展平衡能力的练习方法有燕式平衡和多点支撑等静态平衡练习，在狭窄路径上行走、跳上或跳下低矮物体和双脚尖走等动态平衡练习。

2. 体育家庭作业的布置内容

在对《国家学生体质健康标准》、学生身体情况等进行综合考量后，教

① 中华人民共和国教育部、国家体育总局：《国家学生体质健康标准解读》，人民教育出版社，2014。

师布置的体育家庭作业内容主要有基本身体素质练习、健康知识普及、专项技能运用、体育节目欣赏，其中基本身体素质练习（力量、速度、耐力、柔韧性、协调性练习等）、健康知识普及（运动损伤处理、卫生安全常识）两项的响应率和普及率明显较高（见表 1）。

表 1　体育家庭作业内容维度结果响应率和普及率

单位：人，%

内　容	响应		普及率（n=200）
	数量	响应率	
基本身体素质练习（力量、速度、耐力、柔韧、协调练习等）	142	39.89	71.00
专项技能运用（足球、篮球、排球、乒乓球、羽毛球、网球等）	71	19.94	35.50
健康知识普及（运动损伤处理、卫生安全常识）	83	23.31	41.50
体育节目欣赏（观看 NBA、CBA、NFL、MLB 等各级别联赛）	58	16.29	29.00
其他	2	0.56	1.00
总　计	356	100	178.00

（1）基本身体素质练习

基本身体素质通常指的是人体肌肉活动的基本能力，是人体各器官系统的机能在肌肉工作中的综合反映。基本身体素质与人体完成各项活动、适应外界环境有着密切关系，也是个人掌握运动基本技术、提高专项运动技术和运动成绩的基础。基本身体素质练习包括力量、速度、耐力、柔韧性、协调性练习等，在教师布置的体育家庭作业中，其中力量练习如俯卧撑、仰卧起坐、波比跳的比例较高，有 74.88%的教师安排了此类内容；61.11%的体育教师安排了心肺耐力练习（如慢跑、3 分钟及以上跳绳等），然后依次是柔韧性练习（坐位体前屈等）、速度素质练习（小步跑、弓箭步跳、快速高抬腿跑等）、灵敏性练习（绳梯练习、左右滑跳等）、协调性练习（十字跳、提膝跳击掌等）。由表 2 可见基本身体素质练习方面的体育家庭作业布置较为全面，以力量练习内容为首，心肺耐力练习居第二。研究证明，加强相关肌肉、肌腱、肌膜、韧带与骨骼的锻炼，能有效减少伤病的发生，良好的肌肉力量可以助力专项运动技能的发展，所以力量训练的重要性可见一斑。

表 2　体育家庭作业的基本身体素质练习内容

选　项	人数(人)	比例(%)
灵敏性练习(绳梯练习、左右滑跳等)	43188	48.37
力量练习(俯卧撑、仰卧起坐、波比跳等)	66854	74.88
柔韧性练习(坐位体前屈等)	49816	55.79
心肺耐力练习(慢跑、3 分钟及以上跳绳等)	54560	61.11
协调性练习(十字跳、提膝跳击掌等)	40294	45.13
速度素质练习(小步跑、弓箭步跳、快速高抬腿跑等)	44742	50.11
没有布置过	8940	10.01
总　计	89285	

（2）健康知识普及

教育部发布的《生命安全与健康教育进中小学课程教材指南》中指出，良好的健康教育有助于学生树立正确的生命观、健康观、安全观，养成健康文明行为习惯和生活方式，自觉采纳和保持健康行为，为终身健康奠定坚实基础。《义务教育体育与健康课程标准（2022 年版）》中指出，健康教育应涵盖健康行为与生活方式、生长发育与青春期保健、心理健康、疾病预防与突发公共卫生事件应对、安全应急与避险五个领域，主要帮助学生逐步养成健康与安全的行为习惯和生活态度。健康教育贯穿于整个义务教育阶段，有体育与健康、道德与法治、生物学、科学等多门课程，其中体育与健康是落实健康教育的主要课程。体育教师是健康教育课程的主要执行者。在体育家庭作业的布置中，仅有部分教师布置了健康知识普及涉及的运动损伤处理、卫生安全常识等内容。

《义务教育体育与健康课程标准（2022 年版）》针对水平一目标的教学提示指出，在开展健康教育时，设置不同的场景，引导学生开展学习活动，如指导学生看图或视频说出餐桌上哪些行为不礼貌、如何保护视力等，培养学生在活动中获取多方面知识的能力。注重体验式教学，引导学生在实践活动中学习健康知识。例如，指导学生调查了解家庭成员的饮食习惯，使学生懂得不偏食、不挑食、不暴饮暴食，指导学生设计板报，宣传正确坐姿、健康饮水饮食、游戏中的安全注意事项等，培养学生的动手能力和实践能力。注意将内容的知识性与趣味性有机结合，采用通俗易懂、直观形象的教学方式，如通过儿歌、图画、游戏、故事、表演等激发学生的学习兴趣。注重将教学与学生的认知水平和生活经验相结合，可以从学生日常生活中的事例切入，也可以让家长参与健康教育教学，提升学生的学习效果。在布置体育家庭作业时，可以布置健康教育知识学习相关内容，以便家长参与并增加亲子活动时间。

（3）专项运动技能

专项运动技能是学生掌握完整运动技术的能力，涉及球类运动、田径类运动、体操类运动、水上或冰雪类运动、中华传统体育类运动、新兴体育类运动六类，每类包含若干运动项目。内容要求主要包括基础知识与基本技能、技战术运用、体能、展示与比赛、规则与裁判方法、观赏与评价。在体育家庭作业的布置中，也部分涉及了学生专项运动技能的运用与提升，如足球、篮球、排球、乒乓球、羽毛球、网球等，这对学生课内运动技能学习内容的复习与掌握起到积极的促进作用。《义务教育体育与健康课程标准（2022 年版）》针对水平二目标的教学提示指出，学生每学期应观看不少于 8 次自身所学球类运动项目的比赛。这样的观看任务也可以通过完成体育家庭作业的形式来完成，家庭成员与孩子可一起欣赏或观看体育比赛。

3. 体育家庭作业的布置方式

教师在布置体育家庭作业时，允许学生按照兴趣自主选择内容，将必做与选做作业相结合，统一要求、形式不限，大多不做“一刀切”式的统一部署。

（1）体育家庭作业的频次

《关于全面加强和改进新时代学校体育工作的意见》指出：合理安排校外体育活动时间，着力保障学生每天校内、校外各 1 个小时的体育活动时间，促进学生养成终身锻炼习惯。要保障校外一个小时的体育活动时间，体育教师可以鼓励学生在校外积极参与体育运动，还可以布置体育家庭作业，以任务完成方式保障学生的校外 1 小时体育活动时间。那么，体育教师该以何种频率布置体育家庭作业，是一天完成一次作业，还是两天完成一次作业，抑或一周完成一次作业？通过问卷调查，得到的具体结果如表 3 所示。

表 3　家长和体育教师认为的体育家庭作业的适宜布置频次统计

选项	家长		体育教师	
	人数(人)	比例(%)	人数(人)	比例(%)
1~2 次/周	15	46.88	418	50.48
3~4 次/周	12	37.50	260	31.40
5~6 次/周	1	3.13	117	14.13
7 次/周	4	12.50	33	3.99
总计	32	100	828	100

关于布置家庭体育作业的频率，有 46.88%的家长和 50.48%的体育教师认为每周布置 1~2 次比较适宜，37.50%的家长和 31.40%的体育教师认为每周布置 3~4 次比较合适。而在另一项亲子运动的调查中，37.51%的家长认为孩子每周的运动次数达到 4~5 次比较合适。这项亲子运动调查是借助于北京市教育委员会和北京市体育局共同举办的线上亲子运动会活动来开展的，该亲子活动有打卡的要求，促进了亲子运动时间的增加，运动频次的提升。

受其他学科作业的时长以及家长工作等因素的影响，目前家长的需求量和体育教师的计划量不足以保障学生校外 1 小时体育活动时间，建议在“双减”政策下，从学校和其他学科教师层面全面压减作业总量和时长，减轻学生过重的课外作业负担。学校和家长要引导学生放学回家后开展适宜的体育锻炼，做好学生在家进行体育锻炼的宣传工作，引导家长积极带动学生开展家庭体育锻炼，争取使学生每天在校外锻炼一小时。

（2）体育家庭作业的运动量

2021 年 4 月 19 日，教育部办公厅印发的《关于进一步加强中小学生体质健康管理工作的通知》提出，“大力推广家庭体育锻炼活动，有锻炼内容、锻炼强度和时长等方面的要求，不提倡安排大强度练习。学校要对体育家庭作业加强指导，提供优质的锻炼资源，及时和家长保持沟通”。

《义务教育体育与健康课程标准（2022 年版）》也对体育课的运动负荷作出了规定：每节课群体运动密度应不低于 75%，个体运动密度应不低于50%；每节课应达到中高运动强度，班级所有学生平均心率原则上在140~160次/分。而在“不提倡安排大强度练习”的要求下，体育家庭作业的运动负荷情况如何呢？通过问卷调查，得到的具体结果如表4所示。

表4　体育教师认为的运动适宜负荷分析

问题	选项	频数(人)	比例(%)
您认为学生完成体育家庭作业时的负荷心率(次/分)控制在哪一区间较为合适?	60~90	32	3.86
	90~120	376	45.41
	120~150	405	48.91
	150~180	14	1.69
	>180	1	0.12
您预估学生完成体育家庭作业的平均时长(分钟/次)是多久?	15	266	32.13
	30	486	58.70
	60	73	8.82
	>120	3	0.36

在对体育教师的调查中，对于“您认为学生完成体育家庭作业时的负荷心率（次/分）控制在哪一区间比较合适?”这一问题，48.91%的教师认为120~150次/分的运动负荷较为适宜，45.41%的教师则认为90~120次/分的运动负荷较为适宜。而在另一项测试中，52.07%的学生及46.56%的家长认为每次锻炼（亲子锻炼）后可以达到中等运动量，流少量汗且感觉比较累是比较适宜的运动负荷。

有68.75%的家长和58.70%的体育教师认为每次锻炼时间在30分钟较为适宜，32.13%的体育教师认为每次可以运动15分钟，15.63%的家长认为每次可以运动60分钟。在中小学生居家锻炼问卷调查中发现，56.64%的学生可以实现每次锻炼30~60分钟，这与亲子运动调查中显示的49.62%的家长每次参加亲子锻炼的时间为30~60分钟的结果基本是一致的。

北京市体育局课题组在清华附中一体化学校（朝阳学校、广华学校、管庄学校、望京学校、永丰学校、上庄学校、上地学校、商务中心区实验小学、上地小学、大兴学校 10 所学校）中，各选取了一个班开展体育家庭作业试点。由于各校作业要求不一样，学生体育家庭作业完成率和有效运动时长也不一样，在调查的几所学校中，整体完成率为 39.34%，有效运动时长为 7.83 分钟。其中，上地学校完成率较高，61.94% 的学生能够准时完成体育家庭作业，有效运动时长为 11.03 分钟。监测期间内，各学校学生完成体育家庭作业的有效运动时长总体偏低，今后可加大宣传教育力度，督促学生在完成体育家庭作业内容的基础上注重质量，提升运动成效。

（二）体育家庭作业的收集

体育家庭作业的收集也是体育家庭作业非常重要的一个方面。收作业的环节如果做不好，就会出现收到“假作业”和“虚作业”的现象，应该说，在以往体育家庭作业的实践中，由于体育学科作业不是以纸质书写的形式完成的作业，因此收到“假作业”，至少是“虚作业”的情况还是比较多的。“假作业”不但使“体育家庭作业”的工作彻底失效失败，而且对学生造成了“逆诚信教育”的直接危险。在对教师、家长和学生的调查中，当被问及体育家庭作业的收集手段时，体育教师认为需要家长签字确认、上传视频、网络打卡或同学互相监督等。这些方法都有效，但仍无法杜绝“假作业”的问题。因此，本报告认为“体育家庭作业”要进行“目标管理式”的收作业，即通过目标的达成来督促收作业，如不说“每天要做多少个俯卧撑”，而说“开学三周之内，每位男生要使自己的俯卧撑次数达到 15 次以上，达到的为及格，超额完成 5 次以上的为良好，超额完成 10 次以上的为优秀，俯卧撑作业将在体育课上进行检查，俯卧撑作业完成情况计入体育课平时成绩”。如此“目标管理”式的收作业可以不拘泥于“是否每天做了作业”的过程，而让学生更加积极、自主地瞄准最终目标进行锻炼，可以摆脱对“家长和学生都必须诚实”的依赖，而由教师在课堂上对体育家庭作业的完成情况进行判断，避免了“不诚信”的危险。

（三）对体育家庭作业的评价

体育家庭作业的评价主体，不再局限于单一的体育教师评价和结果性评价，而逐步倾向于评价主体多元化、评价方式多元化，以体育教师评价为主，综合运用学生自评、小组间互评及家长评价等多种评价方式来进行。

1. 教师对体育家庭作业的反馈

对体育家庭作业实践的反馈与评价形式，主要有集中展示交流、上传作业视频/照片、组织竞赛测验、期末统一检测、不定时家访调查，具体来看，上传作业视频/照片、组织竞赛测验、集中展示交流 3 项分别排在前三位。体育教师向家长进行作业反馈的形式有课堂口头反馈、微信群/私信反馈、电话告知父母，其中课堂口头反馈、微信群/私信反馈 2 项排在前两位，课堂口头反馈和微信群/私信反馈能够更加及时，但反馈形式不正式。

对于不完成或不认真完成体育家庭作业的学生，体育教师大多首先会对学生单独进行沟通、教育；其次，会与家长沟通取得家长的协助，提高家长对学生体育家庭作业的重视程度。但是仍有 10.63%的教师在应对学生不完成或不认真完成体育家庭作业时，无法采取有效的手段。

2. 家长对体育家庭作业的反馈

56.25%的家长认为自己孩子的体育家庭作业完成情况比较好。28.13%的家长认为自己孩子的体育家庭作业完成情况不太好，只有 12.5%的家长认为自己孩子的体育家庭作业完成情况非常好。部分家长认为孩子未能较好地完成体育家庭作业，原因是学业紧张、学习任务重、缺乏专业教师指导、满足不了运动需求，练习内容单一无趣。

是否按照体育教师布置的体育家庭作业来开展家庭体育运动？学生在家独自进行体育运动时，有 67.66%的学生根据体育教师布置的体育家庭作业来进行；有 64.96%的学生会自主进行体育运动。在有家长陪同的情况下开展家庭体育运动时，24.43%的家长是根据体育教师布置的体育家庭作业来进行的；9.54%的家长自选内容带孩子进行练习，锻炼内容较为广泛，涉及跳绳、跑步等对场地要求不高的项目。跳绳和 800 米、1000 米跑是《国家学生体质健康标准》规定的中小学生必测项目，所以体质测试对学生整体成绩的影响使得家长更加重视对这些项目的专项训练。而对场地要求相对较高的球类项目也会被选择，如篮球、羽毛球。5.34%的家长则根据手机 App 让孩子进行运动，说明电子设备逐渐走进家长和学生的运动锻炼中。

此外，除了以上相对专业的身体素质练习、运动技能掌握及健康教育内容相关的作业布置，58%的教师建议适当开展体育游戏，62%的教师提倡开展家庭亲子运动。教师应根据相关教材、学校实情及学情布置合适的运动任务，让学生在课下完成。关于运动内容学生可以自主选择，在爸爸妈妈的陪伴下一起完成，这样既可以提升亲子关系，也可以让学生、家长对体育运动产生新的认识。这样不仅是对学校体育教学的有力补充及提优补差，也让运动成为学生的一种习惯，使学生形成终身体育意识，符合“主动健康”理念。

（四）体育家庭作业的家校合作推动

学生是体育家庭作业的完成者，家长是监督者，体育教师是设计者，班主任是协调者。通过学生、家长、体育教师、班主任的共同努力，能够打造家庭运动氛围改善亲子关系，提升学生身体素质水平，培养学生的终身体育意识。当被问及“疫情期间，你能否完成教师布置的家庭体育作业？主要完成的场所？”时，70%的学生表示能够按时完成，主要在家中完成，其次在小区/社区。另外，也有学生在公园及公共健身场所完成。

在对教师的调查中，关于家长这一角色在体育家庭作业完成过程中的重要性，65.1%的教师认为“非常重要”，同时，81.16%的教师认为家长对于学生完成体育家庭作业可以起到监督作用。在对家长的调查中，将“您认为学校布置体育家庭作业的必要性如何”作为自变量，而将“您会督促孩子严格按照老师要求完成体育家庭作业吗”作为因变量进行线性回归分析，结果发现，家长对体育家庭作业的认识决定了家长对体育家庭作业的重视程度，也就是说认为“学校布置体育家庭作业的必要性高”的家长更会“积极督促孩子严格按照老师要求完成体育家庭作业”，前者对后者会产生显著的正向影响关系。

而另一项亲子运动调查则显示，78.57%的孩子愿意与家人（父母或兄弟姐妹）一起参加体育锻炼。51.15%的家长亲力亲为，经常和孩子一起参加体育锻炼。35.11%和35.88%的家长能够每周1~2次或3~4次带孩子参加亲子锻炼或健身，24.43%的家长则可以每周5次带孩子参加亲子锻炼或健身。在针对亲子运动和学生居家锻炼的问卷调查中发现，46.56%的家长和44.94%的孩子表示（孩子）喜欢体育锻炼，说明家长的健身意识越来越强烈，家长的健身意识对孩子的健身行为可以产生重要的影响。另外，家长的参与还可以增强学生对于体育家庭作业的认知性，并可以为学生完成体育家庭作业提供一定的指导意见，对学生及时进行运动保护。

关于学生没有完成或打折扣完成体育家庭作业的原因，63.04%的教师认为，家长的全民健身意识较弱是影响学生完成体育家庭作业的首要因素。53.13%的家长会督促孩子严格按照老师要求完成体育家庭作业，而12.5%的家长“基本不”督促孩子严格按照老师要求完成体育家庭作业。

三　北京市体育家庭作业实践存在问题的归因

（一）对体育学科边缘化属性的刻板印象

体育学科的边缘化属性固化了学生对体育学科的刻板印象，这是认识问题。其他学科教师习惯性、无差别且理所当然地挤占体育教师的课时，而体育教师只能无奈地“有求必应”。虽然近些年国家对学生体质和学生校内校外一小时体育活动作出了重要指示和具体规定，但体育学科在学校的地位和受重视程度仍未有效转变。学生和家长对语文学科、数学学科留作业以平常心对待，但他们对体育学科的固有观念使得他们不重视体育学科的家庭作业。体育学科为什么也要做家庭作业，学生需要有个合理和可认同的解释，学生不认同，就没有做体育家庭作业的动力和积极性。但是像语文学科要布置家庭作业以巩固所学语文知识一样，体育也要布置家庭作业，以巩固学生在体育课堂上学习到的运动技能，因为学生在体育课上新学的运动技能只靠一节课是难以完全掌握的，必须通过课后和课余时间的反复练习才能熟练掌握，由此体育家庭作业应运而生。此外，其他学科课程作业占据太多时间也是导致学生不主动认真完成体育家庭作业的关键因素。学科考试的压力被分配到家庭作业中，多学科的作业累计占据了学生大量的居家时间，使得学生从事运动的时间减少。

（二）体育家庭作业缺乏专业指导

运动学科具有一定的技术性，需要体育教师的指导、保护与帮助，需要由体育教师控制运动负荷和练习密度，而没有了体育教师的上述指导，学生独立做体育家庭作业会有科学性和安全性方面的隐患。因此留什么体育家庭作业，如何留下在没有体育教师、没有场地、没有器具、没有学习集体的条件下可以完成的体育家庭作业，也是值得体育教师思考的一个问题。

（三）体育家庭作业的评价机制不健全

学校体育家庭作业的奖惩评价机制不健全也严重导致了学生不能够完成体育家庭作业。“以评促学”至关重要，应善于评价和总结并发现问题和解决问题。在作业评价设计上，多样化的学习评价有利于学生达成课程目标和发展核心素养。家庭作业的设计离不开综合评价。家长和学生通过项目的练习评价反馈给教师，教师可根据信息把握学情，调整下节课的重难点内容。同时挑选出完成率高的同学进行课堂展示和经验分享，学生得到教师的认可产生成就感，对待后续家庭作业会更加认真。对于练习过程中出现困难的学生进行鼓励和单独分析指导，树立目标。并且可根据项目里出现较多的问题在课堂上进行纠错引导，让学生对易错点更加清晰明了，利于学生改正。这让每一个学生都有努力的方向，人人有目标，最终在家庭作业上形成良性发展，为教师有效教学、学生积极学练指明方向，通过综合评价促进学生达成学习目标，形成核心素养。体育家庭作业质量的提升离不开家校之间的合作，随着信息化的发展，家校之间可运用现代信息技术开展实时精准的评价。根据作业项目，评价内容要体现学生运动能力的发展、健康行为的形成、体育品德的养成。根据教师制定的评价内容，家长也应更加清晰地进行评价。教师根据家长评价内容进行有针对性的教学，通过家校协作有效促进学生全面健康发展。

（四）体育家庭作业所需场地器材不足

体育是依靠运动技术习得的学科，需要有运动的场所、设施器材方可进行，而家庭环境当中场地器械不足是导致体育家庭作业不能完成的主要原因，所以体育教师在布置体育家庭作业时要考虑学生徒手能完成，或可利用家庭自备器械如跳绳、篮球等来完成。问卷调查显示，54.2%的家长感觉家中或小区附近的场地设施比较充足，但仍有近一半的家长感觉场地设施不够充足或非常缺乏，活动环境不佳、器材有限。

四　促进北京市中小学生体育家庭作业质量提升的策略

（一）作业内容：体育家庭作业内容的设计与布置

1. 体育家庭作业的设计分类

体育家庭作业的设计可大致分为三类：一是巩固技能类体育作业，二是项目练习类体育作业，三是学生自主性体育作业。

（1）巩固技能类体育作业

巩固技能类体育作业主要是巩固课时内容和单元内容，与现阶段体育课上学生所学的运动技能相关，例如在学习篮球行进间高低运球单元时，可通过布置回家后完成原地高运球、低运球等项目作业，辅助巩固学生所学技能。体育课堂之上，学生对于教师新授的运动技能未必能够立即熟练掌握，需要在课后进一步练习，体育家庭作业是体育课堂教学的有力补充，能够充分巩固学生在课堂教学中所学的新运动技能。

（2）项目练习类体育作业

结合每年 9 月和 10 月的学生体质健康抽测及全员性的体质健康测试来进行项目化练习。小学体质健康测试有 1 分钟跳绳、仰卧起坐、坐位体前屈、50 米跑及六年级“50 米×8”往返跑等几项，若体育教师结合这些测试项目布置安排体育家庭作业，家长考虑到学生体育测试成绩和体质健康发展的因素必定会予以大力支持，从而保质保量地完成体育家庭作业。另外还要布置寒暑假体育项目化作业，促进学生居家体育锻炼。

（3）学生自主性体育作业

学生自主性体育作业是指教师不做硬性规定，作业可以与学生感兴趣的项目相结合，例如轮滑、跆拳道；可以与传统体育项目相结合，例如射箭、跳皮筋、抖空竹；可以是亲子互动类活动，例如亲子体适能、爬山、游泳等，这些不仅以学生的兴趣为出发点，而且对于学生体质健康发展也会起到至关重要的作用。

除了以上三种作业类别，建议增加相关影视及体育赛事赏析类作业。欣赏有关影视作品及体育赛事是提升小学生运动热情较好的方法，有助于不断激发其对运动的兴趣，并从中体会到运动员的努力、坚持、协作及不断超越自我的运动精神。在观看体育比赛和体育节目的同时，学生也能逐渐了解相关体育运动项目的规则、特点等，不断积累有关体育运动的知识，培养学生的爱国热情及自豪感。例如，东京奥运会期间，首枚金牌就是我国获得的，通过观看比赛及颁奖环节，能够很好地激发学生身为中国人的自豪感，并且也能够使学生以优秀运动员为榜样，燃起锻炼、学习的热情[①]。又如观看苏炳添百米赛事，能够令学生意识到要有不断超越自我的努力精神，培养起不怕苦的良好品质，在激发学生体育活动兴趣的同时，也有助于学生良好素质的形成。因此，此类作业的布置也应占据较为主要的位置。

---

① 周伟华：《家庭体育作业：学生体质健康提升的一种策略》，《上海教育科研》2020 年第 3 期。

2. 体育家庭作业的布置原则

（1）目的性与可操作性

体育家庭作业设计应考虑不同年龄阶段学生的身心特点，遵循最近发展区理论，在设计锻炼内容时目的性要强，便于操作。要明确发展学生运动能力，使学生形成健康行为，注重培养学生体育品德。无论是课堂教学还是家庭锻炼，最终都应使学生将所学技能合理地运用到生活中。在此过程中，教师只有让学生学会思考、学会总结，才能让学生做到思有所学、学有所乐。

首先教师要熟知教学的内容结构，在课后告知学生下节课所学内容，做好每节课的串联设计，让学生做好预习的准备。学生回家后可利用图书、网络、向长辈请教、伙伴交流等方式提前学习新内容。通过图像、视频模仿动作，初步形成一套动作表象。在预习过程中，学生要有模仿有思考，体会动作的重难点和学习目标。对于学生而言，通过自身思考问题，让知识点更加深刻，在课堂上也会更加关注对重难点的学习。此外预习时的动作掌握，也可让学生对于新授课内容游刃有余，增添运动自信。对于教师而言，教师通过学生预习反馈了解学生间的个体差异，在课堂上有针对性地解决问题，可达到事半功倍的效果。遵循学生主体，尊重学生间个体差异，着力解决学生的困惑之处，学科核心素养才有机会落地。如小学阶段水平二目标足球脚内侧传球学习中，通过预习学生能够了解脚内侧部位、触球部位、支撑脚站位等知识点，厘清动作顺序。虽不能完全掌握技能重难点，但大部分同学对于脚内侧传球能够有所了解和尝试。在进行课堂教学时，学生预习中所遇到的困难和疑点能够更方便地得到解决，这会激发学生学习热情，为后面教师教授传接球的方法打下基础。同时教师可根据作业反馈对个别学生遇到的困难和疑点有针对性地进行指导与分析。这种做法可以节省集体时间，有助于教师掌控课堂，使得学生在课堂上的注意力更加集中，也使得教学目标和课堂氛围得到很大提升。

（2）层次性和适量性

体育家庭作业面向的是不同个体、不同环境、不同器材，应注重学生个体差异性，采用分层教学，选择适宜运动量。如，跳绳练习，水平一目标：

进行原地无绳练习，以原地并脚跳练习或者与父母合作的趣味性跳绳为主，练习时间控制在2分钟；水平二目标：进行持绳并脚跳、交换腿跳、前后并脚跳、左右并脚跳练习，练习时间控制在5分钟；水平三目标：进行后踢腿跳、组合跳、双摇跳，练习时间控制在8分钟。考虑到可操作性，对于没有场地的学生可以同时考虑练习者层次性问题，当中分别有三人做不同的示范，其中一人无绳并脚跳、一人手摇绳并脚跳、一人完整动作并脚跳，这样学生可以根据不同的能力选择练习的方式。由于班级学生之间客观差异性的存在，学生之间在身体素质上也存在着较大差距，相同的锻炼内容，留多了，体能差的“吃不消”，留少了，体能好的“吃不饱”。故而，统一化的体育家庭作业内容，并不能起到提优补差的作用。因此，体育家庭作业应在面向全体的基础上进行分层，根据学生需求布置作业，不能过于追求任务，评价模式单一。虽然由教师制定相关任务，但因每位学生运动能力存在差异，在过程中呈现和完成的情况也有不同，所以教师根据相关情况进行不同方式的反馈较为合适。

（3）趣味性与多样性

布置体育家庭作业的目的是让练习者最终养成终身锻炼习惯，培养练习者的兴趣爱好，乐在其中是必不可少的，应以学生为主体，注重有效性、趣味性、适宜性。兴趣是孩子最好的老师，要摆脱单一的练习模式，提高孩子练习的兴趣和热情。学生在课堂对某项动作方法进行学习后，动作技能处于泛化阶段，教师通过体育家庭作业的组合动作练习可以使学生进一步巩固知识点，有效改善单一的技术练习缺乏趣味性的问题。组合动作练习可加入体能练习或亲子合作练习。如在小学阶段水平二目标下排球“移动+垫球”技术方法和综合活动单元中，学生要连续垫球至一定高度加深蹲起接球，在练习中孩子和父母可进行稳度和数量的比赛。这种练习能够活跃家庭气氛，巩固垫球时低重心和蹬送动作，同时也能发展下肢力量。又如，在进行篮球多种形式传球的教学后，教师安排学生和家长一起完成“3~5米折返跑+传接球”活动，学生在传接球的过程中运用之前掌握的折返跑技能，既可提升体能也可完成对新授知识点的巩固。同时家长在练习过程中是参与者，也是反馈者，既能看见孩子的练习状态，也能为课后作业评价做足准备，并且在练习过程中与孩子一同锻炼，家长变监督者为陪练者，享受乐趣、激发兴趣。

根据当前课改要求，教学内容的结构化至关重要。摆脱以往的单一技能，形成知识链，通过“项目化学习”“大单元教学”等将广泛的知识点扎根于学生学会的运动技能中成为新形式。在体育家庭作业设计上，教师可结合学情与教材制定相关挑战内容。例如，水平二目标下技巧活动单元中，教师制定出侧手翻、后滚翻、跪跳起三项动作组合的体操技巧让学生在体育家庭作业中去挑战。三个动作方法在技巧活动单元中都有学习，将其组合运用到体操技巧上十分有趣，而且既是对知识点的复习也是对运动技能的迁移。

小学阶段的学生具有好奇心强、爱挑战爱运动的特点，具有挑战性的体育家庭作业能够让体育运动变得更有“嚼味”。在体育家庭作业设计中，也要关注学生的发散性思维，鼓励学生依据所学知识技能，自编自创组合动作来进行挑战。例如，在技巧活动单元中可以课堂小组为单位自编自创动作，并在课后作业里挑战完成本组动作。同时还可以挑战其他小组创编的动作，比一比哪个小组完成率最高。当作业遇到问题和困难时，在课堂上小组内伙伴可一起进行解决，进而培养小组合作意识，互帮互助达成教学目标里的情感目标，落实学科核心素养中的体育品德培养。

以学生为主体，针对不同个体安排灵活多样的体育家庭作业，可达到提优补差的目的。男女生之间有差异，学生体质也有差异。有的学生速度快，有的学生力量好，有的学生协调性差等。有针对性地为学生设计体育家庭作业，制订相关计划，可以让学生根据自身短缺的方面进行有针对性的练习，弥补自己的不足。比如协调性差的学生练习跳绳，柔韧性差的学生练习有目标的拉伸，爆发力差的学生练习跳台阶等。

（4）互动性与安全性

体育家庭作业设计需要遵循安全性原则。运动前，确保运动空间的安全性，场地、器材需要适合，室内需要注意通风，保持空气流通。室外，不选择马路等有安全隐患的地方。运动中，准备活动与放松活动必不可少；运动强度适中；注意帮助保护。运动后，及时补充水分。如水平一目标：“摇摇船”前后滚动练习中，家长就需要给能力较弱的孩子有安全性的保护帮助，让孩子动作更规范，不容易受伤。水平二目标：利用墙体进行半蹲，在练习了腿部力量的同时，让学生上身挺直，矫正不良身体姿势。需要家长的帮助与保护。水平三目标：在进行支撑跳跃练习时，运用餐桌作为腾越障碍，需要靠近墙，不能晃动。在跳“人羊”时，家长需要根据孩子的能力，来调节支撑高度。

（二）评价机制：搭建体育家庭作业的展示平台

评价反馈是贯穿于教学活动过程的师生互动方式，在评价内容方面，要关注学生参与率、技术完成度和数量达标率，全面评价体育家庭作业内容；在评价方式方面，要充分借助网络资源、利用体育课堂并组织各类教学比赛，多种手段并用，起到体育家庭作业监测的作用。

1. 评价内容

（1）学生参与率评价

参与率是体育家庭作业的重要评价指标之一，它体现出学生积极性的高低与达标率情况。体育教师可把每月或每周的体育家庭作业进行统计和整理，根据完成的次数对学生给予适当的奖励，也可以把全班的作业参与情况作为班级考核的重要内容，充分调动学生的主动性。例如，教师在体育家庭作业单上设置家长签字一栏，第二天进行回收查验，并每个月统计一次，根据参与率的高低进行评奖评优。

（2）技术完成度评价

体育家庭作业既有数量达标性要求，也有技术完成度要求。家长把学生每日锻炼的动态视频、图片等发布到班级钉钉群中，教师根据自己所看到的直观作业情况进行实时点评，针对一些技术动作是否完整、合理和规范进行评价，对完成效果好的学生进行鼓励和表扬，对学生在练习过程中存在的问题或错误动作及时给予纠正，从而提高体育家庭作业的实效性。

（3）数量达标率评价

体育家庭作业需要有数量、强度和时间方面的具体要求，这尤其体现在小学体质健康测试、趣味跳绳等项目化锻炼内容当中。比如，在小学各水平段跳绳项目化作业中根据学生 1 分钟跳绳的实际水平进行合理分级，随后给予相对应的奖励，以此驱动学生进步。同样，在有时间和次数限定的运动项目上都可以采取此种数量达标性评价，随着级别能力提升成绩也逐渐上升，呈现正向发展。

2. 评价方式

（1）借助网络资源

灵活利用手机软件布置作业内容，设计合理负荷和强度，手机全程录像，教师可以完整地看到学生完成作业的过程。作业上传后教师可以及时发现并反馈学生在完成作业过程中的不足之处，学生在完成作业时还有智能软件根据学生的状态及时进行点评。如在完成跳绳作业过程中，软件会当时给予学生“大臂贴近身体”“坚持住”“再快一点”的反馈提示，学生听到这些反馈会自觉改变动作。体育教师会根据学生完成作业时的状态判断作业的负荷与强度是否合适，做到及时调控。数字化时代，信息技术的运用拉近了彼此之间的距离，大大提高了作业反馈的时效性。另外，QQ、微信、钉钉以及运动软件的运用，有助于方便、快捷、及时反馈学生体育家庭作业完成情况，并加深家校之间的沟通交流①。体育教师对体育家庭作业完成情况进行及时的反馈，能够让学生与家长实时掌握锻炼信息。

（2）利用体育课堂

由于体育家庭作业是体育教学的有力补充，体育课堂也可以用来检验体育家庭作业的完成情况，对学生一个阶段的练习进行展示与检验，反馈学生体育家庭作业完成的效果，但应以激励为主，促进学生主动参与到体育家庭作业中来。例如，体育家庭作业项目 1 分钟单、双摇跳绳，通过一段时间的练习，在课堂上组织学生进行 1 分钟比赛，记录学生的比赛成绩。将各种评价在比赛中进行灵活运用，选出最佳进步奖、运动小健将、运动小达人等。

① 毛振明、钱娅艳、程天佐：《推进“体育家庭作业”开辟学校体育“第二战场”》，《体育教学》2020 年第 10 期。

（3）组织各类教学比赛

组织各类教学比赛，既能对运动技能进行巩固，也能提高学生的实际运用能力，更是对体育家庭作业的一个评价。评价的介入能够帮助学生了解自己的接纳水平，有利于教与学的诊断、反馈和改进。一般情况下，比赛可以组织技能分组赛、性别分组赛、自由分组赛或者目标分组赛、吉尼斯挑战赛、表演赛、展示赛等。可以对学生的优秀体育家庭作业及阶段评选出的运动小明星进行专场展示，为大家树立榜样与提供学习的机会，提高学生参加运动的兴趣。

（三）保障条件：实现体育场地器材利用最大化

学校应切实保障体育家庭作业实践的设施条件，如将体育场地与场馆面向全体学生免费开放，对体育设施与器材进行定期保养、维护、更新，实时监督专业教师的运动指导[①]。在居家体育锻炼的过程中，大部分学生和家长选择了简便易行、不受场地约束的跳绳和跑步等项目，同时在居家锻炼期间，有家长和学生充分利用了自制器材，如用装了沙子和水的矿泉水瓶替代哑铃。

（四）家校协同：提升家长的认知性与认同感

重陪伴，巧联合，和谐共生“主动健康”。家长是孩子的第一任老师，在疫情期间很多家庭都积极参与亲子体育活动，营造了浓厚的家庭体育氛围。另外在“双减”政策实施后家长们对体育的重视程度越来越高，能够积极地配合和监督学生完成体育家庭作业，并给予评价反馈，促进家校互动[②]。例如，在进行体测项目化锻炼时，部分孩子往往因为动作单调枯燥而放弃，很多家长会积极给予孩子鼓励和肯定，并及时和教师反馈学生的锻炼情况，寻求专业的指导。家长的积极参与和帮助，不仅培养了学生不怕困

① 陈忠：《暑期体育家庭作业“六个一”的实践探》，《体育教学》2022 年第 4 期。

② 沈清敏、么祺、梁凤：《“双减”背景下体育家庭作业现状及对策研究》，《体育教学》2021 年第 11 期。

难、吃苦耐劳的意志品质，还增进了教师、家长和学生之间的感情。由此可见，学生体育家庭作业的高质量完成与家长存在很大的关联关系，所以学校每学期可根据家长对学生体育家庭作业的支持情况评选“最美运动家庭”，以此调动家长们的积极性。

不同阶段的学生，对家校协同的内容需求也不一样。例如，水平一目标下，练习者练习形式有单人练习、家长陪同趣味性锻炼、合作性锻炼，要充分利用家里的空间，给居家锻炼提供条件。在为锻炼项目取名时可与学生喜欢的形象的生活物品或者动物名称相结合，让学生有兴趣体验并练习。例如滚筒洗衣机、背肌超人、冰棍跳、蚂蚁爬等形式的练习，让学生玩的同时练习上下肢与核心力量。家长起到陪同、监督的作用。水平二目标下，练习动作上要求更高，难度更大、持续时间更久，增加各种静力性的支撑、深蹲、跳跃、背肌双起等内容，同时形式更加多样，其中与家长进行合作性锻炼就是一种很好的形式。例如，背肌超人，可以一个人双手上抬，也可以一人压脚一人上身上抬，甚至家长在孩子脑门上方设一参照物，让孩子上身抬得更高。锻炼形式的趣味性与多样性有助于孩子与家长享受运动的乐趣。水平三目标下，可以设计技术性强的练习。例如，支撑分腿腾越，将沙发、餐桌等作为腾越障碍，高度可以用垫书本的方式来调节。在练习时可以从撑地练习开始，逐渐过渡到跨越障碍物练习。家长主要起到保护与帮助的作用。

社区与各类体育社会组织能够为学生完成体育家庭作业提供支持，配齐、配全全民健身公共服务设施，举办社区体育赛事，提升民众体育活力，而且社会体育指导员也可提供运动建议。父母在孩子的成长中不可缺席。实施体育家庭作业，有助于学生坚持锻炼，养成良好的生活习惯，不论是平时，还是节假日，都能够完成每天一小时的运动目标，提高身体素质，增进健康，从而逐渐增强学生与家长主动运动的意识，营造和谐共生的局面。

五　结语

体育家庭作业并非“赶时髦”式的灵光一现，而是解决当下学生身体素质偏低、锻炼时数不足的有效策略之一，是极具战略意义与教育价值的时代产物。它旨在提高学生体育核心素养与培养学生终身体育意识，代表着学校体育教学活动的场域外延，能够在巩固青少年学生健康知识与运动技能的同时，使得体育教师获得学生体质信息即时反馈，从而更具针对性地实施教学，具有跨时代的意义。体育家庭作业是促进家庭、学校、社区体育锻炼一体化体系构建的关键纽带，使得不同角色之间的资源流通与沟通交流显得更为流畅。在具体实践当中，需明确以下几点。

第一，体育家庭作业应依据学生的身体心理发展特点、学习和接受能力、各年龄段的身体技能特征与一年一度的学生体质健康测试结果进行布置与负荷量度设计，在科学的数据支撑下，灵活变通，以统筹的角度实施合理举措，保证学生身心健康发展稳中有进。脱离作业负担谈完成情况就如同脱离场景谈技术架构，脱离情景谈心理一般好似空中楼阁，不切实际。

第二，运动场地与设施是学生完成体育家庭作业的硬件设施保障，安排体育家庭作业时需要结合锻炼项目特点与锻炼基本环境，同时兼顾学生对运动项目的积极性，坚决杜绝“蜻蜓点水、低级重复”的体育家庭作业。依据不同的作业内容选择不同的运动场地是前提条件之一，因此在设计内容时要充分考虑这一要素，不能凭空想象，脱离实际，要着眼于公共健身服务体系之下的场地供给与居家的场地条件，在保证场地可行性基础之上实现教师布置得出彩、学生完成得精彩的现实效果。

第三，体育家庭作业评价是对学生体育锻炼效果鉴定与诊断情况的正向反馈，引导着体育家庭作业朝正确方向发展。评价主体应采用以体育教师评价为主导，家长评价与学生自评并存的多元评价主体制度；评价形式不应囿于单一形式，要采取线上平台评价、书面报告评价、口头评价等多种形式；评价应采用过程性与终结性评价相结合，定性与定量相配合的技术手段，始终保持学生体育行为改变的动态平衡。只有正确、公平、合理的评价方式与体系才能保证体育家庭作业策略的长足发展，做到布置与检查双向锁定，避免出现“面子工程作业”，全面落实体育实践推动工作，保障青少年体育的发展与促进。

体育家庭作业实践是新时代中国教育事业发展的重要一环，也是学校体育改革与发展的题中应有之义，应在探索中不断迭代更新，在发展中继续砥砺前行，为我国青少年体育发展添薪加柴，为我国青少年健康成长保驾护航。

参考文献

《中共中央办公厅　国务院办公厅印发〈关于全面加强和改进新时代学校体育工作的意见〉》，http：//www. gov. cn/zhengce/2020-10/15/content_ 5551609. htm。

《体育总局　教育部关于印发深化体教融合　促进青少年健康发展意见的通知》，http：//ww. moe. gov. cn/jyb_ xxgk/moe_ 1777/moe_ 1779/202009/20200922_ 489794. html。

《教育部关于印发义务教育课程方案和课程标准（2022 年版）的通知》，http：//www. moe. gov. cn/srcsite/A26/s8001/202204/t20220420_ 619921. html。

《中共中央　国务院印发〈“健康中国 2030”规划纲要〉》，http：//www. gov. cn/xinwen/2016-10/25/content_ 5124174. htm。

《中共中央办公厅　国务院办公厅印发〈关于进一步减轻义务教育阶段学生作业负担和校外培训负担的意见〉》 http：//www. gov. cn/xinwen/2021 - 07/24/content _ 5627132. htm。

中华人民共和国教育部、国家体育总局：《国家学生体质健康标准解读》，人民教育出版社，2014。

毛振明、杨多多、李海燕：《〈“健康中国 2030”规划纲要〉〉与学校体育改革施策（2）目标：〈国家学生体质健康标准〉达标优秀率 25%以上》，《武汉体育学院学报》2018 年第 4 期。

董国永、刘特、王先茂等：《小学生体育家庭作业的实施现状及发展策略》，《体育学刊》2022 年第 5 期。

周伟华：《家庭体育作业：学生体质健康提升的一种策略》，《上海教育科研》2020 年第 3 期。

毛振明、钱娅艳、程天佐：《推进“体育家庭作业”开辟学校体育“第二战场”》，《体育教学》2020 年第 10 期。

陈忠：《暑期体育家庭作业“六个一”的实践探索》，《体育教学》2022 年第 4 期。

沈清敏、么祺、梁凤：《“双减”背景下体育家庭作业现状及对策研究》，《体育教学》2021 年第 11 期。

体质健康篇

Physical Health

B.4 北京市中小学生体质健康测试达标调查报告

朱丽敏　张龙凤*

摘　要： 国家对中小学生体质健康重视程度不断提高，近几年从政策文件出台、社会服务、教育主体干预以及家庭教育影响等层面实施了一系列干预策略，经过全面系统的干预，学生牙齿患病率和营养不良等身体疾病问题得到大幅度改善，但近视率、超重肥胖和部分体质下降等问题仍未得到根本解决。因此，为科学全面提出有针对性的解决方案，进一步了解学生体质健康状况，本报告对1985~2019年的全国学生体质与健康调研结果和北京市学生体质健康状况进行分析，追溯问题根源。根据调查研究和数据分析，从全国中小学生的身体健康方面来看，学生的身体发育、营养状况和牙齿患病等方面

* 朱丽敏，北京体育职业学院副教授，主要研究方向为中小学生体能训练、体育职业教育；张龙凤，北京体育职业学院助教，主要研究方向为中小学生身体姿态纠正训练和体能训练。

的问题得到大幅度改善，但近视率逐年上升，并出现低年龄化趋势；从身体机能方面来看，学生肺活量整体呈现下降趋势；从身体形态方面来看，身高和体重均呈逐年上升趋势，超重肥胖率居高不下，并出现身体姿态不良问题；从身体素质方面来看，柔韧素质呈上升趋势，速度和力量素质下降趋势得到缓解，耐力素质仍较低等。本报告全面探究了学生体质健康现状和影响因素，并从社会层面、教育主体层面、政府管理层面、家庭层面等不同层面提出了有针对性的改善策略。

关键词： 中小学生　体质健康　达标测试

随着社会经济的发展，人们的生活水平得到了大幅度提高，生活方式更加便捷、饮食更加丰富，促进了青少年的健康成长。但膳食结构合理性不足，以及使用电子产品时间较长，导致儿童青少年体质水平下降、缺乏足够的户外活动时间和有效的体育锻炼强度。而儿童青少年的体质健康关乎中华民族复兴的百年大计，少年强则中国强、体育强则中国强，体育承载着国家强盛、民族振兴的梦想。只有提高我国全体人民，尤其是儿童青少年的健康素质，才有中国梦的实现。有效的体育锻炼可以强身健体，培养青少年强壮的体魄；有效的体育锻炼可以使青少年掌握一项体育技能，并养成终身锻炼的习惯；有效的体育锻炼可以使青少年培养树立正确的安全意识，增强自身保护意识；有效的体育锻炼可以使青少年精神压力得到释放，具备良好的心理健康状态；有效的体育锻炼可以培养青少年顽强拼搏、坚持不懈的意志品质；有效的体育锻炼可以促进青少年建立团队意识和合作精神，提高协作沟通能力。因此，各界应该全面有效地加强儿童青少年的体育锻炼，提高儿童青少年的体质健康水平。

一　全国中小学生体质健康状况分析

改革开放以来，我国人民的物质条件越来越好、生活越来越富裕，电子产品也逐渐进入人民生活当中，以电子产品为精神伴侣和生活伴侣的现象普遍存在，大大减少了人与人的面对面交流、外出活动和体育运动时间，以致目前儿童青少年出现肥胖超重、视力低下、体质下降等不良现象。

时代发展迅速，人民的生活习惯改变巨大。在互联网时代，人们通常使用电子产品获取信息和实现沟通交流，但若不把握好使用电子产品的方式，便会出现过度依赖电子产品现象。例如，通过电子产品便可以躺着刷短视频打发休闲时间，以及通过网络搜索便可以满足人们不动脑筋就可以得到“答案”等要求，电子产品的出现让人们一天不出门，也可获得生活和精神上的满足。但也正是这些“便利”，使人们过度依赖电子产品，影响人们原本熟练的沟通技能、外出活动能力和思考能力。这些现象的产生跟我们的社会环境、家庭环境、物质条件和思想意识有很大关系。

在饮食方面，饮食摄入不均衡，没有健康营养膳食方面的意识，导致大量儿童青少年营养过剩、垃圾食品食用过多，出现过度肥胖、激素摄入过多等不良身体健康问题，严重影响了儿童青少年的身体健康成长。

2000~2010 年我国进行了 3~6 岁儿童体质健康测试，测试结果显示，我国 3~6 岁儿童的身高、坐高、体重、胸围四项形态指标和身体素质 10 米折返跑、双脚连续跳和立定跳远三项体能指标水平均显著上升，表明 3~6 岁儿童的形态良好，下肢力量和速度、耐力素质发展较好。但网球掷远、坐位体前屈和平衡木的运动表现测试结果并不理想，表明 3~6 岁儿童在上肢力量、柔韧性和平衡稳定能力方面发展不均衡，需要进一步进行有针对性的能力改善。

世界卫生组织（WHO）2017 年数据统计结果显示：全球超重或肥胖婴幼儿（0~5 岁）大多数生活在发展中国家，且发展中国家增长幅度高于发达国家30%以上，长此以往，到2050年超重或肥胖婴幼儿人数将达到7000万人，若不进行方案干预，儿童青少年持续肥胖的发展趋势将进一步加深。

北京大学医学部公布的青少年（7~18岁）体质健康测试调研结果显示，青少年的超重率、肥胖率呈现显著增长态势，从1985年超重率1.11%、肥胖率0.13%增长到2014年超重率12.15%、肥胖率7.26%。近视检出率方面，根据2020年9月到12月国家开展的近视专项调查结果，2020年，我国儿童青少年总体近视率为52.7%，较2019年上升2.5个百分点。2019年全国学生常见病与健康影响因素监测与干预结果显示，全国中小学生脊柱弯曲异常检出率为2.8%，初、高中阶段增长更快。

总之，受社会、家庭环境和思维认知观念的影响，儿童青少年过度依赖电子产品，缺乏户外活动和体育锻炼，营养过剩、缺乏合理膳食的问题，导致儿童青少年肥胖超重、视力低下和体质下降。针对这些问题，我们需要从思想意识、理念知识和实际行动方面去转变。

（一）全国学生体质与健康状况分析

为全面提升全国学生体质健康水平，贯彻落实习近平总书记在全国教育大会和全国卫生与健康大会上的重要讲话精神和国务院办公厅发布的《关于强化学校体育促进学生身心健康全面发展的意见》等相关要求，根据全国学生体质与健康调研制度，教育、体育、卫生健康、民族事务管理、科技、财政等相关部门共同开展全国学生体质与健康调研工作，分别在1985年、1991年、1995年、2000年、2005年、2010年、2014年、2019年公布了全国学生体质与健康调研结果。

通过对各年公布的全国学生体质与健康调研结果进行分析发现，30多年来，从身体形态方面来看，我国学生身高持续上升。随着生活条件不断改善，营养摄入充足，骨骼发育水平不断提高，学生身高不断达到新高度。但学生身高增长的同时体重也在逐年增加，导致BMI偏高，超重肥胖学生普遍存在，这与学生营养摄入充足、缺乏体育锻炼、活动量不足等因素有关。

同时近几年学生还出现了不同的姿态问题，主要表现为圆肩驼背、颈前伸、脊柱侧弯、骨盆前倾/后倾以及X型腿、O型腿等。

从身体机能方面来看，我国学生肺活量指标水平呈上升趋势，在1985~2005年持续多年下降后，2010年调研结果显示学生肺活量指标水平出现上升，但直到2019年也只是回升到了1995年的水平，我们仍需对此加以重视和改善提升。

从身体素质方面来看，全国学生体质与健康调研主要涉及力量素质、柔韧素质、速度素质和耐力素质。其中力量素质包括上肢力量、核心力量和下肢爆发力等素质，力量素质水平在1995年公布的调研结果中显示相比之前有所提升，但在2000年、2005年公布的调研结果中又显示出下降趋势，2010年又出现上升缓和趋势，2019年公布的第八次调研结果显示继续保持回升状态。速度素质主要以50米冲刺跑成绩来反映，1995年公布的调研结果显示学生成绩有回升趋势，但2000年、2005年公布的调研结果显示又出现下降趋势，2014年公布的调研结果显示学生成绩有所回升，并且全国乡村学生成绩的提升相较于全国城市学生更为明显。柔韧素质方面，主要通过坐位体前屈测试来了解学生的柔韧性。2000年以前学生柔韧素质持续下降，在2000~2014年的10多年时间里，学生的柔韧素质稳步提升，并且存在女生柔韧性比男生柔韧性好、乡村学生比城市学生柔韧性好的现象。耐力素质方面，主要通过“50×8”往返跑和男生1000米跑、女生800米跑测试成绩来反映。自1985年到2005年，全国学生的耐力素质持续下降，直到2010年才开始得到缓和，但即使得到缓和，整体水平仍不理想，并且乡村学生比城市学生的耐力素质要好，近几年城市与乡村学生的耐力素质差距逐渐减小。

从身体健康情况来看，学生乳牙齿患病、恒牙患病、贫血问题得到逐年改善，营养水平逐年提高，一般身体疾病和营养不良现象逐年减少，身体健康水平得到进一步改善。体质健康达标优秀率2010年相对2005年有所上升，且之后学生体质健康水平呈上升趋势，但近视、超重肥胖和姿态问题仍需要进一步改善。

1. 全国学生身体机能数据变化分析

身体机能数据通过对肺活量进行监测得到，主要反映人体生理机能、肺功能以及有氧能力水平。通过对1985~2019年全国学生体质与健康调研结果中肺活量数据进行分析可知：学生肺活量水平在1985~2005年持续下降，直到2010年，肺活量水平才有所回升。其中，1991年肺活量数据显示，7~18岁学生肺活量水平较1985年下降90毫升、19~22岁学生肺活量水平较1985年下降235毫升；2000年7~18岁学生肺活量水平较1995年又下降17~90毫升；2005年7~18岁的城市男学生、城市女学生、乡村男学生、乡村女学生较2000年分别平均下降了285毫升、303毫升、237毫升、259毫升；2010年肺活量水平出现回升，7~18岁的城市男生、城市女生、乡村男生、乡村女生肺活量水平较2005年分别平均提高了89毫升、84毫升、94毫升、81毫升；2019年我国7~9岁、10~12岁、13~15岁、16~18岁、19~22岁男生肺活量水平分别增加了82.5毫升、153.6毫升、209.7毫升、161.2毫升和92.3毫升，平均增加139.86毫升；7~9岁、10~12岁、13~15岁、16~18岁、19~22岁女生肺活量水平分别增加了105.3毫升、166.0毫升、187.2毫升、147.0毫升和102.2毫升，平均增加141.54毫升，不同年龄阶段不同地区学生肺活量水平均得到一定程度的提升。

即使自2010年开始学生肺活量水平稳步提升，但2019年学生的肺活量水平仍不及1995年。这一结果让我们倍感压力，我们需要利用更有效的办法，使我国学生肺活量水平不仅要稳步提升，还要超越多年前的水平①。

2. 全国学生身体形态数据变化分析

身体形态指标主要包括身高、体重、胸围、身体姿态等评价指标，自1985年全国学生体质与健康调研开展以来，学生的身高、体重逐年上升。1995年全国学生身高平均增加3.09厘米、体重平均增加2.50千克，BMI相比1985年的平均增长量为城市男生22.98、城市女生13.83、农村男生

---

① 吴键、袁圣敏：《1985~2014年全国学生身体机能和身体素质动态分析》，《北京体育大学学报》2019年第6期。

11.75、农村女生12.39。肥胖检出率男生从2.75%上升到8.65%、女生从3.38%上升到7.18%，城市学生肥胖检出率达到12.03%。

与1995年相比，2000年全国学生身高平均增加0.35厘米、体重平均增加0.63千克，乡村学生的身高、体重增长量大于城市学生，“豆芽菜”体型得到改善。在肥胖检出率方面，7~18岁学生的肥胖检出率，城市男生由5.9%上升为10.1%，城市女生由3.0%上升为4.9%；乡村男生由1.6%上升为3.7%，乡村女生由1.2%上升为2.4%。

与2000年相比，2005年在身高方面，城市男生平均增长0.70厘米、城市女生平均增长0.31厘米、乡村男生平均增长1.00厘米、乡村女生平均增长0.69厘米；在体重方面，城市男生平均增加1.52千克、城市女生平均增加0.82千克、乡村男生平均增加1.32千克、乡村女生平均增加0.92千克。与2000年相比，2005年，在超重、肥胖检出率方面，7~22岁城市男生超重、肥胖检出率分别为13.25%和11.39%，分别上升1.4个和2.7个百分点；城市女生超重、肥胖检出率分别为8.72%、5.01%，分别上升0.7个和0.9个百分点；乡村男生超重、肥胖检出率分别为8.20%和5.07%，分别上升1.8个和1.6个百分点；乡村女生超重、肥胖检出率分别为4.61%和2.63%，分别上升1.2个和0.4个百分点。

与2005年相比，2010年在身高方面，城市男生平均增加1.01厘米、城市女生平均增加0.79厘米、乡村男生平均增加1.55厘米、乡村女生平均增加1.12厘米；在体重方面，城市男生、城市女生、乡村男生、乡村女生的体重平均分别增加1.35千克、0.80千克、2.02千克、1.15千克；在超重、肥胖检出率方面，7~22岁城市男生、城市女生、乡村男生、乡村女生肥胖检出率分别为13.33%、5.64%、7.83%、3.78%，分别增加1.94个、0.63个、2.76个、1.15个百分点，超重检出率分别为14.81%、9.92%、10.79%、8.03%，分别增加1.56个、1.20个、2.59个、3.42个百分点。

2014年，7~19岁男生平均身高为155.85厘米，7~19岁男生平均体重为48.86千克，7~19岁女生平均身高为150.13厘米，7~19岁女生平均体重为43.45千克。

与2014年相比，2019年在身高方面，7~9岁学生平均增加0.52厘米、10~12岁学生平均增加1.26厘米、13~15岁学生平均增加1.69厘米、16~18岁学生平均增加0.95厘米、19~22岁学生平均增加0.81厘米；体重方面，7~9岁、10~12岁、13~15岁、16~18岁、19~22岁学生分别增加0.61千克、1.73千克、2.52千克、2.52千克和2.86千克①。

总体来说，1985~2019年全国学生体重平均数值呈线性增长趋势，而身高呈现不同变化趋势，在1985~1991年全国学生身高有显著上升，1991年后增长速度变缓，但体重依旧保持较高增长速度，1995年后身高的增长幅度再次逐渐增大。1985年到2019年各年公布的全国学生体质与健康调研结果显示，学生的超重、肥胖检出率均在不同程度地增加，严重影响了学生的身体健康发育和体质健康水平。

3. 全国学生身体素质数据变化分析

（1）力量素质数据分析

力量素质主要通过引体向上、斜身引体、仰卧起坐和立定跳远四个测试项目来进行评估，包括小学三年级到六年级的男女生仰卧起坐测试、初高中生的立定跳远测试、初高中男生引体向上和女生仰卧起坐测试。从整体来看，全国学生力量素质在1995年出现一个小幅度提升，但2000年、2005年再次出现下降趋势，2010年出现上升拐点，2019年继续保持上升态势，但有些项目和人群仍呈现成绩不理想的状态，还需进一步加强和改善。

其中，在引体向上测试项目中，学生测试成绩1995年较1991年增加了1.1个；2000年开始呈现下降趋势，19~22岁城乡男生分别下降2.1个、1.9个；2005年13~18岁城乡男生分别下降1.2个、1.4个；2014年13~19岁年龄组男生分别完成引体向上1.9个、2.7个、3.4个、3.8个、4.2个、4.5个、4.8个。

斜身引体测试项目中，学生测试成绩1995年比1991年平均增加了11.7

① 吴飞、张锐、郑晓瑛：《1985~2014年中国7~18岁汉族学生体重发展的时间序列分析》，《体育与科学》2018年第6期。

个，2000 年 7~12 岁学生比 1995 年平均下降 2.1 个，2005 年平均成绩基本没有下降，2019 年 7~12 岁男生比 2005 年平均增加 0.7 个。

女生仰卧起坐测试项目中，学生测试成绩，1995 年比 1991 年平均增加 8.84 个，2000 年开始出现下降趋势，其中小学生平均下降 2.6 个、中学生下降 1.2 个、大学生下降 0.7 个，2005 年 7~18 岁城乡女生仰卧起坐较 2000 年分别下降 3.7 个、3.1 个，2010 年有所上升，2019 年 7~9 岁、10~12 岁、13~15 岁、16~18 岁、19~22 岁年龄组女生 1 分钟仰卧起坐分别平均增加了 1.9 个、1.9 个、1.8 个、1.6 个和 1.0 个。

立定跳远测试成绩方面，1995 年比 1991 年城市学生平均提高 9.51 厘米、乡村学生平均提高 11.91 厘米。2000 年，与 1995 年相比，16~18 岁学生立定跳远测试成绩呈现提高趋势，但 7~12 岁小学生平均下降了 1.85 厘米、13~18 岁中学生下降 1.75 厘米、19~22 岁大学生下降 2.3 厘米。2005 年，城市男生、城市女生、乡村男生、乡村女生立定跳远测试成绩分别平均下降了 3.7 厘米、3.9 厘米、3.2 厘米、4.1 厘米。2010 年，学生立定跳远测试成绩出现回升，7~18 岁城市男生、城市女生、乡村男生分别平均增长 1.12 厘米、1.03 厘米、0.76 厘米，乡村女生立定跳远成绩与 2005 年基本持平。整体来看，虽然 2010 年学生立定跳远测试成绩开始出现上升趋势，但整体水平与 2005 年相比上升幅度不大，证明学生立定跳远测试成绩还有较大上升空间。

（2）速度素质数据分析

速度素质通过 50 米冲刺跑进行测试评估，学生测试成绩在 1995 年出现第一个上升拐点，城市学生平均提高了 0.20 秒，乡村学生平均提高了 0.30 秒。此后出现下降趋势，2005 年较 2000 年来说，7~18 岁城市男生和女生测试成绩均下降了 0.1 秒；乡村男生与女生测试成绩分别下降 0.1 秒和 0.2 秒。2014 年学生测试成绩再次回升，2019 年 13~15 岁、16~18 岁中学生测试成绩有所提升，分别提高了 0.09 秒和 0.01 秒。

总体来说，男生速度素质有两个上升期，1985~1995 年呈上升趋势，测试成绩平均提高了 0.21 秒；1995~2005 年呈下降趋势，测试成绩平均下降

0.12 秒；2005~2019 年出现第二个上升期，测试成绩平均提升了 0.045 秒。而女生速度素质也有两个上升期，1985~1995 年是女生速度素质第一个上升期，测试成绩平均提高了 0.20 秒，1995~2005 年出现下降趋势，测试成绩平均下降了 0.31 秒，2010~2019 年稳步上升，2010~2014 年测试成绩平均增加了 0.06 秒，2014~2019 年男女中学生测试成绩分别提高了 0.09 秒和 0.01 秒。

（3）耐力素质数据分析

耐力素质主要包括心肺耐力和肌肉耐力，通常通过 7~12 岁小学生“50×8”往返跑、13~18 岁男生 1000 米跑和女生 800 米跑测试成绩来反映。从整体角度来看，1985~2019 年，学生耐力素质总体呈现下降趋势。乡村学生的耐力素质较城市学生好，但近年来乡村学生在耐力素质方面的优势逐步减小。1995 年，学生耐力素质有所下降，13~14 岁男、女学生测试成绩较 1991 年平均分别下降 2.88 秒和 3.86 秒，城市下降趋势更为明显。2019 年学生耐力素质出现上升趋势，2019 年与 2014 年数据相比，13~15 岁女生 800 米跑测试成绩平均提高了 4.49 秒，13~15 岁男生 1000 米跑测试成绩平均提高了 6.50 秒。

从不同年龄阶段和性别学生的耐力素质来看，7~12 岁男生“50×8”往返跑成绩在 1985~2019 年经历了三次下降期，主要表现为 1985~1995 年出现小幅下降，平均下降了 1.25 秒；1995~2005 年出现大幅度下降趋势，平均下降 8.63 秒；2005~2014 年下降幅度有所减缓，平均下降 0.52 秒。

7~12 岁女生“50×8”往返跑成绩，相比男生来说较好。在 1985~1995 年出现一次上升期，平均增长了 0.33 秒，1995~2005 年大幅度下降 8.99 秒，2005~2014 年，下降幅度得到了控制，并在此基础上平均提高了 0.66 秒。

从 13~18 岁男生 1000 米跑测试成绩来看，1985~1995 年出现小幅度下降趋势，平均下降 3.97 秒；1995~2005 年出现大幅度下降，平均下降 22.41 秒；2005~2014 年下降幅度得到控制，但仍平均下降 1.88 秒。2019 年，13~15 岁男生 1000 米跑测试成绩较 2014 年平均提高了 6.50 秒。

从13~18岁女生800米跑测试成绩看，1985~1995年出现第一个下降期，下降了2.49秒；1995~2005年，持续大幅度下降，平均下降了23.66秒；2005~2014年成绩下降趋势得到一定控制，2014年在2005年基础上有所提高，平均上升了0.25秒。2019年与2014年相比，全国13~15岁女生800米跑测试成绩平均提高了4.49秒。

虽然2010~2015年女生的耐力素质水平下降趋势得到一定的控制和缓和，但相比1985年女生的耐力素质仍较低。同时，男生耐力素质下降速度高于女生下降速度。对于学生耐力素质下降问题，我们需要认真对待和积极改善。

（4）柔韧素质数据分析

柔韧素质主要考验学生的肌肉和关节柔韧性，通过坐位体前屈测试项目进行观察和评估。学生柔韧素质在2000年以前呈现持续下降趋势，1995年8岁学生平均下降0.88厘米、9岁学生平均下降0.87厘米，2000年7~12岁小学生平均下降0.4厘米、13~18岁中学生平均下降1.8厘米、19~22岁大学生平均下降2.5厘米。2010年学生柔韧素质出现上升拐点，表现为7~18岁城市女生、乡村男生、乡村女生分别平均增长0.49厘米、0.04厘米、0.53厘米，城市男生与2005年基本持平。

整体来看，在2000~2014年的10多年时间里，学生柔韧素质稳步提升，女生的柔韧性明显高于男生，乡村学生的柔韧性较城市学生好。

4. 全国学生近视率数据变化分析

1995年，小学生近视率达到了22.78%，初中生近视率达到了55.22%，高中生近视率达到了70.34%。农村学生近视率出现上升趋势，虽然城市学生近视率并无明显增加，但也处于较高水平，城市学生近视率明显高于农村学生。在城市居住的小学生、初中生和高中生比在农村居住的小学生、初中生和高中生近视率分别高10.32个百分点、26.35个百分点、13.91个百分点。

2000年，小学生的近视率为20.23%，初中生近视率达到48.18%，高中生近视率达到71.29%，大学生近视率达到73.01%。与1995年相比，小学生和初中生的近视率有所下降，但高中生近视率仍有所增加。并且城市学生的近视率高于农村学生，但城乡之间的差距在逐渐缩小。

2005 年，城市学生的近视率仍高于农村学生、女生近视率高于男生。小学生近视率达到 31.67%，初中生近视率达到 58.07%，高中生近视率达到 76.02%，大学生近视率达到 82.68%。

2010 年，小学生近视率为 40.89%（其中，城市学生近视率为 48.81%，农村学生近视率为 32.98%），比 2005 年增加 9.22 个百分点；初中生近视率为 67.33%（其中，城市学生近视率为 75.94%，农村学生近视率为 58.74%），比 2005 年增加 9.26 个百分点；高中生近视率为 79.20%（其中，城市学生近视率为 83.84%，农村学生近视率为 74.59%），比 2005 年增加 3.18 个百分点；大学生近视率为 84.72%（其中，城市学生近视率为 84.14%，农村学生近视率为 85.30%），比 2005 年增加 2.04 个百分点。低年龄组学生近视率增加幅度更明显。

2019 年全国学生体质与健康调研结果显示，我国学生的近视率仍然居高不下，解决学生近视问题，刻不容缓。

5. 全国学生体质健康达标率数据变化分析

学生体质健康达标率是评定学校学生体质健康水平的标准之一。通过分析 1985~2019 年全国学生体质与健康调研结果发现，中小学生的体质健康达标优秀率从 1985 年的 2.5%首先上升到 1995 年的 4.4%，但 1995 年后，出现下降趋势，2005 年下降到 1.1%，2010 年回升了 0.6 个百分点，2014 年回升到 2.2%，但这一水平仍不及 1985 年的水平（见图 1）。2014 年学生体质健康达标优良率为 14.8%。2019 年，我国学生体质健康达标优良率较 2014 年上升了 2.9 个百分点，达到 17.7%，其中 13~15 岁、16~18 岁、19~22 岁学生体质健康达标优良率分别上升了 5.1 个、1.8 个、0.2 个百分点，初中生上升幅度最为明显。

从不同地区和不同性别学生来看，男生体质健康达标优秀率一直高于女生，1985 年，城市男生的体质健康达标优秀率最高，为 3.8%；1995 年，城市男生和乡村男生的体质健康达标优秀率分别为 5.5%和 5.6%；2014 年，

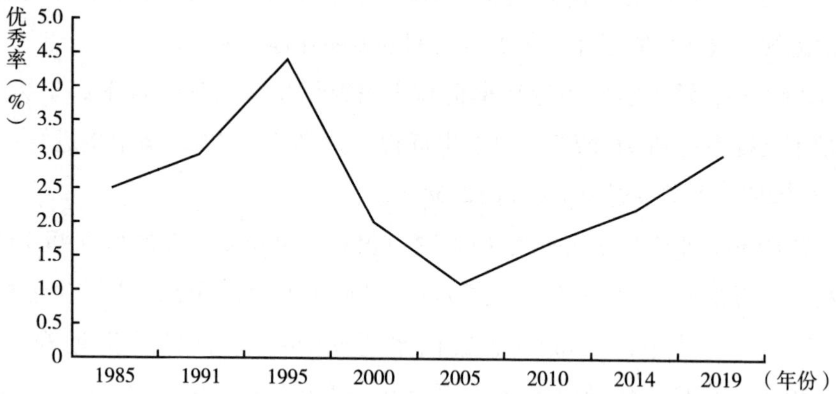

图 1　1985~2019 年全国学生体质健康达标优秀率变化趋势

乡村男生的体质健康达标优秀率最高，为 2.8%。1985~2000 年，城市女生和乡村女生均为体质健康达标优秀率同时期最低的群体；2005~2014 年，城市女生体质健康达标优秀率有所上升，但乡村女生仍是体质健康达标优秀率最低的群体①。

全国筛查结果显示，东部地区中小学生体质健康达标优秀率明显高于中部和西部地区，尤其是浙江、江苏等地区学生的身体素质明显优于其他地区。1985~2019 年，我国学生的体质健康水平呈起伏变化趋势，2019 年我国学生体质健康达标优秀率刚超越 1985 年学生体质健康达标优秀率，要想达到 2030 年的体质健康目标或更高的要求，我们仍需要一起努力。

6. 全国幼儿体质健康达标率数据变化分析

由表 1 可知，在幼儿体质健康测试当中，伴随生长发育，幼儿各项体质指标平均水平随着年龄的增长呈现较好的发展趋势，但体脂率和坐位体前屈成绩值得关注。

① 宋逸、罗冬梅、胡佩瑾等：《1985~2014 年中国汉族 13~18 岁中学生体质健康达标优秀率趋势分析》，《北京大学学报》（医学版）2020 年第 2 期。

表 1　2020 年全国幼儿体质与健康数据分析

性别	年龄组（岁）	身体形态				
		身高（厘米）	体重（千克）	坐高（厘米）	胸围（厘米）	体脂率（%）
男	3	101.9	16.4	58.5	52.3	19.2
	4	108.0	18.4	61.4	54.1	18.7
	5	115.3	21.4	64.8	56.3	19.7
	6	119.6	23.1	66.7	58.1	19.2
女	3	100.9	15.8	57.9	51.2	23.0
	4	107.0	17.7	60.9	52.7	22.0
	5	114.1	20.2	64.3	54.6	22.1
	6	118.5	21.9	66.2	56.1	21.2

性别	年龄组（岁）	身体素质					
		握力（千克）	立定跳远（厘米）	坐位体前屈（厘米）	15 米绕障碍跑（秒）	双脚连续跳（秒）	走平衡木（秒）
男	3	4.5	57.9	9.9	9.8	9.6	12.4
	4	5.7	77.2	9.6	8.7	7.5	10.2
	5	7.2	93.8	8.6	7.8	6.3	8.2
	6	8.3	101.2	8.1	7.5	5.9	7.1
女	3	4.0	56.4	10.9	10.0	9.8	12.3
	4	5.0	73.8	11.4	8.8	7.6	10.0
	5	6.2	88.8	11.6	8.1	6.5	8.3
	6	7.2	94.9	11.4	7.7	6.0	7.1

其中，从身体形态方面来看，与 3 岁幼儿组相比，6 岁男生和女生身高平均值分别增高了 17.7 厘米和 17.6 厘米，身高呈现良好发展趋势。但是体重随着年龄增长也在逐渐加大，并且女生幼儿的体脂率高于男生幼儿，6 岁男生体脂率达到 19.2%、女生达到 21.2%，并且 3 岁女生的体脂率便达到了 23.0%，比 6 岁男生体脂率还要高。女生幼儿的体重数值整体低于男生幼儿，但体脂率高于男生幼儿，这一点也凸显出女生幼儿的身高发育水平较男生缓慢。同时，城镇幼儿的相关指标平均值高于乡村幼儿。

从身体素质方面来看，在握力、立定跳远、15 米绕障碍跑、双脚连续跳四个测试项目中，男生平均成绩优于女生平均成绩；但在坐位体前屈的柔韧性测试当中，女生的平均成绩优于男生的平均成绩，而对于走平衡木测试项目来说，男女生的平均成绩相差无几。在力量、速度等素质方面男生较好，在柔韧方面女生较好，在平衡稳定素质方面，男女生较平衡，这也与儿童青少年素质发展敏感期的发展规律相吻合。同时，第五次国民体质监测结果显示，城镇幼儿下肢爆发力、灵敏性指标水平好于乡村幼儿，而乡村幼儿柔韧、平衡素质好于城镇幼儿，城乡幼儿握力水平基本一致。

同时，与 2014 年监测结果相比，2020 年男性幼儿的身高、体重、坐高、胸围、走平衡木平均水平均有所提升，分别提升了 0.1%、0.3%、0.9%、1.1%和 11.8%，变化幅度在 0.1%~11.8%，走平衡木的能力水平提升最为明显；但双脚连续跳、坐位体前屈、立定跳远平均水平有所下降，分别下降了 1.3%、4.3%、6.6%，与立定跳远相关的下肢爆发力下降幅度最大，变化幅度在-6.6~-1.3%（见图 2）。

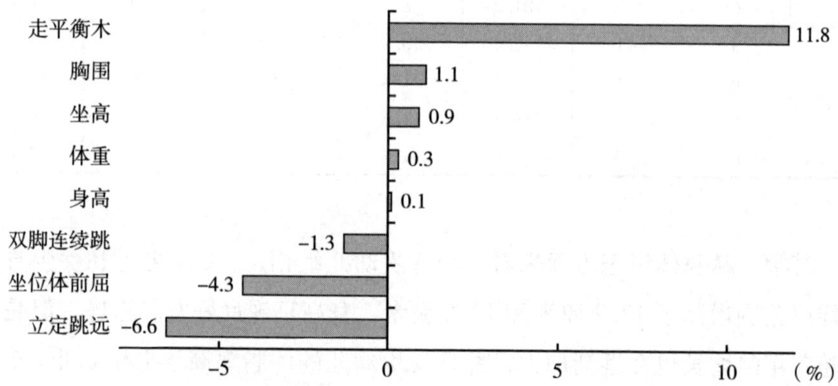

图 2　男生幼儿体质健康指标 2014 年与 2020 年监测数据对比

女生幼儿体质健康指标水平变化与男生相同，主要表现为身高、胸围、体重、坐高、走平衡木平均水平有所提升，分别提升了 0.2%、0.8%、0.8%、1.4%和 14.2%，变化幅度在 0.2%~14.2%，其中走平衡木水平也是提升幅度最大；而双脚连续跳、坐位体前屈、立定跳远的平均水平有所下降，分别下降了 1.6%、3.4%、5.3%，变化幅度在-5.3%～-1.6%，也是立定跳远的成绩下降幅度最大（见图 3）。整体来说，2020年，男生与女生幼儿阶段，力量素质、协调灵敏素质和柔韧素质相比 2014 年均有一定程度的下降，而身高、胸围、体重、坐高和走平衡木平均水平均有一定程度的提高，其中，体重增高导致体脂率增高，超重肥胖幼儿较多。

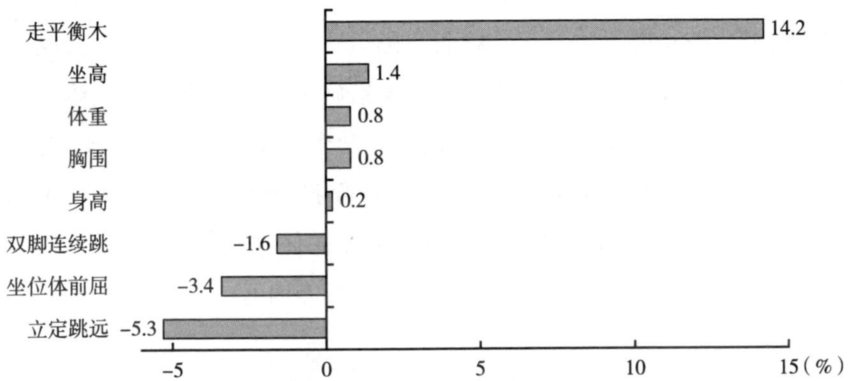

图 3　女生幼儿体质健康指标 2014 年与 2020 年监测数据对比

7. 全国中小学生体质健康变化与当今社会发展趋势

（1）1985～2014 年仅 1995 年学生身体素质上升的原因分析

根据北京大学儿童青少年卫生研究所等单位研究人员的分析，以 1985 年第一次全国学生体质与健康调研结果为基准，将 1985 年我国儿童青少年身体素质指标设定为 0，在此后 30 多年里，仅 1995 年有所提高，达到 1.2，此后开始降低，并在 2005 年降为-1.1，2014 年仍为负数，为-0.8。对比来看的话，从 1995 年到 2014 年，我国儿童青少年身体素质下降了 167%，且不及 1985 年的水平。

1995 年，我国国民生活物质条件得到进一步改善和提高，人们营养不良的生活现状有较大好转，也正因如此，我国学生体质与健康状况得到了大幅度提升，学生身高体重均属于正常数值，良好的身体形态对身体素质提高起到了正向的作用。但1995年后，学生营养过剩导致的超重肥胖现象越来越明显，成为学生整体身体素质下降的一个重要原因。因此，北京大学儿童青少年卫生研究所等单位的研究人员根据他们的研究得出结论“建议对贫困的农村地区，继续通过改善营养不良的方式提高学生们的身体素质，而其他大部分地方要想办法解决超重、肥胖问题”。

除营养不良问题得到改善这一原因之外，学生体质健康水平提高与国家重视程度和相关政策出台也有很大关系。1995年“切实减轻中小学生过重的课业负担”被写进了政府工作报告，随后在全国人大八届三次会议上成为热门话题，此后“减负”的呼声和相关措施也开始频繁出现在体育教学当中。自1990年《学校体育工作条例》《学生卫生工作条例》颁布以来，学校体育工作的受重视程度日益提升。1995年我国颁布《体育法》，不仅填补了国家体育立法领域的空白，而且标志着中国体育开始进入依法行政、以法治体的新阶段。因此，国家政策支持也是1995年学生体质健康水平提升的关键影响因素。

（2）经历2005年下降期后，2010年迎来了转折点

1995~2005年，学生的体质与健康状况出现下滑趋势，原因有很多，但影响较大的两个因素主要是：其一，学生营养不良问题得到较大改善，生活水平得到提升，同时学生学习成绩受到关注，学业负担加重，活动量减少，超重肥胖问题凸显，导致学生体质健康水平下滑。其二，2002年我国暴发“非典”疫情，学校正常教学暂停，学生在家活动时间和活动量减少，从而导致学生体质健康水平下降。

2010年全国学生体质与健康调研结果显示：除视力不良、超重肥胖等检出率仍居高不下外，学生身体素质部分指标持续下降趋势得到了初步的遏制，下降趋势得到缓解，这一现象离不开政策支持和学校体育教学工作的影响。从2007年开始，我国相继出台多部体育政策文件，部分重要相关文件如下。

2007年5月7日，中共中央国务院下发《关于加强青少年体育增强青

少年体质的意见》（中发〔2007〕7号），即“中央7号文件”。这份文件明确提出了“533”的目标，即通过5年左右的时间，使我国青少年普遍达到国家体质健康的基本要求，耐力、力量、速度3项体能素质明显提高，营养不良、肥胖和近视3种健康状况的发生率明显下降。2010年7月发布的《国家中长期教育改革和发展规划纲要（2010~2020年）》认识到了学校体育的重要性。明确指出要把促进学生健康成长作为学校一切工作的出发点和落脚点，把学校体育放在更加突出的位置，把“加强体育，牢固树立‘健康第一’的思想，确保学生体育课程和课余活动时间”作为战略主题，促进学生健康成长，并规定“保证学生每天锻炼一小时”。党的十八以来，与学校体育相关的文件出台之密集、力度之大都是前所未有的。2013年11月15日，党的十八届三中全会发布《中共中央关于全面深化改革若干重大问题的决定》。2014年4月印发《学生体质健康监测评价办法》《中小学体育工作评估办法》《学校体育工作年度报告办法》。2014年7月印发《国家学生体质健康标准（2014年修订）》。2015年3月，国务院办公厅印发了《中国足球改革发展总体方案》。2015年4月15日，国务院教育督导委员会办公室印发《国家义务教育质量监测方案》。2016年4月21日，国务院办公厅发布《关于强化学校体育促进学生身心健康全面发展的意见》。2021年7月24日，中共中央办公厅、国务院办公厅印发《关于进一步减轻义务教育阶段学生作业负担和校外培训负担的意见》和2022年部分省市出台的提高中考体育分值占比等相关政策，都体现了各部门对学校体育工作和学生体质健康的重视。

2010年，学生体质与健康水平呈现向好趋势，这离不开国家政策的出台、学校和一线体育教学工作者的努力、家长的观念转变以及越来越科学的锻炼手段方法。

（二）北京市中小学生体质健康状况分析

1. 北京市2010年和2014年学生体质健康数据分析

根据2010年和2014年北京市学生体质与健康调研结果，2010年北京市学生的体质与健康水平良好，其中肺活量、速度素质、耐力素质和爆发力素质均有一定程度提高，同时低体重和营养不良状况进一步得到改善，重度营养不良现象已经消失，常见病出现率持续下降，学生的肥胖检出率快速上升趋势得到遏制。但近视率、超重检出率、肥胖检出率仍需得到重视，2010年调研结果显示，北京市学生超重检出率为 11.69%，肥胖检出率为 14.06%，与 2005 年基本持平。

从城乡学生与男女学生的发展趋势来看，仍然是男生平均体质健康水平高于女生、城市学生高于乡村学生。其中，乡村男生超重、肥胖检出率分别为 13.26%、16.77%，比 2005 年分别上升了 3.25 个和 1.83 个百分点；而乡村女生超重、肥胖检出率分别为 10.38%、10.33%，与 2005 年相比，超重检出率没有变化，但肥胖检出率提高了 2.41 个百分点。北京市小学生、初中生和高中生的视力不良检出率，分别为 43.50%、71.89%、81.89%，视力不良检出率方面主要特点为城市学生高于乡村学生、女生高于男生。

2014 年，北京市学生体质与健康总体达标率为 89.2%。学生体质与健康状况有所改善，主要表现为身体形态发育良好，营养不良问题得到改善，常见病检出率下降，恒牙龋齿患病率有所下降，肺活量水平有所改善，中小学女生速度、爆发力和力量等身体素质有所提高，学生视力不良检出率快速上升趋势得到遏制，超重肥胖问题改善效果初现。其中，在身体形态方面，与 2010 年相比，中小学城市男生身高平均增长了 0.51 厘米、女生身高平均增长了 0.47 厘米；乡村男生身高平均增长了 1.72 厘米、乡村女生身高平均增长了 1.47 厘米。大学男生、女生身高分别平均增长 1.15 厘米、1.62 厘米。随着身高增长，学生体重也比 2010 年有所增长，中小学男生、女生体重分别平均增长 2.53 千克、1.40 千克，大学男、女生体重分别平均增长 1.52 千克、1.23 千克。

随着身高体重的逐年增长，超重、肥胖检出率也持续增长，2014 年北京市学生超重、肥胖检出率分别为 15.30%、16.93%，与 2010 年相比，分别上升了 3.54 个和 3.38 个百分点，且男生高于女生，城市和农村基本持平，乡村男生肥胖检出率增幅明显。中小学阶段学生的超重、肥胖检出率分别为15.31%、18.10%，与2010年相比，分别上升了3.84个、3.48个百分点。大学生超重、肥胖检出率分别为15.23%、12.04%，与2010年相比，分别上升了2.51个、2.15个百分点。

从2014年学生体质与健康调研结果来看，学生营养不良现象持续改善，数据显示：大中小学生营养不良检出率为20.27%，较2010年下降了2.53个百分点。中小学生营养不良检出率为19.78%，与2010年相比下降了2.69个百分点。大学生营养不良检出率为22.35%，与2010年相比下降了1.56个百分点。常见病检出率持续下降，7、9、12、14岁学生恒牙龋齿患病率分别为2.67%、9.67%、22.00%和29.33%，与2010年相比，7、9、14岁学生分别下降了3.01个、1.87个和4.46个百分点，12岁学生上升了0.99个百分点。

从2014年学生身体素质相关调研结果来看，北京市学生肺活量与2010年相比，中小学男生、女生肺活量分别增长了91.94毫升和111.66毫升；中小学女生50米跑成绩较2010年提高0.10秒；女生立定跳远成绩较2010年提高0.09厘米；女生仰卧起坐成绩较2010年增加了1.70个百分点；女生中长跑成绩较2010年提高了2.24秒，均有不同程度的提高。

但并不是所有学生的身体素质都有所提高，其中，中小学男生的身体素质出现下降趋势，尤其是城市男生的速度和耐力素质下降明显。与2010年相比，男生的握力成绩下降了1.24千克，单杠斜身引体/引体向上下降5.63次，50米跑成绩下降了0.06秒，其中城市男生下降0.15秒，乡村男生反而提高了0.04秒，立定跳远测试成绩下降3.18厘米，坐位体前屈下降了1.70厘米，耐力素质方面乡村男生中长跑成绩提高了2.81秒，而城市男生下降了2.16秒①。

综合比较2010年和2014年北京市学生体质与健康调研结果发现，学

① 石晓燕、高爱钰、段佳丽等：《北京市中小学生1985与2014年身体比例变化分析》，《中国学校卫生》2017年第12期。

生体质与健康水平总体向好，但仍有需要继续改善提升的方面。具体表现在：其一，从身体素质来看，女生整体身体素质有所提升，男生部分身体素质呈下降趋势，包括城市男生的速度素质和城市男生的耐力素质以及城乡男生的握力和单杠斜身引体/引体向上、立定跳远、坐位体前屈成绩均有所下降；而女生包括50米跑反映的速度素质、立定跳远反映的下肢爆发力素质和仰卧起坐反映的核心力量素质以及中长跑反映的耐力素质均有所提升。其二，从身体机能来看，男女生的肺活量水平均有所提升。其三，从身体形态来看，男女生身高呈逐年增长趋势、体重也在增长，超重、肥胖检出率持续上升，同时有身体姿态不良现象。其四，从身体健康状况来看，常见疾病检出率降低、恒牙龋齿患病率有所下降，营养不良现象得到改善。

2. 北京市2020年度中考、高考招生体检数据分析

北京市体检中心、北京市疾病预防控制中心等部门共同编撰的《北京市2020年度体检统计报告》，主要针对2020年度北京市中考招生（以下简称“中招”）和高考招生（以下简称“高招”）体检结果进行了分析对比。报告数据涵盖了2020年度北京市62万人次专项体检和353万人次健康体检的体检数据，其中参加北京市高招体检的共55547人，男生27378人、女生28169人；参加中招体检的共80695人，男生42433人、女生38262人。

报告显示，北京市中学生的视力不良检出率是异常指标检出率最高的项目，高招中视力不良检出率为89.01%，中招中视力不良检出率为82.24%。2020年度北京市高招体检数据显示，男生平均身高177厘米、女生平均身高164厘米，较2019年度男、女生身高平均值各增长1厘米。初中男生平均身高175厘米、女生平均身高164厘米，较2019年度男、女生身高平均值各增长2厘米。超重肥胖率也在增加，其中高招体重检查结果显示：男生平均超重肥胖检出率达44.46%，较2019年度增长9.68个百分点；初中男生超重肥胖检出率达43.12%，较2019年度增加8.74个百分点。女生超重肥胖检出率与2019年度相比也略有增长。

（1）北京市2020年度高招体检数据分析

2020年度北京市高招体检人数55547人，其中男生27378人、女生28169人。完全合格人数为5738人，占总体检人数的10.33%；基本合格人数为49798人，占总体检人数的89.65%；不合格人数为11人，占总体检人数的0.02%。

2020年度北京市高招体检结果显示，学生视力不良和超重肥胖检出率仍居高不下，视力问题最为严重突出。高招体检中视力不良检出人数为49442人，占高招总人数的89.01%。多数区视力不良检出率高于全市平均线，其中男生视力不良检出率高出全市平均线的有朝阳区、丰台区、通州区、顺义区、门头沟区、海淀区、密云区和西城区；女生视力不良检出率高于全市平均线的有朝阳区、丰台区、密云区、延庆区、房山区、通州区、门头沟区、顺义区。男、女生的视力不良检出率均以朝阳和丰台区为最高。具体数值可见表2。

表2　2020年度北京市高招体检视力不良检出率情况

单位：人，%

地区	男生检出情况		地区	女生检出情况	
	人数	检出率		人数	检出率
合计	23475	85.74	合计	25967	92.18
朝阳区	2280	91.02	朝阳区	2606	94.39
丰台区	1262	89.57	丰台区	1380	94.20
通州区	1201	89.36	密云区	970	93.90
顺义区	1327	88.41	延庆区	596	93.86
门头沟区	356	88.12	房山区	1600	93.73
海淀区	5592	87.01	通州区	1383	93.51
密云区	791	86.54	门头沟区	446	93.11
西城区	2785	86.44	顺义区	1541	93.06
大兴区	1109	85.37	大兴区	1348	92.08
东城区	2079	84.89	东城区	2439	91.76
昌平区	1008	83.37	昌平区	1022	91.33

续表

地区	男生检出情况		地区	女生检出情况	
	人数	检出率		人数	检出率
延庆区	535	82.31	怀柔区	579	91.18
怀柔区	504	81.95	海淀区	5483	91.03
石景山区	945	80.56	平谷区	651	90.67
平谷区	596	77.50	西城区	3062	90.62
房山区	1105	74.26	石景山区	861	89.87

注：按照视力不良检出率降序排列。

2020年度北京市高招男生平均身高177厘米，女生平均身高164厘米，较2019年度男、女生身高均增长1厘米。但也有部分区县平均身高低于全市平均水平，男生平均身高低于平均水平的有密云区、门头沟区、顺义区、大兴区、房山区和延庆区；女生平均身高低于平均水平的有昌平区、门头沟、顺义区和房山区。

学生超重肥胖检出率也在上升。男生全市平均超重肥胖检出率为44.46%，较2019年度增长9.68个百分点，其中石景山区、顺义区、平谷区、东城区、门头沟区、密云区、朝阳区、怀柔区和昌平区的超重肥胖检出率均高于全市平均线；女生全市平均超重肥胖检出率为24.11%，较2019年度增长5.01个百分点，其中除石景山区、顺义区、平谷区、东城区、密云区、朝阳区、怀柔区、大兴区外，还新增了通州区、房山区、丰台区，共11个区的女生超重肥胖检出率高于全市的平均线，具体数值可见表3、表4。

表3　北京市2020年度高招体检男生超重肥胖检出情况

单位：人，%

区域	超重人数	肥胖人数	体检总人数	超重肥胖检出率
合计	6284	5888	27378	44.46
石景山区	295	288	1173	49.70
顺义区	359	358	1501	47.77

续表

区域	超重人数	肥胖人数	体检总人数	超重肥胖检出率
平谷区	182	177	769	46.68
东城区	596	540	2449	46.39
门头沟区	85	101	404	46.04
密云区	201	218	914	45.84
朝阳区	566	582	2505	45.83
怀柔区	136	143	615	45.37
昌平区	276	263	1209	44.58
大兴区	274	297	1299	43.96
海淀区	1535	1263	6427	43.54
房山区	322	322	1488	43.28
通州区	284	295	1344	43.08
丰台区	299	308	1409	43.08
延庆区	147	123	650	41.54
西城区	727	610	3222	41.50

注：按照超重肥胖检出率降序排列。

表 4　北京市 2020 年度高招体检女生超重肥胖检出情况

单位：人，%

区域	超重人数	肥胖人数	体检总人数	超重肥胖检出率
合计	4034	2758	28169	24.11
怀柔区	103	87	635	29.92
通州区	260	174	1479	29.34
密云区	156	145	1033	29.14
大兴区	221	194	1464	28.35
石景山区	173	97	958	28.18
平谷区	108	94	718	28.13
顺义区	273	192	1656	28.08

续表

区域	超重人数	肥胖人数	体检总人数	超重肥胖检出率
房山区	275	185	1707	26.95
朝阳区	431	291	2761	26.15
丰台区	229	151	1465	25.94
东城区	401	287	2658	25.88
昌平区	138	128	1119	23.77
门头沟区	70	40	479	22.96
延庆区	84	60	635	22.68
西城区	397	236	3379	18.73
海淀区	715	397	6023	18.46

（2）北京市2020年度中招体检数据分析

2020年度参加北京市中招体检的学生人数为80695人，男生有42433人、女生有38262人。其中，体检完全合格的学生为13558人，无专业受限学生，占总体检人数的16.80%；体检基本合格的学生为67131人，占总体检人数的83.19%，基本合格学生依据体检标准在合格范围内，但存在专业受限的学生；体检不合格的有6人，占总体检人数的0.007%，不合格的原因与高招相同都是肺结核导致的，比2019年减少1人。

中招与高招一样视力问题为首先要解决的问题，视力不良检出率为79.39%，色觉异常和身高不足等检出率与上年持平。但视力不良、超重肥胖检出率仍居高不下。2020年度中招体检视力不良检出人数为66361人，检出率为82.24%，男、女生视力不良检出率高于全市平均线的区域也相对较多，男生高于全市平均线的有朝阳区、通州区、昌平区、门头沟区、平谷区、西城区、丰台区；女生高于全市平均线的有朝阳区、门头沟、通州区、昌平区、丰台区、平谷区、顺义区、东城区、石景山区、房山区、西城区。其中，朝阳区检出率数值最高，并且女生高于男生3.96个百分点（见表5）。

表 5　北京市 2020 年度中招体检女生视力不良检出情况

单位：人，%

地区	男生检出情况		地区	女生检出情况	
	人数	检出率		人数	检出率
合计	33541	79.04	合计	32820	85.78
朝阳区	4444	88.28	朝阳区	4115	92.29
通州区	2150	83.01	门头沟区	543	91.26
昌平区	1580	82.81	通州区	2156	90.70
门头沟区	554	81.59	昌平区	1504	89.58
平谷区	920	80.99	丰台区	1819	87.45
西城区	3544	79.80	平谷区	897	87.94
丰台区	1889	79.67	顺义区	1837	86.90
东城区	2609	79.01	东城区	2655	86.59
顺义区	1882	78.98	石景山区	854	86.09
石景山区	816	78.54	房山区	2214	85.95
大兴区	1904	77.94	西城区	3591	85.81
房山区	2094	77.70	大兴区	1954	84.99
怀柔区	698	76.87	怀柔区	629	85.03
海淀区	6822	75.05	延庆区	636	81.96
延庆区	572	70.53	海淀区	6322	80.11
密云区	1063	66.31	密云区	1094	77.37

2020 年度北京市中招体检中男生平均身高为 175 厘米，女生平均身高为 164 厘米，较 2019 年度男、女生平均身高均增长 2 厘米。同时体重数值也在增加，2020 年度中招体检中男生平均超重肥胖检出率为 43.12%，较 2019 年度增加了 8.74 个百分点，超重肥胖检出率高于全市平均线的有 12 个区，分别是门头沟区、平谷区、顺义区、密云区、怀柔区、丰台区、房山区、石景山区、通州区、朝阳区、大兴区、昌平区；女生全市平均超重肥胖检出率为 24.50%，较 2019 年度增加 1.10 个百分点，超出全市平均线的有 12 个区，分别是怀柔区、密云区、平谷区、通州区、房山区、延庆区、门头沟区、顺义区、昌平区、大兴区、丰台区和石景山区。北京市学生身体形态改善问题仍任重道远，仍需我们加强改善和监督，具体数据见表 6、表 7。

表6 北京市2020年度中招体检男生超重肥胖检出情况

单位：人，%

地区	超重人数	肥胖人数	体检总人数	超重肥胖检出率
合计	8427	9869	42433	43.12
门头沟区	137	195	679	48.90
平谷区	216	325	1136	47.62
顺义区	466	666	2383	47.50
密云区	284	476	1603	47.41
怀柔区	154	271	908	46.81
丰台区	470	626	2371	46.23
房山区	532	701	2695	45.75
石景山区	217	248	1039	44.75
通州区	472	684	2590	44.63
朝阳区	996	1197	5034	43.56
大兴区	454	605	2443	43.35
昌平区	373	450	1908	43.13
海淀区	1872	1796	9090	40.35
东城区	692	638	3302	40.28
西城区	938	824	4441	39.68
延庆区	154	167	811	39.58

注：按超重肥胖检出率降序排列。

表7 北京市2020年度中招体检女生超重肥胖检出情况

单位：人，%

地区	超重人数	肥胖人数	体检总人数	超重肥胖检出率
合计	5127	4248	38271	24.50
怀柔区	119	134	748	33.82
密云区	220	222	1414	31.26
平谷区	156	160	1020	30.98
通州区	366	349	2377	30.08
房山区	392	372	2576	29.66
延庆区	117	109	776	29.12
门头沟区	88	82	595	28.57
顺义区	315	277	2114	28.00
昌平区	244	221	1679	27.70
大兴区	310	303	2298	26.68

续表

地区	超重人数	肥胖人数	体检总人数	超重肥胖检出率
丰台区	276	257	2080	25.63
石景山区	152	102	992	25.60
朝阳区	608	483	4459	24.47
东城区	388	243	3066	20.58
西城区	486	347	4185	19.90
海淀区	890	587	7892	18.72

注：按超重肥胖检出率降序排列。

《北京市2020年度体检统计报告》数据显示，北京市初中生和高中生总体呈现视力下降、超重肥胖率居高不下现象。其中，高招体检中视力不良检出率为89.01%，中招体检中视力不良检出率为82.24%，男生共23475人，检出率为85.74%；女生共25967人，检出率为92.18%，初中和高中男女生视力不良检出率最高值均出现在朝阳区。因此，朝阳区应重视学生视力改善问题，做好视力改善和提升工作。

2020年度参加高招体检的男生达到27378人，其中，超重人数共6284人、肥胖人数5888人，超重肥胖检出率达到44.46%，石景山区、顺义区、平谷区、东城区、门头沟区排名靠前。女生体检总人数达到28169人，超重人数达到4034人、肥胖人数达到2758人，超重肥胖检出率达到24.11%，比男生低20.35个百分点，男生超重肥胖问题尤为严重。2020年度参加中招体检男生总人数达到42433人，超重人数达到8427人、肥胖人数达到9869人，超重肥胖检出率达到43.12%，门头沟区、平谷区和顺义区排名靠前；2020年度女生体检总人数达到38271人，超重人数5127人、肥胖人数达到4248人，超重肥胖检出率为24.50%，同样低于男生超重肥胖检出率，但比高招体检女生的超重肥胖率高出0.39个百分点。数据表明，北京市初中和高中生的超重肥胖检出率男生高于女生，是北京市中小学急需加强改善的一项工作[①]。

① 北京市体检质量控制和改进中心等组编《北京市2020年度体检统计报告》，科学出版社，2021。

3. 2021年北京市海淀区部分学生体质健康数据分析

海淀区是北京市教育资源最丰富的区域之一，学生综合素质水平位居北京市前列，大部分学生家长整体素质较高，对学生身体素质也较为重视，本部分对2021年海淀区部分学生体质健康数据进行分析，具体情况如下。

北京市海淀区教委公布了2021年五年级学生体质健康测试情况，涉及全区109所学校，学生总测试人数达到39816人，海淀区学生体质健康水平整体呈增长趋势。测试结果显示：海淀区2021年五年级学生整体体质健康优秀率达到25.8%，平均分为83.85分，其中女生平均分为85.30分，男生平均分为82.55分，女生情况优于男生。

但仍存在一些待改善的问题，如超重肥胖问题。从身体形态方面看，身高体重正常的学生占比为70.6%，有25.6%的学生为超重肥胖，低体重学生占比为3.8%，男生低体重、超重肥胖检出率均高于女生。从性别来看，女生平均分、优秀率、良好率、及格率均高于男生，其中跳绳和肺活量项目测试成绩最好，50米和“50×8”往返跑成绩较弱，有大幅度的上升空间。

二　中小学体质健康相关政策解读

近年来，国家越来越重视儿童青少年的体质健康，发布了多部政策文件，本部分对部分重要政策文件概述如下。

2012年教育部出台《3~6岁儿童学习与发展指南》，该指南提到幼儿健康的身心状况和动作发展，这也是权威教育部门首次针对动作发展提出具体要求。目前，我国幼儿动作发展仍参考该指南的要领和要求。

2014年国务院出台《关于加快发展体育产业促进体育消费的若干意见》，该意见提出：“切实保障中小学体育课课时，鼓励实施学生课外体育活动计划，促进青少年培养体育爱好，掌握一项以上体育运动技能，确保学生校内每天体育活动时间不少于一小时。”

为满足青少年体育锻炼需求，培养青少年锻炼兴趣，使青少年掌握运动技能、提升身体素质，促进青少年全面健康发展，2017年国家体育总局办公厅印发《青少年体育锻炼器材配置指南》，该指南按照“安全性、多样性、负荷有效性、趣味性、标准化、易维护性”原则，对青少年体育锻炼器材配置提出参照标准和建议器材目录。

2020 年 8 月，教育部针对政协十三届全国委员会第三次会议关于保证青少年体育锻炼活动时间的提案作出回应，提出确保学生每天锻炼 1 小时，严禁挤占体育课和学生校园体育活动时间。

2020 年 8 月，国家体育总局和教育部联合发布《关于深化体教融合促进青少年健康发展的意见》，针对青少年体育锻炼提出若干条意见和要求。其中包括加强以学校为媒介的工作要求：开足开齐体育课，开展丰富多彩的课余训练，加强对体育工作的评估、指导和监督，完善青少年体育赛事体系和加强学校运动队建设、培养体育教师和强化政策保障，以及加强组织实施等。文件突出强调以体育与教育相融合的方式，实现促进青少年健康发展的目的。该意见对夯实广泛参与全民健身运动的群众基础提出要求。建立适合未成年人使用的设施器材标准，培养未成年人参与体育项目兴趣，推动公共体育场馆向青少年免费或低收费开放，实施青少年体育活动促进计划，让每个青少年较好掌握 1~2 项运动技能，培育运动项目人口，开齐开足上好体育课，鼓励基础教育阶段学校每天开设 1 节体育课，支持体校、体育俱乐部进入学校，青少年宫开设公益性课后体育兴趣班，支持学校、青少年宫和社会力量合作创建公益性体育俱乐部等。

2020 年中共中央办公厅、国务院办公厅出台《关于全面加强和改进新时代学校体育工作的意见》，该意见对学生在校体育锻炼时间提出了刚性要求。鼓励基础教育阶段学校每天开设 1 节体育课，鼓励基础教育阶段学校每天开设 1 节体育课。高等教育阶段学校要将体育纳入人才培养方案，学生体质健康达标、修满体育学分方可毕业。鼓励高校和科研院所将体育课程纳入研究生教育公共课程体系。明确规定学生课间和午休时间不计入学生课外体育锻炼时间。

2021 年，教育部、国家发改委、财政部、国家卫健委、国家市场监管总局联合印发了《关于全面加强和改进新时代学校卫生与健康教育工作的意见》。该意见针对青少年体育工作提出，把“健康第一”放在首位、中小学每学期安排 4 个健康教育课时、引导学生学习掌握日常锻炼、传染病预防、合理膳食、心理健康和心肺复苏等方面的知识和技能。还提倡中小学生到校后先进行 20 分钟左右的身体活动，保障学生每天校内、校外各 1 个小时体育活动时间。

2021 年，中共中央办公厅、国务院办公厅印发《关于进一步减轻义务教育阶段学生作业负担和校外培训负担的意见》，提出减轻义务教育阶段学生作业负担，切实避免校内减负校外增负的现象。这使得青少年放学后有了更多的时间，到户外参加各种活动，减少了青少年久坐不运动的状况，提高了青少年户外运动的时间和强度。

2021 年 9 月，北京市教育委员会出台《北京市义务教育体育与健康考核评价方案》，提出义务教育体育与健康考核评价包括过程性考核与现场考试两部分。该评价方案不再是只重视最终结果评价，还增加了过程性评价权重，从小学阶段开始计算分值，实现中小衔接的体质健康评价。考核内容包括三大部分：第一部分，常规考核内容，主要以体质健康考核为主，包括体重指数、肺活量、50 米冲刺跑、坐位体前屈、1 分钟跳绳、1 分钟仰卧起坐等；第二部分，增加了体育与健康知识考核内容，加强了青少年对体育健康知识的了解和认知；第三部分，开设更多运动能力项目，供青少年选择考核，包括三大球、二小球（羽毛球、乒乓球）、体操、武术和游泳等项目。除北京外，还有许多地方根据当地学生体质状况和体育发展特点，相继推出了体育中考改革政策，包括江苏、郑州、广州、深圳等。这些地区均在积极响应“双减”政策，改革体育中考考核方案，全面提高对青少年参与体育锻炼的重视程度，最终实现青少年体质健康全面发展的目标。

2022 年 4 月，教育部颁布的《义务教育体育与健康课程标准（2022 年版）》，针对课程的教育目标、教育内容和教学基本要求提出了新的规定。课标中提到“加强学段衔接，尤其注重幼小衔接”。政策上，越来越重视各个学段的联系，遵循了体能发展规律，避免了体能训练一蹴而就的现象。再者，课程理念方面，除了针对“健康第一”、“学练赛”、课程整体设计、教学方式进行调整，还重视综合性学习评价，重点提到“关注基本运动技能、体能与专项运动技能”，这也是我国首次在课标中提出关注学生运动技能和体能，此外还强调从过程性和终结性评价结合、定性和定量评价结合、相对性和绝对性评价结合。课程目标方面，从最初的只注重专项运动技能发展过渡到强调学生基本运动技能、体能和专项运动技能，课程目标更符合儿童青少年的身体发育规律和年龄发展规律。运动能力方面，再次提到基本运动技能、体能、专项运动技能的掌握，这也体现了对幼儿动作发展、青少年动作技能掌握的重视程度，提高了运动技能和体能的重要性，并根据课程目标的四个水平对课程内容进行了细化（见表 8、表 9），不再是单独对运动专项的教学，这一调整，使教学课程内容不再是各水平阶段掌握运动技能“一体化”形式，而是使得基本运动技能和体能锻炼的内容更加细化。

表 8　体育与健康课程内容结构

项目	基本运动技能	体能	健康教育	专项运动技能	跨学科主题学习
课程内容	移动性技能 非移动性技能 操控性技能	身体成分、心肺耐力、肌肉力量、肌肉耐力、柔韧性、反应能力、位移速度、协调性、灵敏性、爆发力、平衡能力	心理健康；疾病预防与突发；公共卫生事件应对；安全应急与避险	球类运动；田径类运动；体操类运动；水上或冰雪类运动；新兴体育类运动	设置有助于实现体育与德育、智育、美育、劳动教育国防教育相结合的多学科交叉融合的学习主题，如钢铁战士、劳动最光荣、身心共成长、破解运动的“密码”、人与自然和谐美等

资料来源：《义务教育体育与健康课程标准（2022 版）》。

表 9　课程内容与水平目标对应情况

课程内容	水平目标			
	水平一	水平二	水平三	水平四
基本运动技能	✓			
体能		✓	✓	✓
健康教育	✓	✓	✓	✓
专项运动技能		✓	✓	✓
跨学科主题学习	✓	✓	✓	✓

资料来源：《义务教育体育与健康课程标准（2022 版）》。

一系列国家政策文件，承载着国家对儿童青少年体质健康的寄托、明确了对儿童青少年教育培养主体单位的要求，希望各界严格落实政策要求，真正为儿童青少年体质健康水平提升而努力。因为，儿童青少年的体质健康关乎中华民族复兴的百年大计，少年强则中国强、体育强则中国强，体育承载着国家强盛、民族振兴的梦想。只有提高中国人，尤其是儿童青少年的健康素质，才有中国梦的实现。

三　学生体质健康状况影响因素

（一）社会环境影响因素

新时代经济发展迅速，我国社会主要矛盾变成人民日益增长的美好生活需要和不平衡不充分的发展之间的矛盾，人们的物质生活条件大大改善。互联网的发展，为人民生活带来诸多便捷，但也改变了人们的生活习惯、社交习惯和出行习惯等。越来越多儿童青少年过早沉迷于电子产品，花费更多时间在电子产品上，大大减少了户外活动时间，不爱与人当面社交，缺乏沟通交流能力等，导致儿童青少年体质下降、近视率攀升等。

在社会环境千变万化的背景下，我们需要给儿童青少年营造一个健康的社会环境。同时，儿童青少年需要选择对个人发展、社会发展有利的因素，建立正确的生活方式和具备较好的自控力。

（二）家庭环境影响因素

其一，家庭环境是儿童青少年重要的教育环境之一。家庭环境对儿童青少年的规矩养成、品德行为以及生活习惯至关重要。家庭环境中饮食是否健康和营养膳食是否合理，对儿童青少年的身体健康具有直接的影响，如长期食用油炸食品和碳酸饮料，会导致骨质疏松和体脂较高等肥胖问题。

其二，家庭运动习惯的养成，对儿童青少年参与运动具有重要影响。家庭中有喜爱参与体育运动的家人，一定会影响儿童青少年对体育运动的热爱和了解。家人的带领和影响，也会增加儿童青少年对体育运动的热爱程度和参与程度。

其三，家庭对儿童青少年的学业寄托与身心健康期望是否合理，对儿童青少年的身心健康成长具有至关重要的作用。如果家长能够把握学习和参与体育锻炼的时间，不仅能够提高儿童青少年的身心健康，也可以有效提高学习效率。

因此，家庭环境下的品行教育、运动习惯养成、合理膳食习惯和学业与体育活动时间的合理分配，对儿童青少年的身心健康有着至关重要的影响。

（三）教育主体影响因素

教育主体主要是指对儿童青少年进行正规教育教学的主体单位，包括早教机构、幼儿园、中小学校和校外培训机构等教育主体。教育主体的教育内容、教育形式和教育效果，最能直接影响儿童青少年的身心健康，同时儿童青少年的体质健康水平提升也是教育主体的主要工作任务和要求。儿童青少年的体质健康教育受授课教师水平、授课内容、授课形式、锻炼科学性和有效性的影响，有任何一方面未达到要求都会影响儿童青少年锻炼效果。

1. 学校师资水平影响

提升儿童青少年的体质健康水平，需要有专业的体育教师进行教学指导，但有些教育主体受招聘指标或教育条件以及教师全面发展能力等因素影响，提升儿童青少年体质健康水平的能力有限，不能很好地制订科学的体质提升计划和方案，影响开展实施效果和锻炼效果。如幼儿园在儿童早期阶段未能按照该时期儿童的身心发展规律，对儿童开展相应的体育锻炼，便会影响该时期儿童的身心发展。在幼儿园教育时期，儿童处于基本动作技能发展阶段，幼儿园需要根据儿童的身心发展能力水平，开展相应的位移动作技能、操作动作技能和控制动作技能教育，但如果幼儿园教师对该方面动作技能认知水平有限，导致儿童未在该时期进行相应的动作技能训练，便会影响儿童后期的运动能力发展。

2. 授课内容科学性与有效性影响

为了提升儿童青少年的体质健康水平，需要根据问题，使儿童青少年进行有针对性的提升锻炼。首先，需要进行筛查评估，了解授课对象的能力水平和存在的问题，再根据现阶段授课对象能力水平，制订有针对性的锻炼计划。但由于幼儿园或中小学校以班级授课制为主，班级学生较多，每名学生的能力水平和问题不同，因此实际课程教学无法有针对性地进行一对一的提升，只能根据普遍性问题让学生开展体育锻炼。受实际上课时间限制、人数较多等因素影响，很多教师开始“机械化教学”，锻炼内容无计划无变化，主要以测试项目为锻炼内容。如针对仰卧起坐体质测试项目，安排学生进行大量的仰卧起坐练习，缺乏仰卧起坐能力提升的科学性训练，只针对测试动作进行重复练习，缺少对腰腹前腹部、侧腹部、背部以及呼吸配合等相关内容的练习。

授课教师设计的教学组织形式，也会影响学生的锻炼效果和运动强度。班级授课制下参与锻炼的学生较多，增加了教师管理组织难度和要求，需要教师考虑到每名学生在一节课当中实际参与锻炼的时间和强度，如果组织不合理，时间浪费在排队等待上，学生实际参与锻炼的次数较少，实际锻炼强度较低，达不到有效锻炼效果，对于学生体质健康水平的提升也是无效的。

3. 教材过度注重专项技术教学，忽略基本的运动素质锻炼

2022 年发布的中小学体育与健康新课标，改变了中小学一直以来过度重视技术教学，忽略基本体能训练的理念。原课标和教材中运动技能教学比重较大，教师在体育教学过程中，也以技术教学（如篮球、排球、立定跳远、前滚翻等技术动作教学）为主，基本动作技能掌握和基础体能锻炼较少，忽略了最基础的身体素质锻炼，儿童青少年早期缺乏基本身体素质练习，过早进行专项技术练习，导致学生普遍身体素质偏低，而学生身体素质较低会影响其运动技术的发挥，降低儿童青少年参与锻炼的积极性。因此，体育锻炼要遵循学生身体发展规律，早期打好身体素质基础，为进行专项技术练习创造条件，减少不必要的运动损伤。

（四）校外体育服务主体影响

校外体育服务主体主要是指社区、少年宫、体育培训机构等校外可以参加体育锻炼的场所。学生在校锻炼时间和效果得到保障后，非在校时间的锻炼条件，便需要校外体育服务主体提供和保障。

其一，社区应最大化地建设和开放体育锻炼区域，为家庭及儿童青少年参与体育锻炼提供合理安全的体育锻炼区域和器械，同时可以开展社区内和社区联盟体育比赛，提高周边社区居民参与体育锻炼的积极性，带动周围居民共同参与到体育锻炼中，提高社区居民的健康意识。

其二，少年宫是政府为纳税人提供的青少年公共服务场所，是为青少年提供服务的平台。其中平台服务就包括体育锻炼活动，因此，应充分利用少年宫场地和平台优势，为儿童青少年提供不同形式的体育锻炼场所和体育赛事等，通过体育赛事和联谊活动，提高儿童青少年之间的团结协作能力。

其三，体育培训机构是儿童青少年在校外参与体育锻炼较多的场所，家庭通过自费形式使儿童青少年到体育培训机构进行专业的体育锻炼。体育培训机构可以拓展服务合作，通过校企合作，机构进校园或学生走向机构等形式，实现学生校内校外联合培训，这有助于儿童青少年一体化培养，减少锻炼内容断层或重复教学、无效教学的现象，提高锻炼衔接性和有效性。

因此，无论社区、少年宫还是体育培训机构，都可以与学校、家庭协作，从锻炼内容一体化、提供有效锻炼场所和锻炼器械以及组织举办联盟体育赛事等方面，为儿童青少年体质健康水平提升提供服务。

（五）管理监督制度影响

近几年，国家越来越重视儿童青少年的体质健康问题，也相继出台了诸多有关体质健康水平提升的文件和通知，但对于学校和培训机构等教育主体的具体实施效果，缺乏进一步真实、深度的监督和评价，针对幼儿园和中小学校教育主体的监督评价，主要以上传的体质健康测试数据为依据。但目前幼儿园和中小学校均是在学校内部完成体质测试、录入成绩和上传成绩，关于测试数据的真实性仍有待考察。

因此，应制定相应监督评价制度，并严格按照监督评价制度，对教育主体进行相应的考察。避免教育主体“应付公事”和为“提升体质提高率”故意制造数据误差，影响对真实数据的效果评价和后续制定提升对策方案。

四　北京市中小学体质健康干预方案与策略

社会、政府部门、教育主体和家庭等需要联动合作，共同推进儿童青少年体质健康水平提升。北京市作为全国的首善之区，应该走在全国的前列，本部分从社会层面、教育主体层面、政府管理层面和家庭层面出发，提出相应的建议。

（一）社会层面

1. 加强体质健康教育思想意识

儿童青少年体质健康水平提升的最终实施者是儿童青少年本身，只有儿童青少年真正走向运动场进行相应锻炼，才能提高其相应的身体素质和体质成绩。思想决定意识、意识决定行动。所以需要先使儿童青少年建立较强的锻炼意识。这不仅需要在学校有相关的思想教育课程，也需要从社会层面，在社区服务中心、小区宣传墙以及公共场所等区域，进行增强儿童青少年体质的思想教育，包括制作增强体质相关的宣传报、开展广播宣传与公益讲座等宣传工作。以开展公益讲座为例，招募家长和儿童青少年参加活动，通过讲座对体育锻炼的重要性、必要性和锻炼方法手段等进行分享，同时结合实操训练，带领家长和儿童青少年亲身感受运动带来的益处，从而潜移默化地对其思想意识产生积极有效的影响，促使其有意识和动力参与到体育锻炼当中。

2. 设立儿童青少年体育锻炼场所

社会层面，可以通过招募可供儿童青少年参与体育锻炼的场所和器械，针对不同区域的不同服务场所进行公示宣传，利用社会资源服务于社会人群，扩大儿童青少年体育锻炼场所，满足儿童青少年参加体育锻炼的需求。

3. 增设儿童青少年体质锻炼的项目和器械

在社会宣传教育方面，利用不同社会锻炼场所的场地环境、器械等，针对不同年龄段、不同锻炼目标需求，制定不同的锻炼“处方”，可以用宣传板形式展示锻炼内容，也可以借助互联网产物，与社会体育锻炼可视化平台合作，通过“扫一扫”等功能在锻炼场所进行展示，练习者可以根据不同需求，选择不同锻炼内容，并根据可视化锻炼视频，进行针对性的锻炼。例如，社区内或公园内都设有大大小小的健身区，但以固定器械为主，对于儿童青少年来说不太适宜，可以在每个器械上标明适合儿童青少年的锻炼方法，或在场地内放置一个锻炼提示板，板上设置二维码，供练习者通过可视化平台完成自主锻炼。

目前社会锻炼场所大多数只提供了锻炼器械和场地，缺乏科学锻炼指导，可在现有设备基础上，增加锻炼方案和内容方面的布局和设计。例如，北京亦庄滨河森林公园，便配置了智能竞赛健身车，大大提高了儿童青少年参与锻炼的兴趣和积极性。同时，我们也可以在锻炼场所以不同呈现形式提供锻炼方案，利用智能屏提供可视化锻炼方案，让不同人群根据自己的需求，进行针对性的体育锻炼，最大化地利用社会锻炼场所。

4. 举办儿童青少年体育活动

少年宫、社区和体育培训机构等，可以联合举办儿童青少年体育活动。例如，社区举办亲子运动会、少年宫举办体育竞赛活动、体育培训机构举办体能斯巴达勇士等体育赛事，促进儿童青少年积极参与社会体育活动，为儿童青少年参与体育锻炼创造平台和机会，利用社会服务平台共同促进儿童青少年体质健康水平提升。

（二）教育主体层面

1. 提升体育教师师资能力水平

从教育主体方面来说，体育教师是儿童青少年从事体育活动的指挥者、组织者和引领者，体育教师的能力水平影响了儿童青少年锻炼内容的科学性和合理性。因此，从学校角度来说，提升教师师资的能力水平是提升教学质量和学生体质健康水平的前提。

在幼儿园阶段，应设立体育相关的体育课程，幼儿体育教师应该了解儿童的心理特征、身体发展规律和不同时期所需的体能锻炼。例如，从体能训练来说，儿童时期的体能训练主要出现在幼儿园、培训机构和家庭教育环境中，幼儿园是儿童时期主要的干预教学场所，也是儿童时期最专业的训练场所。针对幼儿园儿童体质健康的测试与评估，以体质测试项目为主，包括10米折返跑、立定跳远、网球掷远、双脚连续跳、坐位体前屈、走平衡木等项目，其中网球掷远项目主要测评幼儿操作动作技能、走平衡木项目主要测评幼儿控制动作技能、双脚连续跳和立定跳远以及10米折返跑项目主要测评幼儿的移动动作技能。测评手段方式要符合幼儿动作技能发展规律。

但在实际幼儿体育教学过程中，针对大、中、小班的阶段性锻炼，缺乏明确的体能发展阶段锻炼计划，以及针对动作技能发展迟缓和发育特殊的幼儿，缺乏针对性的改善方案。在幼儿园体育教学中，以韵律操和游戏等体育活动为主，缺乏系统的基本动作技能发展课程，偏向游戏化、舞蹈化和专项化的教学课程。例如，在幼儿尚未掌握正确的基本动作技能中的操作动作技能的情况下，即幼儿还未掌握抓握和投掷的动作技能、手指和上肢的操作技能还不够准确、动作技能还不够标准，便让幼儿开始进行网球掷远专项动作技能练习，会影响幼儿的专项动作技能表现，打乱动作技能发展的顺序，打击幼儿参与体育锻炼的积极性。

同时，幼儿体育教师体能专业人才稀缺，幼儿园内体育教师缺乏动作技能发展相关理论知识，甚至由非体育专业教师负责幼儿体育课，无法及时在幼儿动作技能发展窗口期给予相应的指导。教学形式过度游戏化和操化，使幼儿未在相应年龄阶段掌握相应的动作技能，导致幼儿动作技能发展迟缓或缺失。

因此，要想真实提升儿童青少年体质健康能力水平，首先需要提高体育教师的能力水平。学校除了进行入职前教师培训，还应定期为教师提供不同的培训，包括线上线下专家培训和专家下校指导。推动教师内部培训交流，促进教师不断学习提升。

2. 保障充足的体育锻炼时间

针对儿童青少年在教育主体机构参与体育锻炼的时间，国家相继出台了相关政策文件。如1951年8月，中国政务院发布《关于改善各级学校学生健康状况的决定》，强调各级学校应切实改进体育教学，充实体育娱乐设备，加强学生身体锻炼。除体育课及晨操或课间操活动以外，学生每日体育、娱乐活动或生产劳动的时间，以 1 小时至 1 小时 30 分为原则。1952 年，毛泽东同志在中华全国体育总会成立大会上，提出“发展体育运动，增强人民体质”。这一时期，这些政策要求和发言，都充分证明了幼儿体育的重要性和国家对幼儿体育的关注度。

1986 年，国家教委颁布《国家教育委员会关于进一步办好幼儿学前班的意见》，首次针对幼儿的体育锻炼时间提出要求，即学前班每天户外活动时间不少于 2 小时，每天户外活动应包括 1 小时的体育活动。这一时期，国家针对幼儿体育锻炼的场地范围、面积以及活动器械也提出了具体的要求。

2014 年，国务院颁布《关于加快发展体育产业促进体育消费的若干意见》，提出切实保障中小学体育课课时，鼓励实施学生课外体育活动计划，培养青少年体育爱好，使青少年掌握一项以上体育运动技能，确保学生校内每天体育活动时间不少于一小时。

2020 年 8 月，教育部针对在政协十三届全国委员会第三次会议关于要保证青少年体育锻炼活动时间的提案作出回应，提出确保学生每天锻炼 1 小时，严禁挤占体育课和学生校园体育活动时间。

2021 年，教育部、国家发改委、财政部、国家卫健委、国家市场监管总局五个部门，联合印发《关于全面加强和改进新时代学校卫生与健康教育工作的意见》，对青少年体育工作提出要求：把“健康第一”放在首位，中小学每学期安排 4 个健康教育知识课时，引导学生学习掌握日常锻炼、传染病预防、合理膳食、心理健康和心肺复苏等应急措施和方法。还提倡中小学生到校后先进行 20 分钟左右的身体活动，保障学生每天校内、校外各 1 小时体育活动时间。

国家一系列文件提到鼓励、确保和保障青少年每天 1 小时的体育活动时间，严格规定青少年每天参与运动的时间，保障青少年有效体育锻炼时间。因此，儿童青少年的教育主体机构必须确保儿童青少年参与体育锻炼的时间，不得无故取消体育锻炼活动。

3. 严格遵守课标和教材要求，合理规划教学设计

中小学体育教学以《义务教育体育与健康课程标准（2022 年版）》作

为指导用书，教学内容以专项技术教学为主，如田径50米跑、立定跳远、篮球（拍球和运球）、排球垫球、足球运球、体操、武术等项目。课间操以武术操和自编韵律操为主，课后运动队也涉及各种不同特色的运动项目，如轮滑、足球、篮球、田径等项目。同时，北京高中阶段已开设体能选修课程，对学生开展体能训练，但没有专门的高中体能课程和教材，中小学体能课程出现“断节”现象。

目前，中小学对体能训练的重视程度和认知程度有所上升，很多省市学校开始了解体能训练，进行体能训练相关的教师培训，提高教师对体能训练的认识。同时，近几年随着体能训练器械的出现，学校购买大量绳梯、栏架、跳箱等体能器械，教师按照器械使用方式对学生开展相应的体能训练。

近几年，体能训练逐步进入中小学体育教学视野，并且2022年最新颁布的中小学体育与健康课标增加了体能课程的权重和内容，在每个水平阶段分层次增加了相应的锻炼内容，包括基本动作技能、体能素质等相关的内容，课标制定的方向更加科学，更符合儿童青少年体能发展规律，为中小学体能课程提出了方向性的意见和要求，也是中小学正式科学开展体能课程的开端。

2022年课标增加了体能课程的权重和内容，改变了过去过度注重专项技术的问题。对于儿童青少年来说，提高体质健康水平的根本就是提高体能素质，良好的体能素质，是一切运动的基础和前提。只有具备良好的体能素质，学生才能更好地完成专项技术，在专项运动中才能有更好的运动表现。

同时，在教学设计方面，应根据授课班级的学生体质能力状况、班级人数和周期目标制订教学计划，合理安排教学组织形式，让每名学生都参与到锻炼当中，教师应精讲学生应多练，减少教师讲课时间和学生排队时间，增加学生实际练习密度和时间。在锻炼过程中，实时进行运动负荷监测和状态评价，了解和观察每名学生的运动状态，针对最大心率预警的学生，及时调整运动负荷和强度，从而使学生达到有效锻炼目标。

4. 提升学生自主锻炼意识和体育认知水平

学校除带领学生进行体育锻炼实操之外，还要进行体育理论知识普及和学生自我锻炼意识的培养。学校要向学生普及体育锻炼的原理、不参加体育锻炼的危害和影响、参加体育锻炼的益处、学业对体育达标考试的要求，以及如何对自身体质健康能力水平进行测试评估，通过一系列的理论知识普及，使学生明白参与体育锻炼的重要性和必要性，培养其自主锻炼意识，使其养成终身锻炼的习惯。同时，通过对体育锻炼理论知识的深入普及，使学生在锻炼过程中，更加了解锻炼的目的和作用，在锻炼过程中养成自主思考的习惯，提高锻炼的效果。

5. 完善学校体育设施和增加科技助力，满足儿童青少年体育锻炼所需

随着互联网时代的到来，越来越多的物联网产物进入教育教学当中，但受体育教学场地和授课方式的不同影响，智慧体育产物进入教育教学的时间较晚。近几年智慧体育校园搭建、智慧体育产物赋能体育教学效果越来越突出。

（1）便携式运动负荷监测系统

利用实时监测平台，实现每名学生佩戴一个心率腕表，运动过程中将实时负荷指标数据传输到终端，教师可以实时监测和观察学生的锻炼效果。负荷指标包括运动强度、运动心率、最大心率预警、练习密度、消耗卡路里等信息，教师在授课过程中可以及时调整学生锻炼负荷和教学组织形式。

（2）可视化锻炼平台赋能体育教学

可视化锻炼平台可通过屏幕终端展示出一系列可视化体育锻炼内容。学校根据学生自身实际体质健康情况，制定可视化可选择性锻炼内容，教师根据测评结果，制订锻炼计划，并录制锻炼视频或委托第三方完成视频拍摄，将可视化视频导入可视化平台，学生可登录信息自主选择锻炼内容。这一科技产物可使儿童青少年在非上课时间，自主选择锻炼内容，进行自主锻炼，大大增加了其锻炼时间和积极性。

（3）家庭可视化锻炼平台搭建家校生沟通桥梁

作为儿童青少年居家锻炼所使用的平台，家庭可视化锻炼平台使得学生可登录平台自主选择锻炼内容，满足学生在家锻炼需求，实现学生在校有教师指导、在家能够可视化锻炼。同时，打造家校生沟通桥梁，促进家庭亲子锻炼，提高家庭参与度和积极性。

(4) AI 动作识别，有效诊断锻炼效果

通过 AI 动作识别技术，利用运动生物力学原理，对儿童青少年所做的动作进行技术分析，平台自动生成分析结果，判断儿童青少年动作的标准性，以及关节和肌肉发力是否正确，降低运动损伤风险，帮助儿童青少年正确发力完成技术动作，达到有效锻炼目标。

综上，幼儿园和中小学校应备足备齐体育教学中最常见的硬件设施，如体质测试器械、体能训练器械和标准田径场或安全活动场地等，满足最基本的体育锻炼需要，根据不同年龄段学生，配备不同负重和难度的器械，满足学生不断提高的需求。

保证必需的体育教学硬件设施、引进智慧体育产物赋能体育教学，提高儿童青少年参与体育锻炼的积极性和自主锻炼的便利性，实现儿童青少年随时随地可以科学地参加体育锻炼，打破“只能在学校固定锻炼时间参加锻炼”的局限性，增加儿童青少年参加锻炼的时间，最终提高其体质健康水平。

（三）政府管理层面

1. 掌握学生体质健康状况，明确国家政策方向

作为一线体育教师应紧跟国家政策要求，完成教育教学工作。但从国家管理层面来说，政府部门需要根据时代变化和儿童青少年实际情况对政策及时进行调整。如近几年人民生活水平日益提升，饮食搭配不合理造成的营养过剩和缺乏运动导致的摄入与排出不平衡，使得我国儿童青少年肥胖检出率逐年上升。世界卫生组织 2017 年统计数据显示，全球超重或肥胖婴幼儿（0~5 岁）大多数生活在发展中国家，发展中国家超重或肥胖婴幼儿增长幅度高于发达国家 30%以上，长此以往，到 2050 年全球超重或肥胖婴幼儿人数将达到 7000 万人。若不进行方案干预，肥胖婴幼儿在儿童期、青少年期以及成年期可能会继续肥胖①。

① 陶小娟、汪晓赞、范庆磊等：《新时代中国幼儿体育发展的现实问题与应对策略》，《体育科学》2021 年第 9 期。

国家通过数据调查统计，了解儿童青少年实际身体健康状况，再根据实际情况进行调整。但部分幼儿园或中小学校为完成上级部门要求的优秀率、合格率等目标，在内部进行测试评估和数据录入阶段，擅自修改真实数据，造成上级部门收到部分“造假”数据，影响数据判断和评估，从而影响整体判断和决策。

因此，在收集相关体质测试数据方面，应该严格审查，或派专业人士下校测试，或在校与校之间进行互相测评。可以将体育中考、体育会考等统一体质测试的数据与学校内部测试的数据进行对比，检验学校提供数据的真实性。总之，为了提高学校提供数据的可靠性和可信度，可以调整测试形式和方法。

政府部门有义务为社会、教育主体、家庭等体育锻炼相关方，搭建协作的机会和平台，为不同层面的实施者创造更多的合作机会，为儿童青少年提供更多体育锻炼平台和参与机会。

2. 健全监管机制和评价体系

教育主体机构应紧跟政策文件要求，严格执行体育教学和儿童青少年体育锻炼的相关规定，政府部门也应根据政策要求，结合课标、教材等内容，健全监督评价机制和体系，定期下访实施进度和效果，学习其他主学科监督机制，定期检查教学质量、运动强度效果、学生体质健康成绩，以及教师能力水平、教学实施条件等是否符合体育教学需求。为确保儿童青少年体质健康数据的真实性，要制定全面的监督评价体系，不能只依靠每学期校内体质测试自测数据。要通过增加监督测试过程的仪器设备或第三方协助监督测试等方式，提高监督评价的可靠性和可信度。

评价体系方面，应全面评价儿童青少年的体质健康水平，包括学生个人评价、教师教学评价、负荷监测评价等。学生个人评价包括体质健康测试、动作模式评价、运动表现评价、实际每天参与体育锻炼次数和时长评价；教师教学评价包括教学效果评价、课堂负荷监测评价、教学实施情况评价、学生周期性体质变化趋势评价等。应从多维角度考虑制定和健全评价体系，并严格执行监督机制，从不同层面提升体质健康监督管理和评价制度。

3. 加强儿童青少年社会公共体育设施建设

政府部门应根据社会公共场所资源建设和服务平台开放情况，提供儿童青少年参与体育锻炼的平台和机会，搭建合作平台，为儿童青少年体质健康提升服务。

针对城市公共场所资源建设，政府部门应根据全面健身的需求，划分相应的区域和场所，并在体育锻炼公共场所内，摆放合理的锻炼器械或提供可视化锻炼“处方”，借助社会资源的信息化产物，实现体育锻炼公共场所智慧化和一地多用的目标。充分利用公共服务场所，使其为全民健身和提高儿童青少年体质健康水平服务。目前公共服务场所摆放了很多锻炼器械，为了保证儿童青少年使用的安全性，应做好充足的预案准备，同时还要创新性建设更多“智慧体育锻炼角”，通过智慧锻炼“处方”展板或智慧屏，为儿童青少年提供“菜单式、小白式”的锻炼“处方”，满足儿童青少年随时随地进行科学锻炼的需求。

针对已经建成的体育锻炼场所和现有器械，利用现有的社会资源服务于儿童青少年甚至社会人群，应根据“应开尽开”的服务原则，合理安排社会人员进出社会体育锻炼公共服务场所，实现场所的使用率和场所价值最大化，为儿童青少年提供更多便捷参与体育锻炼的服务平台。

4. 规范儿童青少年体育发展，引导社会力量参与

政府管理部门应利用社会公共服务平台和公共服务设施，与学校、家庭搭建桥梁，引导社会力量、家庭力量和教育主体力量共同参与到儿童青少年体育锻炼工作中。

可以借助社会公共资源为学校服务，例如利用社会体育锻炼器械和体育相关的物联网产品，为学校体育锻炼服务，提供更为先进的器械和更便捷的锻炼服务，减轻体育教师压力，为儿童青少年参与体育锻炼提供更有利的硬件帮助。

制定政策推动学校借助第三方研发制作的可视化体育锻炼平台或体育科技产物促进儿童青少年居家锻炼，使儿童青少年居家期间也可以进行有效的体育锻炼，提高儿童青少年居家锻炼的积极性和兴趣，实现在校有教师指

导，在家有可视化锻炼平台，促进在校锻炼和在家锻炼的有效衔接，避免重复性、无效的体育锻炼。

同时，举办多种活动引导儿童青少年加强自主锻炼的思想意识和参加体育锻炼的兴趣，利用社会公共资源，如少年宫等，使儿童青少年参加体育相关的社会实践和体育赛事，促进儿童青少年走向社会进行体育锻炼。

（四）家庭层面

1. 建立家校合作模式与机制

目前与家庭保持教育联系的人群，主要为幼儿园或中小学校的班主任或主科教师，家庭作业也都以主科作业为主，体育锻炼相关的家庭作业较少。但随着这几年国家对儿童青少年体质健康越来越重视，以及在“双减”政策背景下，儿童青少年的书面作业和课外培训课程有所减少，儿童青少年有了足够的时间参加户外活动或体育锻炼。为了促进儿童青少年参与体育锻炼，应在合理范围内，安排一些可供学生自主选择的锻炼内容。此外在积极利用居家时间，促进儿童青少年体质健康水平提升。

家庭和教育主体可根据实际情况和借助第三方服务平台，搭建家校体育锻炼平台，满足儿童青少年居家期间体育锻炼的需求。同时，也可实现在校有教师指导，在家可得到线上指导和可视化锻炼内容的效果，有效促进儿童青少年的校内外锻炼内容衔接，实现锻炼体系一体化。要制定关于居家锻炼的监督和奖励机制，针对经常参加居家体育锻炼的学生、班级实行奖励积分等制度，做到锻炼前有测评、锻炼中有“处方”、锻炼后有奖励。

2. 提高家庭体育健康思想意识和理论知识

受家庭教育影响，部分家长过度重视儿童青少年的学业成绩，挤占或取消他们外出参加活动的时间；存在过度保护问题，看到儿童青少年做任何“不常规”运动，便会立即制止，长此以往会降低儿童青少年勇于挑战和敢于冒险的精神。同时，部分家长缺乏合理膳食的知识，一味满足儿童青少年的摄入，导致摄入与排出不平衡，出现过度肥胖现象。种种家庭原因均会影响儿童青少年的体质健康。因此，可以通过公益健康知识讲座、推广健康知识图书和文章等形式，提高家长对体育健康知识的重视程度，丰富家长的理论知识，从而提高儿童青少年体质健康水平。

参考文献

吴键、袁圣敏：《1985~2014年全国学生身体机能和身体素质动态分析》，《北京体育大学学报》2019年第6期。

吴飞、张锐、郑晓瑛：《1985~2014年中国7~18岁汉族学生体重发展的时间序列分析》，《体育与科学》2018年第6期。

韩振勇：《1985~2014年中国汉族7~18岁学生身体素质纵向分析》，《体育科技》2021年第1期。

宋逸、罗冬梅、胡佩瑾等：《1985~2014年中国汉族13~18岁中学生体质健康达标优秀率趋势分析》，《北京大学学报》（医学版）2020年第2期。

石晓燕、高爱钰、段佳丽等：《北京市中小学生1985与2014年身体比例变化分析》，《中国学校卫生》2017年第12期。

北京市体检质量控制和改进中心等组编《北京市2020年度体检统计报告》，科学出版社，2021。

陶小娟、汪晓赞、范庆磊等：《新时代中国幼儿体育发展的现实问题与应对策略》，《体育科学》2021年第9期。

竞赛活动篇

Competition Activities

B.5
北京市青少年体育赛事活动发展状况分析

郭 彬 侯一凡 李佳豫 牛建华*

摘 要： 2016~2021年北京市市级和区级青少年体育赛事活动整体相对平稳且发展向好，虽然受到了新冠肺炎疫情的影响，但是2021年后逐渐恢复到了往年的水平且涌现了多个线上赛事活动。当前北京市青少年体育赛事活动呈现数量较多，赛事结构和项目设置多元；精品频出，赛事水平和办赛质量共升；紧跟形势，赛事创新和体教融合并举；辐射广泛，赛事参与和竞技成绩并重；安全洁净，赛事事故和兴奋剂“双零”等特点。同时北京市青少年体育赛事活动也存在办赛主体之间的协调和

* 郭彬，北京大学国家体育产业研究基地副秘书长，副教授，主要研究方向为运动促进人口健康、青少年体育赛事活动、体育产业政策；侯一凡，北京大学国家体育产业研究基地实习生，主要研究方向为数据分析、体育新闻信息；李佳豫，华南师范大学体育科学学院在读博士研究生，主要研究方向为青少年体育文化；牛建华，北京大学国家体育产业研究基地在读硕士研究生，主要研究方向为体育产业政策。

融合还有待深入、办赛资金来源较单一、尚存一定功利化色彩等问题。建议：第一，转变理念，明确新时代青少年体育赛事活动核心价值；第二，深化改革，理顺多部门对青少年体育赛事活动的管理机制；第三，优化体系，构建体教融合背景下的体育赛事活动体系，逐步建立新时代体教融合背景下覆盖小学、初中和高中学段，分运动项目、分层级、跨区、跨校的北京市三级青少年体育赛事活动体系（市级，区级，校际、校内、社区级）；第四，扩充力量，促进社会力量深度参与体育赛事活动运营；第五，区域联动，加强各区互联互动和扩大京津冀交流共享；第六，紧抓不放，构筑安全、干净和有序的赛场“护城河”。

关键词： 北京市　青少年　体育赛事活动

一　起点：理论基础和研究范围界定

青少年体育赛事活动不仅是青少年体育教育中的重要环节，也是学校体育发展的重要动力和杠杆，更是衔接竞技体育的重要路径。要更好地助力新时代青少年体育赛事活动发展，就必须了解青少年体育赛事活动的理论基础和基本规律，以理论指导实践，依规而动。

（一）青少年体育赛事活动的理论基础

1. 青少年体育赛事活动的相关概念

（1）体育赛事活动概念缘起和当前界定

在界定青少年体育赛事活动的概念之前，需要先界定和理解其上位概念即体育赛事活动。体育赛事活动是体育范畴中最核心的概念之一，也是体育方法和手段的重要组成内容，还是体育魅力集中展示释放的舞台，更是吸引各界注意力的焦点。由于目前体育赛事活动的概念尚未有国家标准界定，所以为了准确理解，本研究通过梳理其母概念即活动和体育赛事，以及相关概念比如体育游戏活动、运动竞赛活动等来界定当前时期的体育赛事活动概念。

活动。从字面的角度看，活动在《现代汉语大词典》中有多个解释。结合本研究情景，活动是指为达到某种目的而采取的行动。从社会学的角度来看，活动是由共同目的联合起来并完成一定社会职能的动作的总和，活动由目的、动机、动作和共同性构成，具有完整的结构系统。活动分为多种类型，比如军事活动、宗教活动、祭祀活动、经济活动、体育比赛活动等。有研究表明体育比赛活动起源于古代的宗教和祭祀活动。例如古代奥运会的产生与希腊当时的宗教祭祀活动密不可分。古希腊人信奉多神教，每逢重大的祭祀节日，各城邦都举行盛大的宗教集会，以唱歌、跳舞和竞技等方式来表达对诸神的敬意，当时在宗教和祭祀活动中设置了赛跑、摔跤、拳击、赛战车等竞技活动，希望在活动举办期间，以神的名义实行休战，以达到减少战争、摆脱灾难的目的，同时希望通过各种项目的竞技来促进各个城邦之间的和平时期的竞争，这是古代奥运会的缘起之一，也是最早的规模体育赛事活动①。

体育游戏活动。随着人类社会、经济的发展，运动项目不断产生，很多运动项目最初以体育游戏的形式出现。体育游戏活动指以体育项目为载体，以娱乐为目的进行的互动性行为活动。在体育游戏活动阶段既有随意性的体育游戏行为，也有比赛性质的游戏，比赛性质的游戏内容也较为简单，以娱乐为主要目的，比赛规则简单且不完善，胜负不是最主要的目的。

运动竞赛活动。有研究表明运动竞赛（体育比赛的书面化表述）是从体育游戏活动慢慢发展演变而来的。随着体育游戏活动的普及，人们

① 黄海燕、张林：《体育赛事的基本理论研究——论体育赛事的历史沿革、定义、分类及特征》，《武汉体育学院学报》2011 年第 2 期。

在游戏的基础上充实运动内容，制定某些限制性规则，并不断改革比赛方式，逐渐形成以获胜为主要目的的运动竞赛。运动竞赛是在裁判员的主持下，按统一的规则要求，组织与实施的运动员个体或运动队之间的竞技较量[①②]。以运动竞赛为目的的活动即为运动竞赛活动，是竞技体育层面的概念[③]。

体育赛事。体育赛事从运动竞赛逐渐发展而来，运动竞赛往往特指比赛本身，涵盖赛场内的运动员、裁判员和教练员等人员，以及竞赛规则、习俗等，而体育赛事在运动竞赛基础上拓宽了外延，还包括赛场外的项目管理特征、组织文化背景和市场潜力等内容，在外延扩大后，体育赛事也具备了特殊事件内涵[④]。所以，体育赛事是一种在特定时间地点有组织地提供各类运动竞赛产品和相关服务产品的特殊事件，简言之其本质就是以运动竞赛为核心的特殊事件。体育赛事作为一种特殊事件具有周期性举办、仪式性表现和复杂性管理等特点[⑤]。

体育赛事活动。依据活动和体育赛事的概念，并结合当前数字时代体育赛事线上化的新发展特点，本研究认为体育赛事活动是指以体育竞赛为主体、具有一定期限（一次性或定期性）、有组织的线上或线下聚集性活动和特殊事件的统筹。体育赛事活动是活动和特殊事件的类型之一，是从体育游戏活动和运动竞赛活动逐步发展形成的，体育赛事活动概念发展经历了如图1所示的逻辑关系。

（2）体育赛事活动的相关概念

当前，体育赛事活动已经发展成了多方参与的特殊事件，一般按照项目管理的方式进行，在体育赛事活动中参与方目前主要包括主办方、承办方、协办方、赞助方、观众方、媒体方、安保团队、医疗团队等，各参与方在体

① 田麦久：《运动训练学词解》，《北京体育大学学报》1999 年第 6 期。

② 国家体委训练竞赛综合司：《运动竞赛学》，北京体育大学出版社，1994。

③ 柳鸣毅：《我国青少年体育赛事体系研究》，博士学位论文，北京体育大学，2013。

④ 王守恒、叶庆晖：《体育赛事的界定及分类》，《首都体育学院学报》2005 年第 2 期。

⑤ 易剑东：《大型体育赛事报道与媒体运行》，浙江大学出版社，2008。

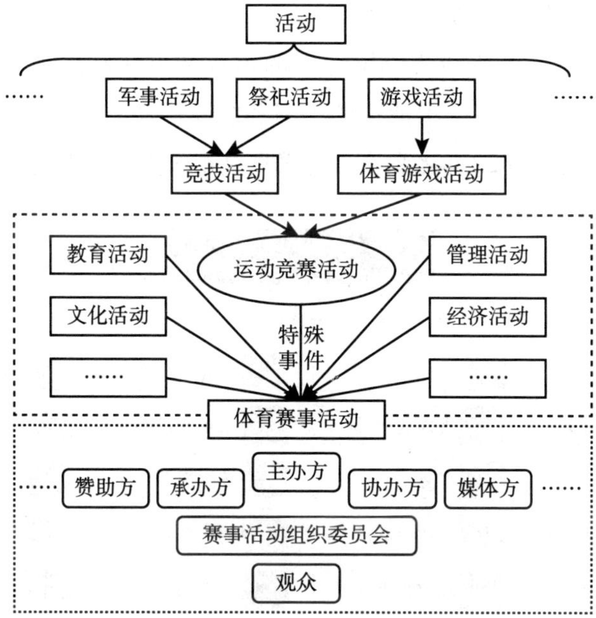

图 1　体育赛事活动相关概念发展脉络

资料来源：笔者自制。

育赛事活动中发挥不同的作用，共同为体育赛事活动的成功举办而努力。

主办方是指发起举办体育赛事活动的组织或个人。承办方是指具体负责筹备实施体育赛事活动的组织或个人。协办方是指提供一定业务指导或物质及人力支持协助举办体育赛事活动的组织或个人。赞助方是指为体育赛事活动提供物质和财务等方面资源换取相应品牌传播、产品售卖等相关权益的组织或个人。观众方是指现场或线上观看体育赛事活动的组织或个人。媒体方是为体育赛事活动提供新闻报道、直播、采访等业务的媒体组织或个人。安保团队是指为体育赛事活动安全顺利进行提供安保服务的组织。医疗团队是指为体育赛事活动提供现场医疗救治服务的专业医生团队。

主办方、承办方、协办方、赞助方、安保团队、医疗团队之间的权利义务应当通过书面协议方式进行约定。观众方通过购买或赠予体育赛事门票的方式获得体育赛事活动观赏体验。媒体方通过受邀采访报道或主动采访报道的方式参与体育赛事活动的宣传。

大中型体育赛事活动会设置专门的体育赛事活动组织委员会（简称“组委会”），主要负责一项活动的组织和统筹活动，一般会将相关各方人员纳入其中。北京2022年冬奥会和冬残奥会组织委员会架构如图2所示。

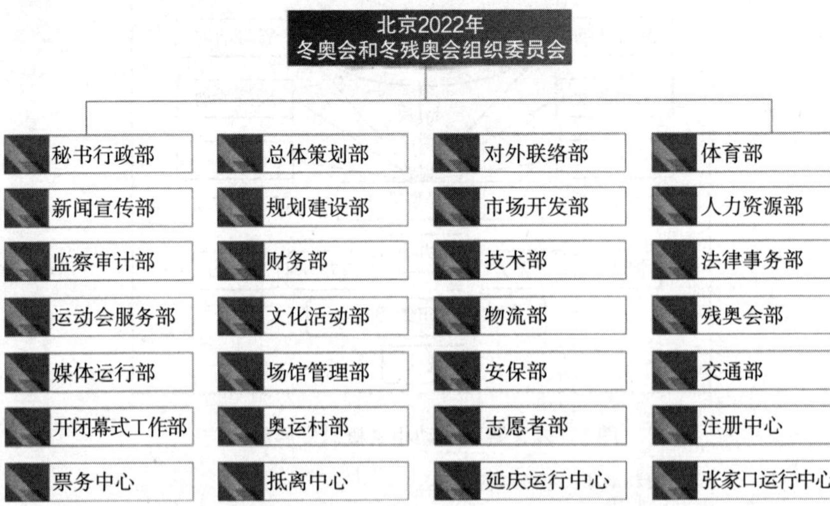

图2　北京2022年冬奥会和冬残奥会组织委员会

资料来源：北京冬奥组委官网。

（3）青少年体育赛事活动

青少年即青年和少年的统称，但是目前我国对青少年的年龄划分没有统一的标准，各行业领域对青少年的年龄段有不同的划分标准（见表1）。此外，各地方政府和体育管理部门、科研机构、体育赛事研究学者也会根据政策背景、研究现状和研究目的对青少年群体的年龄范围作出相应的调整和界定。

表1　不同行业领域对青少年的年龄界定

来源	年龄界定标准
公安部门的统计标准	13周岁至25周岁
《汉语词典》	15周岁到30周岁
《中国少年先锋队章程》	少年先锋队队员年龄在6~14周岁

续表

来源	年龄界定标准
《中国共产主义青年团章程》	青年团员年龄必须在14~28周岁
《联合国儿童权利公约》	将“儿童”界定为18周岁以下
心理学研究领域	把青年年龄界定为13~25周岁
人口学研究领域	把青年年龄确定为10~25周岁
《国家体育锻炼标准》(2021版)	少年一组:12~14周岁;少年二组:15~17周岁;青少年组:18~24周岁
教育部门	小学、中学和大学的在校学生,一般在6~24周岁
《中国足球协会青少年训练大纲》	青少年启蒙阶段(U5)、基础阶段(U6~U12)、发展阶段(U13~U16)和提高过渡阶段(U17~U21)
《中华人民共和国第二届青年运动会各项目小项和年龄设置方案》	大部分项目要求年龄12~19岁,个别项目年龄下限为9岁(蹦床)
《关于深化体教融合　促进青少年健康发展的意见》	在完善青少年体育赛事体系任务中提出,义务教育、高中和大学阶段学生体育赛事由教育、体育部门共同组织,拟订赛事计划,统一注册资格。职业化的青少年体育赛事由各单项协会主办、教育部学生体协配合,按照此表述,体教融合背景下青少年年龄范围应该在6~24岁

基于以上研究，根据国家体育总局出台的《体育赛事活动管理办法》(2020版)，并结合青少年群体年龄范围的情况，本研究对青少年体育赛事活动概念的界定如下：青少年体育赛事活动是指针对青少年群体（年龄范围一般在6~18岁，个别项目上限年龄放宽到19岁）依法举办的各级各类以体育竞赛为主体、具有一定期限（一次性或定期性）、有组织的线上或线下聚集性活动和特殊事件的统称。

2. 青少年体育赛事活动的分类

（1）按照青少年体育赛事活动主办方的身份进行分类

①体教融合文件出台前

2020年体教融合相关文件出台之前，我国的青少年体育赛事活动主要有三类。

第一类：我国体育系统内各级行政机构或部门主办的各级各区域的以高水平青少年运动员为主要参赛群体的青少年赛事活动。体育系统以提高青少年业余训练的积极性和培养竞技体育后备人才为目标举办比赛，面向体校、青少年体育俱乐部、体育传统项目学校的学生以及青少年运动员举办全国及各省（区、市）青少年单项体育比赛、体育传统项目学校联赛、体育俱乐部联赛以及全国青年运动会（原全国城市运动会）。代表各省、自治区以及直辖市参赛的运动员，必须在国家体育总局运动员注册系统进行注册，注册后的运动员不能参加教育系统组织的全国学生体育赛事①②。

第二类：教育系统内各级行政机构或部门主办的各级各区域的以普通在校学生为主要参赛群体的青少年体育赛事活动。教育系统面向全日制在校、在读的学生牵头主办的全国各级各区域青少年赛事，包括全国各学段各区域学生单项体育比赛和全国学生运动会（全国中学生运动会与全国大学生运动会合并后的运动会），参赛运动员必须在学校体育竞赛管理系统进行注册，其目的主要是提高青少年学生的健康水平③，推动学校体育的发展④。

第三类：社会组织或其他社会力量举办的各级各区域的以适龄阶段青少年为主要参赛群体的青少年体育赛事活动。主要包括各级各类社会组织举办的青少年体育赛事活动，比如中国关心下一代工作委员会举办的各类体育赛事活动；各类体育俱乐部或体育赛事公司举办的青少年体育赛事活动等。

②体教融合文件出台后

2020 年国家体育总局、教育部联合印发出台了《关于深化体教融合促进青少年健康发展的意见》，其中第二条是“完善青少年体育赛事体系”，提出“义务教育、高中和大学阶段学生体育赛事由教育、体育部门共同组织，拟订赛事计划，统一注册资格。职业化的青少年体育赛事由各单项协会

① 钟秉枢：《体教融合背景下青少年体育赛事体系完善的路径研究》，《体育学研究》2020 年第 5 期。

② 《体育总局办公厅关于公布第十三届全运会和第一届全国青运会注册和代表资格确定办法的通知》，http：//sports. people. com. cn/n/2014/0130/c22176-24268876. html。

③ 罗恒：《体教融合背景下我国青少年体育赛事体系发展研究》，《体育研究与教育》2021 年第 5 期。

④ 《教育部办公厅关于印发〈中华人民共和国第十二届学生运动会竞赛规程〉的通知》，http：//www. moe. gov. cn/srcsite/A17/moe_ 938/s3276/201309/t20130903_ 157501. html。

主办、教育部学生体协配合。教育、体育部门整合学校比赛、U系列比赛等各级各类青少年体育赛事，建立分学段（小学、初中、高中、大学）、跨区域（县、市、省、国家）的四级青少年体育赛事体系，利用课余时间组织校内比赛、周末组织校际比赛、假期组织跨区域及全国性比赛。合并全国青年运动会和全国学生运动会，改称全国学生（青年）运动会，由教育部牵头、体育总局配合，组别设置、组织实施、赛制安排等具体事宜由组委会研究确定”等，拉开了我国青少年体育赛事活动改革的序幕，体育系统和教育系统的青少年体育赛事活动逐渐趋于融合。

2020年至今，我国青少年体育赛事体系一直处于重构阶段，国家体育总局和教育部多个相关部门就体育赛事活动融合不断探索前行。全国学生（青年）运动会、中国青少年足球联赛等国家级赛事的融合迈出关键步伐，其中首届全国学生（青年）运动会（下文简称“学青会”）将于2023年11月在广西举行，学青会将设立公开组和学生组两个组别：公开组的参赛规模和设项与原来的全国青年运动会接近，而学生组的设项跟原来的全国学生运动会接近，公开组和学生组的竞赛规程分别由国家体育总局和教育部制定，公开组的比赛面向体育系统和教育系统的所有适龄参赛者，而学生组的比赛则面向教育系统的大中学生①。同时，省市一级的地方性赛事融合的进展更为迅速、深入，比如北京市陆续出台了《北京市深入推进体教融合实施方案》《北京市加强青少年足球体教融合发展十条措施》等相关政策引导青少年体育赛事融合，提出体育和教育部门要科学筹划，精心设计，按照“同一个组委会、同一个竞赛日历、同一个参赛标准”，共同打造市、区两级青少年足球竞赛体系②。同时，社会组织或其他社会力量举办的青少年体育赛事活动继续探索前行，部分赛事活动向品牌化、持续化、商业化方向发展。

（2）按照青少年体育赛事活动的赛事类型进行分类

如图3所示，青少年体育赛事活动按照赛事的覆盖区域范围可以分为国

---

① 《体教赛事融合上温下热》，http：//sports. news. cn/c/2022-06/13/c_ 1128737156. htm。

② 《北京市体育局 北京市教育委员会关于印发〈北京市加强青少年足球体教融合发展十条措施〉的通知》，http：//tyj. beijing. gov. cn/bjsports/zcfg15/fgwj/qtwj/325912105/index. html。

际性的青少年体育赛事活动、全国性的青少年体育赛事活动和地方性的青少年体育赛事活动。

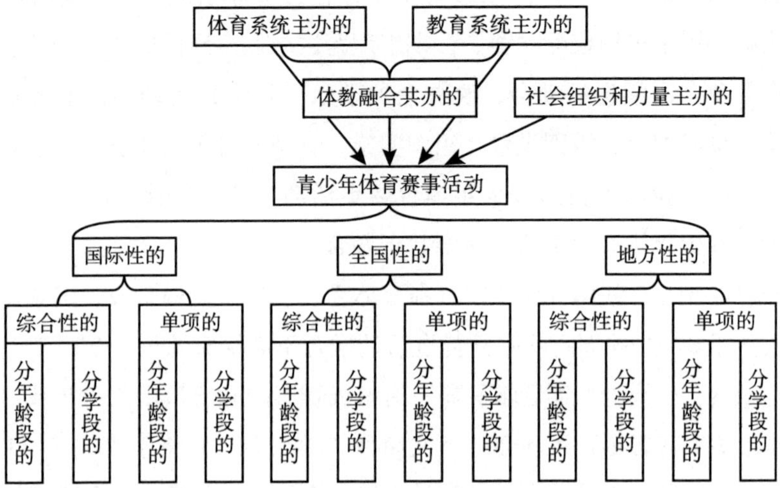

图 3　青少年体育赛事活动分类

按照赛事的项目多少可以分为综合性青少年体育赛事活动，即若干个项目在同一时期内进行的综合性比赛，比如全国青年运动会、北京市运动会（青少年组）；单项青少年体育赛事活动，即单独进行一个运动项目的比赛，往往以锦标赛或冠军杯赛的形式进行，比如北京市青少年游泳锦标赛等。

按照赛事中参赛运动员的年龄可以分为 U（年龄）系列赛，其中“U”为“Under”的缩写，即为某个年龄以下青少年允许参加的赛事活动，比如“U12”指参赛青少年运动员的年龄不能超过 12 岁。按照赛事中参赛运动员的学段可以分为小学 1~2 年级赛事活动、小学 3~4 年级赛事活动、小学 5~6 年级赛事活动、中学生赛事活动、高中生赛事活动和大学生赛事活动。

3. 本研究对北京市青少年体育赛事活动范围的界定

（1）本研究对北京市青少年体育赛事活动内容和类型的界定

本研究涉及的北京市青少年体赛事活动是指针对 6~19 岁青少年群体由北京市相关部门或社会组织举办的市级、区级和校级层面的各类一次性或定期性线上或线下体育赛事活动。其中以市级和区级层面的体育赛事活动为重点，包含在北京市开展的针对各类青少年的夏奥项目、冬奥项目和非奥项目赛事，主要的形式有 U 系列冠军赛、单项锦标赛、单项精英赛、单项联赛、市运会（青少年竞技组）、市级田径运动会等，涵盖从小学到高中的各年龄段或学段。

（2）本研究中北京青少年体育赛事活动的时效和区域范围

本研究涉及的北京市青少年体育赛事活动主要指 2016～2021 年举办的各类青少年体育赛事活动，涵盖北京市 16 个区。

（二）2011~2022年关于青少年体育赛事活动的研究状况

为了更好地了解 2011～2022 年青少年体育赛事活动方面的前期研究成果，我们在中国知网分别以“青少年体育赛事活动”“青少年体育赛事”“学生体育赛事”“小学体育赛事”“中学体育赛事”“大学体育赛事”为关键词，查阅 2011 年 6 月 1 日至 2022 年 9 月 1 日的相关文献，经过筛选后得到 199 篇文献（含知网收录的英文文献）。相关研究从 2017 年开始呈现快速增长的趋势（见图 4），2020 年后出现下降（可能是受新冠肺炎疫情的影响，大部分青少年体育赛事延期或取消），但是进入 2022 年之后相关研究增多，仅 2022 年上半年的文献产出量便已经超越了 2020 年和 2021 年全年的文献产出量。

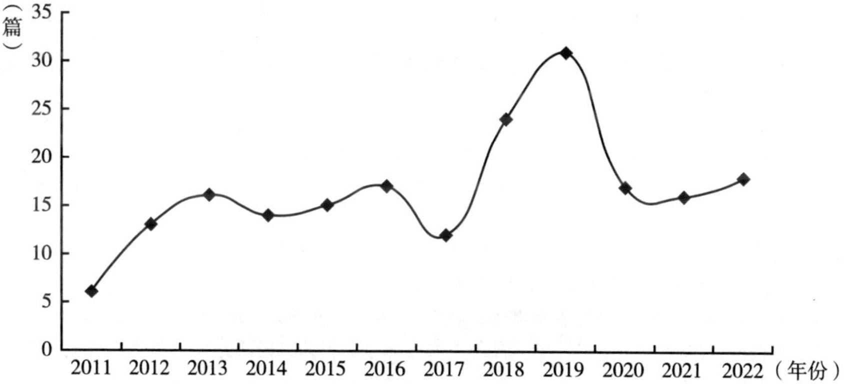

图 4　青少年体育赛事活动相关文献产出量分布情况

资料来源：中国知网。

利用 VOSviewer 对搜索到的文献进行热词分析发现，热词除了主题词青少年、体育赛事外，热度较高的词还有体教融合、校园体育、体育赛事体系、体育强国、协同治理、体育后备力量、影响因素、体育文化等。通过阅读相关重点文献，发现之前的学者关于青少年体育赛事活动的研究主要包括四大维度。一是研究国外青少年体育赛事活动相关情况及对国内的经验借鉴。比如 Kubo K.，Sugimoto A. 以校级体育赛事为例探讨了高中体育赛事商业化，提出了通过开发校园体育赛事商业价值提升赛事可持续性的可能和案例①；柳鸣毅、佟岗、罗冰婷等通过对比我国与美国、英国、日本和俄罗斯等国家制定的体育政策和管理体系对青少年体育赛事的影响，得出青少年体育组织（协会或社团）在赛事举办过程中发挥了普及体育运动和培养后备人才的双重功能②。二是从宏观层面探讨我国青少年体育赛事活动体系、框架和路径。比如柳鸣毅在其博士学位论文中提出从特征、体制、机制、内容、功能、效果六个方面厘定改革目标，体育赛事运行机制应包括动力、整合、激励、控制和保障五个二级体系；③ 钟秉枢提出深化体教融合促进青少年健康发展，需要完善的青少年体育赛事体系作为支撑，从发展核心目标、组织体系、主体责任、行业协会等角度，提出多条以体教融合完善青少年体育赛事体系的改革路径④。三是从中观层面探讨各个区域的青少年体育赛事活动的状况。比如吕昌元等以“协同发展”理论、“城市群”理论为依据，从赛事政策、组织机构、竞赛开展、市场开发、媒体宣传、文化建设六个方面对京津冀青少年体育赛事协同发展进行了研究。⑤ 四是从微观层

---

① Kubo K.，Sugimoto A.，“Study on Organizational Responses to the Commercialization of High School Sporting Events—Focusing on Interscholastic Athletic Events”，*Journal of Japan Society of Sports Industry*，2019，29（4）.

② 柳鸣毅、佟岗、罗冰婷等：《国外青少年体育赛事研究：制度剖析、案例分析、前瞻启示》，《成都体育学院学报》2014 年第 3 期。

③ 柳鸣毅：《我国青少年体育赛事体系研究》，博士学位论文，北京体育大学，2013。

④ 钟秉枢：《体教融合背景下青少年体育赛事体系完善的路径研究》，《体育学研究》2020 年第 5 期。

⑤ 吕昌元、杨徐阳、屈云霞等：《京津冀青少年体育赛事协同发展研究》，《第十一届全国体育科学大会论文摘要汇编》，2019。

面对青少年体育赛事活动的发展要素进行探讨。比如蔡维敏以全国青少年篮球公开赛（NYBO）为例，提出了加强赛事理念建设、创新运营管理模式、不断提升赛事竞技水平、主动沟通政府部门获取指导和支持等赛事发展战略。① 卓然以《北京晚报》百队杯足球赛为例，探讨了全媒体视角下青少年体育赛事活动的新闻传播方式②。总之，前期研究为本研究打下了一定基础，本研究也将以北京市青少年体育赛事活动的状况为样态，对新时代体教融合背景下的青少年体育赛事活动提出有一定创新性和建设性的政策建议。

二 背景：新时代赋予青少年体育赛事活动新意义

（一）健康中国和体育强国建设对青少年体育赛事活动提出新定位

1. 国家层面：青少年体育赛事活动被赋予多层定位

2016 年 10 月 25 日，中共中央、国务院印发并实施了《“健康中国 2030”规划纲要》，从国家层面对于体育对健康的价值给予了新的定位，青少年体育赛事活动作为体育的重要内容，核心使命就是促进青少年的健康。《“健康中国 2030”规划纲要》提出人人享有基本体育健身服务，也就是说未来的青少年体育赛事活动要作为体育健身服务的供给让更多的青少年享受体育赛事活动的魅力和功能价值。2019 年 9 月 2 日，《体育强国建设纲要》颁布，对青少年体育发展提出了“青少年体育服务体系更加健全，身体素养显著提升，健康状况明显改善”的目标，同时提出要“建立中国特色现代化竞赛体系。推进竞赛体制改革，建立适应社会主义市场经济、符合现代体育运动规律、与国际接轨的体育竞赛制度，构建多部门合作、多主体参与

① 蔡维敏：《体育强国背景下民间青少年体育赛事发展战略研究——以 NYBO 为例》，《安徽师范大学学报》（自然科学版）2021 年第 5 期。

② 卓然：《浅谈全媒体背景下青少年体育赛事新闻传播——以〈北京晚报〉百队杯足球赛为例》，《新闻传播》2022 年第 11 期。

的金字塔式体育竞赛体系，畅通分级分类有序参赛通道，推动青少年竞赛体系和学校竞赛体系有机融合。深化全国青年运动会改革。支持全国性单项体育协会举办高水平体育赛事活动，鼓励社会力量举办形式多样的系列赛、大奖赛、分站赛等”。同时青少年体育赛事活动还与全民健身、体育产业、体育文化、体育交流有直接或间接的关系。2022 年 10 月 16 日，党的二十大报告提出：加强青少年体育工作，促进群众体育和竞技体育全面发展，加快建设体育强国。

从健康中国、体育强国建设的目标和任务中，我们可以看到青少年体育赛事活动被赋予了多层次的新定位。第一，青少年体育赛事活动是青少年体育服务体系的重要组成部分，旨在提升广大青少年的健康素养。第二，青少年体育赛事活动作为选拔体育后备人才的主要体系，是国家办与社会办相结合的竞技体育管理体制和运行机制的重要组成部分。第三，青少年体育赛事活动是丰富节假日体育赛事供给，激发大众体育消费需求的重要路径之一。第四，青少年体育赛事活动是弘扬中华体育精神、普及项目文化、培养青少年坚毅的品质和良好的团队合作能力的最佳载体。第五，青少年体育赛事活动是区域和国际交流的重要形式之一。

2. 北京市层面：健康北京、“双奥之城”和体育强市建设的基础

2017 年 9 月 7 日，中共北京市委、北京市人民政府印发实施了《“健康北京 2030”规划纲要》，该纲要提出“贯彻实施青少年体育活动促进计划和义务教育阶段学生课外活动计划，保障中小学生每天在校体育活动时间不少于 1 小时，每人熟练掌握 1 项以上体育运动技能”“支持和鼓励举办业余体育赛事，在发展马拉松、徒步等群众性体育活动的基础上，培育符合本市特点的击剑、赛车、马术、极限、房车露营等具有消费引领特征的时尚休闲运动项目”等与青少年体育赛事活动相关的任务。2020 年 11 月 27 日，北京市体育局印发了《北京市贯彻落实〈体育强国建设纲要〉实施方案》，该方案对于北京市青少年体育发展提出了“青少年体育服务体系更加健全，身体素养显著提升”的总体目标，同时提出了“完善全民健身赛事活动体系，创新赛事活动举办模式，拓展线上线下相结合的全民健身新空间”“举办青少年‘三大球’赛事，发现培养优秀苗子”“完善青少年体育赛事和集训体系，规范青少年体育社会组织，进一步提升后备人才培养水平”“制定体育竞赛表演办赛指南和服务规范，建立跨部门的体育赛事活动综合服务机制”“建立健全校园冰雪赛事体系和青少年冬季项目 U 系列赛事体系”“构建体育赛事新格局。鼓励社会力量举办国际高水平商业赛事和竞赛表演，培育具有自主知识产权的品牌赛事”等与青少年体育赛事活动相关的任务。

从北京建设健康北京、“双奥之城”和体育强市的角度来看，青少年体育赛事活动将是未来改善青少年身体素质的重要手段，是北京市竞技体育后备人才培养和优秀苗子发现的主阵地，也是首都体育竞赛表演产业的重要内容之一，更是“双奥之城”建设的特色内容（青少年冬季运动项目赛事），青少年体育赛事活动在未来北京市体育总体发展中具有基础性的定位。

（二）体教融合趋势下青少年体育赛事活动的新任务

1. 国家层面：“一体化设计和推进”成为主要思路

2020 年 8 月 31 日，国家体育总局、教育部印发《关于深化体教融合促进青少年健康发展的意见》，该意见提出了若干和青少年体育赛事活动有关的直接任务。通过各项任务的设置，我们可以看到举办青少年体育赛事活动是体教融合的主要任务之一，同时也与其他任务有直接或间接的关联。这些新任务是未来青少年体育赛事活动开展的重要目标和指引，未来重要的调整工作就是要完善好教育和体育部门共同组织的青少年体育赛事体系，即建立“一体化设计、一体化推进”的青少年体育赛事活动体系。

2. 北京市层面：赛事体系建设成为重中之重

2022 年 3 月 2 日，北京市体育局和北京市教育委员会联合印发了《北京市深入推进体教融合实施方案》，共建青少年体育赛事体系成为六大主要任务之一。根据该方案，建立健全分学段、分项目，基础与专业衔接、学校与社会共建的市、区、校三级青少年体育赛事体系，扩大青少年体育赛事供给是未来的核心任务。该方案已经提出了具体的实施路径，下一步的工作重点之一是细化和完善北京市青少年体育赛事活动体系的具体内容和允许机制，开展新体系试点。

三　格局：北京市青少年体育赛事活动的设置情况

（一）体教融合文件出台之前北京市青少年体育赛事活动的格局

在 2020 年 8 月 31 日国家体育总局、教育部印发《关于深化体教融合促进青少年健康发展的意见》之前，北京市青少年体育赛事活动主要可以分为三大类，分别是体育部门牵头举办的青少年体育赛事活动、教育部门牵头举办的青少年体育赛事活动、社会组织或其他社会力量牵头举办的青少年体育赛事活动，每类赛事活动又可细分为多个层级（见图 5）。

1. 体教融合文件出台前体育系统牵头举办的青少年体育赛事活动

（1）北京市体育局主办或承办的市级青少年体育赛事活动

北京市体育局对于青少年体育赛事活动一直非常重视，积极以青少年体育赛事活动为杠杠推动青少年体育发展，在北京市体育局青少处、北京市体育竞赛管理和国际交流中心（原北京市竞赛管理中心）、北京市体育总会、北京市社体中心等体育系统多个机构的共同努力下，经过近几年的青少年体育赛事改革，北京市体育系统的市级青少年体育赛事活动逐步形成了常规赛事、创新赛事、精品赛事和顶级赛事四大类赛事体系。

①常规赛事

北京市市级青少年体育常规赛事主要包含北京市体育传统项目学校比赛（13 项）、北京市青少年 U 系列冠军赛及学校体育竞赛活动（34 项）、北京市青少年锦标赛（36 项）和京津冀青少年合作交流赛事（4 项）。

北京市体育传统项目学校比赛。在赛事组织方面，此类赛事由北京市体育局和北京市教委联合主办，由市体育局和市教委主管副局长和副主任担任组委会主任，组委会下设秘书处，秘书处设在市体育局青少处，各项目比赛均设置办公室、竞赛部、场地器材部、安全保障部、医务组、仲裁委员会、

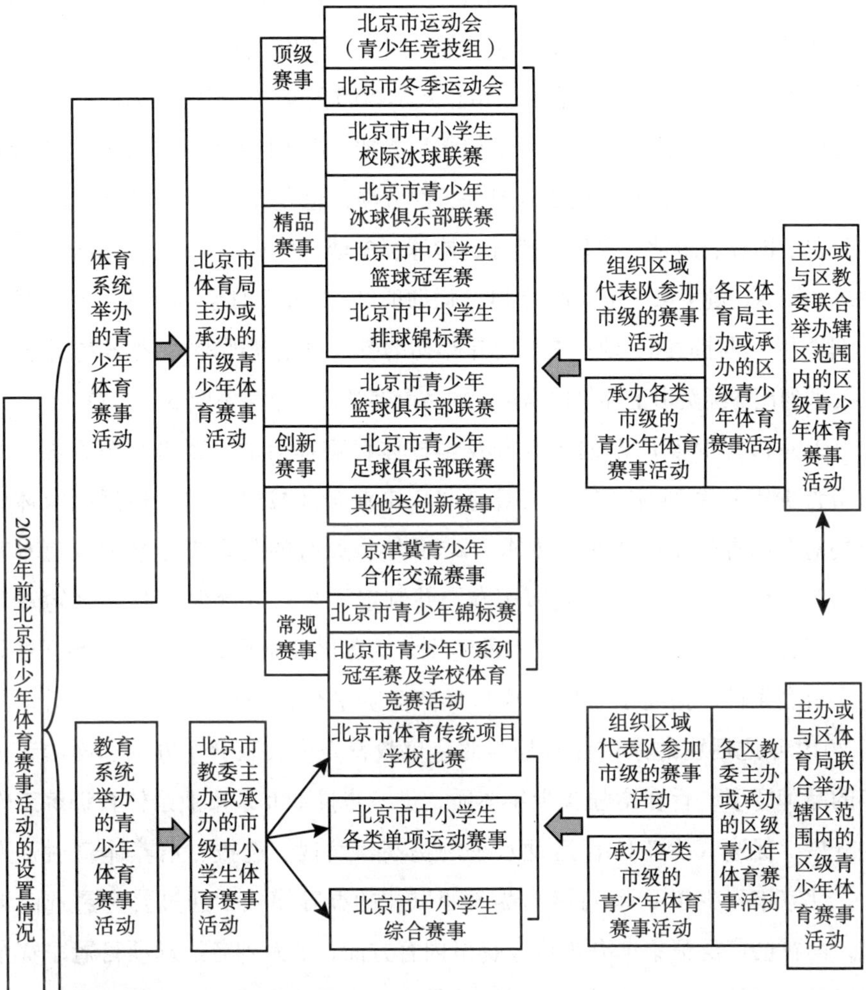

图5　体教融合文件出台之前北京市青少年体育赛事活动的设置情况

资料来源：笔者自制。

技术委员会和裁判委员会等，负责具体推进工作。赛事内容方面，主要面向北京市各级运动传统项目学校及其在读学生，以学校为单位报名，不接受个人报名，参赛运动员必须是具有北京市正式学籍的在校生，以学籍为依据。其中，本市市级、国家级体育传统项目学校必须参加，本市区级体育传统项目学校及其他学校按照单项竞赛规程要求参加，部分项目也允许各区业余体校参加。赛事设置了田径、游泳、篮球、排球、棒球、垒球、乒乓球、武术、跆拳道、羽毛球、网球、健美操、定向运动 13 个运动项目，每年 3 月至 11 月各个运动项目择期举办（具体时间、地点参照每年年初的各项目竞赛规程）。赛事费用方面，年度系列比赛经费由主办单位承担，对各参赛学校和学生不收取报名费。

北京市青少年 U 系列冠军赛及学校体育竞赛活动。赛事组织方面，北京市青少年 U 系列冠军赛（前身是北京市业余体校冠军赛，根据国家体育总局对全国青少年比赛改革要求，2019 年将原有的北京市业余体校冠军赛更名为北京市青少年 U 系列冠军赛，并制定了北京市青少年 U 系列冠军赛竞赛规程，部分项目增加了年龄段组别，为各区业余训练工作的顺利开展创造了有利条件，搭建了各区各项目梯队竞赛平台）及学校体育竞赛活动是自 2019 年之后由北京市体育局与北京市教育委员会联合主办的、面向青少年的品牌赛事，旨在增强青少年体质，进一步推动北京市业余体育训练工作的开展，促进青少年体育运动水平的提高，发现、选拔、培养体育后备人才。北京市青少年 U 系列冠军赛改变以往的办赛模式，通过公开遴选的形式，向社会广泛征集承办单位。赛事内容方面，U 系列各运动项目冠军赛主要以各区体校为参赛单位，参赛运动员为在当年度注册的青少年运动员，且运动员只能代表注册单位参赛。当前北京市青少年 U 系列冠军赛项目有 20 个，其中夏季项目有 16 个：国际式摔跤、跆拳道、武术散打、武术套路、空手道、乒乓球、羽毛球、拳击、柔道、网球、射箭、棒球、垒球、高尔夫、击剑、手球；冬季项目有 4 个：冰壶、花样滑冰、短道速滑、滑雪。部分项目的参赛运动员可根据国家体育总局运动员技术等级标准及《北京市运动员技术等级管理办法》有关规定申请相应等级。赛事费用方面，比赛经费由北京市体育局财政承担，并得到体育彩票公益金的大力支持。

北京市青少年锦标赛。赛事组织方面，北京市青少年锦标赛由北京市体育局主办，北京市体育竞赛管理中心和有关单位承办，是北京市青少年体育的品牌赛事，同时也是北京市竞技体育后备人才展示和选拔的平台，受到各单位的高度重视和积极参与。赛事内容方面，主要以区为单位组队参加，参赛运动员必须完成北京市青少年运动员年度注册。赛事分为夏季项目和冬季项目两大类，共设 36 个比赛项目。其中，夏季项目涵盖田径、游泳、足球、篮球、排球、乒乓球、羽毛球等 30 个项目。同时，为进一步普及冬季项目，培养冬季项目人才，2021 年之后专门设立了冰球、冰壶、滑雪、花样滑冰、短道速滑等 5 个冬季项目。按照各项目特点，赛事举办时间横跨 6 月至 12 月，每年有来自北京市 16 个区及北京经济技术开发区的约 7000 名运动员参加比赛。所有参加各组别（男、女）锦标赛的运动员，达到相应等级标准后，可根据国家体育总局运动员技术等级标准及《北京市运动员技术等级管理办法》有关规定申请相应等级。赛事费用方面，比赛经费由北京市体育局财政承担。

京津冀青少年合作交流赛事。赛事组织方面，2015 年北京市、天津市和河北省青少年体育主管部门签署了《京津冀青少年体育协同发展备忘录》，2017 年又审议通过了《京津冀青少年体育协同发展框架协议》，其中就整合京津冀青少年体育比赛，举办京津冀青少年协作比赛，拓展京津冀青少年体育活动等方面达成共识。赛事由北京市、天津市和河北省定期轮流主办，通过社会招标选择赛事承办机构。赛事内容方面，北京市和天津市以区为单位组队参加，河北省以地级市为单位组队参加，参赛的青少年运动员必须在京津冀各地体育局所在地完成当年注册且仅能代表注册地参赛。当前主要涉及的运动项目有田径、游泳、滑雪、冰球、短道速滑、航空模型、柔道等。赛事费用方面，比赛经费主要由主办单位承担。

②创新赛事

创新赛事主要是近几年北京市体育局为了满足不断增长的青少年运动竞赛需求，通过创新设置赛事内容、办赛形式、赛事制度等赛事要素，主办或联合举办的一批普及度较好、青少年喜爱、新颖时尚的运动项目赛事。

北京市青少年篮球俱乐部联赛。北京市青少年篮球俱乐部联赛由北京市体育局主办、北京市篮球运动协会承办，赛事在全市范围内设定6个预赛赛区（东部赛区、南部赛区、西部赛区、北部赛区、东北赛区、东南赛区），设置6个组别（U17组、U14组、U12组、U10男子组、U10混合组、U8组）。具有北京市户籍或者北京市学籍的中华人民共和国公民，在京港澳台户籍且拥有北京市学籍的均可以报名参赛，各篮球社会培训机构、各级各类篮球俱乐部（或学校）均可进行报名参赛，也可自由组队以整队的形式报名参赛，不接受个人报名。

北京市青少年足球俱乐部联赛（下文简称“京少足球联赛”）。京少足球联赛是由北京市体育局主办、北京市足球运动协会承办，以青少年足球为发展方向的一项全新的品牌赛事，赛制为主客场制。其中U7、U8、U9为五人制比赛，U10、U11、U12、U13为八人制比赛。比赛采用积分制，胜一场积3分，平一场积1分，输一场不获得分数。由于不同年龄段球队参加人数不同，不同组别冠军将在每年的9月至12月产生。京少足球联赛是北京市足球运动协会打造的重要品牌赛事，以“京少联赛、筑梦未来”为口号，始终围绕解决“赛与练”“学与训”之间的问题，为青少年球员提供科学合理、体教融合的赛事成长平台。京少足球联赛在升降级制度、竞赛组织等方面进行了多项创新，进一步凸显了赛事的专业性、品牌与可持续发展。

其他类创新赛事。北京市体育局还积极推进举办了多个创新赛事，比如北京市青少年夏季滑雪挑战赛、青少年滑板冲浪赛、青少年攀岩比赛、青少年极限运动赛等。

③精品赛事

精品赛事是北京市体育局及相关单位共同悉心培育的一批具有一定积淀和品牌影响力、参与范围和群体较广的赛事。包括北京市中小学生校际冰球联赛、北京市青少年冰球俱乐部联赛、北京市中小学生篮球冠军赛和排球锦标赛，经过市场化运作和广泛宣传，已成为具有北京特色的青少年体育赛事品牌。

北京市中小学生校际冰球联赛。北京市中小学生校际冰球联赛是北京市体育局、北京市教委着力打造的一项青少年冰球品牌赛事。自 2013 年创办以来比赛规模和赛事水平迅猛提升。该赛事以北京市各学校（小学、初中和高中）为单位报名参赛，参赛运动员为北京市在读学生（包括非公立学校不具备北京市正式学籍的学生），当前设置了高中男子组、初中男子组、初中女子组、小学甲组（3~6 年级/男女混合，一所学校单独组队）、小学乙组（4~6 年级/男女混合，两所学校联合组队或在小学甲组中已报名的学校可独立组队）、小学丙组（1~3 年级/男女混合，一所学校单独组队）、小学丁组（1~3 年级/男女混合，两所学校联合组队或在小学丙组中已报名的学校可独立组队）等七个组别，涵盖 6~18 岁北京市青少年在校群体。

北京市青少年冰球俱乐部联赛。北京市青少年冰球俱乐部联赛由北京市体育局主办、北京市冰球运动协会承办，赛事创办于 2007 年，每年举行一届，从第八届开始邀请外省市球队参加，当前有来自天津、河北、黑龙江等多个省市的青少年冰球俱乐部参赛，联赛设 7 岁以下、8 岁以下、10 岁以下、12 岁以下和 14 岁以下 5 个年龄段，男、女共计 10 个组别。这一赛事最初只有 4 支队伍约 60 人参加，经过十余年的发展，现已成为北京乃至亚洲规模最大、时间跨度最长的青少年冰球赛事，既为北京青少年冰球爱好者打造了切磋冰球技术、结交冰球朋友的广阔平台，同时又提供了选拔优秀冰球苗子的平台，为北京市青少年冰球队及青年队贡献了众多冰球人才，是每个冬季北京喜欢冰球的孩子们的盛大聚会。联赛始终坚持以赛促训、赛训结合的方针，为北京市发现和培养冰球竞技体育后备人才奠定了基础，2020 年至今已经先后为国家队和国家集训队培养输送优秀运动员 77 人次。以此为基础，北京冰球健儿在全国比赛中创造了更优异的成绩，在 2019 年第二届全国青年运动会上取得 4 枚金牌，2020 年、2021 年连续两年夺得全国男子冰球锦标赛冠军，开启了北京冰球运动发展新篇章。

北京市中小学生篮球冠军赛。北京市中小学生篮球冠军赛由北京市体育局、北京市教委主办，北京市篮球运动协会承办，致力于推动篮球运动在北京市校园的普及与开展，不仅促进了广大校园篮球爱好者积极投身篮球运动项目，为学校高水平篮球队搭建了锻炼、培养竞技篮球后备人才的平台，也为国内篮球传统强校教练员、运动员搭建了良好的学习交流平台。该赛事广泛的学生基础、完善的赛制、高水平的实战对抗使其已发展成北京市规模最大、级别最高、最具影响力的中小学生篮球赛事，充分展现了北京市青少年篮球运动的普及成果与蓬勃发展态势。作为北京市中小学生精品赛事之一，该赛事深受广大中小学生喜爱。该赛事以北京市各学校（小学、初中和高中）为单位报名参赛，参赛运动员为北京市在读学生（包括非公立学校不具备北京市正式学籍的学生），联赛共设置了高中男子组、高中女子组、初中男子组、初中女子组、小学男子组和小学女子组 6 个组别。

北京市中小学生排球锦标赛。北京市中小学生排球锦标赛由北京市体育局、北京市教委联合主办，北京市排球运动协会承办，是北京市最高水平的青少年排球赛事。该赛事以北京市各学校（小学、初中和高中）为单位报名参赛，参赛运动员为北京市在读学生（包括非公立学校不具备北京市正式学籍的学生），比赛设高中男子组、高中女子组、初中男子组、初中女子组、小学男子甲组、小学男子乙组、小学女子甲组、小学女子乙组 8 个组别。该赛事为北京市青少年的成长提供了肥沃的排球土壤，对推广校园排球运动、传播竞技体育精神、丰富校园体育文化起到了重要作用。

④顶级赛事

顶级赛事是北京市四年举行一次的、代表北京市青少年最高竞技水平的赛事，分别为北京市运动会（青少年竞技组）和北京市冬季运动会。顶级赛事为高水平青少年运动员提供了展示和交流的平台，同时承担了为北京市竞技体育发现和培养优秀后备人才的任务。

北京市运动会。北京市运动会，简称“市运会”，由北京市人民政府主办，北京市体育局、北京市教育委员会、北京市体育总会承办，每四年举办一次。市运会是北京市级别最高的综合性体育赛事，对加强北京市全民健身和业余训练广泛开展、培养高水平后备人才、推动青少年体育运动发展、提高北京市竞技体育水平起到了重要作用。市运会以各区为单位组成代表团参赛，设青少年竞技组和群众组，其中 2022 年第十六届市运会青少年竞技组共设 28 个大项 33 个小项，另设攀岩、花样游泳、滑板、霹雳舞 4 个表演项目，共有1.2万余名选手参赛。

北京市冬季运动会。北京市冬季运动会由北京市人民政府主办，北京2022年冬奥会和冬残奥会组织委员会作为支持单位，北京市体育局、北京市教育委员会、北京市总工会为承办单位。2018年首次举办，4年举办一次，现已成为全市最高级别的冬季项目综合性体育盛会，冬运会以各区为单位组成代表团参赛，设竞技组和群众组两大组别，其中在2018年第一届北京市冬季运动会中竞技组包括滑冰（短道速滑、花样滑冰）、滑雪（双板滑雪、单板滑雪）、冰球、冰壶4个大项6个分项71个小项，参赛者为8岁至17岁的青少年选手。

（2）各区体育局主办或承办的区级青少年体育赛事活动

参加、主办和承办青少年体育赛事活动也是各区体育局的工作重点，各区的青少年体育赛事活动组织工作主要分为三个方面：一是组织区域代表队参加市级常规赛事、创新赛事、精品赛事和顶级赛事；二是承办各类市级青少年体育赛事活动；三是主办或与区教委联合举办辖区范围内的区级青少年体育赛事活动。各区主要根据区域竞技体育项目布局和青少年对运动项目的需求，每年举办若干项区级青少年体育赛事活动。

2. 体教融合文件出台前教育系统牵头举办的青少年体育赛事活动

（1）北京市教委主办或承办的市级中小学生体育赛事活动

北京市教委对于中小学生体育赛事活动也非常关注，将中小学生体育赛事活动定位为中小学体育课程的延伸和补充、提升学生身体素质的重要路径和中小学生体育技能的展示舞台。北京市教委主要由体育卫生与艺术教育处、北京学生活动管理中心、北京市中小学体育运动协会等机构负责全市市级中小学生的体育赛事活动。当前北京市教委举办的市级中小学生体育赛事活动主要可以分为三类，分别是北京市中小学生各类单项运动赛事、北京市中小学生综合赛事和北京市体育传统项目学校比赛。

①北京市中小学生各类单项运动赛事。北京市中小学生各类单项运动赛事由北京市教委主办或北京市教委与北京市体育局联合主办，由北京市中小学体育运动协会或北京学生活动管理中心承办，主要开展田径、足球、篮

球、排球、游泳、武术、跆拳道、定向运动、乒乓球、羽毛球、网球、曲棍球、棒球、垒球及民族传统体育类、操舞类、冬季类运动项目等 30 多个项目的比赛，一般是年度赛事，以学校为单位参赛，参赛运动员要求是具有北京市户籍或北京市在读中小学生（各单项的要求不同），覆盖全市所有区和学校。

②北京市中小学生综合赛事。北京市中小学生综合赛事是由北京市教委主办或北京市教委与北京市体育局联合主办，北京市中小学体育运动协会或北京学生活动管理中心承办的综合性赛事。比如北京市中小学生冬季运动会、北京市小学生运动会、北京市中小学生智力运动会等，此类赛事以区为单位组队参赛。凡参赛运动员必须是拥有本区正式学籍的中小学在校生。

③北京市体育传统项目学校比赛。此类赛事前文已有详细叙述。

（2）北京市各区教委主办或承办的青少年体育赛事活动

参加、主办和承办青少年体育赛事活动也是各区教委（体美科）的工作重点，各区的青少年体育赛事活动组织工作主要分为三个方面：一是组织区域代表队参加市级赛事活动；二是承办各类市级体育赛事活动；三是主办或与区体育局联合举办辖区范围内的区级青少年体育赛事活动。各区主要根据区域竞技体育项目布局和青少年对运动项目的需求，每年举办若干项区级青少年体育赛事活动。

3. 社会组织或其他社会力量举办的青少年体育赛事活动

当前北京市社会组织或其他社会力量举办的青少年体育赛事活动包括各级各类社会组织举办的青少年体育赛事活动，按照主办方的身份属性可以分为社会团体举办的、体育俱乐部举办的、社会公司举办的和街道社区举办的青少年体育赛事。此类赛事主要由主办方投资，采用商业化运营模式，如果赛事面向全市中小学生需要经过北京市教委申报认定①，并向公安等机构进行大型活动审批，由市体育局或区体育局进行业务指导。

---

① 《北京市教育委员会印发〈关于面向中小学生的全市性竞赛活动管理办法（试行）〉的通知》，http：//jw. beijing. gov. cn/xxgk/zfxxgkml/ zfgkzcwj/zwgkxzgfxwj/202101/t20210126_ 2232905. html。

（1）社会团体举办的青少年赛事

由国家级或北京市或各区级社会团体举办的青少年体育赛事活动，比如中国关心下一代工作委员会在北京市举办的各类体育赛事活动等。

（2）体育俱乐部举办的青少年赛事

以各运动项目的俱乐部为主体举办的青少年体育赛事活动，比如北京中赫国安足球俱乐部举办的中赫国安杯青少年足球邀请赛等。

（3）社会公司举办的青少年赛事

由社会公司投资举办的各类青少年体育赛事活动，比如《北京晚报》百队杯足球赛（北京传统青少年足球比赛，也是中国历史最悠久的青少年足球赛事）等。

（4）街道社区举办的青少年体育赛事

由北京市各街道和各社区举办的针对区域内的青少年群体的各类体育赛事活动。例如北京市朝阳区社区青少年足球对抗赛。

（二）体教融合文件出台之后北京市青少年体育赛事活动的格局

在2020年8月31日国家体育总局、教育部印发《关于深化体教融合促进青少年健康发展的意见》之后，相关部门也逐步按照体教融合的要求，推动青少年体育赛事活动方面的融合。体育系统和教育系统对主要赛事正逐步进行统筹管理，首先针对重点市级青少年体育赛事活动，北京市体育局和北京市教委均以赛事主办方的身份进入赛事组委会，主管领导亲自统筹协调相关赛事事宜。其次在各区区级层面，各区体育局和区教委也密切联系，双方优势互补，逐步加强在青少年体育赛事方面的合作。最后，在青少年足球、冰球等项目上率先尝试体教融合方面的赛事改革，目前已经取得了一些成绩。

在青少年足球赛事活动上，北京市体育系统与教育系统率先开展了尝试。2022年8月16日，北京市体育局、北京市教委联合印发《北京市加强青少年足球体教融合发展十条措施》，拉开了北京市体教融合背景下青少年足球赛事活动大融合的序幕。根据此政策，在赛事活动融合方面，北京市体育系统与教育系统采取了两大措施，分别是共同打造品牌赛事和共同建立竞赛管理系统。

共同打造品牌赛事。科学筹划，精心设计，按照“同一个组委会、同一个竞赛日历、同一个参赛标准”，共同打造市、区两级青少年足球竞赛体系。鼓励各区举办青少年足球赛事活动，探索精英运动员赛事选拔机制，开展课余集训工作。加强北京市运动会足球比赛（青少年竞技组）、北京市校园足球联赛、北京市希望杯青少年锦标赛、北京市青少年足球俱乐部联赛、《北京晚报》百队杯足球赛等品牌赛事建设，全面对接中国青少年足球联赛、全国青少年校园足球联赛和夏令营，做到周周有赛事、人人能参与，持续增强赛事品牌的社会影响力和市场活力，打造业内认可、社会认知、媒体关注和可持续开展的品牌赛事体系。逐步实现“管办分离”，将市级赛事交由协会和社会力量承办，引导和支持社会资金参与青少年足球活动。

共同建立竞赛管理系统。逐步实现市、区两级竞赛活动统一报名、分级管理。将参赛运动员竞赛信息、比赛表现记录在系统内，完整建立北京市青少年足球成长档案。通过系统实现参赛场次准确化、参赛人数精准化、技术表现信息化、运动员资料全面化，随时掌握分析基础数据，科学、高效、扎实地做好北京市青少年足球大数据基础建设。

四 2016~2021年北京市青少年体育赛事数据分析

（一）数据说明和整体情况概述

1. 数据说明

本次的调研分析数据时间跨度为2016~2021年，范围为北京市（东城区、西城区、朝阳区、丰台区、石景山区、海淀区、顺义区、通州区、大兴区、房山区、门头沟区、昌平区、平谷区、密云区、怀柔区、延庆区）。具体数据包含两部分：一是市级青少年体育赛事活动的数据，这类数据是以北京市体育竞赛管理和国际交流中心提供的数据为基础，结合北京市体育局青少处和北京市教委网站发布的赛事信息数据，进行综合汇总去重后的数据；二是区级青少

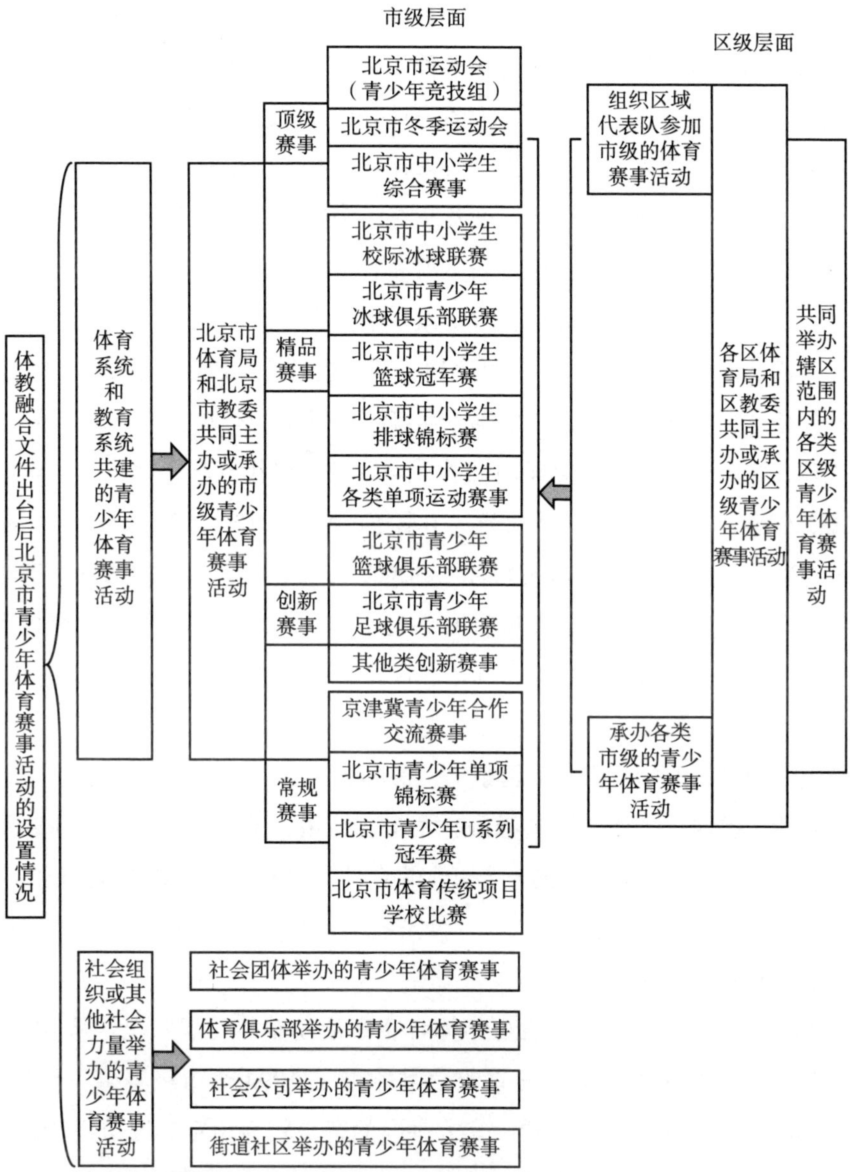

图6　体教融合文件出台之后北京市青少年体育赛事活动的设置情况

资料来源：笔者自制。

年体育赛事活动的数据，主要为各区体育局反馈的赛事数据。由于北京市暂无青少年体育赛事活动动态记录平台，可能有个别赛事活动的信息没有被纳入本次调研数据，故本次调研数据分析仅反映发展格局和趋势，不做具体精准界定。

赛事活动数量的统计方法有很多种，有按照具体场次统计的、有按照项目数统计的，为了不引起歧义和方便统计分析，本次调研数据分析不以具体的项目数和场次数来计算，而以个数来计算。本次数据分析中的赛事活动是指一个完整的赛事活动，通常一个赛事有一个组委会、一本秩序册和一本成绩册，例如北京市运动会虽然有诸多项和若干场比赛，但是仅有一个组委会和一个总体秩序册、总成绩册，故记做一个赛事。

本次赛事活动数量统计中的夏奥项目赛事指游泳、田径、射箭、羽毛球、棒球、垒球、篮球、拳击、皮划艇、赛艇、自行车、马术、击剑、足球、高尔夫球、体操、手球、曲棍球、柔道、空手道、现代五项、橄榄球、帆船、射击、滑板、攀岩、冲浪、乒乓球、跆拳道、网球、铁人三项、排球、举重、摔跤等赛事。冬奥项目赛事指滑冰、冰球、冰壶、滑雪、冬季两项、雪车、钢架雪车、雪橇等赛事。非奥项目赛事包括但不限于潜水、滑水、摩托艇、救生、健美操、技巧、保龄球、掷球、台球、藤球、壁球、软式网球、热气球、运动飞机、跳伞、滑翔、航空模型、车辆模型、航海模型、定向、业余无线电、围棋、国际象棋、中国象棋、桥牌、武术、健身气功、登山、摩托车、轮滑、毽球、门球、舞龙舞狮、龙舟、钓鱼、风筝、信鸽、体育舞蹈、健美、拔河、飞镖、电子竞技等赛事。综合性赛事指大中型综合运动会、多类项目集合的赛事。①

2. 整体情况概述

2016~2021 年北京市级青少年体育赛事活动整体发展状况。从赛事活动数量上看，2016~2021 年北京市总共举办了 1094 个市级赛事，年均举办约 182 个；从赛事性质上看，官方举办的赛事较为稳定和固定，2021 年之前占市级赛事的 60%~80%（各年份略有不同），主要包括青少年锦标赛、U 系列冠军赛（前身是业余体校冠军赛）、中小学生单项比赛、联赛类和综合性赛事等，非官方社会类（非市体育局和市教委举办的）赛事数

① 本部分中的运动项目赛事为整体分类，并非北京市全部举办过。

量2021年之前占比在20%~40%，2021年非官方社会类赛事猛增到了65.05%，可以看出当前社会力量举办赛事的意愿较高；从赛事覆盖运动项目上看，包含了各类夏奥项目、冬奥项目、非奥项目和综合类项目等50多个运动项目，其中夏奥项目赛事占较高比例，冬奥项目和非奥项目赛事数量迅速增加，在各类运动项目中，武术、田径、足球、篮球、网球、游泳、马术、乒乓球、围棋、滑冰等项目赛事活动数量较多。总体来看，2016~2021年北京市市级青少年体育赛事活动开展的数量较多、形式多样、项目覆盖率较好。

2016~2021年区级青少年体育赛事活动整体发展状况。从赛事活动数量上看，2016~2021年北京市总共举办了2105个区级赛事，年均举办约351个，数量呈现逐年递增态势，其中2021年已经达到了925个，各区累计举办的区级赛事中房山区、大兴区、朝阳区、东城区、门头沟区赛事数量位列前五名；从赛事活动覆盖学校的数量看，2018年和2019年均有906所小学和中学（初中和高中）参与各区的区级赛事；从赛事覆盖的运动项目上看，当前区级赛事已经包含了大部分夏奥项目、小部分冬奥项目和多个非奥项目；从赛事活动的参与人次上看，2016~2021年共有411646人次直接参与了区级赛事，包含运动员372096人次、教练员19987人次、裁判员19563人次，其中2019年参与人数最多，达到了93854人次，包含运动员85584人次、教练员4142人次、裁判员4128人次。

总体来看，2016~2021年北京市市级和区级青少年体育赛事活动整体相对平稳且发展向好，虽然受到了新冠肺炎疫情的影响，但是2021年后逐渐恢复到了往年的水平。夏奥项目覆盖率较高，冬奥项目赛事得到了较好的发展，在当前条件下为北京市青少年提供了较为丰富的体育赛事活动供给。

（二）2016~2021年北京市市级青少年体育赛事活动

1. 市级青少年体育赛事活动数量变化

2016~2021年北京市总计举办1094个市级青少年体育赛事活动，年均约 182 个，在新冠肺炎疫情暴发之前的 2016~2019 年，北京市年平均举办 209 个市级青少年体育赛事活动，其中 2018 年由于是北京市运动会举办之年，市级单项锦标赛都被纳入了北京市运动会中，总体赛事数量在核算的时候有所减少；2020 年由于新冠肺炎疫情的发生，仅举办 53 个赛事；2021 年之后赛事数量逐渐恢复到之前的水平，赛事活动总数达到了 206 个。整体来看，除了 2020 年，北京市市级青少年体育赛事活动数量都保持在了 180 个以上的水平上，相对较为平稳且发展向好。

2016~2021 年北京市市级青少年体育赛事活动中与夏奥项目相关的赛事活动共 680 个，年均约 113 个；与冬奥项目相关的赛事活动 69 个，年均约 12 个，冬奥项目在 2021 年达到了 22 个；与非奥项目相关的赛事活动 298 个，年均约 50 个；综合性赛事（市运会、冬运会等多个项目集合的赛事）47 个，年均约 7 个（见图 7）。

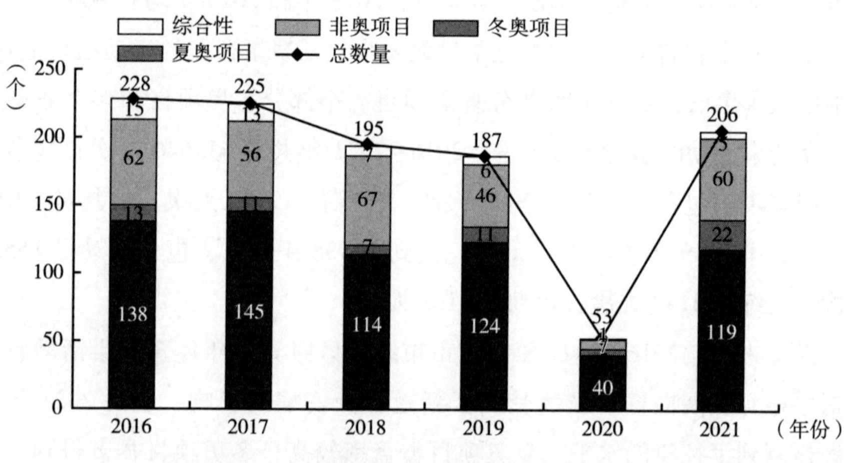

图 7　北京市 2016~2021 年各年度市级青少年体育赛事活动数量变化

资料来源：笔者根据调研数据绘制。

2. 市级青少年体育赛事活动类型数量变化情况

（1）2016 年市级青少年体育赛事活动类型

2016 年市级青少年体育赛事活动主要可以分为 9 种性质类型。非官方社会类赛事 47 个，占比 20.61%。官方举办的青少年体育赛事活动中，中小学生单项比赛 51 个，占比 22.37%；北京市青少年锦标赛 32 个，占比 14.04%；业余体校冠军赛 26 个，占比 11.40%；联赛类赛事 21 个，占比 9.21%；综合性赛事 11 个，占比 4.82%；体育传统项目学校比赛 10 个，占比 4.39%；京津冀青少年合作交流赛事 3 个，占比 1.32%；其他赛事 27 个，占比 11.84%（见图 8）。

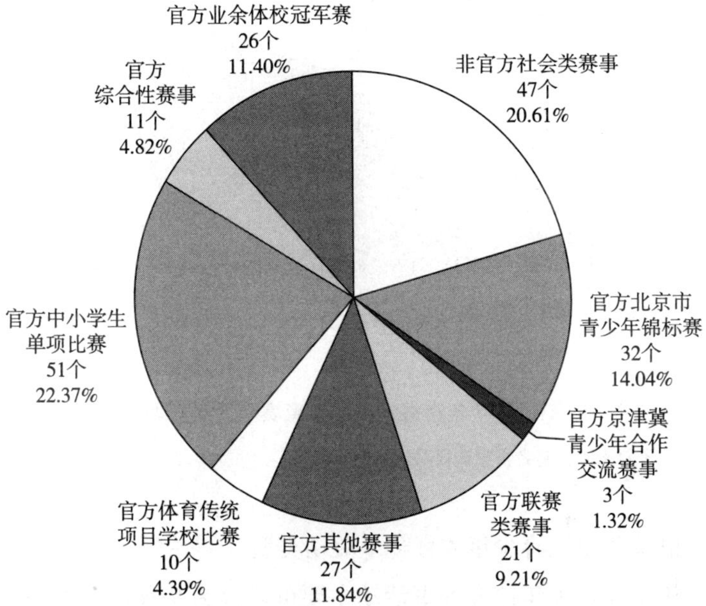

图 8　北京市 2016 年市级青少年体育赛事活动类型数量统计

资料来源：笔者根据调研数据绘制。

（2）2017 年市级青少年体育赛事活动类型

2017 年市级青少年体育赛事活动主要可以分为 9 种性质类型。非官方社会类赛事 45 个，占比 20.00%。官方举办的青少年体育赛事活动中，中小学生单项比赛 36 个，占比 16.00%；北京市青少年锦标赛 35 个，占比 15.56%；业余体校冠军赛 27 个，占比 12.00%；联赛类赛事 23 个，占比 10.22%；综合性赛事 12 个，占比 5.33%；体育传统项目学校比赛 15 个，占比 6.67%；京津冀青少年合作交流赛事 2 个，占比 0.89%；其他赛事 30 个，占比 13.33%（见图 9）。

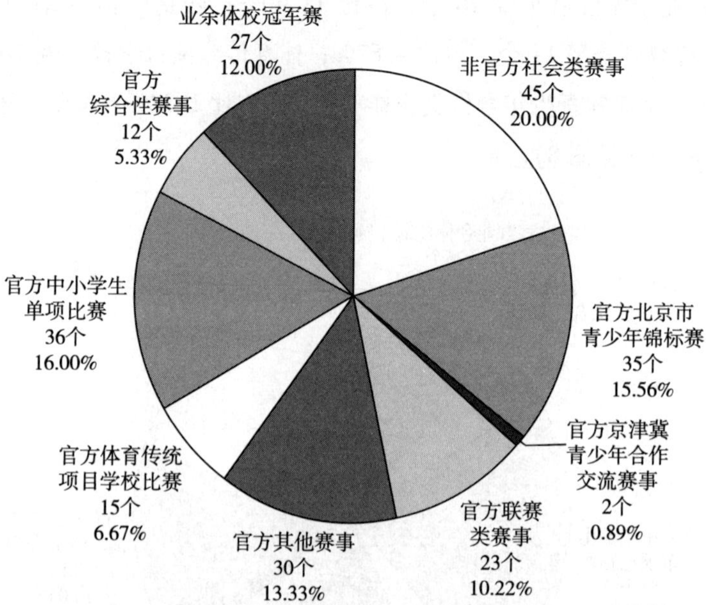

图 9　北京市 2017 年市级青少年体育赛事活动类型数量统计

资料来源：笔者根据调研数据绘制。

（3）2018 年市级青少年体育赛事活动类型

2018 年市级青少年体育赛事活动主要可以分为 9 种性质类型。非官方社会类赛事 76 个，占比 38.97%。官方举办的青少年体育赛事活动中，中小学生单项比赛 38 个，占比 19.49%；北京市青少年锦标赛 1 个，占比 0.51%（大部分锦标赛被纳入了 2018 年北京市运动会）；业余体校冠军赛 29 个，占比 14.87%；联赛类赛事 20 个，占比 10.26%；综合性赛事 4 个，占比 2.05%；体育传统项目学校比赛 13 个，占比 6.67%；京津冀青少年合作交流赛事 1 个，占比 0.51%；其他赛事 13 个，占比 6.67%（见图 10）。

（4）2019 年市级青少年体育赛事活动类型

2019 年市级青少年体育赛事活动主要可以分为 8 种性质类型。非官方

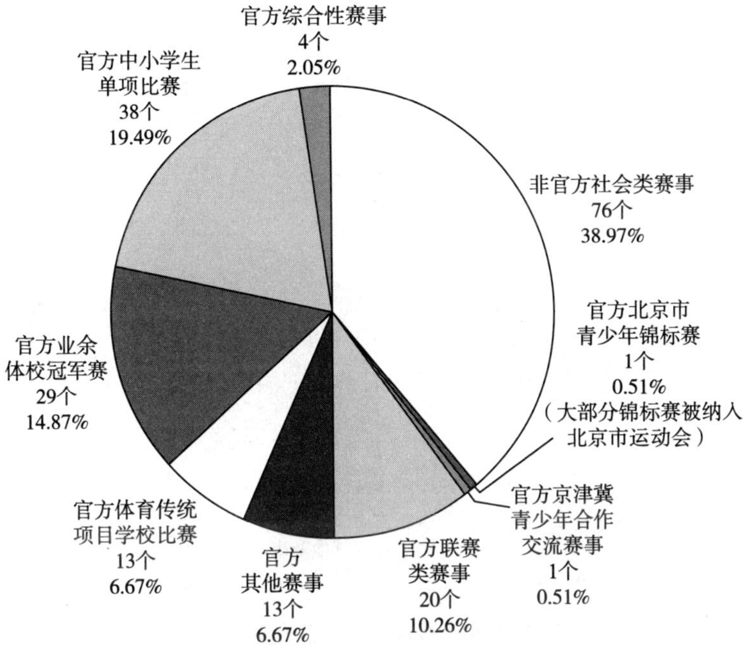

图 10　北京市 2018 年市级青少年体育赛事活动类型数量统计

资料来源：笔者根据调研数据绘制。

社会类赛事 33 个，占比 17.65%；官方举办的青少年体育赛事活动中，中小学生单项比赛 42 个，占比 22.46%；北京市青少年锦标赛 39 个，占比 20.86%；青少年 U 系列冠军赛（前身是业余体校冠军赛）30 个，占比 16.04%；联赛类赛事 8 个，占比 4.28%；综合性赛事 6 个，占比 3.21%；体育传统项目学校比赛 14 个，占比 7.49%；其他赛事 15 个，占比 8.02%（见图 11）。

（5）2020 年市级青少年体育赛事活动类型

2020 年受新冠肺炎疫情的影响，部分市级青少年体育赛事活动延期或停办，赛事数量锐减，举办的赛事主要可以分为 7 种性质类型。非官方社会类赛事 11 个，占比 20.75%。官方举办的青少年体育赛事活动中，中小学生单项比赛 8 个，占比 15.09%；北京市青少年锦标赛 25 个，占比 47.17%；青少年 U 系列冠军赛（前身是业余体校冠军赛）2 个，占比 3.77%；联赛

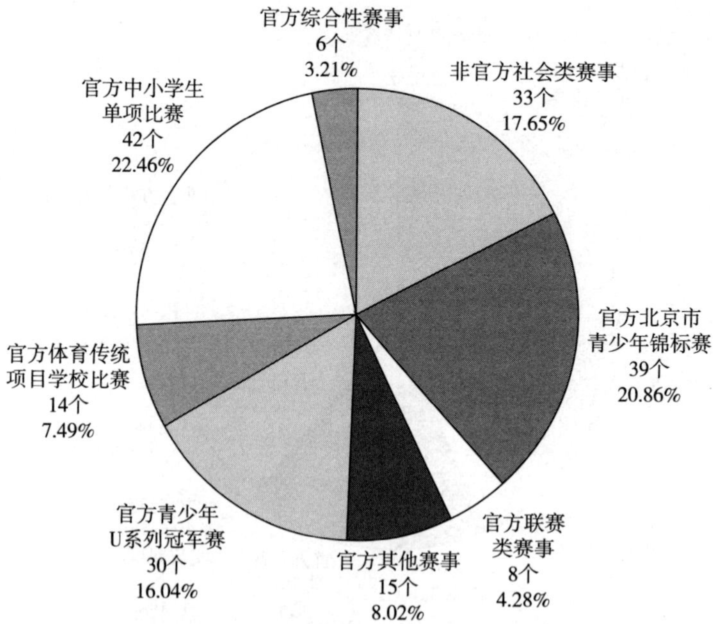

图 11　北京市 2019 年市级青少年体育赛事活动类型数量统计

资料来源：笔者根据调研数据绘制。

类赛事 2 个，占比 3.77%；综合性赛事 1 个，占比 1.89%；其他赛事 4 个，占比 7.55%（见图 12）。

（6）2021 年市级青少年体育赛事活动类型

2021 年市级青少年体育赛事活动在疫情常态化防控背景下，在符合条件的情况下逐步恢复，主要可以分为 8 种性质类型。非官方社会类赛事 134 个，占比 65.05%，社会类赛事数量猛增，达到了近年来最高。官方举办的青少年体育赛事活动中，中小学生单项比赛 11 个，占比 5.34%；北京市青少年锦标赛 38 个，占比 18.45%；青少年 U 系列冠军赛（前身是业余体校冠军赛）5 个，占比 2.43%；联赛类赛事 2 个，占比 0.97%；综合性赛事 1 个，占比 0.49%；体育传统项目学校比赛 1 个，占比 0.49%；其他赛事 14 个，占比 6.80%（见图 13）。

（7）2016~2021 年北京市各类型青少年体育赛事数量变化

2016~2020 年市级青少年体育赛事活动主要分为官方和非官方举办的两

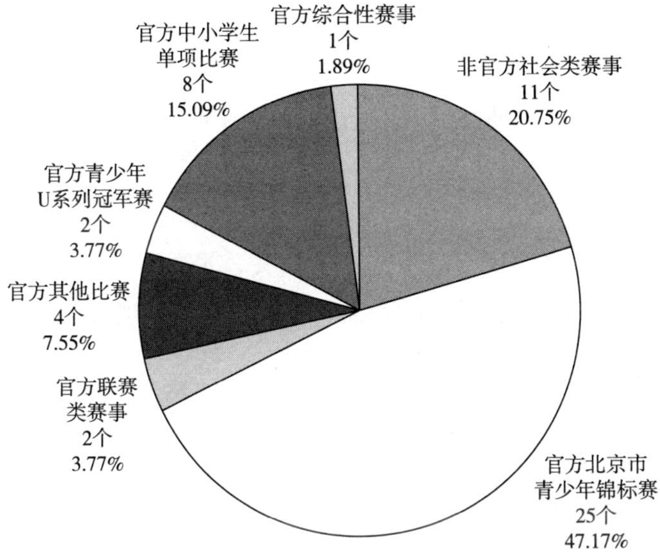

图 12　北京市 2020 年市级青少年体育赛事活动类型数量统计

资料来源：笔者根据调研数据绘制。

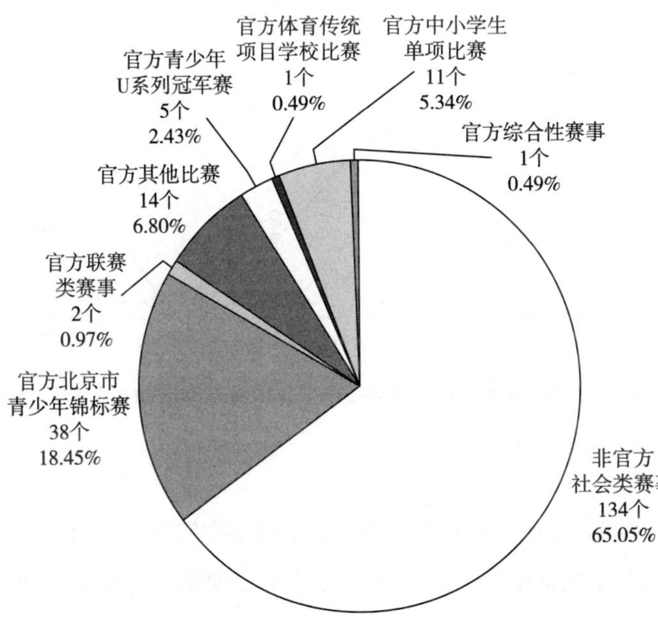

图 13　北京市 2021 年市级青少年体育赛事活动类型数量统计

资料来源：笔者根据调研数据绘制。

大类，共计 9 种赛事类型，6 年的数量变化情况如图 14 所示。非官方社会类赛事的数量变化较大，2016~2019 年处于波浪式发展状态（年均 60 个左右），经过 2020 年赛事低谷后，于 2021 年大幅增长到了 134 个，其中单项运动协会组织的赛事占比较高，大多数非官方社会类赛事采取“单项运动协会主办+体育公司承办”的模式。官方类赛事较为稳定和固定（除了 2020 年），数量由高到低依次为中小学生单项比赛、北京市青少年锦标赛、青少年 U 系列冠军赛、其他赛事、联赛类赛事、体育传统项目学校赛事、综合性赛事和京津冀青少年合作交流赛事。

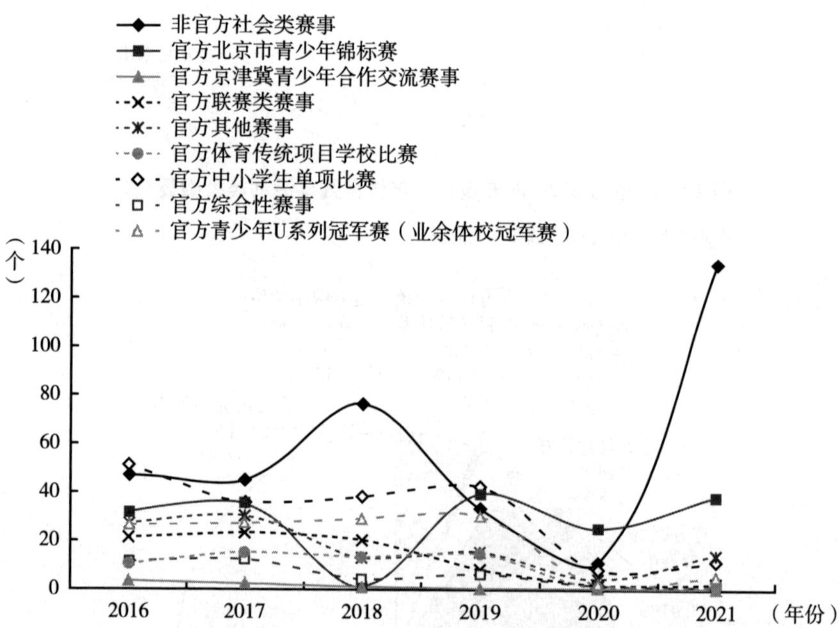

图 14 北京市 2016~2021 年市级青少年体育赛事活动类型变化趋势

资料来源：笔者根据调研数据绘制。

3. 各类运动项目在市级青少年体育赛事活动中的分布情况

（1）2016 年北京市市级青少年体育赛事活动涵盖的具体运动项目统计

2016 年北京市市级青少年体育赛事活动涵盖的单项运动项目超过了 55 个，举办过 5 个及以上市级青少年体育赛事活动的有武术、综合、其他、田径、高尔夫球、网球、游泳、足球、篮球、马术、冰球、健美操、羽毛球、棒球、垒球、跆拳道、滑冰、击剑、排球和乒乓球。综合性赛事有 15 个，是 2016~2021 年中最多的一年（见图 15）。

（2）2017 年北京市市级青少年体育赛事活动涵盖的具体运动项目统计

2017 年北京市市级青少年体育赛事活动涵盖的单项运动项目超过了 60 个，举办过 5 个及以上市级青少年体育赛事活动的有武术、网球、综合、足球、游泳、田径、击剑、其他、棒球、马术、高尔夫球、健美操、篮球、垒球、跆拳道，其中武术仍然是赛事最多的项目，击剑项目赛事活动相比 2016 年有了较大的提升。综合性赛事有 13 个（见图 16）。

（3）2018 年北京市市级青少年体育赛事活动涵盖的具体运动项目统计

2018 年北京市市级青少年体育赛事活动涵盖的单项运动项目超过了 60 个，举办过 5 个及以上市级青少年体育赛事活动的有武术、其他、足球、击剑、乒乓球、篮球、排球、田径、游泳、马术、围棋、综合、垒球、跆拳道、网球，其中武术仍然是赛事活动数量最多的项目，围棋项目赛事活动数量相比 2017 年有了较大的提升，高尔夫球赛事活动数量减少为 2 个。综合性赛事有 7 个，主要由于 2018 年是北京市运动会举办年份，所以其他综合性赛事相对较少（见图 17）。

（4）2019 年北京市市级青少年体育赛事活动涵盖的具体运动项目统计

2019 年北京市市级青少年体育赛事活动涵盖的单项运动项目超过了 50 个，举办过 5 个及以上市级青少年体育赛事活动的有篮球、武术、田径、游泳、其他、击剑、手球、跆拳道、业余无线电、综合、网球、足球，其中篮球一跃成为赛事活动数量最多的项目，业余无线电项目赛事活动数量相比 2018 年有了较大的提升。综合性赛事有 6 个（见图 18）。

（5）2020 年北京市市级青少年体育赛事活动涵盖的具体运动项目统计

2020 年新冠肺炎疫情暴发，按照国家和北京市防疫的要求，上半年大部分赛事停办或延期，下半年在防疫取得阶段性成果后，部分体育赛事活动逐步恢复，2020 年北京市市级青少年体育赛事活动涵盖的单项运动项目有

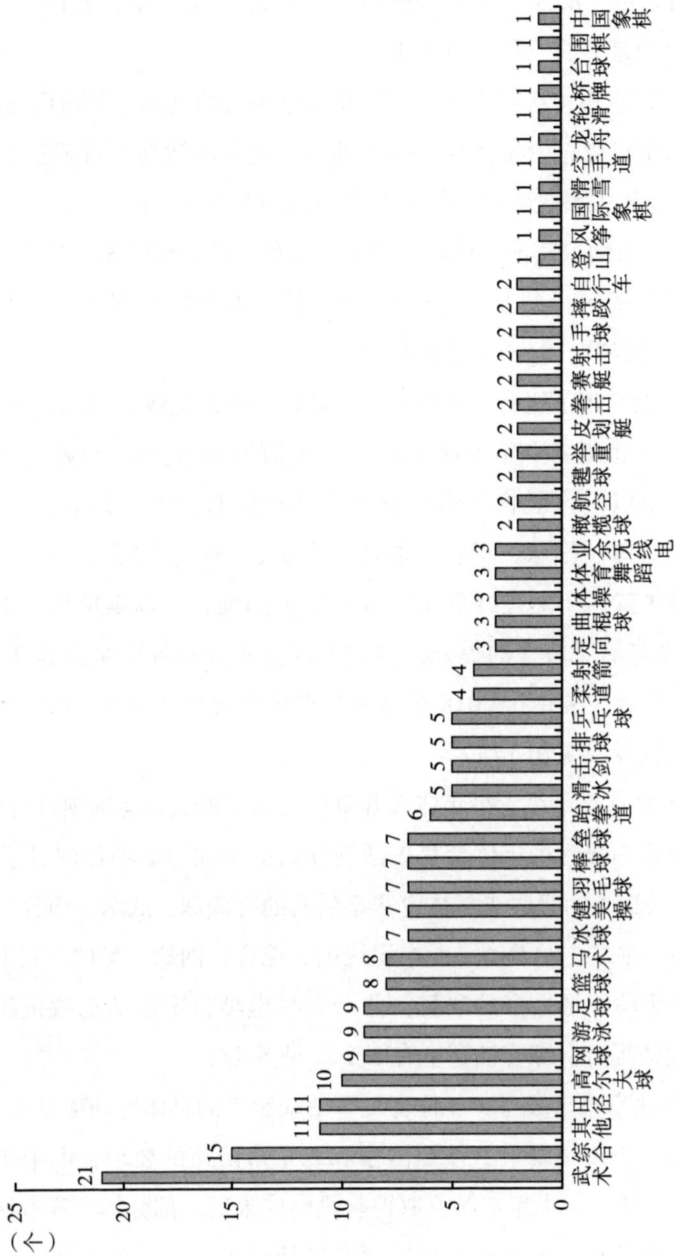

图 15　北京市 2016 年市级青少年体育赛事活动涵盖的运动项目分布

资料来源：笔者根据调研数据绘制。

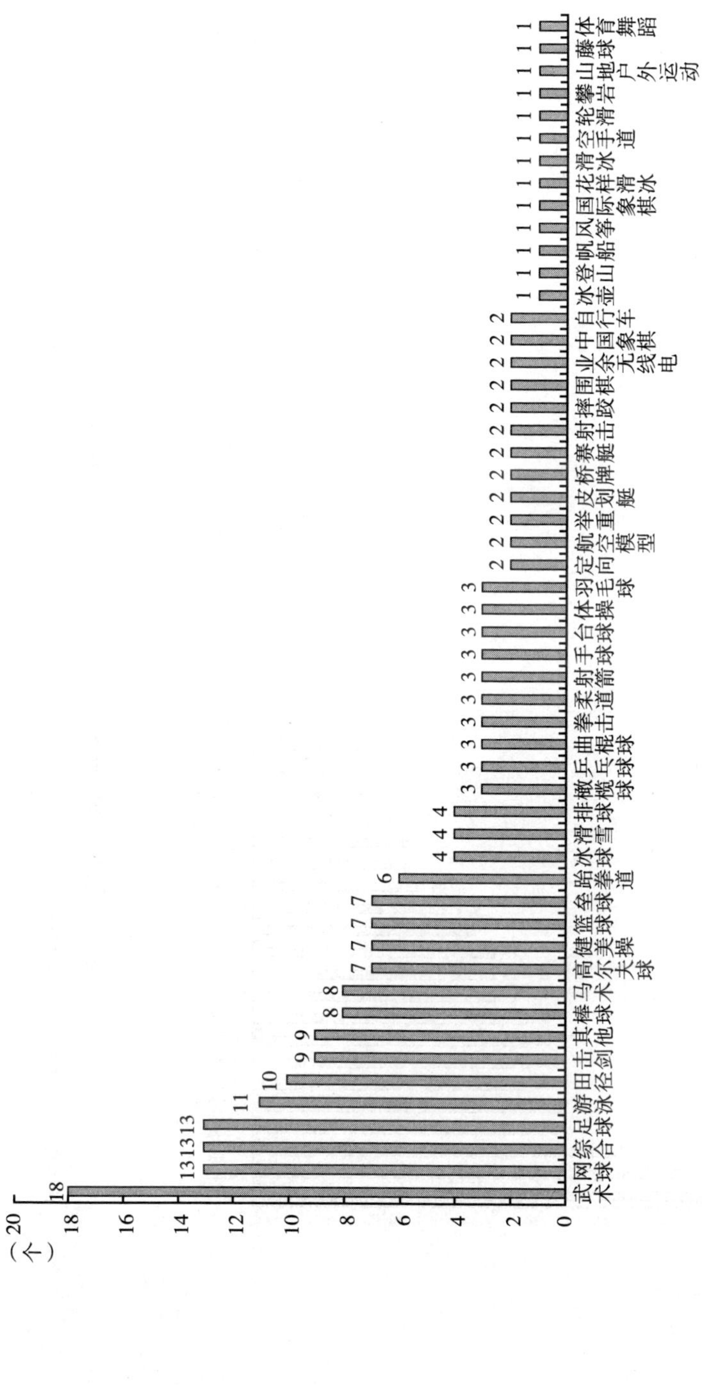

图16 北京市2017年市级青少年体育赛事活动涵盖的运动项目分布

资料来源：笔者根据调研数据绘制。

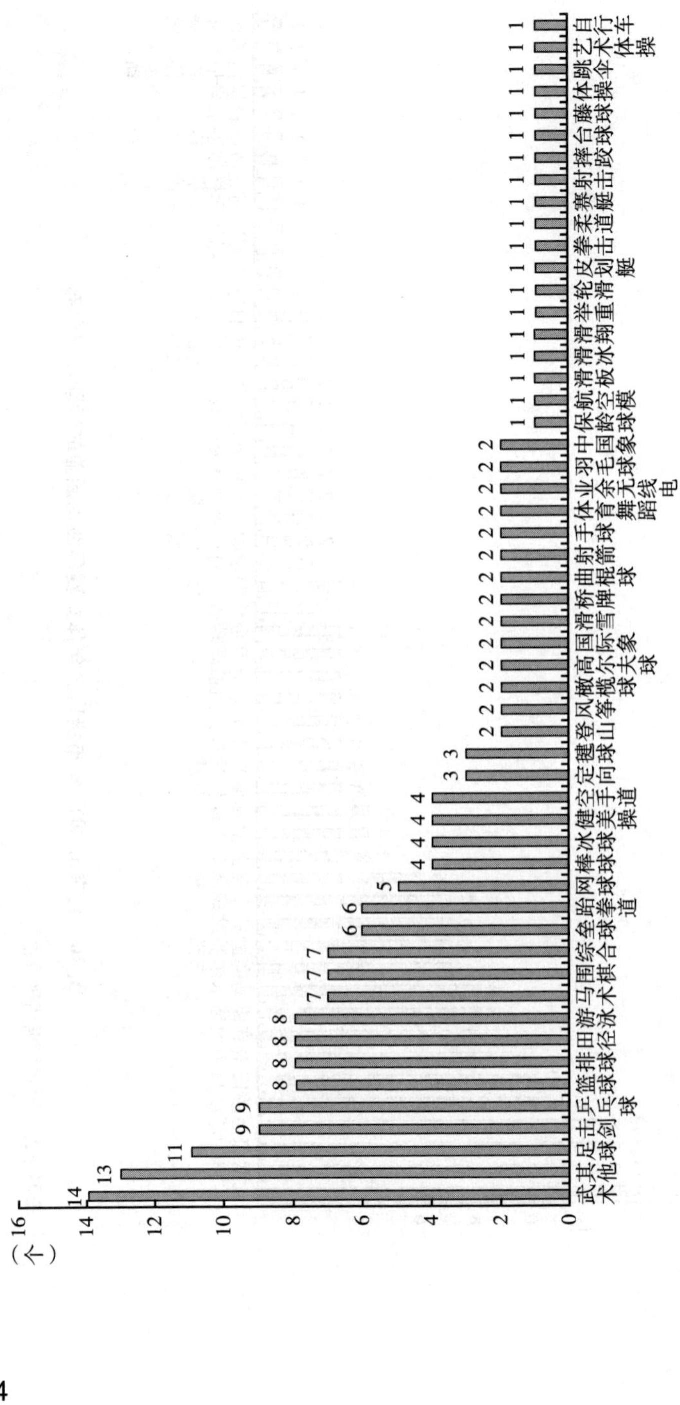

图 17　北京市 2018 年市级青少年体育赛事活动涵盖运动项目分布

资料来源：笔者根据调研数据绘制。

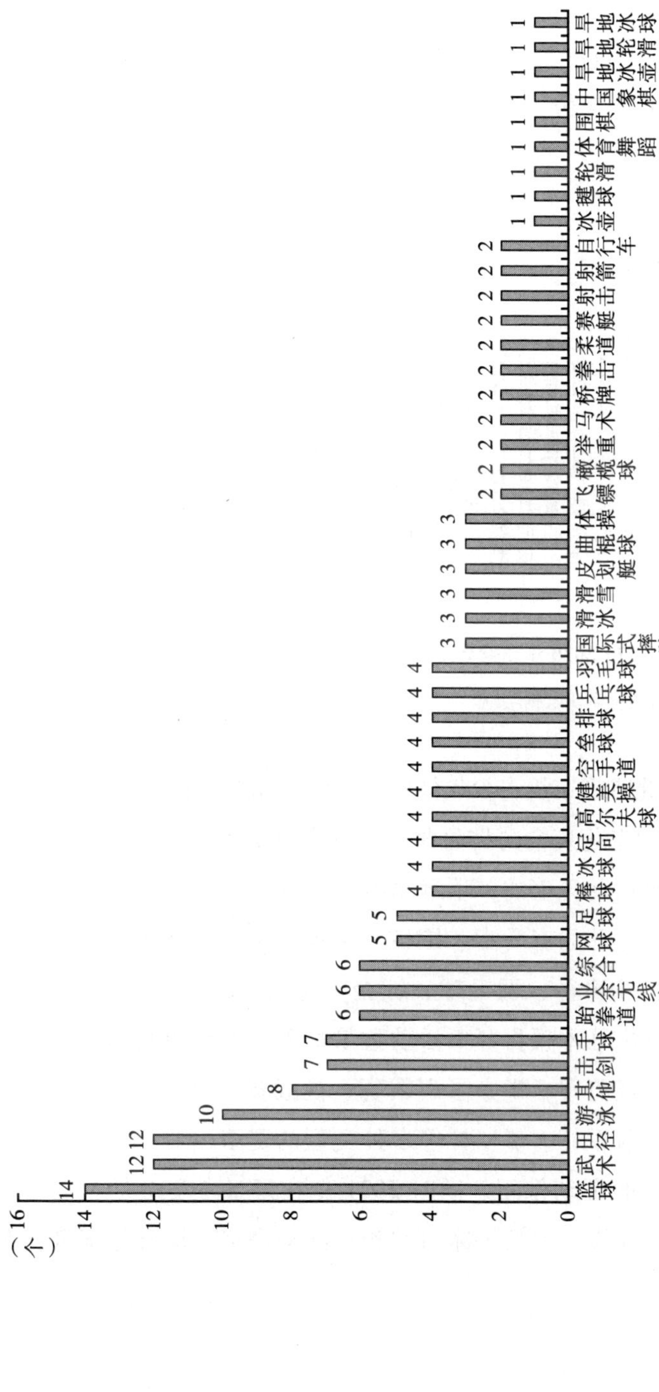

图 18 北京市 2019 年市级青少年体育赛事活动涵盖运动项目分布

资料来源：笔者根据调研数据绘制。

29个，举办过2个及以上市级青少年体育赛事活动的有羽毛球、棒球、滑冰、乒乓球、体操、游泳、足球、冰壶、高尔夫球、曲棍球、赛艇、田径、网球、围棋和武术。仅举办了1个市级综合性赛事，即2020年北京市中小学生智力运动会（见图19）。

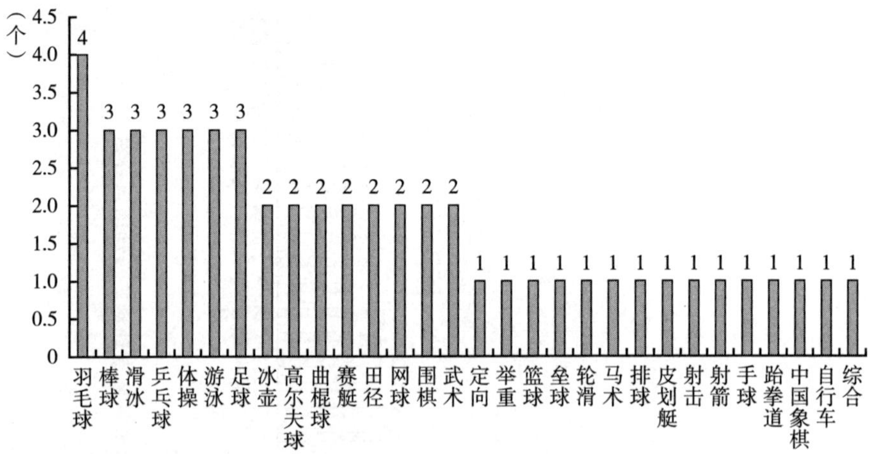

图19　北京市2020年市级青少年体育赛事活动涵盖运动项目分布

资料来源：笔者根据调研数据绘制。

（6）2021年北京市市级青少年体育赛事活动涵盖的具体运动项目统计

2021年进入常态化疫情防控阶段，体育赛事活动逐步恢复，北京市市级青少年体育赛事活动涵盖的单项运动项目有50个，举办过4个及以上市级青少年体育赛事活动的有马术、围棋、滑冰、网球、武术、棒球、国际象棋、其他、冰球、田径、羽毛球、综合、定向、击剑、健美操、篮球、垒球、自行车，其中马术项目赛事活动数量最多。北京市马术运动协会联合多家马术俱乐部或公司，举办了巡回赛、挑战赛、分站赛、选拔赛、公开赛、超级联赛、冠军杯、贺岁杯等多种类型的赛事，对于青少年马术运动发展起到了良好的带动作用，同时2021年在筹备冬奥会的带动下，青少年滑冰、冰球、冰壶、滑雪等冰雪类赛事活动增多。综合性赛事有5个（见图20）。

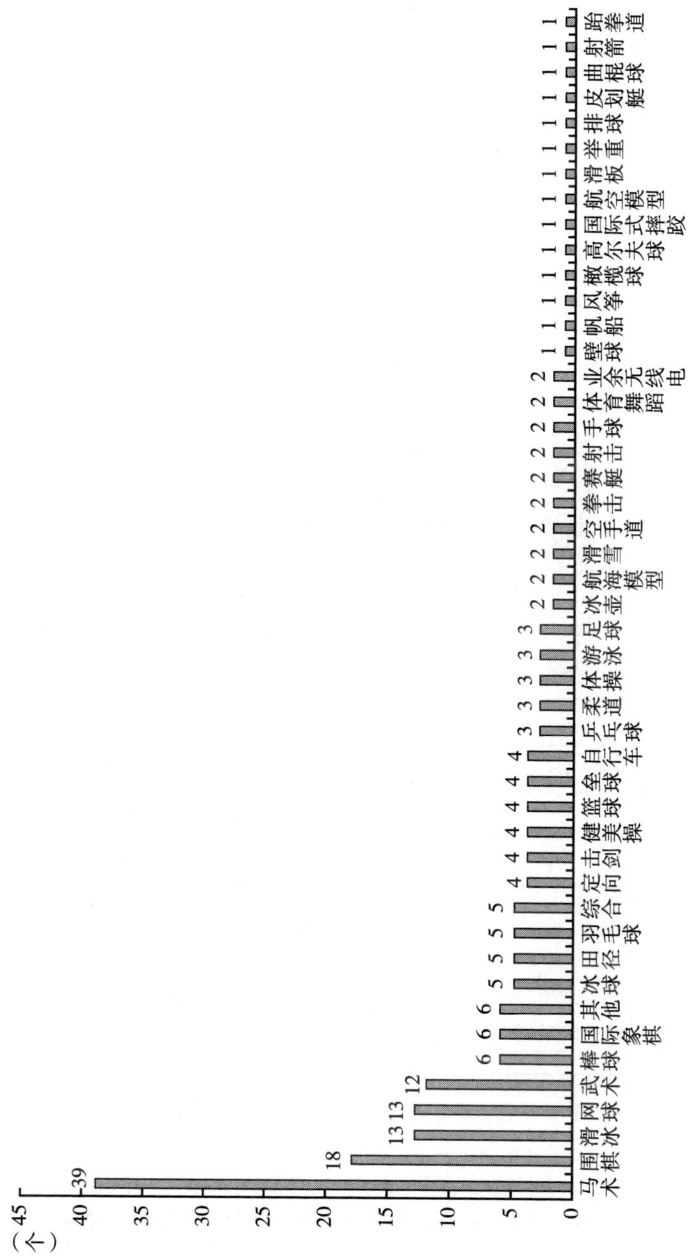

图 20　北京市 2021 年市级青少年体育赛事活动涵盖运动项目分布

资料来源：笔者根据调研数据绘制。

（三）各区2016~2021年区级青少年体育赛事活动

1. 2016~2021年各年区级青少年体育赛事活动的数量

2016~2021 年区级青少年体育赛事活动整体发展状况。从赛事活动数量上看（见图 21），2016~2021 年总共举办了 2105 个区级赛事，其中 2016 年举办 116 个、2017 年 134 个、2018 年 163 个、2019 年 184 个、2020 年 103 个、2021 年 165 个，数量整体呈现增长态势，年均举办约 144 个。六年中

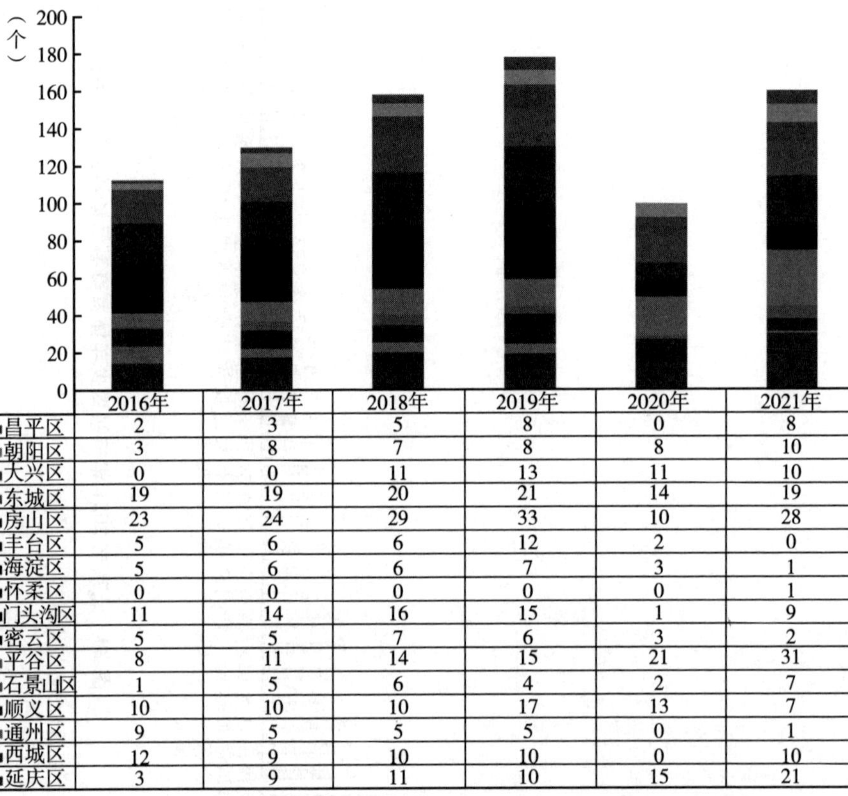

	2016年	2017年	2018年	2019年	2020年	2021年
■昌平区	2	3	5	8	0	8
■朝阳区	3	8	7	8	8	10
■大兴区	0	0	11	13	11	10
■东城区	19	19	20	21	14	19
■房山区	23	24	29	33	10	28
■丰台区	5	6	6	12	2	0
■海淀区	5	6	6	7	3	1
■怀柔区	0	0	0	0	0	1
■门头沟区	11	14	16	15	1	9
■密云区	5	5	7	6	3	2
■平谷区	8	11	14	15	21	31
■石景山区	1	5	6	4	2	7
■顺义区	10	10	10	17	13	7
■通州区	9	5	5	5	0	1
■西城区	12	9	10	10	0	10
■延庆区	3	9	11	10	15	21

图 21　2016~2021 年各区主办的区级青少年体育赛事活动数量变化

注：①2016 年大兴区、怀柔区未上传数据；②2017 年大兴区、怀柔区未上传数据；③2018 年怀柔区未上传数据；④2019 年怀柔区未上传数据；⑤2020 年西城区、昌平区、通州区、怀柔区因为疫情防控未举办赛事活动或未上传数据；⑥2021 年丰台区因为疫情防控未举办赛事活动或未上传数据。

资料来源：笔者根据调研数据绘制。

各区累计举办区级赛事的数量如下：房山区（147 个）、大兴区（45 个）、朝阳区（44 个）、东城区（112 个）、门头沟区（66 个）、平谷区（100 个）、顺义区（67 个）、延庆区（69 个）、海淀区（28 个）、密云区（28 个）、石景山区（25 个）、西城区（51 个）、丰台区（31 个）、通州区（25 个）、怀柔区（1 个）、昌平区（26 个），每个区平均约 54 个。

2. 各区青少年体育赛事活动数量

各区每年举办的区级体育赛事活动数量和主办方类型如图 22 至图 27 所示。各区区级体育赛事活动主要分为区体育局主办的青少年体育赛事活动、区单项体育协会主办的青少年体育赛事活动和其他主体主办的青少年体育赛事活动。各区举办的青少年体育赛事活动中，东城区体育局主办的青少年体育赛事活动在其他区同类型中最多，延庆区单项体育协会主办的青少年体育赛事活动相比其他区同类型最多，房山区其他主体主办的青少年体育赛事活动相比其他区同类型最多。其中东城区、西城区、海淀区、朝阳区、石景山区、昌平区、通州区以区体育局办赛为主，其他区区级体育赛事活动办赛主体相对多元。

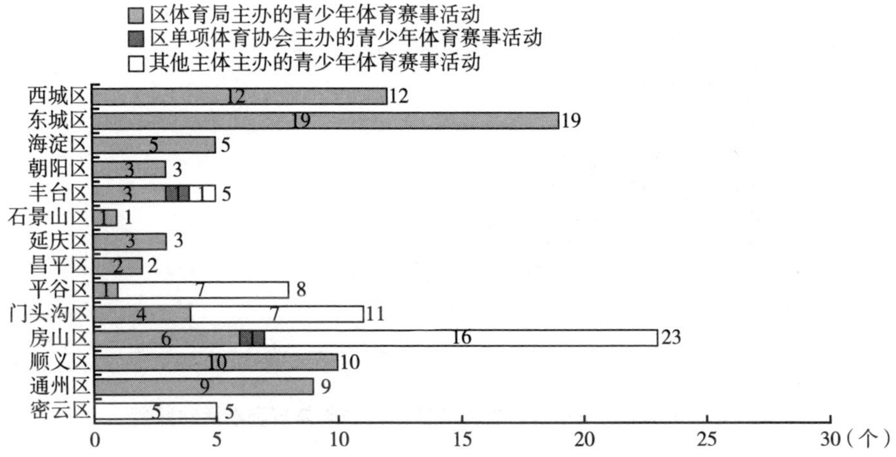

图 22　2016 年北京市各区主办的区级青少年体育赛事活动数量

注：大兴区、怀柔区未上传数据。

资料来源：笔者根据调研数据绘制。

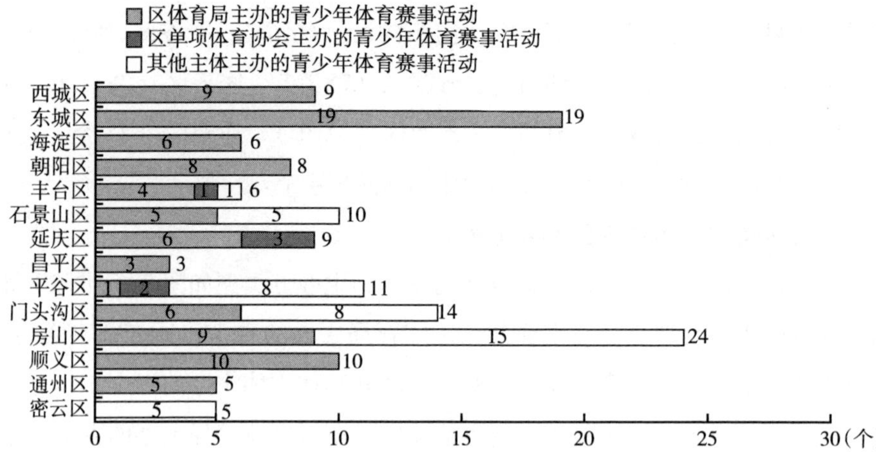

图 23　2017 年北京市各区主办的区级青少年体育赛事活动数量

注：大兴区、怀柔区未上传数据。

资料来源：笔者根据调研数据绘制。

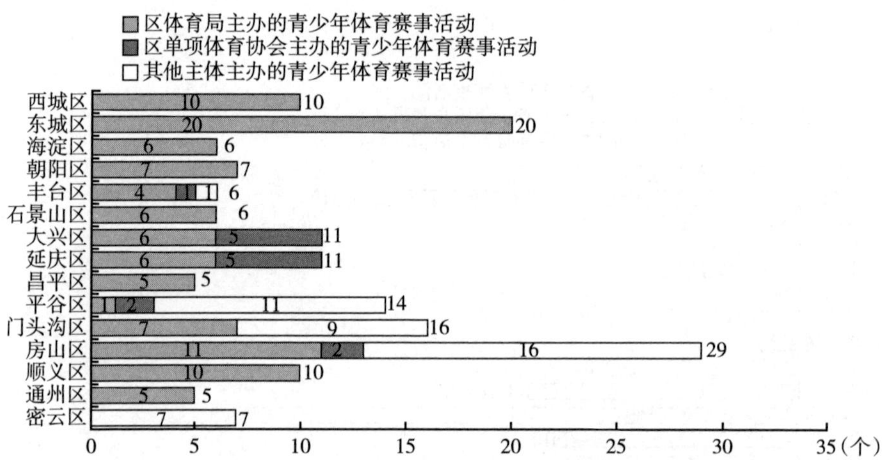

图 24　2018 年北京市各区主办的区级青少年体育赛事活动数量

注：怀柔区未上传数据。

资料来源：笔者根据调研数据绘制。

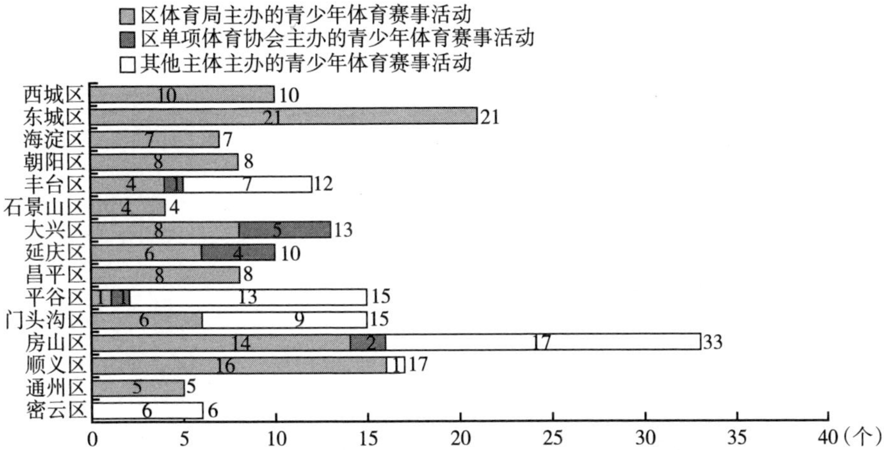

图 25　2019 年北京市各区主办的区级青少年体育赛事活动数量

注：怀柔区未上传数据。

资料来源：笔者根据调研数据绘制。

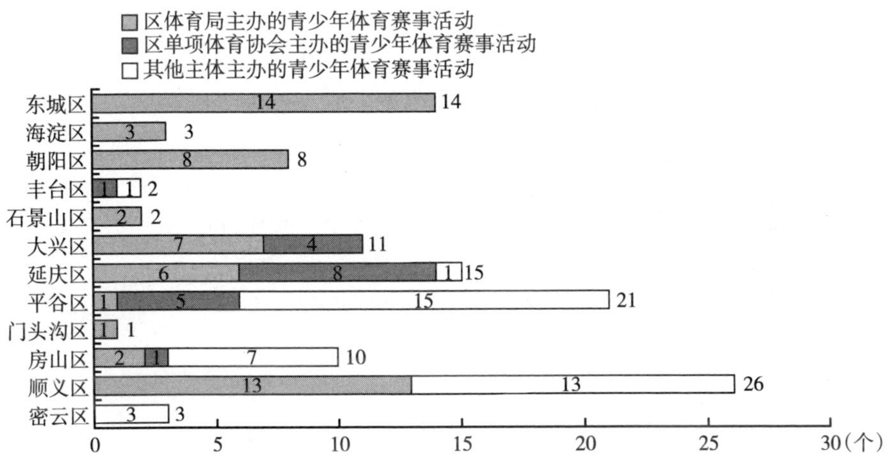

图 26　2020 年北京市各区主办的区级青少年体育赛事活动数量

注：西城区、昌平区、通州区、怀柔区因为疫情防控未举办赛事活动或未上传数据。

资料来源：笔者根据调研数据绘制。

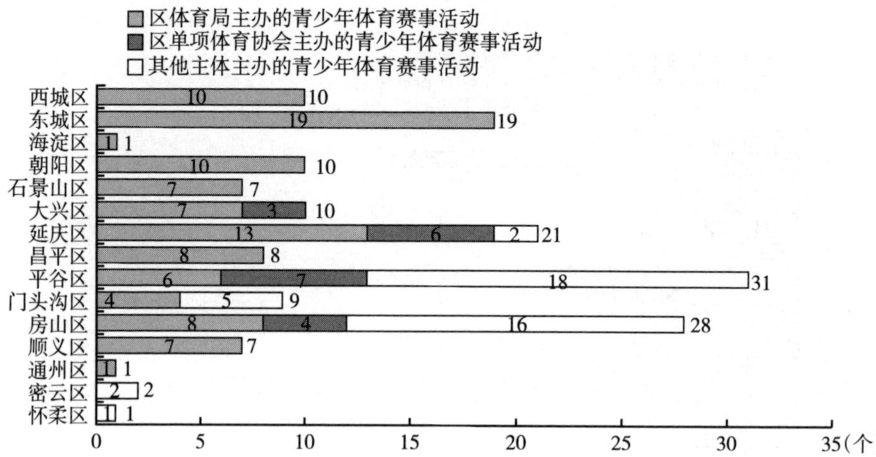

图 27　2021 年北京市各区主办的区级青少年体育赛事活动数量

注：丰台区因为疫情防控未举办赛事活动或未上传数据。

资料来源：笔者根据调研数据绘制。

3. 各区青少年体育赛事活动涉及运动项目数量比较

各区每年举办的区级体育赛事活动涉及的运动项目类型（夏奥项目、冬奥项目、其他项目）如图 28 至图 33 所示，通过数据可以发现，大部分区

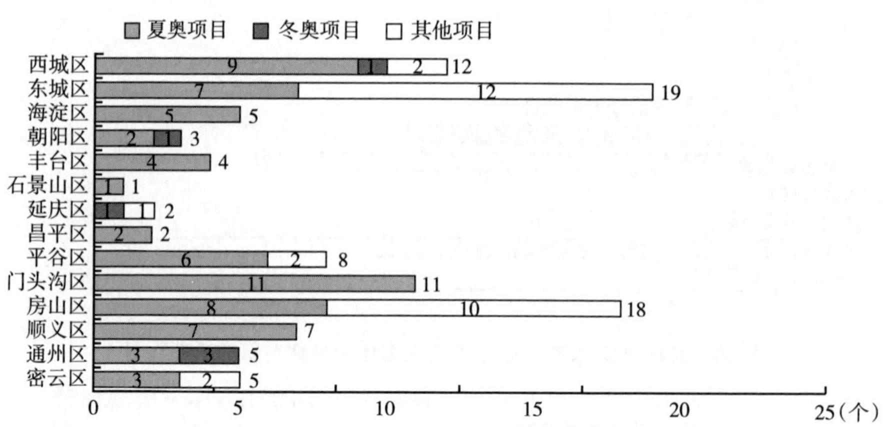

图 28　2016 年北京市各区主办的区级青少年体育赛事活动涉及的运动项目数量

注：大兴区、怀柔区未上传数据。

资料来源：笔者根据调研数据绘制。

仍以夏奥项目的区级比赛为主，大部分区举办过冬奥项目比赛，东城区、房山区、延庆区等区比较重视非奥项目的赛事举办，平谷区、大兴区、延庆区、石景山区、朝阳区等区比较重视区级冬奥项目赛事举办，同时可以发现各区的区级青少年体育赛事活动还不均衡，部分区县区级青少年体育赛事活动相对较少，需要在未来加大区级青少年体育赛事活动工作力度。

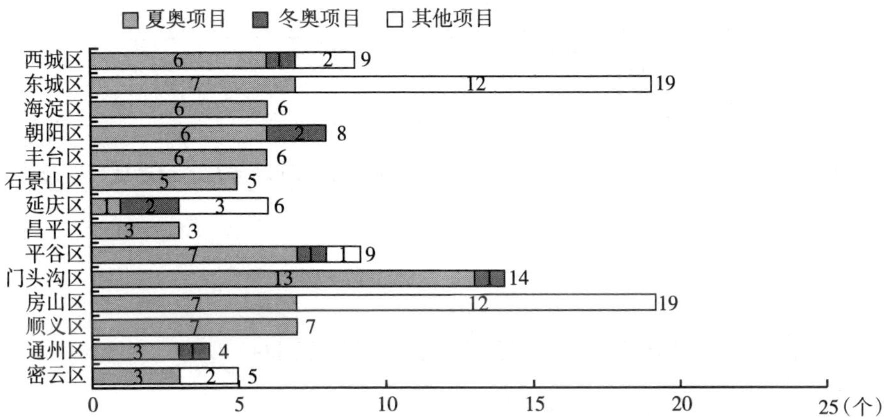

图 29　2017 年北京市各区主办的区级青少年体育赛事活动涉及的运动项目数量

注：大兴区、怀柔区未上传数据。
资料来源：笔者根据调研数据绘制。

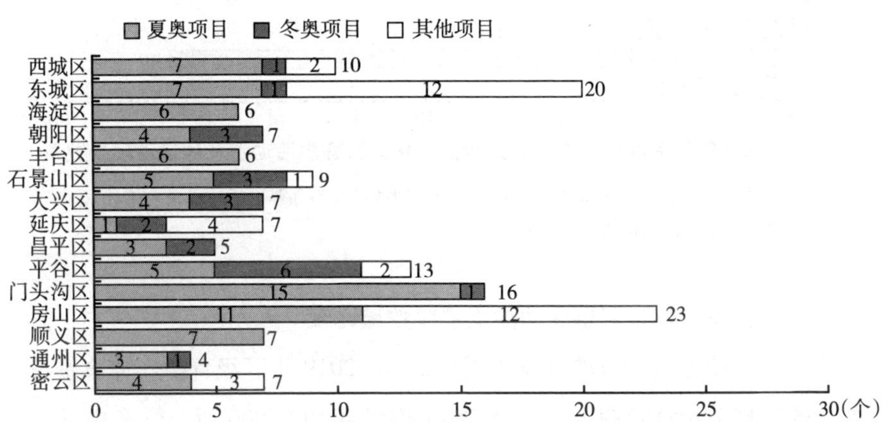

图 30　2018 年北京市各区主办的区级青少年体育赛事活动涉及的运动项目数量

注：怀柔区未上传数据。
资料来源：笔者根据调研数据绘制。

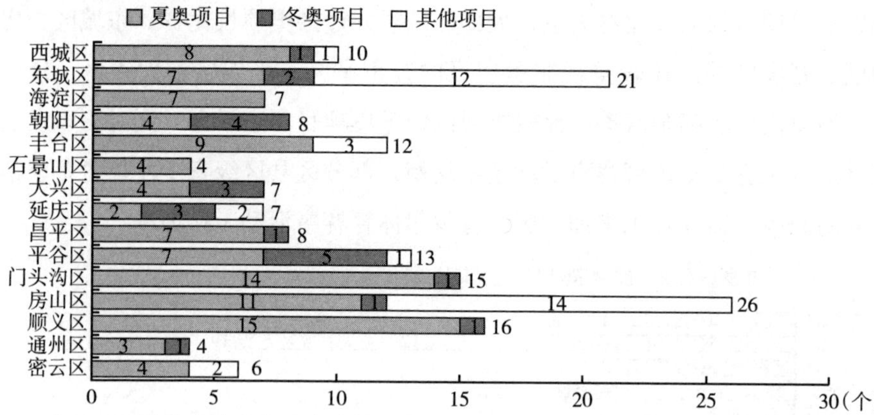

图 31　2019 年北京市各区主办的区级青少年体育赛事活动涉及的运动项目数量

注：怀柔区未上传数据。

资料来源：笔者根据调研数据绘制。

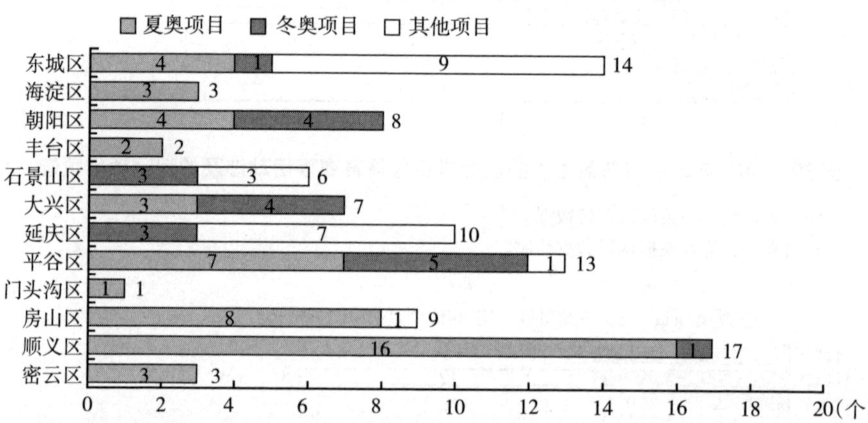

图 32　2020 年北京市各区主办的区级青少年体育赛事活动涉及的运动项目数量

注：西城区、昌平区、通州区、怀柔区因为疫情防控未举办赛事活动或未上传数据。

资料来源：笔者根据调研数据绘制。

4. 各区青少年体育赛事活动涉及学校数量比较

从赛事活动覆盖学校的数量上看，2016~2019 年区级青少年体育赛事活动覆盖的学校数量逐年提升，2018 年和 2019 年均有 906 所小学和中学（初中和高中）参与了各区的区级赛事，是覆盖学校数量最高的两年，2020 年新冠肺炎疫情发生后由于赛事活动数量减少，覆盖的学校数量也降低，2021

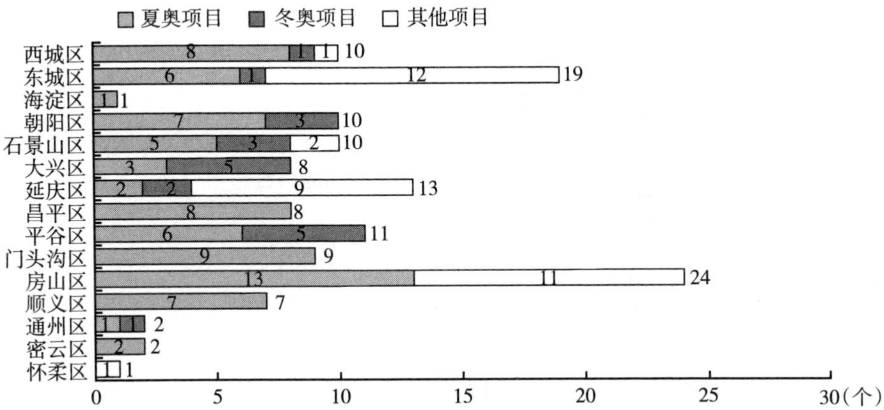

图 33　2021 年北京市各区主办的区级青少年体育赛事活动涉及的运动项目数量

注：丰台区因为疫情防控未举办赛事活动或未上传数据。

资料来源：笔者根据调研数据绘制。

年逐步恢复达到了 739 所。从覆盖学校结构上看，多数区呈现从小学阶段到初中阶段再到高中阶段区级赛事活动数量依次递减的规律，其中高中阶段的赛事活动数量大幅减少，甚至有的区在一些年份暂时没有高中阶段的区级赛事活动；从各区赛事布局看，东城区的小学阶段、初中阶段和高中阶段的区级赛事活动较为均衡和合理。

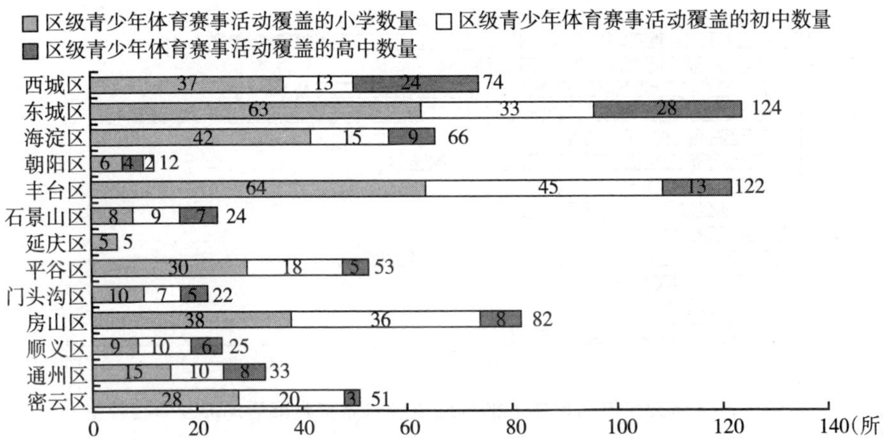

图 34　2016 年北京市各区主办的区级青少年体育赛事活动涉及学校数量

注：大兴区、昌平区、怀柔区未上传数据。

资料来源：笔者根据调研数据绘制。

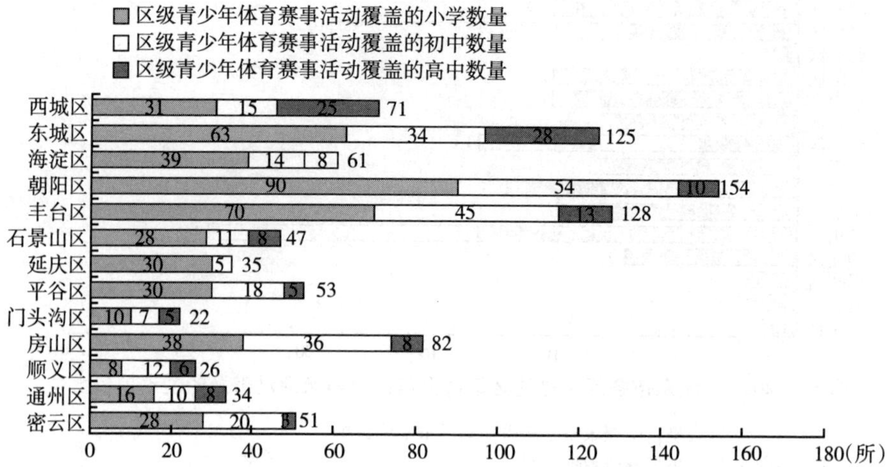

图 35　2017 年北京市各区主办的区级青少年体育赛事活动涉及学校数量

注：大兴区、昌平区、怀柔区未上传数据。

资料来源：笔者根据调研数据绘制。

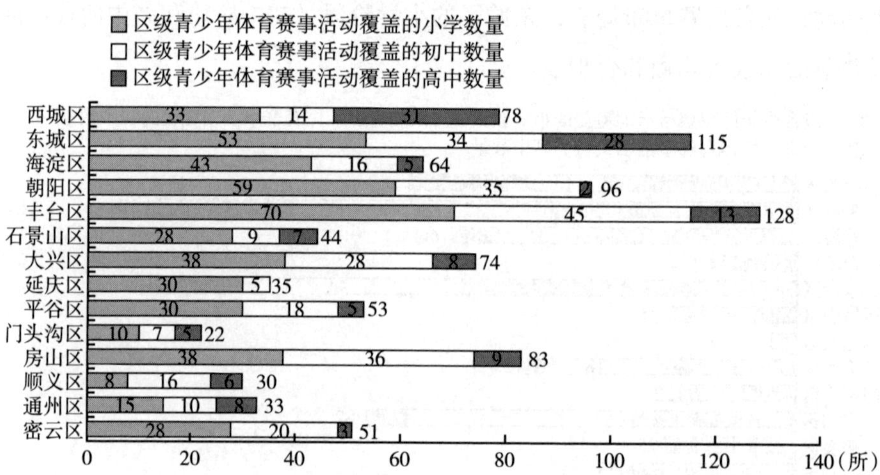

图 36　2018 年北京市各区主办的区级青少年体育赛事活动涉及学校数量

注：昌平区、怀柔区未上传数据。

资料来源：笔者根据调研数据绘制。

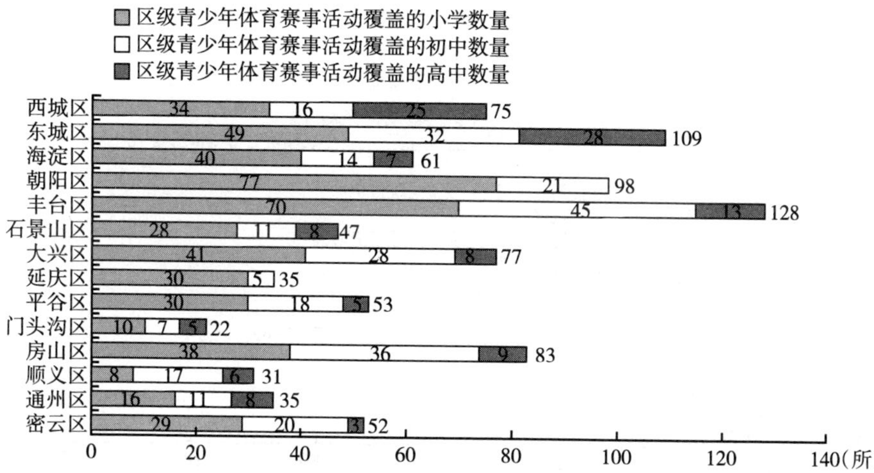

图 37　2019 年北京市各区主办的区级青少年体育赛事活动涉及学校数量

注：昌平区、怀柔区未上传数据。

资料来源：笔者根据调研数据绘制。

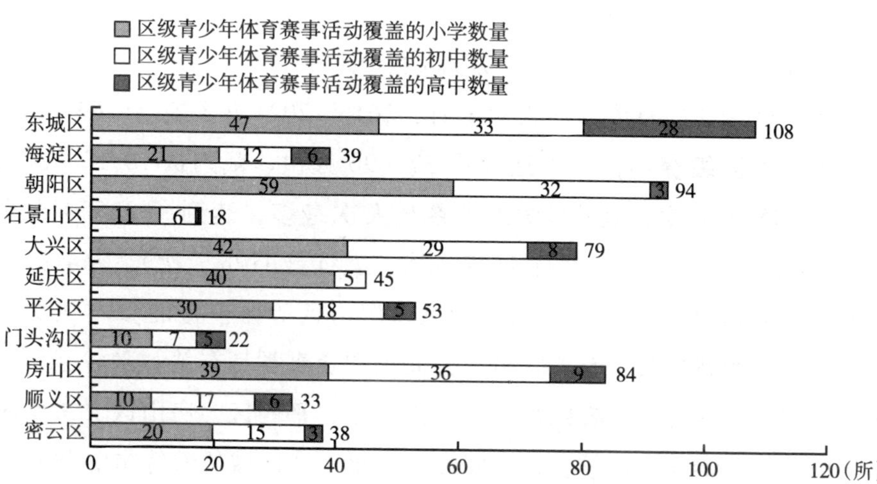

图 38　2020 年北京市各区主办的区级青少年体育赛事活动涉及学校数量

注：西城区、丰台区、昌平区、通州区、怀柔区因为疫情防控未举办赛事活动或未上传数据。

资料来源：笔者根据调研数据绘制。

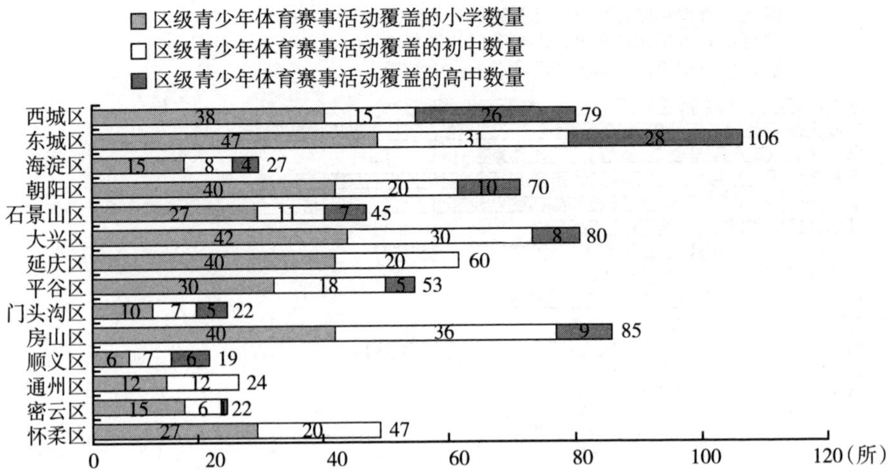

图 39　2021 年北京市各区主办的区级青少年体育赛事活动涉及学校数量

注：丰台区、昌平区因为疫情防控未举办赛事活动或未上传数据。

资料来源：笔者根据调研数据绘制。

5. 各区青少年体育赛事活动涉及人员数量比较

从赛事活动的整体参与人次上看，2016～2021 年共有 411646 人次直接参与了区级赛事，其中运动员 372096 人次、裁判员 19987 人次、教练员 19563 人次，其中 2019 年参与人次最多，达到了 93854 人次（运动员 85584 人次、裁判员 4142 人次、教练员 4128 人次）。从各区情况来看，东城区、平谷区、门头沟区、房山区等区覆盖的参与人次较多，一方面和赛事数量有关，另一方面也和赛事类型有关。平谷区、房山区、门头沟区等区的教练员参与人次较多，平谷区、房山区、东城区等区的裁判员参与人次较多，也间接反映出上述区域的教练员和裁判员储备相对其他区较好（见图 40 至图 45）。

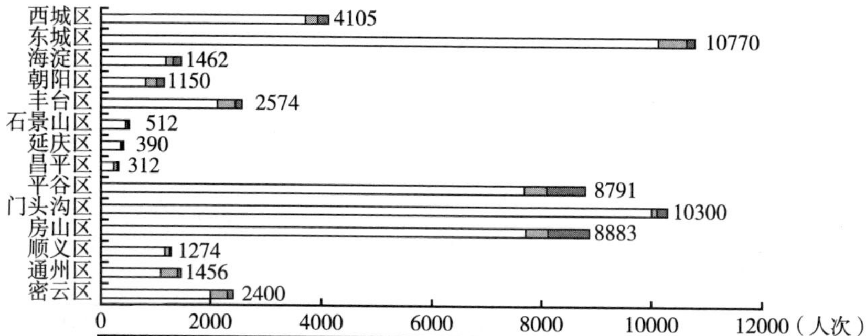

	密云区	通州区	顺义区	房山区	门头沟区	平谷区	昌平区	延庆区	石景山区	丰台区	朝阳区	海淀区	东城区	西城区
□ 运动员累计人次	2000	1096	1158	7720	10000	7680	220	360	434	2120	800	1167	10120	3700
▨ 裁判员累计人次	300	300	81	386	100	405	70	20	48	312	200	140	500	210
■ 教练员累计人次	100	60	35	777	200	706	22	10	30	142	150	155	150	195

图 40　2016 年北京市各区主办的区级青少年体育赛事活动累计参与人次

注：大兴区、怀柔区未上传数据。

资料来源：笔者根据调研数据绘制。

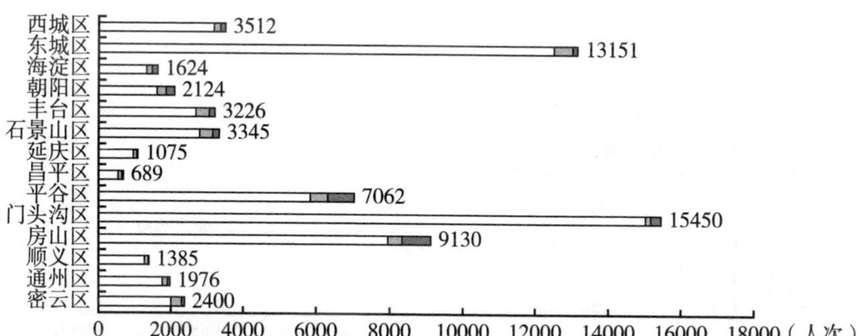

	密云区	通州区	顺义区	房山区	门头沟区	平谷区	昌平区	延庆区	石景山区	丰台区	朝阳区	海淀区	东城区	西城区
□ 运动员累计人次	2000	1756	1260	7948	15000	5835	540	955	2819	2700	1620	1320	12491	3200
▨ 裁判员累计人次	300	150	85	378	150	484	95	90	326	360	244	142	510	152
■ 教练员累计人次	100	70	40	804	300	743	54	30	200	166	260	162	150	160

图 41　2017 年北京市各区主办的区级青少年体育赛事活动累计参与人次

注：大兴区、怀柔区未上传数据。

资料来源：笔者根据调研数据绘制。

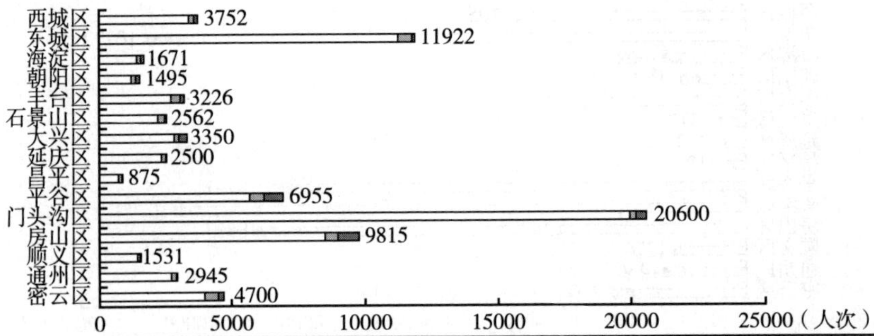

	密云区	通州区	顺义区	房山区	门头沟区	平谷区	昌平区	延庆区	大兴区	石景山区	丰台区	朝阳区	海淀区	东城区	西城区
□ 运动员累计人次	4000	2730	1400	8496	20000	5683	700	2350	2800	2170	2700	1180	1383	11252	3400
▩ 裁判员累计人次	500	150	90	457	200	516	105	120	180	282	360	160	145	520	175
■ 教练员累计人次	200	65	41	862	400	756	70	30	370	110	166	155	143	150	177

图 42　2018 年北京市各区主办的区级青少年体育赛事活动累计参与人次

注：怀柔区未上传数据。

资料来源：笔者根据调研数据绘制。

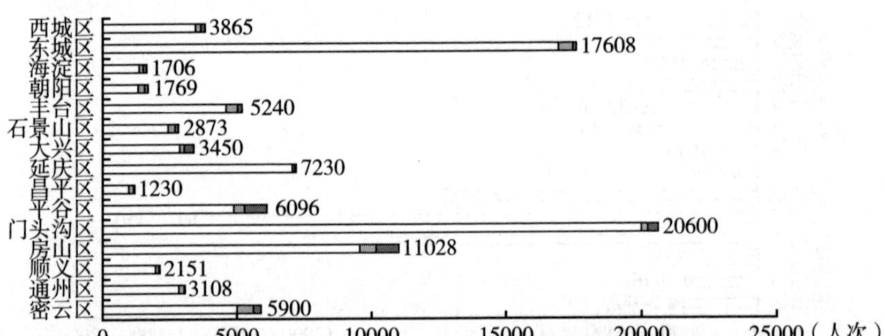

	密云区	通州区	顺义区	房山区	门头沟区	平谷区	昌平区	延庆区	大兴区	石景山区	丰台区	朝阳区	海淀区	东城区	西城区
□ 运动员累计人次	5000	2873	2000	9582	20000	4887	1000	7060	2900	2468	4620	1380	1396	16918	3500
▩ 裁判员累计人次	600	160	101	548	200	412	130	80	180	248	410	204	145	540	184
■ 教练员累计人次	300	75	50	898	400	797	100	90	370	157	210	185	165	150	181

图 43　2019 年北京市各区主办的区级青少年体育赛事活动累计参与人次

注：怀柔区未上传数据。

资料来源：笔者根据调研数据绘制。

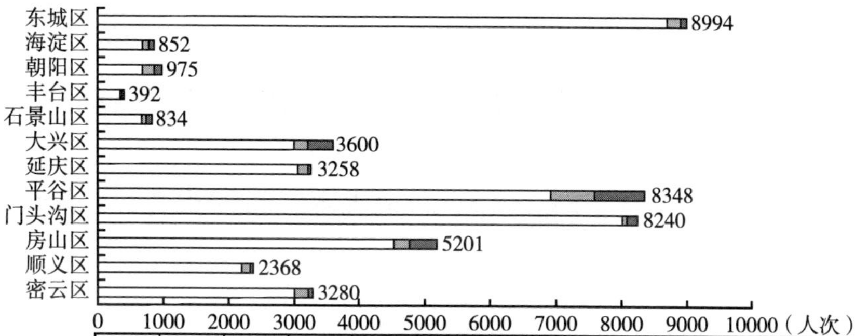

	密云区	顺义区	房山区	门头沟区	平谷区	延庆区	大兴区	石景山区	丰台区	朝阳区	海淀区	东城区
□ 运动员累计人次	3000	2200	4526	8000	6928	3058	3000	654	332	680	674	8694
▨ 裁判员累计人次	200	115	224	80	650	150	200	80	26	170	85	200
■ 教练员累计人次	80	53	451	160	770	50	400	100	34	125	93	100

图 44　2020 年北京市各区主办的区级青少年体育赛事活动累计参与人次

注：西城区、昌平区、通州区、怀柔区因为疫情防控未举办赛事活动或未上传数据。

资料来源：笔者根据调研数据绘制。

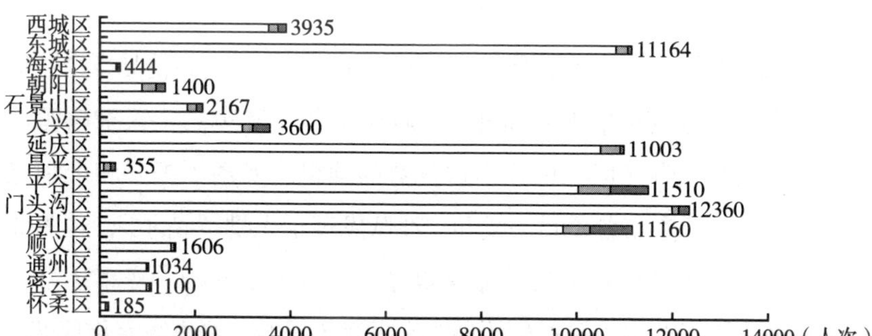

	怀柔区	密云区	通州区	顺义区	房山区	门头沟区	平谷区	昌平区	延庆区	大兴区	石景山区	朝阳区	海淀区	东城区	西城区
□ 运动员累计人次	139	1000	1000	1500	9730	12000	10032	110	10503	3000	1855	900	360	10824	3550
▨ 裁判员累计人次	28	50	10	75	543	120	680	135	400	200	175	300	36	220	195
■ 教练员累计人次	18	50	24	31	887	240	798	110	100	400	137	200	48	120	190

图 45　2021 年北京市各区主办的区级青少年体育赛事活动累计参与人次

注：丰台区因为疫情防控未举办赛事活动或未上传数据。

资料来源：笔者根据调研数据绘制。

五　2016~2021年北京市青少年体育赛事活动总结

（一）2016~2021年北京市青少年体育赛事活动的特点、亮点和经验

1. 主要特点

（1）数量较多，赛事结构和项目设置多元

2016~2021年北京市青少年体育赛事活动的数量（除去因为疫情防控而延迟或取消的赛事活动）相比“十二五”时期有了提升，相比全国其他省（区、市）也处于较好的水平。其中各类市级和区级赛事活动基本形成了周周有、暑假和寒假（除去春节）天天有的局面，赛事结构覆盖了大部分夏季和冬季奥林匹克项目以及北京特色的非奥项目，项目设置既考虑了青少年全年龄周期，也尽量突出北京特色，同时各区也实行错位布局，体现了比赛项目设置的多元性。

（2）精品频出，赛事水平和办赛质量共升

2016~2021年北京市逐渐形成了多个具有全国知名度的精品青少年体育赛事活动，赛事的竞技水平不断提升，多项优势传统赛事的记录被改写，一些实力相对全国其他省（区、市）不占优势的项目也实现了提升和个别点的突破，通过赛事为北京市各项目一线和二线队发现了大批“苗子”，也为北京市参加全国性青少年体育赛事活动并获得好成绩打下了基础。赛事主办方、承办方、协办方等相关组织和机构的办赛水平逐年提升，赛事数字化程度不断提升，赛事体验感较以往有了进步，得到了参赛运动员、教练员和裁判员的好评。

（3）紧跟形势，赛事创新和体教融合并举

2016~2021年北京市青少年体育赛事活动紧跟国家政策指引和青少年对赛事活动的最新需求，第一，结合当前青少年的特点和兴趣爱好，在赛事规则、赛事形式、项目设置、赛事参与人群等方面进行了若干创新，与时俱进地引入了多项新颖的赛事活动；第二，由于受到了2020年暴发的新冠肺炎疫情的影响，大量体育赛事活动取消或延期，北京市创新举办了一系列线上

青少年体育赛事活动，尽可能地在疫情防控期间丰富青少年的体育文化生活；第三，按照国家体教融合相关政策要求，不断完善青少年体育赛事体系，2019 年后推进体育系统和教育系统官方赛事的互通互联，实现赛事资源、赛事场地、赛事时间等多方面的共建共享。

（4）辐射广泛，赛事参与和竞技成绩并重

2016~2021 年北京市青少年体育赛事活动的参与人群和区域辐射范围日趋广泛，当前北京市市级和区级青少年体育赛事活动覆盖了全市 16 个区 6~19 岁从小学到高中的在读学生群体，既有面向所有学生的比赛，也有面向体育传统项目学校特长学生的比赛，还有面向业余体校专业学生的比赛，致力于为每一名喜欢体育的青少年提供展示的平台。同时随着京津冀系列赛事的举办，相关赛事的影响和辐射范围也扩展到京津冀区域，成为京津冀体育协同发展的重要内容。赛事还为北京市竞技体育后备人才提供了交流和展示的机会，以赛代练和以赛促练成为积攒赛事经验、提升成绩的重要途径，为北京市竞技体育的发展打下了基础。

（5）安全洁净，赛事事故和兴奋剂“双零”

2016~2021 年北京市青少年体育赛事活动牢牢守住赛事安全底线，各类赛事从策划、筹备、执行到收尾的每一个过程和细节都非常注重安全要素，每场比赛都有安全原则和突发事件应急预案，工作人员赛前认真检查场地设施、消防设备的安全，赛中保障人员安全、财务安全和财产安全，赛后保证撤场安全，其间未发生过赛场安全事故。北京市各级部门严格落实国家关于体育赛事活动中兴奋剂检测的各项工作，赛前加强宣传教育，针对运动员、教练员开展反兴奋剂教育，报名参加的适龄运动员必须签署赛风赛纪和反兴奋剂承诺书；赛中按照国家体育总局、中国奥委会反兴奋剂委员会的有关规定规范兴奋剂检测相关流程；赛后及时反馈结果，2016~2021 年北京市青少年体育赛事活动未出现过“兴奋剂事件”。

2. 主要亮点赛事活动

（1）北京市第十五届运动会（青少年竞技组）

北京市运动会于 1958 年创办，四年举办一届，是北京市最高级别的综合性体育赛事，为推动北京市全民健身和业余训练广泛开展、培养高水平后备人才、促进青少年体育运动发展、提高北京市竞技体育水平发挥了重要作用。北京市第十五届运动会于2018年7月至8月举行，历时两个月，其中开幕式于2018年7月18日在国家奥林匹克体育中心体育馆举行，以“全民健身　你我同行　助力冬奥　健康北京”为主题。北京市第十五届运动会竞技组和群众组分别有8784人、6329人参加决赛阶段的比赛，总体参赛规模超过1.5万人，创历届新高。竞技比赛方面，共设田径、游泳、体操等28个大项30个分项，另设马术表演项目（各项目相关信息见表2），2020年东京奥运会新增项目空手道也被列入正式比赛项目，这为北京市培养和锻炼专项后备人才提供了保障。作为北京市最高级别的综合性体育赛事，北京市第十五届运动会决赛阶段涌现了一批取得优异成绩的体育后备人才，共产生844枚金牌，反映了过去4年北京市体育后备人才队伍建设所取得的丰硕成果。

表2　北京市第十五届运动会赛事主要信息

序号	项目	承办单位	举办场馆(地点)	比赛日期	赛期
1	马　术	北京马协	天星调良国际马术俱乐部	7月14日至7月15日	2天
2	游　泳	国家奥林匹克体育中心英东游泳馆	英东游泳馆	7月14日至7月16日	3天
3	空手道	北京市空手道运动协会	昌平一中体育馆	7月14日至7月16日	3天
4	自行车	燕山体育运动中心	燕房东北环线	7月15日至7月17日	3天
5	国际式摔跤	东城区体育局	地坛体育馆	7月19日至7月20日	2天
6	武术散打	朝阳区体育局	朝阳体育馆	7月19日至7月20日	2天
7	高尔夫球	北京市高尔夫球运动协会	北京北辰高尔夫球会	7月19日至7月20日	2天
8	柔　道	顺义区体育局	顺义区体育局柔道馆	7月21日至7月22日	2天
9	跳　水	北京国家游泳中心有限责任公司	水立方奥林匹克比赛大厅	7月21日至7月23日	3天
10	武术套路	朝阳区体育局	朝阳体育馆	7月22日至7月23日	2天
11	棒　球	丰台区体育局	丰台体育中心棒球场	7月22日至7月27日	6天
12	跆拳道	丰台区体育局	丰台体育中心体育馆	7月23日至7月25日	3天

续表

序号	项目	承办单位	举办场馆(地点)	比赛日期	赛期
13	射　箭	朝阳区体育局	朝阳二体校射箭场	7月24日至7月27日	4天
14	手　球	海淀区体育局、海淀区手球运动协会	北京市第十九中学手球馆	7月27日至7月31日	5天
15	垒　球	丰台区体育局	丰台体育中心垒球场	7月29日至8月3日	6天
16	拳　击	顺义区体育局	顺义区体育局1号、3号拳击馆	7月30日至7月31日	2天
17	举　重	北京酷佩体育文化中心	北京大学生体育馆	7月30日至8月1日	3天
18	乒乓球	海淀区体育局、海淀区乒乓球运动协会	海淀体育馆	8月1日至8月3日	3天
19	击　剑	北京市击剑运动协会	北京艾鲁特国际击剑培训中心	8月1日至8月3日	3天
20	足　球	北京市足球运动协会	北京高鑫足球青训基地	7月7日、8日、14日 8月1日至8月15日	18天
21	射　击	朝阳区体育局	朝阳二体校射击馆	8月2日至8月5日	4天
22	体　操	东城区体育局	东城区体育运动学校体操馆	8月3日至8月4日	2天
23	橄榄球	北京市橄榄球运动协会	燕京啤酒集团体育场	8月4日至8月5日	2天
24	篮球(丙组)	燕山体育运动中心	燕山体育馆	8月5日至8月9日	5天
25	田　径	丰台区体育局	丰台体育中心体育场	8月7日至8月10日	4天
26	曲棍球	北京市芦城体育运动技术学校	芦城体校曲棍球馆	8月9日至8月12日	4天
27	篮球(乙组)	东城区体育局	地坛体育中心综合馆	8月10日至8月14日	5天
28	羽毛球	燕山体育运动中心	燕山体育馆	8月11日至8月14日	4天
29	排球(男子)	朝阳区体育局	朝阳体育馆	8月12日至8月15日	4天
30	排球(女子)	东城区体育局	地坛体育馆	8月15日至8月18日	4天
31	篮球(甲组)	海淀区体育局、华熙国际	五棵松 HI-PARK 篮球公园	8月15日至8月19日	5天
32	皮划艇	西城区体育局	西城区训练中心后海训练场	8月15日至8月16日	2天
33	赛　艇	西城区体育局	西城区训练中心后海训练场	8月17日	1天
34	网　球	北京市网球运动管理中心	北京市网球运动管理中心室外网球场	8月16日至8月19日	4天

在北京市委市政府的高度重视和坚强领导下，北京市第十五届运动会赛事组委会及各承办单位坚持首善标准，以绿色办赛、共享办赛、开放办赛、廉洁办赛为原则，精心组织、周密筹备、密切配合、扎实工作，圆满完成了运动员资格审查、竞赛组织、裁判员选派、赛风赛纪监督、兴奋剂检测、新闻宣传、赛事安保、市场开发、后勤保障等各项筹备运行工作。全体参赛运动员在比赛中公平竞争、顽强拼搏、奋勇争先，充分展示了新时代首都风采。全体裁判员恪守本职，秉公执裁，维护了比赛的公平公正。北京市第十五届运动会的成功举办，充分发挥了全市青少年最高级别和群众广泛参与的综合性运动会的示范引领作用，成功搭建了优秀的体育交流平台，推动了北京市竞技体育水平的提高，掀起了北京市全民健身的热潮，为建设国际一流和谐宜居之都和成功举办北京 2022 年冬奥会、冬残奥会作出了积极贡献。

（2）北京市第一届冬季运动会

北京市第一届冬季运动会由北京市人民政府主办，北京 2022 年冬奥会和冬残奥会组织委员会为支持单位，北京市体育局、北京市教育委员会、北京市总工会联合承办，北京市第一届冬季运动会组委会由北京市副市长张建东同志担任主任，北京市政府副秘书长孟钧同志、北京市体育局局长赵文同志、北京市教育委员会主任刘宇辉同志、北京市总工会郑默杰同志担任执行主任，市各有关委、办、局、各区及相关部门负责同志担任相关职务。组委会设运动员资格审查认定委员会、反兴奋剂委员会、赛风赛纪监察委员会、办公室、竞赛部、群体部、新闻宣传部、市场开发部、安保交管部、开闭幕式部、财务部，并设 5 个单项竞赛委员会。北京市第一届冬季运动会建立“竞赛为中心、场馆为基础、属地为保障”的组织运行机制。承办单位与组委会密切配合，确保比赛万无一失。同时，赛事严格执行资格审查，做到赛风赛纪良好。场地方面，既有首钢园短道速滑馆、花样滑冰馆、冰壶馆等冬奥会训练场馆，也有渔阳、启迪等大型雪场和冰上运动中心，更有龙潭湖、什刹海等传统室外冰场，多样化的场馆满足了各项比赛的多层次需求。同时，市级体育社团积极发挥服务社会职能，与各区体育局加强联系，打造了符合群众项目特点的比赛，为今后建立健全区级单项协会、健身团队等奠定了基础。

北京市第一届冬季运动会于 2018 年 11 月至 2019 年 1 月举行，共有来自全市 16 个区、北京经济技术开发区、燕山地区以及教育、卫生等行业系统工会的 5700 余名运动员参加比赛。北京市第一届冬季运动会分竞技组和群众组举行比赛，其中竞技组的参赛队员均为青少年运动员，主要目的为培养和选拔更多冰雪运动后备人才，竞技组比赛设滑冰（短道速滑、花样滑冰）、滑雪（双板滑雪、单板滑雪）、冰球、冰壶共计 4 个大项 6 个分项（见表 3），共产生金牌 71 枚。花样滑冰女子单人滑选手安香怡、短道速滑女子选手王晔、短道速滑男子选手张在石、单板滑雪男子选手倪恩瑞、高山滑雪女子选手傅雨婷等一批优秀冰雪运动后备人才在此次运动会中涌现。

表 3　北京市第一届冬季运动会决赛承办单位、场馆和时间

<table>
<tr><th>序号</th><th>项目</th><th>承办单位</th><th>承办场馆</th><th>比赛日期</th></tr>
<tr><td>1</td><td>冰球</td><td rowspan="4">北京市体育局
北京市教委
石景山区体育局</td><td>石景山市民冰雪体育中心</td><td>2018 年 12 月 15 日至 16 日、22 日至 23 日</td></tr>
<tr><td>2</td><td>冰壶</td><td>首钢园运动中心冰壶馆</td><td>2018 年 11 月 16 日至 18 日</td></tr>
<tr><td>3</td><td>短道速滑</td><td>首钢园运动中心短道速滑馆</td><td>2018 年 11 月 23 日至 25 日</td></tr>
<tr><td>4</td><td>花样滑冰</td><td>首钢园运动中心花样滑冰馆</td><td>2018 年 12 月 1 日至 2 日</td></tr>
<tr><td>5</td><td>滑雪</td><td>北京市体育局
北京市教委
延庆区体育局</td><td>万科石京龙滑雪场</td><td>2018 年 12 月 22 日至 23 日</td></tr>
</table>

北京市第一届冬季运动会是北京市首次举办的全市最高级别的冬季项目综合性体育盛会。举办北京市第一届冬季运动会是北京市贯彻落实党的十九大精神和习近平总书记对北京重要讲话精神的重要举措。赛事的圆满、成功举办，标志着北京市冰雪运动发展进入新的阶段，对于进一步提升北京市冰雪运动竞技水平，促进大众冰雪运动普及和发展，实现北京“800 万人上冰雪”目标，北京 2022 年冬奥会、冬残奥会筹办工作，北京建设国际一流的和谐宜居之都具有重要意义。未来，北京市将紧抓机遇，大力发展冰雪运动，提高冰雪运动竞技水平，使其落地生根见效、深入群众人心、融入城市生活。

3. 主要办赛组织经验

（1）制订好赛事活动年度计划

每年要在十月份做好下一年度的市级青少年体育赛事活动计划，统筹好市级和各区级相关各类青少年体育赛事活动的时间地点，制定好体育赛事活动服务下一年度采购列表并向社会发布。

（2）签订好相关方的办赛协议

推进赛事组织运营法治化，赛事活动主办方要与承办方、协办方、执行方商定合作办赛有关事宜，明确办赛标准与条件，签订办赛协议，主办方、承办方、协办方、执行方之间的权利义务应当通过书面协议进行约定。

（3）构建好赛事的组织委员会

强化赛事组织构建和运行机制。根据所举办比赛的性质和级别，要成立相应赛事的组委会，组委会由主办单位、承办单位、协办单位、执行单位等有关单位人员组成，组委会领导机构一般可设以下职位：名誉主任、主任、执行主任（常务副主任）、副主任、秘书长、执行秘书长、常务副秘书长、副秘书长、委员等，并定期召开组委会工作会议。组委会根据工作需要设置执行机构，一般包括综合协调部（办公室）、竞赛部、宣传部、后勤保障部、安全保障和医疗救助部、市场开发部、对外交流部等。

（4）细化好赛事的规程和细则

要重视赛事的规程和细则，防止出现歧义。主办单位根据比赛目的、性质、规模、时间、场地等因素而制定竞赛规程，同时要考虑比赛要求和限制条件等。竞赛规程一般包括下列内容：赛事基本信息（包括但不限于竞赛名称、日期、地点，主办、承办、协办、执行单位，以及参加比赛单位的范围等）、参加办法（明确参加队数、人数和参赛者年龄、性别、身体状况等资格规定，以及报名截止日期、各参赛队报名需要注意的事项等）、竞赛办法（确定比赛所采用的手段、方法和各阶段的赛制，以及所执行的规则、使用的比赛用具和比赛中的特殊要求）、经费开支（包括但不限于主办、承办单位和各参赛队应承担的费用和可享受待遇的内容、范围以及食宿标准等）、奖励办法（包括但不限于竞赛的录取名额、奖励形式和内容，重大赛事要在规程中说明体育道德风尚奖队伍与个人、优秀裁判员的评选比例和奖励办法）、仲裁和裁判员（包括仲裁和裁判长人选等事项）、其他事项。

（二）当前北京青少年体育赛事活动存在的主要问题、原因及破解思路

1. 办赛主体之间的协调和融合还有待深入

（1）问题表象

如前文所述，当前北京市青少年体育赛事活动从办赛主体来讲，主要可以分为体育系统办赛、教育系统办赛和社会力量办赛，从2020年开始在体教融合的发展趋势下，体育系统和教育系统之间的融合逐渐增多。但是目前涉及的赛事协调和融合实践与体教融合相关文件中提及的目标相比还有一定距离，融合的核心动力还未完全形成或激发，缺乏系统化和更具可操作性的赛事体系顶层设计，特别是赛事时间、赛事场地、参赛人员、参赛年龄、赛事资金、赛事安保等方面的综合协调治理还需要进一步加强。

（2）原因剖析

这个问题从本质上看是当前缺少更加系统更加协同的青少年体育赛事活动体系的外在表现。从各办赛系统内部来说，二级承办主体之间缺乏实时或及时的沟通机制，比如体育系统中承办青少年体育赛事活动的机构和部门有市体育局青少处、市体育竞赛管理和国际交流中心、市体育总会、市社体中心等，还有各区级体育局及相关部门和单位，教育系统中承办青少年体育赛事活动的机构和部门包括体育卫生与艺术教育处、北京学生活动管理中心、北京市中小学体育运动协会等，还有各区级教委体美科及相关部门和单位，由于部门之间的沟通协调机制尚未完全形成和打通，一些运动项目赛事资源过剩而另外一些运动项目赛事资源短缺。

（3）破解思路

完善和优化北京市青少年体育赛事活动体系，构建体教融合背景下体育系统和教育系统在体育赛事活动中的高效协同运行机制，建立多层级赛事项目内容，同步出台青少年体育赛事活动配套政策、统筹协调相关青少年体育

赛事活动资源、发挥好各类青少年体育赛事活动组织和力量的作用，建立科学完善的赛事活动评价指标体系。

2. 青少年体育赛事活动的办赛资金来源较单一

（1）问题表象

当前青少年体育赛事活动的办赛资金主要来源于体育彩票公益金和财政拨款，青少年参与比赛不需要缴纳报名费，由于大部分赛事的影响力和关注度还不高，体育赛事活动的商业开发较弱，青少年体育赛事活动本身的“造血能力”也较弱，同时随着物价提升，办赛成本（人员劳务、场地租用、器械耗材、交通、工作餐等费用）不断上涨，使得大部分青少年体育赛事活动经费都相对紧张，需要控制参赛规模和对各项支出精打细算，这也在一定程度上限制了青少年体育赛事活动的再发展。

（2）原因剖析

当前青少年体育赛事活动的基本属性定位为事业属性，以公益性赛事活动为主体，这是赛事活动资金来源相对单一的原因之一。很多赛事活动的市场价值开发得还不够，市场价值尚未被认可，且市场回报周期较长，很多赛事的 IP 属于政府部门，政府部门与社会力量合作的共建共享机制尚未明晰，使得社会资本较少关注青少年体育赛事活动，也使得赛事活动缺少了其他方面的投资。

（3）破解思路

借鉴国内外经验①，建立政府部门和社会力量在青少年体育赛事活动方面的共建共享机制，推动打造精品赛事提升赛事观赏质量，加大赛事的宣传力度，吸引社会投资和赞助，进一步拓宽赛事活动商业模式。合理统筹、高效利用好体育系统和教育系统中用于青少年体育赛事活动的财政拨款和体育彩票公益金。

3. 青少年体育赛事活动尚存一定功利化色彩

（1）问题表象

当前在一些赛事活动中，部分基层组队单位仍存在把青少年赛事活

① 柳鸣毅、佟岗、罗冰婷等：《国外青少年体育赛事研究：制度剖析、案例分析、前瞻启示》，《成都体育学院学报》2014 年第 3 期。

动的成绩和参赛的相关人员、单位、部门的奖励等利益紧密联系在一起的现象，将“比赛成绩”作为评价的唯一或主要标准，这可能导致为了获得更好的竞赛成绩而忽略了竞赛其他多元的价值。当前很多参赛青少年运动员和他们的家长参加体育赛事活动的主要目的或唯一动力是取得运动员技术等级从而获得升学中的加分项，甚至为了获得好成绩采取极端手段。

（2）原因剖析

开展青少年体育赛事活动的多元目标和价值体系相对弱化，导致仅仅以竞赛成绩作为简单指标；赛事活动的多元评价体系尚未形成，也为“功利化”色彩提供了土壤。

（3）破解思路

各级学校要克服过度重视运动竞赛成绩，忽视青少年体育价值观教育的倾向，在加强运动训练的过程中，要把组织开展对青少年的体育价值观教育作为一项重要工作来抓，建立起学校体育价值观教育长效机制。通过体育价值观教育让青少年树立正确的体育道德观、体育荣辱观和公平竞赛的观念，养成诚信参赛的意识，自觉抵制以虚假资格参赛等不良行为。建立青少年竞赛活动的多元评价体系，降低竞赛成绩的比重。

六　未来促进北京市青少年体育赛事活动发展的政策建议

（一）转变理念，明确新时代青少年体育赛事活动核心价值

2020年9月22日，习近平总书记在教育文化卫生体育领域专家代表座谈会上指出，“体育是提高人民健康水平的重要途径，是满足人民群众对美好生活向往、促进人的全面发展的重要手段，是促进经济社会发展的重要动力，是展示国家文化软实力的重要平台……要坚持健康第一的教育理念，加强学校体育工作，推动青少年文化学习和体育锻炼协调发展，帮助学生在体

育锻炼中享受乐趣、增强体质、健全人格、锻炼意志”[①]。这为新时代的青少年体育工作指明了方向和目标。在新时代体教融合的背景下，青少年体育赛事活动作为青少年成长中重要的体育锻炼平台，其核心价值设定为“以促进青少年健康成长为主线，以实现青少年全面发展为目标，实现普及传承、健身育心、乐趣社交、超越提升、选拔精英五大青少年体育赛事活动功能”，即推广普及各类运动项目赛事活动，通过赛事活动传承公平竞争、勇于拼搏、团结协作、永不放弃的优秀精神，让每一名青少年通过赛事活动锻炼健身，增强体质、健全人格、磨炼意志、享受乐趣、学会合作，让每一名青少年在参加赛事活动中不断追求卓越和超越自我，让每一名有天赋的运动精英拥有展示和被发现的机会，实现全体青少年全面发展的育人目标。在此核心价值观和目标的导引下，未来体育部门和教育部门要统筹好青少年广泛参与和重点提升、健身强质和挑战极限、体育爱好培养和后备人才培育之间的互动关系，弱化青少年体育赛事活动中的功利色彩和唯成绩论[②]，共同建立与青少年体育赛事活动核心价值观和目标任务匹配的体育赛事活动多元化考核评价指标体系[③]。

（二）深化改革，理顺多部门对青少年体育赛事活动的管理机制

新时代体教融合背景下的青少年体育赛事活动方面的改革实质是体育主管部门、教育主管部门、各级各类学校、社会力量等不同管理和参与主体之间权力和利益的优化配置与博弈，重点是理顺当前多部门对青少年体育赛事活动的管理机制，要致力于构建“政府主导、部门配合、市场运作、社会参与”的运作机制。当前北京市青少年体育赛事活动从办赛主体来讲，主要可以分为体育系统办赛、教育系统办赛和社会力量办赛，在每个系统中又

---

① 《习近平：在教育文化卫生体育领域专家代表座谈会上的讲话》，http://www.gov.cn/xinwen/2020-09/22/content_ 5546157.htm。

② 王云升：《我国青少年体育赛事发展研究》，《体育文化导刊》2015 年第 1 期。

③ 钟秉枢：《体教融合背景下青少年体育赛事体系完善的路径研究》，《体育学研究》2020 年第 5 期。

包括多个承办赛事的执行主体，系统内和系统间的赛事在协同方面还有待加强，为此改革要着力打造和优化以下三类机制。

1. 多级赛事统筹共办机制

建议成立市级青少年体育赛事活动统筹领导小组或联席会议制度，将市级体育系统和教育系统相关负责领导和各系统中业务部门负责人纳入小组或联席会，设置常态化办公室和工作人员，每两个月召开一次全体会议，拟订年度市级青少年体育赛事活动计划，建立完善统一的运动员注册资格系统和成绩评价奖励体系，对接和组织市级代表队参加全国各类青少年体育赛事活动，统筹和指导各区做好区级青少年体育赛事活动，建立社会力量承办市级体育赛事活动的规范流程，指导社会力量举办市级体育赛事活动。建议各区设置区级青少年体育赛事活动协调办公室，办公室人员分别来自区体育局和区教委的业务部门，负责对接市级青少年体育赛事活动统筹领导小组或联席会，每年根据市级赛事安排，协商制订本区青少年体育赛事活动办赛和参赛计划，统筹和组织区内各类校际体育赛事活动，指导社会力量举办的区级体育赛事活动。建议各学校设立青少年体育赛事活动联络员，由其负责对接区级青少年体育赛事活动协调办公室，计划和组织本校校级和校际青少年体育赛事活动等相关工作。

2. 人才师资共育共有机制

体育和教育系统共同制定北京市竞技体育后备人才、拔尖精英人才升学保障政策，共建体育传统项目学校、学校高水平代表队，将中小学体育赛事活动纳入竞技体育后备人才培养序列，将参加市级及以上级别高水平赛事活动的青少年运动员、教练员和裁判员的成绩和贡献纳入体育和教育系统相应奖励评估中。在中小学设立专兼职教练员岗位，鼓励优秀退役运动员进入学校担任教练，选派体校优秀教练定期到中小学指导训练并允许按照规定领取报酬，通过提升教练员水平提升参赛运动员水平。制定体育师资带队参加各类青少年体育赛事活动的补贴政策，提升北京市青少年体育赛事活动整体水平。可用 1~2 年在部分区或学校试点，3 年后在全市范围推广。

3. 社会力量共建共营机制

鼓励有实力的社会体育组织、赛事公司、体育俱乐部等社会力量承办市级或区级体育赛事活动，为各类学校体育赛事活动提供服务。建议针对足球、篮球、排球、冰球、田径、游泳等开展广泛、参与度高的项目，试点市级或区级青少年赛事活动官方主办，单项运动协会和社会力量共同承办的产业化办赛模式，设置年度市级和区级青少年体育赛事活动政府购买服务清单，鼓励社会各界力量向青少年体育赛事活动或各参赛代表队提供赞助和捐赠等多种形式的支持，通过赛事直播或宣传平台给予赞助或捐赠社会力量价值肯定，向社会进一步开放市级和区级青少年体育赛事活动和各参赛运动队的冠名权。

（三）优化体系，构建体教融合背景下的青少年体育赛事活动体系

1. 北京青少年体育赛事活动层级

建议未来北京市体育局和北京市教委及其他致力于推动青少年体育发展的社会力量能够共同整合北京市各类青少年体育赛事活动资源，以当前北京市青少年体育赛事格局为基础，逐步建立新时代体教融合背景下覆盖小学、初中和高中学段，分运动项目、分层级（市级、区级和校际、校内或社区级）、跨区、跨校的北京市青少年体育三级赛事活动体系（见图46）。

（1）市级青少年体育赛事活动

北京市市级青少年赛事活动主要是由市政府、市体育局、市教委、市体育总会等官方和社会力量经过申请认定举办的面向全市的青少年体育赛事活动，基于当前已有市级青少年体育赛事活动，建议未来构建和完善形成三类市级青少年体育赛事活动。

第一类是顶级综合赛事活动，主要包括北京市运动会（青少年竞技组）、北京市冬季运动会（青少年竞技组）、北京市小学生运动会、北京市中小学生智力运动会等综合性运动会。顶级综合赛事活动一般以四年或两年为周期，是全市青少年最高水平的综合竞赛。

第二类是顶级单项赛事活动，主要包括市级单项锦标赛，主要面向竞技

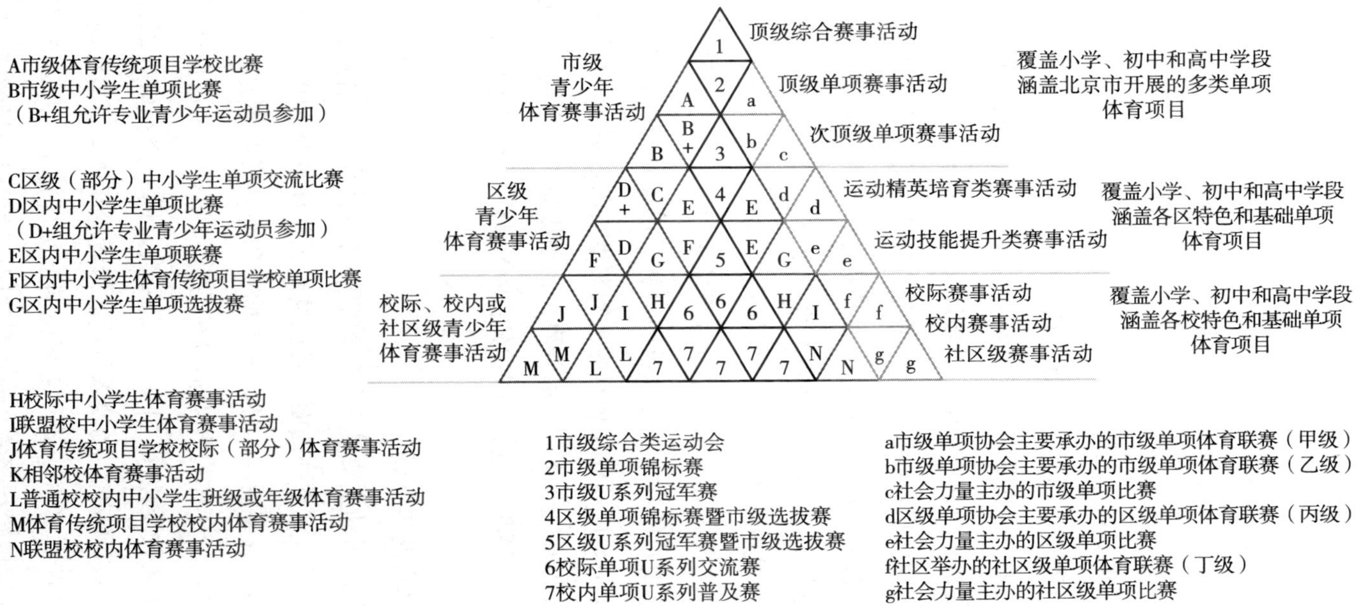

图 46　北京市体教融合背景下青少年体育三级赛事活动体系

体育后备人才，以区为单位组队参赛；市级体育传统项目学校比赛，主要面向体育传统项目学校高水平运动员，以体育传统项目学校为单位组队参赛；市级单项协会主要承办的市级单项体育联赛（甲级），主要面向足球、篮球、冰球等重点项目的高水平运动员，组队形式较为灵活多样；其他赛事。顶级单项赛事活动一般为年度赛事，是全市青少年最高水平的单项赛事活动，也可以细分为常规赛事和精品赛事。

第三类是次顶级单项赛事活动，主要包括市级U系列冠军赛，主要面向体校竞技体育后备人才，以区为单位组队参赛，达到一定标准后可获得参加市级单项锦标赛的资格；市级中小学生单项比赛，主要面向体育特长生和普通学生，其中部分运动项目可以设置允许部分竞技体育后备人才参加的组别，以学校为单位组队参赛，达到一定标准后可获得参加市级单项锦标赛的资格，未来也可以考虑将U系列冠军赛和市级中小学生单项比赛合并，建立U系列赛事体系，分成甲、乙、丙组，覆盖业余体校、体育特长生和普通学生；市级单项协会主要承办的市级单项体育联赛（乙级），主要面向足球、篮球、冰球等重点项目的高水平运动员，组队形式较为灵活多样；社会力量主办的市级单项比赛，以商业化运营为主的赛事；其他赛事。次顶级单项赛事活动也可以细分为常规赛事和精品赛事。次顶级单项赛事活动作为顶级赛事活动的“门槛类”赛事，也为更多的青少年提供了参与市级赛事活动的机会和平台。

（2）区级青少年体育赛事活动

区级青少年体育赛事活动主要是由各区政府、各区体育局、各区教委等官方和社会力量经过申请认定举办的面向各区的青少年体育赛事活动，基于当前已有区级青少年体育赛事活动，建议未来构建和完善形成两类区级青少年体育赛事活动。区级青少年体育赛事活动的数量可根据各区自身情况设置，并联合区体育局和区教委按照“同一个组委会、同一个赛事计划、同一个竞赛规程、同一个参赛标准”的要求打造区级青少年体育赛事活动。

一类是运动精英培育类赛事活动。主要包括区级（部分）中小学生单项交流比赛，指部分地理位置相邻的区或具有共同运动项目布局的区之间的比赛；区级单项锦标赛暨市级选拔赛，指针对全区高水平青少年运动员举办的区内最高水平赛事活动，达到一定标准的参赛选手可获得代表区参加市级比赛的资格；区内中小学生单项联赛，主要是针对足球、篮球、排球、网球等热门项目开展的联赛，以区内学校为单位组队参赛；区级单项协会主要承办的区级单项体育联赛（丙级），可以对接市级单项体育联赛（乙级）。

另一类是运动技能提升类赛事活动。主要包括区内中小学生单项比赛，主要面向区内体育特长生和普通学生，其中部分运动项目可以设置允许部分竞技体育后备人才参加的组别，以区内学校为单位组队参赛，达到一定标准后可获得参加市级中小学生单项比赛的资格；区级U系列冠军赛暨市级选拔赛，指针对全区业余体校中的高水平青少年运动员举办的区内水平赛事活动，达到一定标准的参赛选手可获得代表区参加市级U系列赛的资格；区内中小学生体育传统项目校单项比赛，主要是面向区内的传统校设置的比赛；区内中小学生单项联赛，主要是针对足球、篮球、排球、网球等热门项目开展的联赛，以区内学校为单位组队参赛；区内中小学生单项选拔赛，面向所有学生开展的赛事，达到一定标准的参赛选手可以获得区级单项比赛的资格；社会力量主办的区级单项比赛，指社会各类赛事公司、体育俱乐部、体育培训机构等经过相关部门认定的区级单项体育赛事，主要采取市场化运作方式。

（3）校际、校内或社区级青少年体育赛事活动

校际、校内或社区级青少年赛事活动主要是由各学校举办的校际和校内赛事活动，或社会力量举办的社区级赛事活动，面向所有对体育感兴趣的青少年，建议未来构建和完善形成三类青少年体育赛事活动。此级别赛事活动的数量根据各学校和社区的自身情况设置，以运动项目普及、培养学生兴趣和发现有潜力和天赋的青少年为目的。

一类是校际赛事活动，主要包括校际中小学生体育赛事活动、体育传统项目学校校际（部分）体育赛事活动、校际单项U系列交流赛、联盟校中小学生体育赛事活动、相邻校体育赛事活动等，根据各学校的意愿和需求不定期举办。

二类是校内赛事活动，主要包括普通校校内中小学生班级或年级体育赛

事活动、体育传统项目学校校内体育赛事活动、联盟校校内体育赛事活动、校内单项U系列普及赛等。

三类是社区级赛事活动，主要包括社区举办的社区级单项体育联赛（丁级）、社会力量主办的社区级单项比赛等。

2. 赛事活动管理组织体系

建议未来逐步形成多级赛事统筹共办机制，构建与赛事活动层级体系相配套的三级青少年体育赛事活动管理组织框架（具体架构见图47）。市级层面成立市级体教融合青少年体育赛事活动统筹领导小组或联席会，体育系统中的体育总会、青少处、体育竞赛管理中心、社体中心以及其他相关部门的负责人，教育系统中的体卫艺处、北京学生活动管理中心、北京市中小学体育运动协会以及相关其他部门的负责人都要纳入其中，定期召开工作会议。区级层面成立各区青少年体育赛事活动协调办公室，区体育局中的青少科、区教委中的体美科以及其他区相关部门的负责人要纳入其中，共同推动区级青少年体育赛事活动的发展。校级层面，各学校设立一名青少年体育赛事活动联络员，负责对接区级青少年体育赛事活动协调办公室，计划和组织本校校级和校际青少年体育赛事活动等相关工作。

3. 运营和商业模式体系

青少年体育赛事活动要进一步拓宽办赛资金来源，当前青少年体育赛事活动的观众数量不多，一些普及性相对低的项目受众少关注度更低，加之单个赛事活动的影响力也有限，造成了青少年体育赛事活动的商业价值不高。建议未来进一步拓宽青少年体育赛事活动的经费来源渠道，尝试对青少年体育赛事活动进行系统性开发，克服单一价值不高的问题，由市级体教融合青少年体育赛事活动统筹领导小组常务办公室负责将全年所有官方主办的市级青少年体育赛事活动进行“打包式”开发，塑造北京市“青少年京赛”品牌，进一步扩大北京市青少年体育赛事活动体系影响力和商业价值，通过市场化运作将部分相关商业收益统筹用于办赛，部分收益用于赛事升级发展。此外，各区可以根据各自区域情况特点单独“打包式”开发区内青少年体育赛事活动，也可以将各区青少年体育赛事活动纳入市级青少年体育赛事活动整体中同步开发。

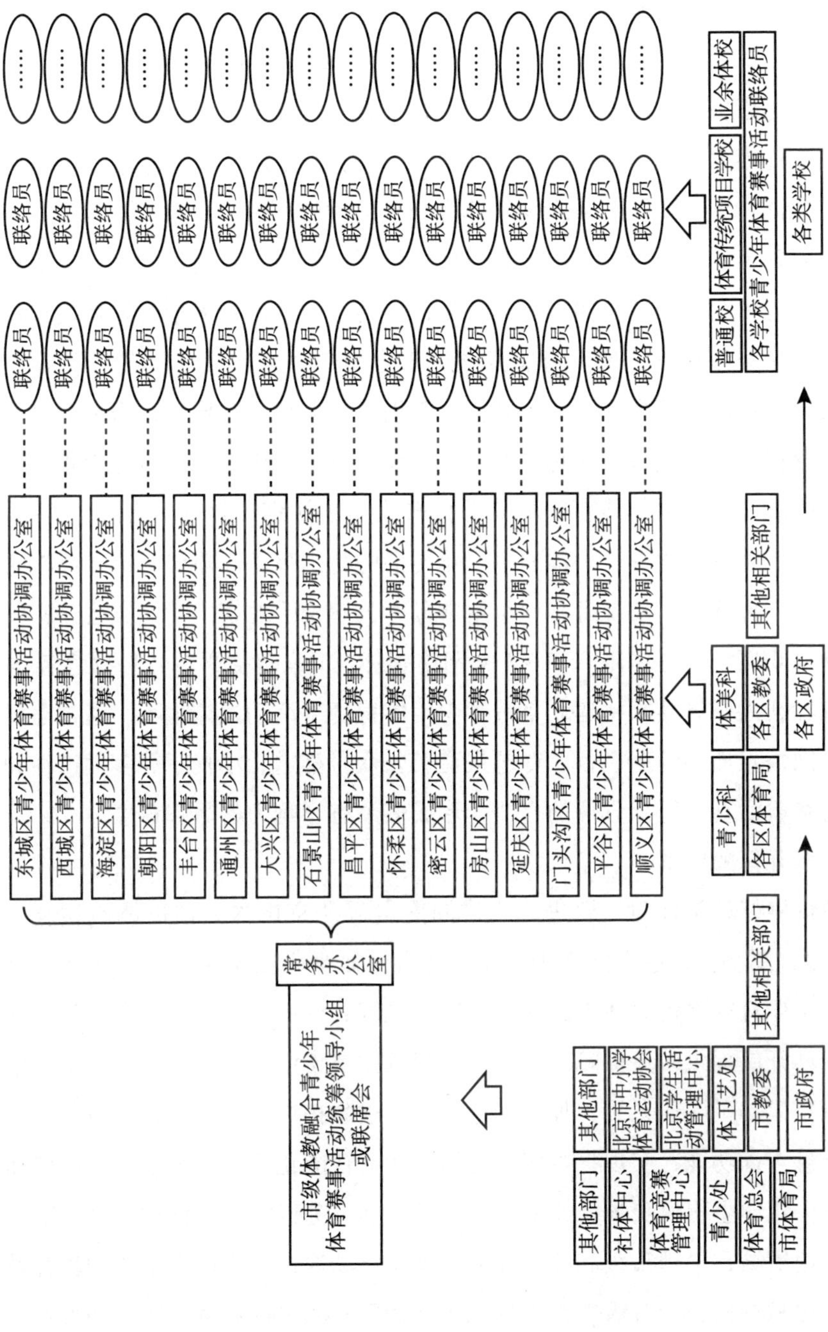

图 47　北京市青少年体育赛事活动管理组织框架建议

资料来源：笔者自制。

4. 赛事智慧数据管理和赛事品牌传播体系

利用现代化信息和数字化手段，建设好北京市青少年体育三级（市级，区级，校际、校级或社区级）赛事活动数字化管理平台，将赛事备案、赛事项目、赛事报名、参赛人员、参赛学校、赛事筹备与执行、赛事保险、赛事成绩、赛事兴奋剂检测等所有与赛事相关的数据都纳入平台进行动态监测，用数据指导和赋能未来青少年体育赛事活动的开展。

体育赛事的高质量发展离不开媒体的传播，在数字化流量的时代，要对体育赛事进行全方位的传播以扩大流量，而赛事关注度和流量的增加也会提升赛事的品牌和整体价值。当前我国对于青少年体育赛事活动的宣传还不够，仅停留在简单的赛事直播、转播、重播、新闻播报等层面，未来要将青少年体育赛事活动进行节庆化或栏目化宣传，挖掘和讲好北京市青少年的体育赛事故事，将青少年体育赛事活动打造成为集体育、教育、旅游、科技、文娱互动、城市文化等于一体的多元化传播的特殊事件。建议由市级体教融合青少年体育赛事活动统筹领导小组常务办公室携手北京广播电视台体育休闲频道（BRTV 体育休闲）、1~2 家网络媒体、1 家直播平台、1~2 家杂志等传统和新兴媒体共同构建北京市青少年体育赛事活动媒体矩阵，通过电视直播、网络直播、专题栏目、专题报道、公众号推送、小程序等多种途径和手段对赛事活动进行全方位的打造，形成多个有影响力的品牌赛事。

5. 多元保障体系

建议做好政策保障，要进一步贯彻落实《北京市深入推进体教融合实施方案》，围绕体教融合之青少年体育赛事，抓紧研究制定关于新时代北京市青少年体育赛事活动体系的各项制度、机制和标准、办法，为青少年体育赛事活动开展提供政策保障。建议建立智慧化赛事注册和管理系统，统一市级青少年运动员注册系统，加强优化整合，逐步拓展升级，设置赛事活动管理和信息查询功能，实现青少年体育赛事活动智能化管理，为学校、体校和广大青少年学生提供更加优质的体育赛事活动服务保障。建议加大体育赛事活动场地供给，梳理市级和区级各类运动项目场地，统筹体育系统和教育系统的场馆和场地，为各级各类青少年体育赛事提供硬件保障。建议加大资金投入，市、区两级要加大对青少年体育赛事活动的投入力度，分阶段抓重点，做好资金保障[①]。要积极拓展资金来源，引导社会力量投入青少年体育。

6. 赛事奖惩体系

建议未来北京市建立针对运动员、教练员、裁判员和赛事组织者的奖惩体系，形成良性的赛事发展循环。将青少年体育赛事活动的数量和质量纳入体育和教育部门的年度业绩考核中，对开展青少年体育工作成绩突出的地方、部门、学校和个人进行表彰奖励。对于违反赛风赛纪的地方、部门、学校和个人进行相应惩罚。

（四）扩充力量，促进社会力量深度参与体育赛事活动运营

根据国外青少年体育赛事活动发展的规律和经验，社会力量一直是举办青少年体育赛事活动的重要力量。当前我国在各类政策文件中也都提出了要鼓励社会力量参与，提高与拓宽社会力量参与的程度和范围，让社会力量在未来我国青少年体育赛事活动工作中发挥重要的作用。要尽快制定出台鼓励协会、俱乐部、企业等社会力量参与青少年体育赛事活动的系列具体措施。针对北京市青少年体育赛事活动，第一，建议允许社会力量积极与各类参赛主体合作，比如鼓励各类学校与社会体育俱乐部、体育培训机构等合作开展青少年体育赛事活动（含冬夏令营），促进社会力量与青少年体育赛事活动体系的深度融合。第二，建议发挥单项运动协会等社会团体的力量，比如充分发挥市级和区级单项运动协会在办赛、青少年运动技能等级测试与认定中的积极作用。第三，加大政府对青少年体育赛事活动服务的购买力度，为有能力、有意向参与到北京市青少年体育赛事活动体系中的众多办赛机构，提供一个公开、公平、公正的竞争机会。比如可通过政府购买服务的方式，每年 10 月参照《政府采购法》《政府采购货物和服务招标投标管理办法》等有关规定，制定北京市下年度青少年赛事面向社会进行采购目录，通过北京产权交易所体育产权交易

① 林焕波：《青少年体育赛事经费管理研究》，《体育视野》2021 年第 1 期。

平台进行相关赛事活动信息的发布，通过中介专业平台面向全社会公开竞招青少年体育赛事活动承办方和协办方。第四，各类社会力量要强化业务能力，积极参与政府采购，一些专业对口、能力突出的单项协会、社会组织，尤其是有能力的相关体育公司等要积极申报相关赛事采购服务。

（五）区域联动，加强各区互联互动和扩大京津冀交流共享

随着京津冀协同发展成为国家战略，京津冀在体育方面的协同也成了重要的内容。2016 年 12 月，京津冀三地体育局签署了《深入推进京津冀体育协同发展议定书》，内容包括：打造区域品牌赛事；搭建交流平台；组织青少年品牌赛事活动等[①]。2017 年 2 月，《京津冀体育产业协同发展规划》出台，提出打造 20 项以上体育赛事、30 项以上品牌业余赛事；创办青少年联赛，建立京津冀冰雪体育赛事体系；鼓励京津冀体育协会在体育赛事方面的合作[②]。未来要进一步加强京津冀在青少年体育赛事活动方面的协调，建议三地加强区域联动，共促形成京津冀青少年体育赛事活动圈，建议抓好如下三项工作。

1. 建立京津冀青少年体育赛事活动共办机制

建议三地协调编制出台“新时代体教融合背景下京津冀青少年体育赛事活动协同发展规划”，从政策上明确京津冀青少年体育赛事活动共办的机制，成立京津冀青少年体育赛事活动协调小组，由三地发挥各自专长，实现优势互补，利用 3~5 年的时间形成布局合理、政府主导、协会协同、三地共同参与的京津冀青少年体育赛事协同发展格局[③]。

2. 创建京津冀单项品牌青少年体育赛事活动

建议在京津冀青少年体育赛事活动协调小组的领导下，设置重点赛事发展任务，积极培育一批重点京津冀青少年体育赛事；建立体育俱乐部联盟、学校体育联盟、赛事运营方联盟等平台；重点针对足球、篮球、冰球、网球

---

① 季芳：《京津冀签署议定书　推进体育协同发展》，http：//www. gov. cn/xinwen/2016-12/18/content_ 5149392. htm。

② 《京津冀体育产业协同发展规划》，http：//sports. qianlong. com/jujiao2017。

③ 吕昌元：《京津冀青少年体育赛事协同发展研究》，硕士学位论文，首都体育学院，2019。

等发展基础好的运动项目打造成京津冀青少年足球联赛、京津冀青少年篮球联赛、京津冀青少年冰球联赛、京津冀青少年网球联赛等品牌赛事，将京津冀打造成国内青少年体育联赛协同创新发展引领区域。

3. 共享京津冀四季体育赛事活动的场地设施

受益于冬奥会效应，京津冀地区近年来在体育场馆设施方面有了较大的改善，目前拥有丰富的体育场馆场地资源。根据全国体育场地普查数据，三省市体育场馆数量有 10 万余个，这为开展青少年体育赛事活动提供了良好的场地设施条件。同时，三地的场馆也有一定差异和特色，比如北京拥有奥运会级别的夏奥项目和冬奥项目场馆设施，河北拥有高水平的山地和滑雪场地设施，天津拥有全运会和滨海体育资源，三地可进行场地资源互补共享，丰富赛事活动类型。

4. 加大京津冀青少年体育赛事活动宣传力度

赛事宣传是打造赛事价值和影响力的主要措施。为吸引人们对赛事的关注，建议利用政府新闻媒体资源，推动各类新闻媒体加强对京津冀青少年体育赛事活动的宣传报道，提升京津冀品牌青少年赛事的价值。

（六）紧抓不放，构筑安全、干净和有序的赛场“护城河”

1. 抓好赛场安全工作

赛事活动安全是赛事活动的生命线，要高度重视赛场内外的安全问题，将赛事活动安全作为第一要务来抓，加强青少年体育赛事活动安全监管服务，保护好青少年生命安全和身体健康。在各类青少年体育赛事活动中要严格落实国家体育总局 2021 年 7 月发布的《关于进一步加强体育赛事活动安全监管服务的意见》相关要求。建议进一步细化政策，出台青少年体育赛事活动安全管理专项系列政策，例如《北京市青少年体育赛事活动管理实施细则》《北京市青少年体育赛事活动安全办赛工作指引》等，明确安全工作的职责和分工，做好赛事安全工作。

2. 抓好反兴奋剂工作

科学研究证明，使用兴奋剂会对人的身心健康产生许多直接的危害，尤其是对处于青春期还在长身体的孩子来说，所造成的危害就更大。要在青少年中严禁使用兴奋剂，宣传拿“道德的金牌、风格的金牌、干净的金牌”理念，大力弘扬中华体育精神和奥林匹克精神，坚持“预防为主，教育为本，惩防并举”，针对青少年运动员开展更具针对性的反兴奋剂宣传和教育，提高青少年反兴奋剂意识，增强青少年“不想用”的自觉，使青少年运动员树立正确的人生观、价值观、体育观，筑牢抵制兴奋剂的思想防线，同时在相关青少年赛事中增加兴奋剂检测的例数，提高“不敢用”的威慑力。建议建立体育和教育等部门协同，学校、青少年体育俱乐部共同参与的高标准、高质量、高效率的青少年反兴奋剂组织体系，严格按照《反兴奋剂条例》《反兴奋剂管理办法》等相关规定和要求，切实做好北京市青少年体育赛事活动的反兴奋剂工作，坚决做到兴奋剂问题“零出现”“零容忍”。

3. 抓好赛风赛纪建设

赛风赛纪是指体育竞赛的比赛风气和纪律，反映了参赛队伍与人员的精神面貌和比赛风气，彰显了竞赛环境和体育文化①，体现了体育赛事活动中规则纪律执行情况和总体风气状况②。对于青少年来讲，赛风赛纪建设是青少年体育赛事活动的重要文化教育内涵，青少年在参与体育竞赛的过程中不仅要增强体质，更要培养好规则意识、纪律意识和道德意识。良好的赛风赛纪对于青少年运动员的心理健康和健康成长有重要作用，对于保障青少年体育赛事活动顺利进行有关键作用。建议狠抓青少年赛事活动的赛风赛纪，严格按照国家和北京市关于赛事活动的各类相关规则、规范和准则执行，平时加强对青少年运动员在赛风赛纪方面的引导和教育，在赛前召开专门的赛风赛纪专项会议，对于出现赛风赛纪问题的运动员和运动队及时予以纠正、教育和处罚，绝不姑息；对于具有良好赛风赛纪传统的运动队、涌现出的先进运动员进行榜样式表扬宣传，营造尊重规则、尊重裁判、尊重观众的积极向上的赛场氛围。

---

① 曾玲华：《体育道德失范与人文奥运的冲突及其对策》，《北京体育大学学报》2007 年第8 期。

② 高文景：《论体育赛风赛纪监督体系的构建》，《体育文化导刊》2016 年第 3 期。

后备人才篇

Reserve Talents

B.6

北京市各级各类体校发展路径与优化措施

高晓峰*

摘　要： 本文通过文献资料法、专家访谈法对北京市29所各级各类体校进行了研究。首先回溯了我国各级各类体校诞生与发展的历程，挖掘史料详叙了新中国成立及改革开放后北京市各级各类体校的创建与发展。对北京市各级各类体校整体概况、办学理念和指导思想、体校数量特征与分布特点、运动员与教练员大致情况、项目开设与经费投入状况、各区训练管理情况进行了现实审视。其次，对北京市各级各类体校发展经验教训进行了总结，从体校中专班在高校招生规模扩大后的无奈、管理体制变革后的行业壁垒与目标错位、社会资本力量的多元投资对体校的弱化三个方面阐述了北京市各级各类体校发展的若干转折节点，

* 高晓峰，博士，中国教育科学研究院体育美育教育研究所副研究员，主要研究方向为学校体育制度、体育课程与教学、课外体育活动与竞赛研究。

并以此为基础对北京市各级各类体校发展所取得的成就与不足进行分析。最后提出了促进北京市各级各类体校未来发展的优化措施：夯基础，强化业余训练，提升竞技体育后备人才竞争力；促升级，优化项目布局，挖掘本校的特色进行升级改造；调结构，落实体教融合，改革体校管理体制和运作机制；创联动，推进“家校社”协同，盘活各级各类体校场地人员等资源。

关键词： 北京市　体校　竞技体育

一　前言

（一）研究目的

各级各类体校的发展对北京市竞技体育的发展在不同历史时期作出了不同的贡献，从20世纪50年代的跌跌撞撞的蹒跚学步到崭露头角，再到改革开放后的繁荣发展，深刻影响了北京市竞技体育成长，巩固了北京市在全国乃至世界的体坛地位，为我国竞技体育作出了卓越贡献。

然而受社会文化、教育格局、经济发展等多方因素影响，各级各类体校的发展出现了较大的变化。在当前体教融合的国家战略背景下，如何借助国家体育、教育政策的“东风”，挖掘北京市现存各级各类体校的发展优势，盘活各级各类体校，构建与优化北京市各级各类体校发展路径，是学术界理论研究与政界现实决策制定所要解决的重要问题。

（二）标准运用

研究对象界定。本文研究对象为“北京市各级各类体校”，抛去区域外的主干词为“各级各类体校”，其确认的依据为国家相关行政部门对各级各类体校的诠释与界定，具体如下。

（1）少年儿童体育学校是指九年义务教育阶段培养少年儿童体育专项运动技能的体育特色学校（含体育中学、单项体育运动学校、少年儿童业余体育学校）[①]。

（2）中等体育运动学校是指对青少年学生进行系统的体育专项训练和体育职业技术教育的中等职业学校[②]。

（3）公办体育运动学校（含体育院校附属竞技体校）是我国竞技体育后备人才培养的重要基础阵地。地方各级政府要加强公办体育运动学校建设，鼓励民办非营利性的体育运动学校建设[③]。

本文中“北京市各级各类体校”指的是北京市行政区域公办的少年儿童体育学校、中等体育运动学校。因行政隶属关系的影响，“首都体育学院附属竞技体育学校”与“北京体育大学附属竞技体育学校”，不是本文主要研究对象。

（三）研究方法

（1）文献研究法。主要通过对北京市各级各类体校发展的制度基础、政策基础以及理论基础相关文献资料进行系统梳理，明确学校发展的国家规范与硬性要求，并与实践调研的结果进行比较，挖掘我国各级各类体校发展学理上的必然路径，从而在依法、依规、依理基础上，得出各级各类体校未来发展的建议。

（2）访谈法。根据研究内容和目标拟定访谈提纲，从三个方面访谈不同工作岗位上的各级各类体校相关人员，以获得本文所需要的信息和意见。①不同层级的各级各类体校的行政管理工作者。②本领域的重点专家学者。③具有代表性的北京市各级各类体校的教师与运动员。整理上述人员对北京市各级各类体校发展的认识、改革的思考，以及他们认为的优化治理中所存

① 国家体育总局、中华人民共和国教育部：《少年儿童体育学校管理办法》（〔2011〕15 号令）。

② 国家体育总局、中华人民共和国教育部：《中等体育运动学校管理办法》（〔2011〕14 号令）。

③ 国务院办公厅：《国务院办公厅转发体育总局等部门关于进一步加强运动员文化教育和运动员保障工作指导意见的通知》（国办发〔2010〕23 号）。

在的问题，将个体化的生命印记转化为非制度性文献资料，形成综合的定性感知评价，最后结合政策与制度的要求完成理论构建。

二　我国各级各类体校诞生与发展的政策历程

我国各级各类体校发展经历了从无到有、从少到多、从弱到强的发展进程。大致经历了初步建立阶段、中断蛰伏阶段、恢复发展阶段、辉煌发展阶段与多元生存阶段五个阶段。

（一）初步建立阶段（1955~1965年）

新中国成立之初，我国没有青少年训练的专门机构，1955 年，国家体委学习苏联经验，在北京、上海和天津试办了青少年业余运动体校，招收具有体育运动潜质的中小学生，利用课余时间开展运动训练。

1956 年，国家体委颁布《青年业余体育学校章程（草案）》《少年业余体育学校章程（草案）》，各级各类体校迅速进入规范化和规模化发展阶段。全国各地区按照相关要求开始纷纷设立各级各类体校，利用课余时间，培养青少年运动员，使其掌握专项运动技术，其中青年业余体育学校招收 17~23 岁的青年、少年业余体育学校招收 13~17 岁的少年。学习三年，达到等级运动员标准者可获得毕业证书。两个章程还对业余体育学校的组织机构、教学训练、工作制度、经费、场地和器材等做了明确规定，为各地举办各级各类体校所遵循①。基于此，原国家体委下发《关于举办青、少年业余体育学校应该注意事项通报》，将各级各类体校定位为“校外教育机关，是提高体育运动技术的机构”，提出“选拔身体素质良好及有一定专项运动能力的后备人才，进行爱国主义教育，培养德智体全面发展的共产主义接班人，为开展群众性体育活动培养技术骨干，以此提升全社会体育运动水平”

① 荣高棠主编《当代中国体育》，中国社会科学出版社，1984。

的任务。[①] 至此，业余训练开始正式成为竞技体育后备人才培养的重要形式。

1957 年底，全国 23 个省（区、市）设 159 所各级各类体校，在校学生达到 17000 多人。大批各级各类体校学生进入高等学校、厂矿、企业、机关、军队之后，成为体育骨干，为推动群众性体育活动的开展发挥了积极作用。业余体育学校制度初步建立，业余体育学校成为我国竞技体育后备人才培养的重要基地。

1958 年，国家体委下发的《关于一九五八年体育工作的通知》指出，开办青少年业余体育学校是发展和培养运动员后备力量的有效方法之一，也是学生校外教育的一种形式。凡是有条件的地方，都应广泛开办。所有的公共体育场馆、体育学校都应负责办一所或几所以中学生为主要对象的青年或少年业余体育学校，教育部门要求其所属师范院校体育系科、条件较好的中学和示范院校单独举办或几个学校联合举办青少年业余体育学校；各产业系统条件好的厂矿也可以办一个或多个项目的职工青少年业余体育学校；各地共青团组织负责加强青年、少年业余体育学校的思想、政治工作。各省市、各系统的优秀运动队负责带一个较优秀的青年运动队和一个少年运动队，优秀运动员应当成为业余辅导员。由于受到“大跃进”的影响，这一时期全国出现了到处办各级各类体校的不切合实际的做法。

1960 年，中共中央转批国家体委党组《关于一九六零年体育工作意见》指出，青少年业余体育学校和广大基层运动队的训练工作，是大量培养人才，广泛开展群众体育运动和提高运动技术水平的重要工作。各省（区、市）应加强领导，并且有计划地办好几所比较正规、质量较高的重点青少年业余体育学校，为优秀运动队伍培养和输送人才。

1961 年的体育工作主要是贯彻执行中共中央关于对各项工作进行调整、巩固、充实、提高的方针。原国家体委下发的《关于一九六一年体育工作意见》指出，要加强对青少年业余体育学校的领导，提高质量。办好重点

① 荣高棠主编《当代中国体育》，中国社会科学出版社，1984。

学校。不要强去办，不要追求数量。基础较好的应继续上课。

1964 年，国务院批转下发了教育部、体育运动委员会、卫生部《关于中小学学生健康状况和改进学校体育、卫生工作的报告》指出，积极办好青少年业余体育学校。业余体育学校是各地培养优秀运动员后备力量的重要基地，也是校外教育的阵地，教育行政部门和中、小学应积极支持，吸收学生参加业余体育学校。在训练时，要关心学生的思想品德、学习和身体健康。学生参加业余体育学校的活动，每周以两三次为宜（包括星期日）。参加业余体育学校的学生，可以不再参加学校内课外体育活动。为了便于教育、管理学生和节省学生时间，业余体育学校应尽可能就近招生，如果学校有相关运动设备条件，也可采用由业余体育学校教练员到学校进行训练的办法。为了对各级各类体校进行进一步规范，1964 年国家体委颁发《青少年业余体育学校试行工作条例（草案）》。

至 1965 年底各级各类体校已经形成规模，经过整顿、恢复，发展到 1800 多所，学生 14 万多人。其中重点业余体育学校 455 所，有专职教练员 2490 人，学生达到 70000 人，学校质量和教学训练水平有所突破。形成了一般业余体校、重点业余体校、省级中心体校和专业队三级训练体制。

（二）中断蛰伏阶段（1966~1971年）

“文化大革命”初期，各级各类体校发展同其他社会事业一样，也受到严重破坏，经过十年左右的发展已经初具规模的青训体系陷入瘫痪状态。

（三）恢复发展阶段（1972~1978年）

1972 年，国家体委召开全国青少年业余体育学校工作座谈会，指出“将原有的各级各类体校尽快恢复起来，并新建一批”，此次会议由 29 个省（区、市）的体育干部参加，且国务院转发了此次座谈会纪要，具有广泛的影响力，全面推动了全国各级各类体校恢复发展的进程。

1973 年，业余体育学校已恢复到 1100 所，学生达到 17 万人，专职教练员达到 4900 多人。这些各级各类体校达到了有组织机构，有专、兼职干部，有专、兼职教练员，有场地、器材，有固定训练时间的要求。[①] 1978 年我国各级各类体校发展到 2300 多所，重点业余体育学校有 230 多所，学生共计 24.1 万人[②]，三级训练体系已经开始恢复。

（四）辉煌发展阶段（1979~2000年）

1978 年底党的十一届三中全会召开，体育事业也迎来了快速发展，为了加强对各级各类体校的管理，提高教学训练效果，1979 年 3 月，国家体委、教育部共同下发了《少年儿童各级各类体校章程》，对各级各类体校的办学理念、经费保障、训练要求、学制、招生和毕业均作出了具体的规定。

1981 年，国家体委在全国各省（区、市）体委主任会议上提出“大力加强业余训练，整顿现有各级各类体校，办好体育中小学和体育运动学校。兴建专项运动学校，提高训练质量”的要求。随后全国开始建立起具有学历教育的中专体育运动学校，为竞技人才和体育师资培养贡献了力量。1983 年，国家体委下发《关于进一步发展业余训练的意见》和《关于改进业余体校竞赛的若干办法》，为训练与竞赛提供制度化保障与管理具体举措，并与国家教委密切合作，召开全国学校学生业余训练工作座谈会，为我国业余体校提供了科学发展的路径，促进了各级各类体校的繁荣成长。

数据显示，1990 年全国各级各类体校增加到 3843 所，在训学生 34 万余人，业余训练初、中、高三个层次人数比例为 123∶18∶1，形成了较为合理的宝塔形人才培养三级训练梯队结构[③]，紧密契合奥运会发展战略要求。1991 年 7 月 8 日，国家体委、国家教委发布的《体育运动学校办校暂行规定》成为改革开放后各级各类体校的专门性管理文件，使各级各类体校的发展更加有章可依。在一系列的政策改革下，各级各类体校蓬勃

① 荣高棠主编《当代中国体育》，中国社会科学出版社，1984。

② 国家体委文史工作委员会：《中国体育改革十五年》，1998。

③ 国家体委文史工作委员会：《中国体育改革十五年》，1998。

发展。1992 年，全国业余训练工作会议确定“选好苗子、着眼未来、打好基础、系统训练、积极提高”的业余训练基本原则，进一步巩固三级训练网络。

但是事物发展有起有落，1999 年全国各级各类体校有 2600 多所，在校学生为 28 万余人，呈现明显的下滑趋势。为应对在新时期出现的基层体校萎缩问题，国家体育总局与教育部在 1999 年联合下发了《少年儿童体育学校管理办法》，从举办主体问题、学生学籍问题、兴奋剂问题、安全管理问题等角度提出了具有针对性的具体措施①，为各级各类体校适应社会转型起到了积极的作用②。

（五）多元生存阶段（2001年至今）

1999 年教育系统开启了高校扩招行动，受制于政策影响，在 2000 年前后各地区中职体校也基本停止了学生毕业分配制度，对三级训练网络中极具中枢地位的中等体育运动学校招生带来很大影响，同时由于“多米诺骨牌”效应，少年儿童体校这一最基层训练单位也受到了影响，出现“三集中”办学体校生源不足、学校数量萎缩、竞技体育人才后备力量匮乏的状况。

2004 年国家体育总局以奥运会举办周期为时间节点，启动了“国家高水平体育后备人才基地”认定工作，直接促使全国各级各类体校将符合认定条件作为办学方向，很大程度上促进了各级各类体校的发展，并为 2008 年北京奥运会、2012 年伦敦奥运会等奥运周期的训练工作奠定了后备人才储备基础。

2011 年国家体育总局、教育部颁布实施了新版本《少年儿童体育学校管理办法》和《中等体育运动学校管理办法》，并废止原有的《少年儿童体育学校管理办法》和《体育运动学校办校暂行规定》。两项管理办法依据相

① 张玉莞尔：《我国青少年业余体校的历史沿革》，硕士学位论文，北京体育大学，2019。

② 杨铁黎：《我国业余体育运动学校的建立与发展》，《中国学校体育》2014 年第 4 期。

关法律，巩固了政府对各级各类体校的经费与管理保障，更加符合新时期各级各类体校的发展特点，使得文化学习与训练时长分配更加符合青少年儿童身心发展规律与未来成才规律。

在2008年北京奥运会上我国获得金牌总数第一的情况下，国家高水平体育后备人才基地的认定工作成为制度化的工作。针对社会现实情况与奥运会备战需求，国家高水平体育后备人才基地遴选经历了2004年、2006年、2012年、2014年的数次变化，2021年国家出台了新的《国家高水平体育后备人才基地认定办法》，为各级各类体校生存与发展提供了具体目标指向。其中，2014年全国各级各类体校有2187所，在训学生为307535人①，在伦敦奥运会和索契冬奥会上中国代表团所有获得奖牌的运动员全部来自各级各类体校。

在这一阶段中，体育系统一直在寻求与探索发展新路，并适应新形势。体制内各级各类体校开启了体教结合、走训、集训等多种形式的办学模式，系统外部的社会力量也积极涌入，出现了社会资本举办的培训班、单项运动学校和青少年体育俱乐部。体制内的掣肘与系统外的挤压，使得各级各类体校发展进入多元生存阶段。

三　北京市各级各类体校发展演进历史回溯

（一）新中国成立后北京市各级各类体校创建与发展详叙

借鉴苏联等竞技体育强国体育运动从青少年抓起的经验，1955年北京市体委抽调孙淑芳、梁贵、韩学文三位青年干部筹办北京市青少年体校，这所业余体校是由北京市体委、市教育局、团市委三个单位联合举办的，也是全国第一所青少年业余体校。筹备阶段第一步确定办校的方针、任务，制定

① 《国家体育总局青少司司长郭建军在2014年全国业余训练工作会议上的讲话（一）》，《青少年体育》2015年第1期。

规章制度以及开设的项目、人员编制等。第二步为拟定经费预算，落实训练场地以及购置训练器材、办公用品等。第三步由三单位联合向全市中、小学校下发招生通知及做好教务工作的准备。第四步对考生进行测验择优录取。第五步根据学生条件制订教学训练计划。

通过以上工作，1955 年 12 月该校正式开学，第一批共开办了田径、足球、体操三个项目的短训班，共招收学生 315 人。学校校部就设在当时西四茅屋胡同市体委机关大院内的 3 间小平房内。训练则利用什刹海、先农坛体育场和北京体育馆、游泳馆及北海体育场等场地。为办好第一所青少年业余体校，提高训练质量，同时摸索办校经验，当时的市体委办公室主任马健行、市体委办公室副主任也是北京市青少年体校校长段炳辰，以及北京市青少年体校教导主任孙淑芳同去北京体育学院与赵斌副院长商谈，请他们在技术力量上给予支持。在北京体育学院的大力协助下，苏联专家培养足球、田径、体操三项目研究生共 40 余人，为业余体校进行了为期半年每周三次的训练课，同时，选拔业余体校的专职教练以及从中、小学校中聘请 24 名教师为助教，协助进行训练，并逐渐过渡到这 24 名教师以及专职教练负责学校的全部训练工作。

1956 年初，短训班结束，从中择优进入长训班继续开展训练，并扩建了篮球、排球、游泳、跳水四个项目，专职教练员增加至 13 人，分别是梁贵、韩学文、李宗权、崔玉茹、薛月华、唐美娟、曹丽修、孙居良、孙洪年、沈一鹏、黄帼荟、陈洁云和杨世荣，学生增加到 486 人。各项还聘请了兼职教练。北京市青少年体校成立后，由于当时的市体委、市教育局、团市委三单位密切配合，通过各系统向下贯彻业余体校的规定和要求，中、小学校都很重视并积极支持学生参加业余训练，由于学生的课业负担不重，学生下午 4 点至 7 点可在体校进行训练。先农坛体育场无室内场地，冬寒夏晒，设在看台下面的办公室也是如此。教练员工作和训练条件很艰苦，且无任何经济补贴，但依然勤奋工作，苏联专家也是认真负责地指导研究生工作，而且有的专家是每课必到。各项目的教学训练质量很高，效果很好，为北京市优秀运动队的建立打下了非常好的基础，同时也为北京市积累了办好业余体校的经验。

1956年从众多的学生中择优组成集训队，在8月举行的全国第一届少年运动大会上，北京市青少年体校荣获男、女体操团体总分第一、田径团体总分第二的好成绩。这一成绩一时轰动了全国，也震动了北京，充分显示了青少年业余体校的生命力，从而促使各有关部门对业余体校工作加强了重视。在20世纪五六十年代召开的全国业余训练工作会议上，北京多次做了经验介绍。1957年，北京组建北京青年运动队，从本市学校、企业和山东等地选招运动员，同时，积极支持高等院校培养高水平运动员。以上计划的实施，大大增强了北京竞技体育的综合实力。①

1958年为了加强对业余体校的管理，北京市将第一所业余体校下放给什刹海和先农坛两个体育场，分为两个体校。把原在什刹海训练的篮球、排球和体操项目，划归什刹海业余体校，把原在先农坛和北京体育馆上课的田径、足球、游泳、跳水项目划归先农坛业余体校，并任命刘世重为什刹海业余体校校长，汪洋为先农坛业余体校校长。

1956年北京体育馆成立了业余体校，1958年少年宫和东城、西城、宣武（2010年6月28日划归西城区）体校又相继建立，在校学生达3000人。这七所学校是市重点业余体校，所谓重点业余体校即做到场地、教练、学生和时间四固定的体校。1959年崇文、通县（现通州区）、丰台、朝阳、海淀建立业余体校，业余体校发展到12所，学生达3567人。

1958年在"大跃进"的影响下，国家体委在广东省中山县（现中山市）召开全国业余训练工作会议，大力号召普建业余体校，表彰农村、村镇大办基层业余体校的单位。1958年底上报的基层业余体校共有759所，60000余名学生，其中绝大部分是一个单位一个训练队，还有的有名无实，不久即烟消云散。1959年下降到443所，学生数量也减了一半。1960年国家处于暂时困难时期，业余体校为了保持训练的连续性，每周减为2~3次课，减少身体和技术训练，增加理论课，这样度过了3个月。随着经济情况逐步好转，人民生活水平逐步恢复，业余训练也随之恢复正

① 孙康林：《新中国成立后北京体育事业的发展历程》，《北京党史》2005年第5期。

常。这个时期主要是在整顿、巩固的基础上，大力提高教学训练质量。1962 年重点业余体校恢复到 12 所，学生 4739 人，并开办了二部制班。1963 年根据形势发展在中、小学校中建立了 60 个业余训练点，逐步形成业余训练网，学生达 2000 人。从 1956 年开始，北京市业余体校代表队参加各项全国比赛，绝大多数项目名列前茅，直至 1965 年。1966 年后，北京体育事业处于停顿状态。1972 年，北京市青少年业余体校开始恢复少量训练。

教学训练是业余体校的中心工作。在北京市青少年业余体校办校初期，当时的北京市体委及体校的全体人员都明确了这一办校指导思想，多年来一贯按这一指导思想进行工作。业余体校的教学训练目的以培养优秀运动员后备力量为主，同时培养专项运动骨干，全面打好基础，包括思想、身体、技术和战术。为此教学训练工作必须有系统、有计划地进行，才能完成上述任务。从 1956 年开始到 1965 年，北京市曾组织教练员的力量 4 次编写了 11 个项目的讲义、教学训练大纲和教材教法。1956 年国家体委组织田径、足球、体操三项的讲座，请北京体育学院的苏联专家讲课，课后北京市编写了讲义。1958 年北京市组织编写了篮球、排球、足球、游泳、体操等项目的教学训练大纲并发放至全国。1960 年，编写了田径、乒乓球、举重、滑冰、跳水、射击等项目的教学训练大纲。1960~1961 年，编写了篮球、排球、足球、田径、体操、游泳、乒乓球七个项目的教材教法。1964 年制定了各项技术和身体考核标准。编写工作由业余体校各单项教研组负责，分课题编写，利用每周教研组活动时间集中讨论。1960~1961 年因课次减少，采取了集中部分教练集中编写的形式。北京市所编写的讲义、教学训练大纲和教材教法均由当时的国家体委审订，并在全国业余体校发行试用。编写讲义、教学训练大纲及教材教法的工作对推动业余体校的发展、提高教学训练质量起了重要作用。这是业余体校的很重要的基本建设，也是北京市对全国业余体校发展史的一项重要贡献。

为了提高教学训练质量，从 1960 年开始北京市业余体校各项训练都集中在暑期进行检查测验，以达到互相学习、交流经验、共同提高的目的。此项工作当时的北京市体委委托业余体校各单项教研组负责，从检查的组织工作到检查工作的总结，由教研组一抓到底，多年来已形成制度。检查内容是根据训练大纲进行基本技术和身体素质的测验，中、高班还进行比赛。

提高教学训练质量的另一项措施是，1958 年将全市重点业余体校的教练员组织起来，成立了足球、篮球、排球、乒乓球、田径、体操、游泳七个单项教研组，选出正副组长，每周六上午为教研组法定活动时间，根据教学训练大纲和教练工作的需要以及训练中的问题制订学习计划（年度），按计划进行活动。教研组主要活动内容为学习国内外动态先进训练经验、基本技术要点、训练手段，研究制订训练计划，检查教学和计划执行情况；总结全年训练工作等。通常是理论和实践相结合，学习、讨论和技术练习相结合，发挥每位教练员的特长。教研组活动对提高教练员业务和训练水平起到了很好的作用，教练员也都很爱护自己的组织。

北京市业余体校从无到有、从小到大、从少到多，逐渐发展壮大。主要经验是联合教育部门、共青团共同办校，明确办校指导思想“从小培养、多年训练，打好全面基础”，重视基本建设——教学训练大纲的编制，进行有计划、有系统的训练，重视抓好教练员的学习提高，认真抓好训练工作的检查。

（二）改革开放后北京市各级各类体校的繁荣发展

1978 年后北京市各级各类体校迎来了加速发展，并直接促进了北京市竞技体育的繁荣发展。北京市竞技体育的基本面上参与人数规模扩大，运动项目扩容，并在 1975 年、1979 年全国第三届、第四届运动会上共获得 82 枚金牌，取得了优异的成绩。另外，乒乓球项目运动员李莉、铁饼项目运动员李伟等北京队运动员在世界体坛崭露头角，获得冠军，为北京市竞技体育发展不断创造辉煌。

1980 年后，为了解决各级各类体校生源问题和提高学校竞技水平，北京市体育系统开启了体育传统校建设、完善和丰富四级训练体系、加强运动员文化学习与教育三项改革举措。

首先，开启了北京市体育传统校建设，把体育传统校作为市（区）体校（运动队）的重要生源地，遴选了一批体育教师水平高、场地资源条件好开展田径、游泳、足球、篮球、棒球、乒乓球等项目的中小学作为北京市体育传统校。加强4年一次的评估检查工作，并在训练和比赛的开展工作上给予政策照顾。这些举措极大地调动了体育传统校师生的训练与竞赛积极性。队员输送高峰期的数据显示，1996年，全市216所体育传统校向区县业余体校输送555人、向区县运动学校输送257人、向市运动学校输送32人、向市优秀运动队输送27人、向体育院系输送21人。这些数据体现了体育传统校在这一阶段为各级各类体校的发展提供了强大的生源基础。

其次，完善和丰富四级训练体系。以1986年为时间节点，北京市在此之前仅有优秀运动队和市级业余体校两个层次的梯队建设，运动队训练涵盖了二线、三线梯度训练，有一大批的低龄运动员，出现了成才率低和经济浪费等现象。之后北京开始建立区县体育运动学校和区县业余体校，将运动训练工作作为主责主业，根据运动水平划分了层层衔接的四级训练体制（具体结构见图1）。在这个金字塔层次结构中下部的区县体育运动学校和区县业余体校肩负了最基础的选材与启蒙训练工作，按照最早的运动训练计划区县业余体校的训练任务是开展全面的身体素质训练，根据后期运动员的个人发展情况确定专项并使其进入上层训练体制当中①。这一设置开启了北京市竞技体育科学选材的实践，以成才率为目标驱动，紧抓各层次运动员年龄与运动能力紧密衔接的训练任务，大大提高了成才率②。

最后，加强运动员文化学习与教育。多年的竞技体育后备人才培养实践表明，运动员的文化素养薄弱问题是制约运动员终身发展的重要因素。因此1989

① 孙守正、刘济民、靳继承：《北京市运动训练中由4级向3级“分流”体制的调查研究》，《体育教学》1993年第1期。

② 傅鸿运：《在改革中逐步完善业余训练体制》，《湖北体育科技》1988年第3期。

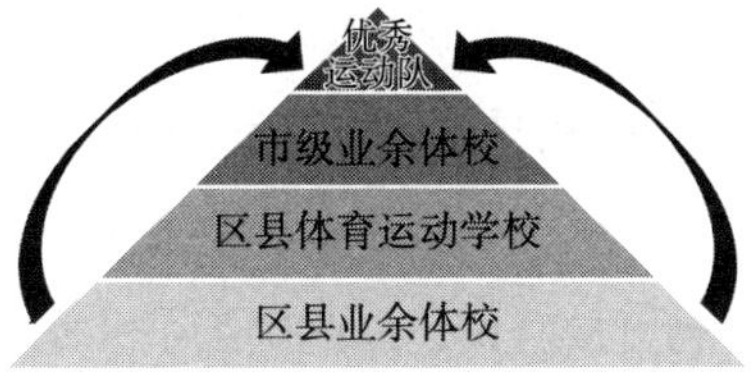

图1　北京市竞技体育后备人才四级训练体系

年北京市尝试把优秀运动员纳入教育系统中，将运动员职工改为学生身份，以奖学金奖训金代替工资，形成了将训练体系初步纳入文教体系的育人模式。

一系列的体校改革，促使北京市竞技体育取得傲人成绩，1980～1987年，北京运动员有13人5次打破（超过）4项世界纪录，6人3次平3项世界纪录，12人获得世界冠军。在1989～1999年的世界锦标赛、世界杯赛、奥运会比赛中，北京优秀运动队共获得金牌49枚，分布在游泳、跳水、体操、射击、排球、跳伞等10个运动项目上。在1993年和1997年的第7届和第8届全运会上共获得金牌41枚。在这一过程中北京优秀运动队培养出了一大批诸如郎平、杨晓君、聂卫平、谢军等“文武双全”的世界冠军。虽然在1997年的全运会上，北京市的田径、游泳、举重、射击等项目展现出相对较弱的状态，但是这并不影响北京市竞技体育在全国的地位，2005年北京市设25个竞技体育项目，运动队编制总数为2067人，其中射击、体操、乒乓球、棒球、垒球等为传统优势项目，业余训练在训人数达到6500人。①

四　北京市各级各类体校当前办学的现实审视

（一）整体概况与数据采集

本部分数据来源为北京市体育局官方网站，我们首先确定了北京市的5所

① 孙康林：《新中国成立后北京体育事业的发展历程》，《北京党史》2005年第5期。

市级体校具体名称，通过对网站公布的2018~2021年各区体校评估结果进行提取与分析，又确定了24所区级体校具体名称与动态排名。并以此为基础利用中央编办事业单位登记管理局开设的“机关赋码和事业单位登记管理网”，对全国各级事业单位的最新数据进行开放查询，以此确定了北京市29所体校的办学宗旨和业务范围。最后借助北京市体育局上报国家体育总局的全国青少年体育基础数据表，我们大致掌握了北京市及其各区各级各类体校的运行状况。

（二）办学理念和指导思想

办学理念与指导思想是对“为什么办学”“办怎样的学”“怎样办好学”三个具体问题的深层思考与高度凝练的宏观表达，也是学校生存理由、生存动力、生存期望的有机构成①。当前北京地区各级各类体校的办学主体为政府部门，学校皆为事业单位，因此在一定层面上政府推动意志的官方表达是各级各类体校办学理念与指导思想的显性体现。根据在中央编办事业单位登记管理局登记的全国各级事业单位的“宗旨和业务范围”，对北京市各级各类体校具体信息进行完整提取，并利用图阅词频软件进行处理与分析。其中权重指标指的是某个“词汇”在本类型体校整体宗旨和业务范围文献中的重要性，计算方式为利用词频、倒转文档频率（表示词汇的区分能力，区分能力越差的词汇其主题代表性越弱）和词汇在文献中与其他词汇的语义聚合程度三个方面进行合并计算。最终结果如表1所示。

表1　北京市各级各类体校办学宗旨和业务范围高频词汇

市级			区级			高校附属		
词汇	词频	权重	词汇	词频	权重	词汇	词频	权重
运动队	9	1.596	体育	35	2.4839	体育	5	1.242
训练	9	1.596	人才	24	2.2312	学历	3	0.9609
射击	9	1.596	培养	21	2.1425	人才	3	0.9609
体育	8	1.523	后备	14	1.8771	教育	3	0.9609

① 程娜：《北京市城八区业余体校办学现状的研究》，硕士学位论文，首都体育学院，2011。

续表

市级			区级			高校附属		
词汇	词频	权重	词汇	词频	权重	词汇	词频	权重
项目	8	1.523	输送	14	1.8771	专业	3	0.9609
培训	6	1.3488	训练	13	1.8293	中等	2	0.7615
组织	6	1.3488	竞技	10	1.6621	培养	2	0.7615
后备	5	1.242	优秀	9	1.596	培训	2	0.7615
竞赛	5	1.242	运动队	8	1.523	赛艇	1	0.4805
运动	5	1.242	体育运动	5	1.242	击剑	1	0.4805
培养	5	1.242	事业	5	1.242	田径	1	0.4805
人才	5	1.242	运动员	4	1.1156	摔跤	1	0.4805
反兴奋剂	4	1.1156	市级	4	1.1156	初中	1	0.4805
运动员	4	1.1156	青少年	4	1.1156	武术	1	0.4805
市级	4	1.1156	比赛	4	1.1156	体操	1	0.4805
后勤	4	1.1156	竞赛	4	1.1156	柔道	1	0.4805
在校	4	1.1156	项目	4	1.1156	中专	1	0.4805
公益	4	1.1156	高水平	3	0.9609	高中	1	0.4805
比赛	4	1.1156	教练员	3	0.9609	事业	1	0.4805
保障	4	1.1156	义务教育	3	0.9609	学科	1	0.4805
建设	4	1.1156	专项	3	0.9609	举重	1	0.4805
技术	4	1.1156	培训	3	0.9609	训练	1	0.4805

通过表1，并结合北京市各级各类体校发展的历史沿革，可以管窥北京市各级各类体校办学是为了培养体育运动后备人才，并为北京市优秀运动队这一金字塔的顶端输送优秀的竞技体育人才，同时也承担本区域教练员、裁判员与社会指导员等培训业务。把推动北京市体育事业的发展作为办学指导思想，“专业训练、普及提高、培训人才”为北京市各级各类体校的办学理念。

表1比较直观地显现出了市级体校、区级体校与高校附属体校之间的不同办学侧重点：市级体校注重“训练、运动队、竞赛、后备人才培养、反兴奋剂”等；区级体校注重“体育后备人才、培养、输送、训练、比赛、义务教育、培训”等；高校附属体校中“学历、人才、教育”等作为高词频词汇出现，并远高于剩下的诸如“田径、击剑、赛艇、摔跤、体操”等项目类高频词汇。

这些体现出各级体校的不同办学侧重点，其中市级体校在训练、竞赛层面，以运动队建设和向北京市优秀运动队与国家队培养优秀后备人才为己任，同时其职能中反兴奋剂建设也体现出新时代“绿色奥运”的参赛目标。而区级体校更多体现出了基础性的人才挖掘与培养职能。但是高校附属体校更多侧重于学历提升、文化教育等。这些不同类属体校的存在呈现了北京市层次衔接与多样的办学特点。

（三）体校数量特征与分布特点

2021 年在北京市行政区域内正常开展教学训练工作的各级各类体校共计 31 所，其中市级体校 5 所、区级体校 24 所、北京体育大学附属学校 1 所、首都体育学院附属学校 1 所（见表 2）。

表 2　北京市各级各类体校一览及区体校 2021 年评估成绩

序号	学校	主管单位	2021 年评估排名与认定结果
1	北京市先农坛体育运动技术学校	市体育局	—
2	北京市木樨园体育运动技术学校（北京市排球运动管理中心）	市体育局	—
3	北京市什刹海体育运动学校（北京市第 100 中学、北京市武术运动管理中心）	市体育局	—
4	北京市芦城体育运动技术学校（北京市第三体育运动学校、北京市第 207 中学）	市体育局	—
5	北京市射击运动技术学校（北京市射击运动管理中心）	市体育局	—
6	北京市朝阳区第一少儿业余体校	朝阳区	1 优秀
7	北京市东城区青少年业余体校	东城区	2 优秀
8	北京市东城区体育运动学校	东城区	3 优秀
9	北京市西城区少年儿童业余体校	西城区	4 优秀
10	北京市房山区体育运动学校（北京市房山区青少年业余体育学校、北京市房山区高水平体育后备人才培训中心）	房山区	5 优秀
11	北京市海淀区少年儿童业余体育学校	海淀区	6 优秀
12	北京市石景山区少年儿童业余体育学校	石景山区	7 优秀
13	北京市西城区体育训练中心	西城区	8 优秀
14	北京市海淀区重竞技业余体育学校	海淀区	9 优秀

续表

序号	学校	主管单位	2021 年评估排名与认定结果
15	北京市顺义区体育运动学校	顺义区	10 合格
16	北京市第十二中学体育分校	丰台区	11 合格
17	北京市朝阳区第三少儿业余体校	朝阳区	12 合格
18	北京市朝阳区第二少儿业余体校	朝阳区	13 合格
19	北京市大兴区体育运动学校(北京市大兴区少年业余体校)	大兴区	14 合格
20	北京市通州区体育运动学校	通州区	15 合格
21	北京市海淀区体育运动学校	海淀区	16 合格
22	北京市门头沟区体育运动学校	门头沟区	17 合格
23	北京市海淀区少年儿童游泳业余体校	海淀区	18 合格
24	北京市丰台区棒垒球运动学校	丰台区	19 合格
25	北京市密云区青少年业余体校	密云区	20 合格
26	北京市怀柔区体育运动学校	怀柔区	21 未定级
27	北京市昌平区体育运动学校	昌平区	22 未定级
28	北京市延庆区体育运动学校	延庆区	23 未定级
29	北京市平谷区少年业余体校	平谷区	24 未定级
30	北京体育大学附属竞技体育学校	北京体育大学	—
31	首都体育学院附属竞技体育学校	首都体育学院	—

区级体校分布在北京市 16 个区，每个区至少保留了 1 所各级各类体校，因市级体校京外招生指标受限，各区体校成为市级体校生源输送的主渠道，区级体校成为北京市竞技体育的基础力量。但是受到区域传统、经济状况等多重因素影响，北京市各区业余体校呈现以下分布特点。

1. 体校开设数量与区域经济状况紧密联系

从图 2 中可以看出各区业余体校的数量与区 GDP 息息相关。没有一定的经济基础，举办业余体校将寸步难行。业余体校的学生训练如教育投入一样，投入后直接产生收益的时间较长，而作为高水平运动员的培训基地，业余体校因学生竞赛成绩产生的影响力也不易直接转变为社会资本力量投入迅速变现。因此这些学校大多只能依靠财政全额拨款，维持当前的生存与发展。从图 2 可以非常直观地发现业余体校在各区的现存数量与本区经济发展状况呈现高度吻合的现象，经济发展越好，续存学校就越多，但由于各区业余体校是区体育系统的重要组成部分，每个区至少保存了一个体校。

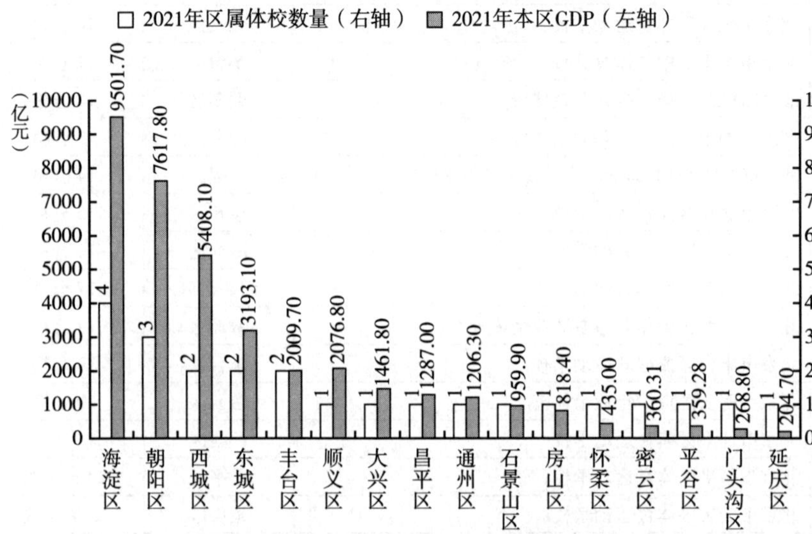

图 2　各区体校数量与区域经济状况对比

2. 体校办学质量与经济密切相关，与区域历史传承也息息相关

根据北京市体育局对区级各个体校的评估结果可以发现，排在前 9 名的优秀体校分布于 6 个区中，分别是海淀区 2 所，东城区 2 所，西城区 2 所，朝阳区、房山区和石景山区各 1 所。这些优秀学校所在的区除了房山区与石景山区的经济较弱外，其他几个区都是经济强区。虽然区域经济发展是可以赋能体校办学质量提升的，但是房山区的“北京市房山区体育运动学校（北京市房山区青少年业余体育学校、北京市房山区高水平体育后备人才培训中心）”与石景山区的“北京市石景山区少年儿童业余体育学校”两所学校却展现出另一种管理实践样态。两所学校在两个区负责体育工作的相关部门推动下，在历史传承等因素的加持下，在体育项目训练、普及与运动员输送方面取得了优异成绩。例如，北京市房山区体育运动学校下设房山、良乡两个训练基地，在训运动员在 2017 年就达到 400 人的规模。

3. 北京市各级各类体校具有综合性与行政性的特点

各级体校作为体育局下属的二级单位，目前仍然是体育行政系统内最重要与最核心的组织机构①，尤其对区体育局发挥行政职能提供了重要的力量。当前区级体校承担了本区域人才输送任务和市区运动会参赛任务，人员规模相对比较大，拥有体育场馆与器材设施等固定资产，通过表 2 体校名称就可以发现一些体校是一套人马但是有 2~3 个牌子，部分体校还有“某运动管理中心”等称号，而各体校也或多或少参与到体育行政管理中，因此各体校由各体育局授予一定的管理权限，并成为体育局重要的二级组织机构，从各体校的“宗旨和业务范围”里发现“培训”也是体校很重要的职能，因此北京市各级各类体校具有综合性与行政性的特点。

（四）运动员、教练员大致情况

目前国家体育总局青少司把体校运动员划分为“一集中”“二集中”“三集中”三个类型，其中“一集中”是指运动员仅仅在体校进行运动训练，而文化学习与生活由家庭进行安排；“二集中”是指运动员在体校进行运动训练，文化学习也由体校统一安排，体校会承担部分餐饮，但是住宿由家庭进行安排；“三集中”是指运动员由体校负责进行集中学习、训练、生活的模式。

我们根据 2021 年北京市上报给国家体育总局的“全国青少年体育基础数据统计表”进行了汇总与分析。

如表 3、表 4 所示，北京市体育系统的 29 所体校，共计报送数据 23 所，数据显示“一集中”与“二集中”体校运动员成为主流，共计 8782 人，而“三集中”运动员才仅有 415 人，而同时期社会力量办俱乐部共计 12 家 40692 名运动员。

在教练员数量上，北京市各级各类体校教练员合计 591 人，且教练员大

① 柳鸣毅、孔年欣、龚海培等：《体教融合目标新指向：青少年健康促进与体育后备人才培养》，《体育科学》2020 年第 10 期。

多数集聚于少儿体校的"二集中"办学单位。总体来看教练员与学生的数量比约为1∶15.6，在师生比上相对均衡。

表3　2021年北京市各级各类体校人员规模与集训分类情况

单位：所，人

体校类型	办学模式	体校数量	在训运动员数量	教练员数量	文化课教师数量
体育运动学校	一集中	3	0	29	—
	二集中	1	130	22	—
	三集中	2	234	29	47
少儿体校	一集中	6	3332	131	—
	二集中	9	5320	351	—
	三集中	1	80	19	24
体育中学	三集中	1	101	10	20
合计		23	9197	591	91

表4　运动员文化教育办学情况

单位：所，人

体育部门办运动员文化教育		教育部门办运动员文化教育		体教合办运动员文化教育	
体校数	运动员数	体校数	运动员数	体校数	运动员数
0	0	1	101	3	314

我们可以发现当前北京市各级各类体校已经基本实现运动员文化教育由教育系统负责，而文化课教师数量由体育系统牵头负责的人数共计91人，且文化课教师全部集中在"三集中"办学单位。查阅区体校考核报告发现区级体校皆为"一集中"与"二集中"的训练模式，不承担文化课教学任务，学生都在普通中小学上学，保证了学生接受文化教育的权利和文化知识的积累；各教学单位在市体育局、市教委、区体育局和区教委的指导帮助下，很好地完成了学生学习能力的培养和文化素质的提高。

（五）项目开设与经费投入状况

在运动项目开设上，目前北京市各体校共开设了足球、篮球、排球、田径、游泳（跳水）、皮划艇、赛艇、自行车、体操、棒球、垒球、手球、乒乓球、羽毛球、网球、国际式摔跤、柔道、举重、跆拳道、武术（套路、散打）、拳击、射击、射箭、击剑、曲棍球、高尔夫、橄榄球等项目。各级各类体校基础设施建设相对完善，通过自建、租赁及合作的方式基本能满足开设项目的场地要求以及提供基本的训练保障。

在经费投入上，无法精细地查询到各级各类体校的具体投入，因此我们借助2021年北京市青少年体育基础数据进行分析，此数据是各级各类体校办学、体育传统项目学校以及青少年体育俱乐部发生的由政府承担的青少年体育费用。北京市2021年共计投入青少年体育经费10054.97万元，其中市财政经费年度投入5913.42万元，市体彩公益金年度投入4141.55万元，占本市总体彩公益金年度投入比例为12.99%。而在支出上主要分为“业余训练”“青少年组织建设”“竞赛与活动组织”三大部分，分别支持额度308.7万元、1750.91万元与8952.35万元。这每年1亿元的经费支出中，费用支出最大的为“竞赛与活动组织”部分，说明了政府还是重视对青少年体育成果的检验。而政府对“业余训练”与“青少年组织建设”的投入相对来讲主要在各级各类体校与特色校上。从经费的投入幅度看，各级各类体校还是有一定的托底与保障的，但是需要通过提高竞赛成绩获得。

（六）各区训练管理大致情况

北京市体育局青少处每年都开展对各级各类体校的评估工作，以评促建，近几年的评估结果每年都在官网进行公布，对于无论是社会监督还是挖掘各级各类体校发展内在驱动力都产生了较好的推动作用。整体上看北京市各区体育局及体校领导相对比较重视业训方面的基础设施建设以及日常的规范化管理，保证了各区运动员的训练以及青少年后备人才的培养。尤其在专项训练设施设备以及训练常规管理方面，各体校均相对比较规范。

五　北京市各级各类体校发展的当下反思

（一）北京市各级各类体校转折发展的若干节点

各级各类体校的发展对北京市竞技体育的发展在不同历史时期作出了不同的贡献，从20世纪50年代的跌跌撞撞的蹒跚学步，到崭露头角，再到改革开放后的繁荣发展，深刻影响了北京市竞技体育的成长，巩固了北京市在全国乃至世界的体坛地位，为我国竞技体育作出了卓越贡献。然而在繁荣之后，北京市各级各类体校发展出现了3个较为关键的时间节点，并受社会文化、教育格局、经济发展等社会客观因素的影响，发生了较大的变化。此部分对这3个历史节点进行一一阐述。

1. 体校中专班在高校招生规模扩大后的无奈

1986年北京市政府批准北京市体委在北京市业余体校的基础上成立了中等职业学校——“北京市什刹海体育运动学校”，赋予了北京市各级各类体校学历授予资质。北京市各级各类体校生源来自北京市各区县体校和普通中学，并有在全国范围内招生的资质。具体承担二级训练，向优秀运动队培养与输送高水平运动员，并为中小学和社会培养体育师资与干部。学制四年，学习方式为学习、训练与生活全部在校的“三集中”模式，其中训练、竞赛、生活等管理性工作由当时的市体委负责，而文化课学习由当时的北京市高教局负责。2000年①、2001年②、2004年③、2008年④教育部多次公布

① 《教育部关于公布首批国家级重点中等职业学校名单的通知》，《教育部政报》2000年第Z2期。

② 《教育部关于公布第二批国家级重点中等职业学校名单的通知》，《教育部政报》2001年第6期。

③ 《教育部办公厅关于公布2008年认定的国家级重点中等职业学校名单的通知》（教职成厅〔2009〕1号）。

④ 《教育部办公厅关于公布新调整认定的首批国家级重点中等职业学校名单的通知》（教职成厅〔2004〕1号）。

并调整了国家级重点中等职业学校名单，北京市仅有北京市什刹海体育运动学校入选，且一直存在于名单中，此校代表了北京市体校在中等体育专业学校中的最高水平。

从 20 世纪 80 年代到 2000 年初的这段时间，中职体校精英化的选材，本土化的教育，免费就学政策，发放训练补助、餐补或工资以及包分配制度，获得社会各界认可。各级各类体校在这一时期实行的免费与包分配制度，让寒门子弟没有后顾之忧，可以心无旁骛、全身心投入体育训练中，还有一定的文化课学习的基础保障，完全没有当前学生的社会化焦虑与烦躁。另外中职体校位处各级各类体校的最高层级，大大增强了各级各类体校对家庭与社会的吸引力，极大地提升了各级各类体校的生源数量与质量。

一方面，1999 年全国各地体育专业院校、师范类大学、综合类大学纷纷开始扩大招生规模，体育类本科专业纷纷设立，原有的专科类院校不断升本，硕士、博士等学位点规模不断扩大，迅速使我国高等教育大众化。另一方面，市场经济地位的确立，打破了体育中专人才培养与用人单位无缝衔接，学生毕业即就业这一局面，造成精英化的体校中专班在这一教育改革大趋势下迅速陷入尴尬处境。

体育人才培养不直接产生生产力，但是却可以缓慢与长效地促进社会生产人员工作效率的提升。但是在以经济效益为导向的社会发展进程中，经济体制转型挤压了各级各类体校的生存空间，学校办好办坏由市场说了算①，北京市很多体校出现停招或者停办现象，生存下来的学校被动或半被动开启了多元办学模式。

宏观的社会经济与教育形态变革给各级各类体校创造了激烈的竞争环境，各级各类体校原有的“官办”保护色不断褪去，青少年体育俱乐部以及各类体育项目培训班纷至沓来。在新的竞争环境中各级各类体校的发展路径也开始从坐等发展转变为主动寻求发展，发展思路也转变为“迎合社会

① 余韵、徐国庆：《职业教育办学模式的历史转向——基于中职办学史的分析》，《职教论坛》2020 年第 10 期。

需求，主动服务”，但突出优势还是保持原有初心，在人才培养质量上不断取得突破。

2. 管理体制变革后的行业壁垒与目标错位

在我国体育管理体制是影响体育事业发展的行政、任务与运行机制的集中体现，而各级各类体校的发展始终离不开体育管理体制的变革。1955 年北京市率先在全国成立了体校，其顺利成立离不开原北京市体育运动委员会的协调与组织。20 世纪 80 年代，北京市体育运动委员会将下设的学生体育处移交给北京市教育委员会，这一处室一直以来都是负责北京市全体青少年的体育教育工作的部门，其中包含了对各级各类体校办学的指导，此次的划归在一定程度上弱化了体育行政系统参与教学行政系统中体育教育工作的力量。而 1980 年北京市教育委员会体美处的成立逐渐强化了教育系统管理学校体育工作的力量，各级各类体校在管理上虽然属于北京市体育局的管理范畴，但是学校的办学开始与北京市教育委员会管理的基础教育学校出现发展理念上的偏离，各级各类体校依然是以培养竞技体育后备人才为己任，以获取金牌为任务导向，但是普通中小学则是以文化教育为主，而其中的学校体育的发展目标为增强体质。体育与教育两个系统在行业领导方面产生了一定的壁垒。

体育系统培养的终极目标。新中国成立之前，中国的青少年竞技体育是“体存在于教”的状态，但当时的青少年竞技体育的水平较低，社会体育、职业体育发展水平更低。新中国成立后就有了 1952 年中华体总主席、教育部部长马叙伦和中华体总副主席、共青团书记荣高棠上书党中央的两份报告。“荣高棠、马叙伦的两份报告”提出了学习苏联，实施体教分离，促进中国竞技体育快速发展的五大建议，即成立国家体育管理部门、集中优秀运动员封闭集训并成立常设的国家队、建立体育学院、举办高水平国家体育赛事、建立大型体育场馆。新中国成立之初，在西方国家的封锁下，中国的竞技体育必然地担负了“第二外交部”的职责①，而低下的竞技水平却难以满

① 毛振明：《中国青少年竞技体育的发展轮回及其历史逻辑》，北京市学校体育联合会，2020 年 11 月。

足新中国开展对外交往的需要，在世界赛场上争夺优秀的运动成绩成为体育树立新中国形象的重要使命，这一使命一直传承到今天，这就赋予了体育系统承担竞技体育后备人才培养的根本使命。

教育系统培养的终极目标。增强学生体质是我国学校体育思想的首创，20 世纪中后期我国学校体育思想的内容就是以增强学生体质为核心。1956 年《中小学体育教学大纲（草案）》明确了体育教学的目的，即“培养学生成为全面发展的社会主义建设者和保卫者”。这是新中国成立后首次明确学校体育的目标。1961 年国家教委编写了《中小学体育教材》，进一步对中小学体育教学目的进行阐述，即“增强学生体质，向学生进行共产主义教育，使他们更好地学习，参加生产劳动和保卫祖国”。此次提出的体育教学目的实现了从新中国成立之初的“空泛口号”到“目的明确”的有效转变，是我国学校体育在学术思想认识上的首次飞跃和创新。随后历版中小学体育教学大纲及课程标准都将“增强学生体质”作为学校体育的根本目标①。2018 年 10 月习近平总书记在全国教育大会上作出重要指示：“要树立健康第一的教育理念，开齐开足体育课，帮助学生在体育锻炼中享受乐趣、增强体质、健全人格、锤炼意志。”② 可见教育系统在培养目标上是面向全体学生，充分发挥体育的本质功能，进而设立了“增强学生体质”这一目标。

社会资本参与培养的目标：资本盈利与收益最大化（见图 3）。

各系统培养目标方面的现实矛盾。从当前培养系统来看，各级各类体校成为最重要的竞技体育人才培养基地，但是最基层的体育运动学校规模却不断萎缩。教育系统承载了最大规模的适龄青少年，但是这一庞大的群体却与竞技体育割裂，并形成一个巨大的鸿沟。社会资本力量的注入在近些年给体育事业发展带来了一股强大的支撑力量，使社会性的商业培训及专业性体育俱乐部如火如荼地发展起来，但是资本逐利本性使得它们必然只关注收益率

---

① 高晓峰、杨贵仁、陈永利等：《20 世纪中后期我国体育教育主流思想叙事研究——基于王占春先生思想的分析》，《沈阳体育学院学报》2019 年第 6 期。

② 《坚持中国特色社会主义教育发展道路　培养德智体美劳全面发展的社会主义建设者和接班人》，《人民日报》2018 年 9 月 11 日。

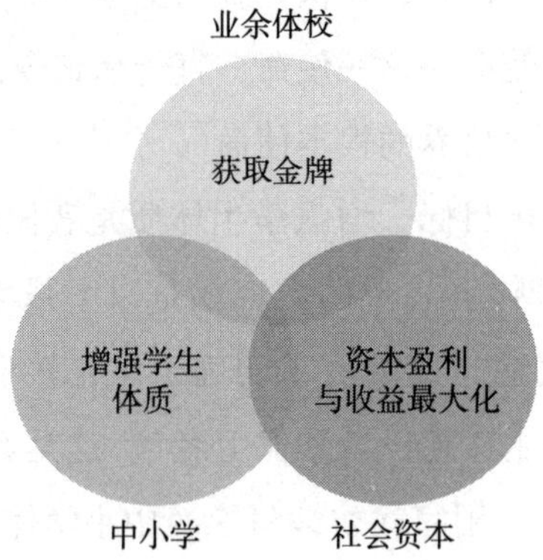

图 3　各系统体育人才培养目标

高的投资方式、曝光度较高的运动项目（例如近年来北京冬奥会背景下的冰雪项目），一些不利于商业化运作的运动项目则无法得到资本追捧。

3. 社会资本力量的多元投资对体校的弱化

社会资本力量在 20 世纪就对我国体育事业有着重要的投入，社会资本力量最先渗入的是 20 世纪我国关注度较高的一些夏季运动项目，包括三大球、乒乓球以及田径等项目，如当时风靡一时的辽宁体校的马家军吸引了健力宝、中华鳖精等企业资金的注入。社会资本的投入给业余训练的发展提供了一股强大的支撑力量，同时也使社会性的商业培训及专业性体育俱乐部如火如荼地发展起来。伴随着我国各运动项目竞技水平的不断攀升、体育各类政策导向加强、媒体曝光程度不断提升，社会资本力量不断地参与进来。

但逐利是资本的天性。运动项目的曝光频率一定程度上和当前所说的“流量”比较相像，社会资本与竞技运动绑定，如果取得优异的竞技成绩，则“流量”不断攀升，这一过程中社会资本的经济效益将大幅提升。例如从浅显层面通过广告包装优秀的运动员获得流量产生效益，到深层次的开设体育俱乐部、参与高级别的体育竞赛等。从本质上讲社会资本力量的涌入是以获取经济收益为根本目标的。

虽然社会资本力量对各级各类体校的参与也有了多年的积淀，但是这些年对各级各类体校软性资本的投入越来越少（体校场馆等固定资产除外），因为逐利是资本的本质特点，资本逐利本性使其必然只会关注到曝光度高的项目，一些不利于商业化运作的运动项目则无法受到资本追捧。

各级各类体校的发展是一种教育事业，运动员培养是一种周期长、见效慢的投资活动，而大多社会资本还是更倾向于投资“短平快”的体育产业项目。过于高端的运动员包装仅仅牵扯到头部效应运动员，我们对时下一些相对较热门的冬季项目优秀运动员进行了访谈。当在访谈某世锦赛短道速滑冠军，谈及是否有企业赞助时，他非常诚恳地答道“没有任何企业赞助过我，我们项目的受众面实在是太窄了”。而雪上项目的全国运动员冠军直白地补充道：“您说的是武大靖这类的奥运会冠军，企业才去考虑，我们不行的。”短道速滑是我国的强势项目，作为世锦赛的冠军，都还没有得到社会资本的关注，可想而知基层的冰雪项目运动员的生存与发展环境将更加困难。

在我国优化市场配置的政策导向下，社会资本市场将与政府形成一个复合的系统，其将发挥更大的功效。但是在市场忽视或者摒弃了一些受众群体相对弱势的运动项目后，政府如何制定规则纠正市场这样有“偏爱”的状况就显得尤为重要，以实现多系统间的共生、协同发展，将市场外部收益或外溢成本内部化。

（二）北京市各级各类体校发展取得的成就

至今北京市各级各类体校依然在竞技体育方面发挥着基础性、绝对性的作用，主要体现在参赛人数、成绩获得等方面。2019 年第二届全国青年运动会召开，在北京市委市政府的带领下，市体育局积极布置备战任务。此次比赛划分为体校组与社会俱乐部组，对于体校组的要求为“各级各类体校均可报名参赛。各级各类体校学生，已经输送至高校或专业队等的适龄运动员，允许其回原输送体校。以预赛报名为准确定单位”①。说明体校组参赛

① 国家体育总局：《体育总局青少司关于印发〈中华人民共和国第二届青年运动会竞赛规程总则〉的通知》（体青字〔2018〕81 号）。

人员皆为各级各类体校出身的学生运动员。按照数据统计，此次全国青年运动会北京市参加了 46 个大项 61 个分项 1000 个小项的比赛，参赛规模达 2675 人。其中，体校组参加 38 个大项 50 个分项 642 个小项，有 1317 人参赛，社会俱乐部组参加 40 个大项 46 个分项 358 个小项，有 1358 人参赛。最终北京市共取得了金牌 85 枚、银牌 88 枚、铜牌 107 枚。按组别划分，体校组获得金牌 45 枚、银牌 49 枚、铜牌 48 枚；社会俱乐部组获得金牌 40 枚、银牌 39 枚、铜牌 59 枚①。

从北京市内看，北京市各级各类体校竞技成绩依旧不俗。2020 年北京市体育局提供的数据显示，全北京市 24 所区级体校共计 9197 名学生。2019 年北京市命名了市级体育传统项目学校 225 所，备案区级体育传统项目学校 262 所，通过社会俱乐部注册运动员人数达 40692 人。体校在学校数量、总体人数、参赛人数远远少于社会俱乐部的背景下，依然取得佳绩。

从全国看，北京市各级各类体校竞技成绩居全国前列。2014 年巡视组对国家体育总局巡视后的整改意见有一条是“金牌至上政绩观”，因此 2015 年我国取消了全运会竞赛奖牌排行榜，随后国内的全国性赛事也相应取消了竞赛奖牌排行榜。由于在学术比较中依然需要用到这个排名，从而在一定程度上展现各级各类体校的竞技水平位置。因此以第二届全国青年运动会获奖情况为参照，依据在互联网上查询的全国各省份的成绩数据，可以发现数据比较全面的是山东省。《大众日报》报道了山东省的成绩详情：“山东共获得金牌 115 枚，其中体校组 103 枚，俱乐部组 12 枚，奖牌数获得前三。”②而北京市体校组获得金牌数量为 142 枚，高于体育强省山东省的体校组，北京队金牌、奖牌总数均位列全国前列，圆满完成了第二届全国青年运动会参赛的目标任务。

2019 年习近平总书记给北京体育大学 2016 级研究生冠军班全体学生回

① 北京市体育局：《青少处 2019 年度工作总结和 2020 年工作计划》，2020 年 9 月。

② 《第二届全国青年运动会赛程收官，山东军团 115 枚金牌稳居三甲之列!》，https：//sd. dzwww. com/sdnews/201908/t20190819_ 19076326. htm。

信，以他们为代表，赞扬了我国全体的竞技体育健儿征战赛场、顽强拼搏、勇创佳绩、为国争光的精神。指出大家应“边努力学习，边刻苦训练，积极参与全民健身推广工作，为社会传递正能量”，这不仅是对我国竞技体育高级人才培养的最高指示，也是我们业余训练的奋进目标。

（三）北京市各级各类体校发展的当下不足

北京市各级各类体校当前存在的问题从整体上看，与全国各地各级各类体校基本相似，主要是生源减少；社会重视程度较低，学生就业前景不乐观；训练经费缺乏，来源渠道单一；训练与学习矛盾依然严重；部分各级各类体校项目设施不够合理等。

北京市各级各类体校当前在具体问题上看，存在着以下情况。

一是训练常规管理。具有高水平的管理能力才能达到高质量的目标，但是各区级体校存在着训练管理制度或办法缺失、缺少参赛计划、重点运动员监控不完整、教练员培训资料不全、人才库数据缺失、领导检查训练材料流于形式等问题。譬如“缺少学校训练部门中、远期训练规划”“缺少训练计划的检查记录及评价记录”“无运动员管理制度及办法”“训练课质量检查的标准及检查的原始记录部分缺失”“教练员业务培训、研讨活动的工作计划及总结部分缺失”等。

二是训练计划及执行不足。训练计划与执行关系到青少年技战术能力的提升、各级各类体校竞技体育后备人才培养的重要使命，训练计划的制订以及教案的编写不仅可以反映教练员对待日常工作的态度，也是学校全年训练过程的记录与再现。为此北京市体育局特制定了固定的书写模板和要求，但在实际的执行过程中却存在一定的问题①。各学校存在着教案以及训练计划内容不全或者缺失等现象。通过市级考评发现，部分体校教案不规整，要求不严格，漏写内容小项的现象较多，负荷及训练时间和分配图部分与实际训

① 北京市青少年体育联合会：《2019 年北京市青少年体育工作考核与调研评估报告》，2019 年 11 月。

练计划内容不相符。大部分体校能按照要求每年进行2次大纲测试，有制度、有计划、有总结、有原始材料。但是，各校大纲测试项目存在不统一的情况，没有固定标准，有些项目测试内容较多，有些则仅2至3项，存在不均衡情况①。

三是教练员职称晋级较难。当前一些区级体校无高级教练员或者体校高级教练员占教练员总数的比例不足10%，24所区级体校中一共有15所体校达到标准10%以上，16个区中仅7个区区内各体校均满足高级教练员占教练员总数10%的要求，各区体校教练员总人数为369人，其中高级教练员人数为50人，占比为13.55%。这些数据在一定程度上表明高级职称比例较低，影响了教练员在事业发展上的积极性，高级职称不仅是对教练员的表彰，更意味着教练员工资收入的增长。②

四是科研与医务设施设备偏弱。24所体校中，教练员科研成果普遍处于缺失和真空状态，同时相关科研保障不足，部分单位科研部门与业余训练部门配合度不高，城区与郊区教练员队伍整体科研水平差距较大。在硬件上一些体校无科研所，科研医务室无专职人员，缺少选材、机能评定及训练监测需要的仪器设备等。在软件上缺少设备使用记录，缺少科研医务人员对运动员选材、训练、竞赛服务工作数据进行分析后的反馈意见或建议。这些情况致使体校不能对学生开展生理、生化项目的测试，对运动员的选材、运动监控等科学训练的技术支持不到位。

六 北京市各级各类体校未来发展优化措施

（一）夯基础：强化业余训练，提升竞技体育后备人才竞争力

以业余训练为主体，全面提升竞技体育后备实力，加强巩固北京当前新

① 北京市青少年体育联合会：《2021年北京市青少年体育工作评估报告》，2021年11月。

② 北京市体育局青少年体育处：《2018年北京市各区体校考评报告》，2018年10月。

的训练体系，为竞技体育后备人才培养服务，促进北京市儿童青少年投入体育运动的热情，从而保障北京市竞技体育地位。2022 年初北京市公布了《关于加强和改进北京市业余训练工作的实施意见》，这是对北京市体育后备人才培养与各级各类体校发展提出的具有实操性的实施方案。文件一直聚焦“加强和改进”几个字，用“重点任务”的明确表述来强化业余训练工作，从而保障与提升北京市竞技体育实力。从“国家高水平体育后备人才基地”（以下简称“基地”）认定着手，打造科学、医疗与训练一体化的复合型训练团队，以基地考核的办法为切入点强化考核每年度区级体校的成绩，把全市 30%以上的区级体校创建成为基地①。对重点项目布局及建立市、区两级体育后备人才库也进行了统筹设计，这些是吸引优秀生源、助力体校发展的根本。而启动“百名精英教练培养计划”、完善业余训练教研专家组、创建“名教练工作室”等举措都是激励教练员积极发展的辅助性策略。创新业余训练集训营模式与推动体校和社会力量联合办训也对体校在发展路径上给予了一定的修正与调控。总体来看，《关于加强和改进北京市业余训练工作的实施意见》提出的 8 项重点任务是夯实体校发展基础的重要指向，只有延续好将近 70 年的北京市各级各类体校的发展经验，夯实好竞技体育后备人才培养这一主责主业，打造强有力的基础实力，北京市在未来的各级各类体校各项改革中才能处于优势。

（二）促升级：优化项目布局，挖掘本校的特色进行升级改造

要用足用好政策，强化头部体校建设。北京市各级各类体校的两极分化是客观存在的，在加快各级各类体校升级改造的过程中，针对北京市属体校与区属领头体校改革要用足用好政策。国家体育总局 2004 年开始以奥运会为周期，启动了“国家高水平体育后备人才基地”认定工作，直接促使全国各级各类体校将认定条件作为办学方向，很大程度上促进了各级各类体校的发展。2008 年北京奥运会上我国获得金牌总数位居第一，国家高水平体

① 北京市体育局：《关于加强和改进北京市业余训练工作的实施意见》（京体青字〔2022〕4 号）。

育后备人才基地的认定工作成为制度化的工作，但是因为国家级高水平体育后备人才基地对各级各类体校有比例限制，因此我们必须把头部体校作为申报重点。

各类体校提档升级，协调与全面发展。2022 年，国家体育总局、教育部、国家发展改革委三部门发布了《引导支持体校、体育俱乐部等专业力量进入校园开展课后体育服务》，该文件着重提及了切实发挥体校专业引领作用。这里的专业就是指专业性，要求体校与周围中小学结对帮扶，协助组织开展各种课后体育服务，丰富服务内容，协助学校举办运动会、校园体育比赛和体育节等活动①。各级各类体校评估结果显示，市区与郊区差距逐渐增大，从 2021 年业训成绩来看，排在后 6 名的体校中，郊区体校占了 5 所。市区内各体校在师资力量、训练设施、训练条件等方面占据优势，好的生源不断向市区集中，进而形成恶性循环，长期发展下去，势必将导致市区与郊区在训练条件、水平以及成绩上的差距不断拉大，这样不利于全市整体水平的提高，也不利于郊区体校的建设和发展。针对郊区在资金、场地设施、师资等方面较市区而言比较薄弱的现状，建议鼓励提倡各区实行“一区一品”的管理模式，在运动项目选择和开设上，重在“精”而不在“多”，集中优势资源集中发展一项或者两项体育运动，进而形成区域优势和特色，吸引该项目的优秀资源和生源向区域内集中，从而打破已有的现状。另外，在当下信息化背景下，大数据被应用到了各行各业，朝阳区也积极紧跟步伐，自行研发了一套管理系统。技术手段以及大数据的运用，使得业余训练管理透明化、科学化。朝阳区自己开发的青少年业余训练网络数据库可以非常便捷地对三所体校运动员数据进行收集和利用，该数据库预计将覆盖 20 多个运动项目，目前以举重、女足、男排、皮划艇、射箭、手球等 6 个项目为试点项目。朝阳区力求通过系统建立，提高训练和测试数据收集分析的信息化水平，优化管理、提高效率，提升青少年业余训练的科学化水平，这在北京市

① 《关于提升学校体育课后服务水平　促进中小学生健康成长的通知》，http：//www.gov.cn/zhengce/zhengceku/2022-07/06/content_ 5699551.htm。

属于首创，值得进行推广。

北京市各级各类体校提档升级要以特色化、专业化、社会化、科学化为改革方向，打造以2~3个特色项目为引领，以现代化训练场馆设施为支撑，以专业化教练团队和服务保障团队为核心，以联合办训和合作培养为补充的新型现代化体校。以北京市各级各类体校辐射学校、体育俱乐部和后备人才机构①，补充学校、社会组织、协会，由点到面。通过体校的改革加上科技赋能，让体校转型成为后备体育人才培养主阵地，并兼顾周边社区、学校需求，同时借助专业团队、体能服务、健身指导等，将体校打造成为体育活动中心、康复中心、指导中心和训练中心。

（三）调结构：落实体教融合，改革体校管理体制和运作机制

2020年体教融合文件的制定和提出有明确的目标指向，那就是促进全体大、中、小学生的全面发展，重点提高竞技体育后备人才的文化素养。体校在竞技体育后备人才培养中，要突出文化课教师队伍建设，改善已往重训练、轻文化的现象。这些问题的提出与解决关键是“体校管理体制和运作机制”改革，也就是“三纳入”，即需要将体校管理真正纳入“基础教育管理范畴”、纳入“基础教育资源投入范畴”、纳入“基础教育考核评价范畴”。这三个纳入就在某种程度上阐释了各级各类体校不能孤立于国民基础教育体系的原因。

形成一体化的学校内部培养双轨制。运动员培养回归普通国民基础教育系统是未来发展的大势所趋，在体教融合的改革背景下，体育师资改革势在必行。我国发布的相关文件多次指出将退役运动员安置为体育教师，体育教练员为学校体育服务、为社区青少年体育服务。未来基于当前基层体校与基础教育阶段普通中小学的融合，运动员与其教练员都将回归到普通的校园内，这在美国与加拿大都有相对成熟的制度可借鉴。但是基于中国本有的体

① 《国家体育总局青少司司长郭建军在2014年全国业余训练工作会议上的讲话（二）》，《青少年体育》2015年第2期。

育与教育双系统的特色基础，中国可以在学校内部形成两套单列的系统（见图4），即将原有体校整合进入普通学校之后，采用双轨制，一个是面向全体学生的学校体育即体育课教学、课余活动和运动竞赛；另外一个就是专为竞技体育而服务的专业运动员训练体系，两个体系共存，使学生和运动员之间可以相互流动，运动员和全体学生的成才率进一步提高，避免体育系统内部的窄化，协同为竞技体育后备人才培养助力。当前教育部推进学校体育课程改革“教会、勤练、常赛”，最终的落脚点是为竞赛服务。学校内部体育与教育双轨制将有助于减少体育系统与教育系统的沟通成本，有效搭建竞赛体系。2007年中央7号文件提出班级联赛制度，从班级联赛一直到全国联赛都可以形成完整的学校体育竞赛体系，最终构成一个完整的优秀后备人才脱颖而出的竞赛机制与完善的课余训练机制。

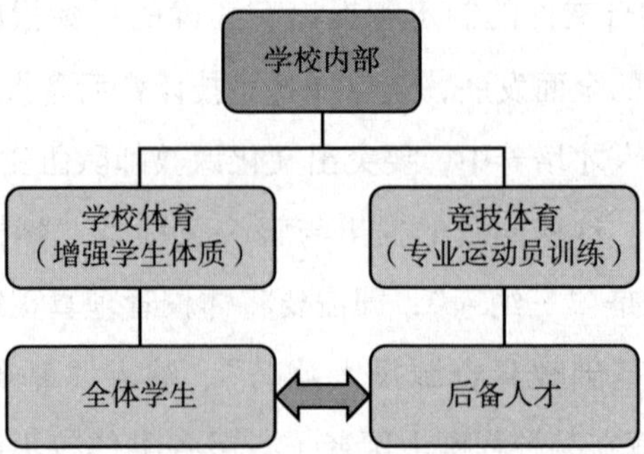

图4 体教融合下的学校结构调整情况

扶持社会资本力量与优化市场发展路径。我国体育社会化的改革于20世纪80年代开启，其标志在于原国家体委下发了《关于进一步开创体育新局面的请示》，提出要深入社会各个领域，由此社会资本开始参与体育事业，甚至兴办运动队，例如风靡一时的健力宝等企业投资体育事业。竞技体育人才培养形成了政府主导、社会参与、政府与社会相结合的发展模式。特别是20世纪90年代出台的《2001～2010年体育改革与发展纲要》提出“鼓励和支持社会以及个人资助、兴办业余训练”之后，社会力量更加活跃。经过几十年的探索，社会资本力量对竞技体育事业繁荣发展作出了巨大的贡献。

这些年在政府深化“放管服”改革的行政管理理念下，运动单项协会与行政部门分割，社会力量得到了较大的市场发展空间，开始按照“有偿训练、有偿培养、有偿流动”“谁投资谁培养谁受益”的市场规律介入竞技运动，如当前北京地区冰球俱乐部的发展就是社会资本积极介入之后的成功案例。在未来必然要将市场作为竞技体育后备人才培养的主战场，社会资本力量将在市场经济的运行规律下积极促进体育人才流动并提高人才培养的积极性。

（四）创联动：推进“家校社”协同，盘活各级各类体校场地人员等资源

深入推进体育人才培养“家校社”一体联动。全国很多地区和街道已开始摸索与实践家庭、学校和社区联动培养青少年的模式。在国家部委层面，2021 年 4 月教育部党组专门发文提出“进军‘三个战场’（学校、社区、家庭），促进和助力家校社协同共育”①。在未来，体育口将主动开辟社区与家庭两个战场，以此来丰富青少年的活动机制，各级各类体校利用好这个机遇将大有作为。

家庭、学校与社区联动培养学生在教育界、理论界与实践界都不是一种新的理论，而是经过多年实践的一种基层策略，但是体校在这一方面相对滞后。国家层面需要借助体育工作来加强青少年健康。以前全国各基层乡镇街道政府部门实行“上面千根线底下一根针”的工作模式，而“家校社”三方联动的机制受各方因素影响，一直无法取得有效突破，上级发文执行都艰难进入基层工作的“针眼”内。在未来可以发挥体校在本区域的地缘优势，积极联络社区与街道，主动服务社区青少年。虽然社区工作也是千头万绪，但是青少年活动管理也在社区这一最基层政府机构的职权框架内，因此本文提出建立以社区为核心，体校、社区两方合作的，加入家庭这一活动主体的

① 《中共教育部党组关于加强新时代全国教育系统关心下一代工作委员会工作的意见》（教党〔2021〕34 号），http：//www. moe. gov. cn/srcsite/A24/s7070/202104/t20210430_ 529314. html。

三方联动机制。体育系统出人、街道出地方的合作机制，将促进各级各类体校的向外开拓发展。

破除体教双轨运行的条块壁垒和部门隔膜，是当前体教融合改革过程中不可避免的，是改革的深水区。但是体教融合改革必须建立在坚持国家意志的基础上，盘活整个社会各个系统的积极性，建设“政府监管、体校做主、社会做大、市场做强、家庭参与”的多元化竞技体育后备人才培养体系，实现由政府主导向以社会为主力的培养方式转变，构建北京市各级各类体校高质量发展模式。

参考文献

荣高棠：《当代中国体育》，中国社会科学出版社，1984。

张玉莞尔：《我国青少年业余体校的历史沿革》，硕士学位论文，北京体育大学，2019。

杨铁黎：《我国业余体育运动学校的建立与发展》，《中国学校体育》2014 年第4 期。

《国家体育总局青少司司长郭建军在 2014 年全国业余训练工作会议上的讲话（一）》，《青少年体育》2015 年第 1 期。

孙康林：《新中国成立后北京体育事业的发展历程》，《北京党史》2005 年第 5 期。

孙守正、刘济民、靳继承：《北京市运动训练中由 4 级向 3 级“分流”体制的调查研究》，《体育教学》1993 年第 1 期。

傅鸿运：《在改革中逐步完善业余训练体制》，《湖北体育科技》1988 年第 3 期。

孙康林：《新中国成立后北京体育事业的发展历程》，《北京党史》2005 年第 5 期。

程娜：《北京市城八区业余体校办学现状的研究》，硕士学位论文，首都体育学院，2011。

柳鸣毅、孔年欣、龚海培等：《体教融合目标新指向：青少年健康促进与体育后备人才培养》，《体育科学》2020 年第 10 期。

余韵、徐国庆：《职业教育办学模式的历史转向——基于中职办学史的分析》，《职教论坛》2020 年第 10 期。

高晓峰、杨贵仁、陈永利等：《20 世纪中后期我国体育教育主流思想叙事研究——基于王占春先生思想的分析》，《沈阳体育学院学报》2019 年第 6 期。

B.7

北京市青少年冰雪运动开展状况分析

赵卓伦　王子暄　汪嘉琳　陈凯璐*

摘　要： 2022年北京冬奥会和冬残奥会的成功举办，为中国冬季项目的普遍开展、冬季项目技能的提高提供了重要的契机。在“带动三亿人参与冰雪运动”愿景的带动下，北京市青少年冰雪运动迅速开展起来。但与此同时，北京市青少年冰雪运动发展也面临诸多问题。本文利用文献资料法和调查研究法，从北京市青少年冰雪运动政策背景、北京市青少年竞技冰雪运动的发展、北京市青少年冰雪运动进校园开展情况、北京市中小学冬季奥林匹克教育开展情况等方面论述了北京市青少年冰雪运动发展状况。通过文献资料法和德尔菲法，得出了北京市青少年冰雪运动发展面临的问题及政策建议。最后，本文对北京市青少年冰雪运动发展进行了展望。

关键词： 北京市　青少年冰雪运动　奥林匹克教育

一　北京市青少年冰雪运动开展状况

（一）青少年冰雪运动相关政策

2022年北京冬奥会和冬残奥会的成功举办，让冬季运动项目进入了全

* 赵卓伦，首都体育学院副教授，硕士生导师，主要研究方向为体育新闻与传播；王子暄，首都体育学院在读硕士研究生，主要研究方向为体育新闻与传播；汪嘉琳，首都体育学院在读硕士研究生，主要研究方向为新媒体、体育新闻；陈凯璐，首都体育学院在读硕士研究生，主要研究方向为新媒体、体育新闻。

国人民的视野，全国范围内掀起参与冰雪运动的热潮。习近平总书记提出了“带动三亿人参与冰雪运动”的愿景，这对实现我国冰雪运动快速发展具有重要意义。从政策执行的角度来看，这一愿景已成为提高我国冰雪运动普及率、扩大我国冰雪运动参与人数的重要手段。

1. 国家层面青少年冰雪运动相关政策

为了加快实现“三亿人上冰雪”这一目标，我国政府从不同层级出发，在不同时间段分别发布相关政策。2013 年，北京怀北滑雪场举行了“百万青少年上冰雪”活动启动仪式，自此全国青少年各式冰雪主题特色活动正式开启。

2016 年 10 月，中共中央、国务院颁布《“健康中国 2030”规划纲要》，提出了实施青少年体育活动促进计划，指出应当培养青少年参与体育运动的兴趣和热情，要确保学生校内每天体育活动时间不少于 1 小时，促进我国各年龄段青少年熟练掌握 1 项以上体育运动技能。同时，学校场馆设施和器材的配置也要进一步完善，保证青少年每周都能参加体育活动，促进青少年身心健康发展。①

2016 年 11 月，国家体育总局等部门共同颁布《群众冬季运动推广普及计划（2016～2020 年）》。该计划列出向群众普及冬季运动项目的六大任务，鼓励开展全国青少年“未来之星”冬季阳光体育大会活动，另倡议举办青少年冰雪相关公益讲座和课堂教学等活动，力图在校园中，以兴趣爱好为引领，广泛普及冰雪知识，将奥林匹克精神传递到青少年心中。②

2016 年 11 月，国务院颁布《冰雪运动发展规划（2016～2025 年）》，提倡“实行校园冰雪计划，扩大全国小学、初中、高中的冰雪运动特色校数量”。该规划提出着力促进冰雪运动在校园中的推广与普及，以校内外两个节点为中心，激活冰雪运动培训。③

---

① 《中共中央　国务院印发〈“健康中国 2030”规划纲要〉》，https：//www.gov.cn/zhengce/2016-10/25/content_ 5124174.htm。

② 国家体育总局：《群众冬季运动推广普及计划（2016～2020 年）》，http：//www.gov.cn/xinwen/2016-11/04/content_ 5128690.htm。

③ 国家体育总局：《冰雪运动发展规划（2016～2025 年）》，https：//www.sport.gov.cn/n10503/c773657/content.html。

在赛场设施建设方面，《全国冰雪场地设施建设规划（2016～2022年）》对2016～2022年我国冰雪场地设施发展等进行了较详细的说明，核心任务是保障2022年北京冬奥会的顺利进行，此外还指出了全国冰雪场地建设发展中存在的问题及解决方法。①

2018年1月，国家体育总局、教育部等部门联合印发《青少年体育活动促进计划》，提出了六个发展目标和七个任务，其中，任务之一是推动青少年冰雪运动的普及与提高。倡导在各阶段校园内开展冰雪体育教学活动，鼓励各地组织举办青少年冰雪嘉年华、冰雪季等冰雪运动的推广普及活动②。

国家体育总局于2018年9月发布“两纲三划”，《“带动三亿人参与冰雪运动”实施纲要（2018～2022年）》即为其中“一纲”，该纲要具体的工作措施包括三个方面：首先是推广冰雪运动，开展冰雪进校园活动，支持建设“冰雪运动特色学校”；其次是建立健全青少年冰雪运动竞赛体系，在全国范围内组织冬季和夏季青少年冰雪赛事；最后是强化青少年冰雪运动人才的储备培养，引导多方部门共同参与，多元化发展青少年冰雪运动。③

2019年3月，中共中央办公厅、国务院办公厅印发《关于以2022年北京冬奥会为契机大力发展冰雪运动的意见》，指出要在全国范围内广泛开展青少年冰雪运动。该意见提倡各地多开展冰雪运动主题活动，推动冰雪运动在全国中小学教育课程中的普及。④

2019年9月，国务院办公厅印发《体育强国建设纲要》，重点强调推进青少年体育发展事业，构建社会化、网络化的青少年运动冬季和夏季训练营

① 国家体育总局：《全国冰雪场地设施建设规划（2016～2022年）》，https：//www.sport.gov.cn/n315/n330/c773859/content.html。

② 《体育总局 教育部 中央文明办 发展改革委 民政部 财政部 共青团中央关于印发〈青少年体育活动促进计划〉的通知》，https：//www.sport.gov.cn/n20001280/n20067626/n20067732/c20199661/content.html。

③ 《“带动三亿人参与冰雪运动”实施纲要（2018～2022年）》，《冰雪体育创新研究》2020年第3期。

④ 《中共中央办公厅 国务院办公厅印发〈关于以2022年北京冬奥会为契机大力发展冰雪运动的意见〉》，《中华人民共和国国务院公报》2019年第11期。

体系；促进青少年各类体育俱乐部的发展，建立青少年运动组织管理体系。同时，排除青少年体育活动的注册以及项目部门限制，实施青少年体育人才建设工程，面向所有适龄青少年逐步建立不同年龄阶段相衔接的比赛系统。①

2021 年 10 月，国家体育总局对外公布《“十四五”体育发展规划》。该规划重点强调了加强体教融合，促进青少年体育健康发展。提出加强校园冰雪运动顶层设计，推动冰雪运动特色学校的建设，鼓励各高校积极建设冰雪运动校级队伍。启动冰雪运动联赛管理，开发中小学生适用器材，联合保险公司推出专项意外伤害保险。②

2. 北京市层面青少年冰雪运动相关政策

2022 年北京冬奥会结束后，在冰雪运动热潮的推动下，首都青少年冰雪运动正式进入了一个跨越式大发展时期。北京市政府和市体育局等有关部门相继颁布了各项政策，以促进和保障冰雪运动的推广及相关产业的蓬勃发展。

2016 年 3 月，北京市人民政府颁布了《关于加快冰雪运动发展的意见（2016~2022 年）》及七项配套规划（以下简称“‘1+7’文件”）。《关于加快冰雪运动发展的意见（2016~2022 年）》提出，发展青少年冰雪运动，既要向青少年广泛普及冰雪运动，也要组织冰雪运动相关竞赛，并进一步建设冰雪特色运动学校。北京市将培养数万名冰雪运动高级管理人员、专业技术人员和服务保障人员等，为发展冰雪运动、筹办 2022 年北京冬奥会提供人才保障。其中，计划培养 25000 名校园辅导员和社会体育指导员③。

2016 年 12 月，北京市颁布了《北京市全民健身实施计划（2016~2020 年）》，提倡北京市市民每周参与体育运动，促进特色群众运动品牌的诞

① 《国务院办公厅印发〈体育强国建设纲要〉》，《中国民族》2019 年第 9 期。

② 国家体育总局：《关于印发〈“十四五”体育发展规划〉的通知》，https://www.sport.gov.cn/zfs/n4977/c23655706/content.html。

③ 《北京市人民政府关于加快冰雪运动发展的意见（2016~2022 年）》，《北京市人民政府公报》2016 年第 20 期。

生，冰雪运动与此同步进行普及。该计划还明确提出多项任务，包括大力支持滑冰、滑雪、冰壶等运动项目的推广，积极举办相关赛事，在群众中进一步推广普及冰雪运动知识。①

2018 年 9 月，北京市教委、北京市财政局联合印发《北京市支持校园冰雪运动发展项目管理办法（试行）》，指出以人才培养为根本，立足北京的实际情况，发挥优势，统筹资源，既要开发有特色的冰雪课程，创立特色冰雪品牌，也要提高对师资水平、场地设施的保障力度，还要加强国内外冰雪运动相关教育交流活动。除此之外，还应当建立奥林匹克教育示范学校和冰雪运动特色学校，在日常学习中向青少年推广和普及冰雪运动文化知识及冬奥文化。②

2020 年 5 月，北京市体育局、北京市残疾人联合会印发《北京市落实〈关于以 2022 年北京冬奥会为契机大力发展冰雪运动的意见〉的实施意见》，强调要广泛开展青少年冰雪运动。主要从三个方面展开，首先是举办青少年冰雪运动竞赛，建立健全 U 系列竞赛体系；其次是开展校内实践体验教学，收集和展示冰雪运动优秀教学案例，在北京各中小学开展奥林匹克教育实践培训；最后在 16 个地区全面开展冬季项目业余训练，广泛培养冰雪运动后备人才。③

3. 北京市青少年冰雪运动相关政策实施及质量监控

北京市出台多项相关政策分别从项目管理、经费支持、落实情况等方面对青少年冰雪运动的开展给予保障支撑。

（1）全过程项目管理

北京市教委于 2018 年 4 月制定并公布了《北京市关于加快冰雪运动发

① 《北京市人民政府关于印发〈北京市全民健身实施计划（2016～2020 年）〉的通知》，《北京市人民政府公报》2017 年第 5 期。

② 《北京市教育委员会　北京市财政局关于印发北京市支持校园冰雪运动发展项目管理办法（试行）的通知》，《北京市人民政府公报》2018 年第 38 期。

③ 《北京市体育局　北京市残疾人联合会印发〈北京市落实《关于以 2022 年北京冬奥会为契机大力发展冰雪运动的意见》的实施意见〉的通知》，http：//tyj. beijing. gov. cn/bjsports/zcfg15/fgwj/qtwj/10807689/index. html。

展重点工作分工方案》，联合市体育局等有关部门，以推广青少年冰雪运动为中心任务，从课程、活动、师资等多方面同时统筹协调各种冬季运动优质资源，促进学生在学习和掌握冰雪运动技能的同时，身心全面发展。具体措施如下。①以冬奥会及冬残奥会为中心，开展冬奥会文化教育。②着力打造中国青少年冰雪运动特色品牌。服务青少年冰雪运动项目，为广大青少年提供更多自我展示、自我提高的机会。③引进优秀人才资源，既要完善师资培训，也要提高课程建设水平，促进冰雪运动在校园范围内得到广泛普及。④不断强化体制建设，建设冰雪运动特色学校，促进北京市中小学冰雪运动的普及和发展。⑤推进校园冰雪运动场地建设，在校外建立多种冰雪活动场所，多方合力保障校园冰雪运动场地设施。

（2）经费支持和保障

2017 年北京市财政局、北京市体育局联合印发《北京市青少年冬季运动项目补助标准》（以下简称《补助标准》），在技能培训、业余训练、设施建设等方面为北京市青少年冰雪运动项目的开展提供资金支持。按照《补助标准》，2017 年北京市体育局和财政局为北京市青少年冬季项目运动队共 76 支队伍提供了约 6000 万元的资金补助；2018 年为 107 支队伍提供约 8000 万元的补助；2019 年为 126 支队伍提供约 1000 万元的补助，之后北京市青少年冬季项目运动队数量保持稳定，补助金额标准依然不变。

根据总体发展规划要求，到 2022 年，北京市将建设 200 所冰雪运动特色学校。2018 年 9 月北京市教委、市财政局颁布了《北京市支持校园冰雪运动发展项目管理办法（试行）》。具体管理措施为：“每校第一年可获得 50 万元资金扶持，其后每年按照评估验收结果分别可获得 25 万元、50 万元、75 万元三个等级的财政支持。如有学校验收不合格，则取消特色学校资格，并取消经费支持。市财政部门将按照 100 元/（生·年）的标准，积极引导基础教育阶段学生参与冰雪运动。”①

① 《北京市教育委员会　北京市财政局关于印发北京市支持校园冰雪运动发展项目管理办法（试行）的通知》，《北京市人民政府公报》2018 年第 38 期。

有关师资培养问题，北京市教育行政部门会同有关部门制定《北京市冰雪运动校园辅导员任职条件和培训大纲》，倡导北京市各校在校园内培养冰雪运动辅导员。同时，在各大高校设立冰雪运动相关专业，加快培养冰雪运动专业教师。鼓励条件尚可的学校从外引入冰雪运动教学人才。有关冰雪运动特色学校的建设，则依托北京市教育行政部门的指导，由各校校长牵头，指派专人进行工作指导。为充分培养北京市青少年竞技冰雪人才，北京市财政局、北京市体育局于 2017 年资助各区建设青少年冬季项目运动队。2017 年各区依据项目补助标准申请市级补助经费共 4341.496 万元；2018 年申请市级补助经费共 6426.098 万元。从 2018 年开始北京市财政局加大扶持力度，每年安排冰雪运动扶持资金 3 亿元左右，主要用于普及冰雪运动、提高冰雪运动竞赛水平、推动冰雪运动场地建设等方面。

2021 年北京市教委开展北京市冰雪运动特色学校及北京市 2022 年冬奥会和冬残奥会奥林匹克教育示范学校评估验收工作，经 2021 年第 46 次主任办公会审议，北京市东城区前门小学等 65 所学校被评为北京市冰雪运动特色学校一类学校，北京市东城区第十一中学等 72 所学校被评为北京市冰雪运动特色学校二类学校，北京市第二中学分校等 63 所学校被评为北京市冰雪运动特色学校三类学校。北京市东城区府学胡同小学等 199 所奥林匹克教育示范学校评估验收合格。

4. “1+7”文件实施情况

为贯彻《北京市国民经济和社会发展第十四个五年规划和 2035 年远景目标纲要》《北京 2022 年冬奥会和冬残奥会遗产战略计划》要求，2016 年 3 月，北京市出台“1+7”文件。该文件创造了“三个首次”。一是全国首次以地方政府名义出台冰雪运动发展规划，根据首都的战略定位和建设世界一流宜居城市的目标，将冰雪运动的发展纳入冬奥会筹备大局。二是在全国范围内首次明确了冰雪运动开展的 7 大任务，即群众冰雪、竞技冰雪、青少年冰雪、冰雪体育产业、冰雪赛事、冰雪场地设施和冰雪运动人才。三是首次提出要充分调动多方社会力量，促进冰雪运动在群众中的推广普及、冰雪竞赛举办、冰雪产业发展、冰雪运动队伍建设、冰雪场地建设与冰雪运动人才培养，实现政府主导、社会多方助力的蓬勃发展新局面。

此后，北京市不断完善形成了冰雪运动发展政策 2.0 版，即《北京市落实〈关于以 2022 年北京冬奥会为契机大力发展冰雪运动的意见〉的实施意见》，并据此提前谋划冬奥会遗产利用工作。先后出台《关于促进全民健身和体育消费推动体育产业高质量发展的实施意见》《北京市全民健身场地设施建设补短板五年行动计划（2021 年—2025 年）》《关于全面促进体育消费　助力北京国际消费中心城市建设实施方案（2022—2025 年）》等文件，突出“双奥之城”品牌，统筹考虑冬奥会赛事需求、赛后利用等因素，对冬奥会遗产综合保护和开发利用作出科学合理的规划安排，助推奥林匹克运动与城市良性互动、共赢发展。

《北京市落实〈关于以 2022 年北京冬奥会为契机大力发展冰雪运动的意见〉的实施意见》落实情况如下。

第一，区级青少年冬季项目运动队稳步发展。按照北京市青少年体育工作考评管理办法，考核确认 2021 年北京市区级冬季项目运动队 125 支，连续三年数量保持基本稳定，并且在管理考核上对各区冬季项目运动队提高了要求，力求提升队伍质量。

第二，冬季项目后备人才培养进一步完善。支持和鼓励北京市各区挖掘培养冬季项目后备人才，做好冬季项目后备人才的注册工作。2020 年全市注册人数已增加到 7565 人，其中滑冰 2767 人、冰球 2630 人、滑雪 1586 人、冰壶 582 人。首次组织北京市青少年 U 系列短道速滑后备人才集训营，选拔 72 名不同年龄段的男女运动员进行了为期一周的封闭式集训，参营运动员成绩得到显著提升。

第三，积极组织开展青少年冰雪运动赛事。首先是组织北京市青少年冰球俱乐部联赛。2020 年，来自 24 个俱乐部 213 支运动队的 3000 名运动员报名参赛，比赛场次达 890 场，是亚洲地区规模最大、历时最长的青少年冰球赛事。其次是举办北京市青少年 U 系列冠军赛。其中短道速滑冠军赛有 16 个区的 313 名运动员参加比赛；冰壶冠军赛有 8 个区的 101 名运动员参赛；花样滑冰冠军赛有 11 个区的 138 名运动员参赛；滑雪冠军赛有 16 个区的

413 名运动员参赛。其中冰壶冠军赛是首次举办，使得青少年 U 系列冠军赛体系进一步健全。

（二）北京市青少年竞技冰雪运动的发展

1. 北京市青少年冰雪业余运动队建设和发展概况

2022 年北京冬奥会后，全国民众参与冰雪运动的热情高涨，青少年冰雪运动也随之迎来全新的发展机遇。乘着“冬奥之风”在青少年中普及和推广冰雪运动知识，提高参与冰雪运动的人口基数，扩大冰雪运动在青少年人群中的影响力，培养储备冰雪运动人才，发展冰雪运动、弘扬冬奥会文化已成为今时今日的重要任务。

（1）青少年冬季项目运动队各区发展规划

为了促进形成比较完善的冰雪运动项目服务体系，推动北京市青少年冰雪运动快速发展，进一步落实冰雪运动校园队伍建设，北京市各区相继制定了符合本区发展情况的政策文件。目前北京市 16 个区，加上北京经济技术开发区、燕山地区，共 18 个区，已经全部建立了自己的短道速滑和花样滑冰业余运动队，对于推广和发展冬季项目都有明确的管理办法和组织模式。冰雪运动在各区内持续扩大普及范围，有条不紊地发展。

（2）青少年冬季项目运动队各区发展现状

2017 年东城区等 13 个区青少年业余训练冬季项目运动队共计 83 支。2018 年，全市 16 个区全部建立青少年业余训练冬季项目运动队，共计 107 支。2019 年经考核评定全市区级冬季项目运动队达 126 支，实现了数量上的跨越式发展。2020 年 126 支队伍数量保持不变，队伍质量显著提升。

（3）冬季项目运动员注册情况

2016 年，北京市青少年冬季项目注册运动员仅有 79 人，2017 年达到 2757 人，2018 年增长至 4531 人，2019 年增加到 5517 人，其中滑冰 2009 人、滑雪 1067 人、冰球 2010 人、冰壶 431 人，保持了持续快速增长的良好势头。2020 年注册人数进一步增加到 7565 人，其中滑冰 2767 人、冰球 2630 人、滑雪 1586 人、冰壶 582 人。2016～2020 年注册人数增长了约 95

倍。以此为基础，北京市青少年冰雪运动竞技水平快速提高，涌现出安香怡（花样滑冰）、王晔（短道速滑）等一批国家队运动员。

（4）冬季项目运动队建设模式

北京市的冰雪运动发展从总体来说还处在起步阶段。依据现有数据，目前北京市各区组成青少年冬季项目和冰雪运动队伍的方式并不相同，北京市冬季项目专业运动队的建设，主要由北京市体育局冬季运动管理中心负责管理及划拨训练经费，并委托北京世纪星负责专业队伍管理和训练。2017 年北京市财政局、北京市体育局联合印发《北京市青少年冬季运动项目补助标准》，在技能培训、业余训练、设施建设等方面为北京市青少年冰雪运动项目提供资金补助，支持各区冬季项目运动队建设。目前来看，北京市各区的冰雪运动项目开展已逐渐稳定。

目前北京市各区冬季项目运动队建设模式主要有四种。第一种是体教融合，即在区体育局和区教委的管理下，各体校与中小学校合作组成冰雪运动队，在课余时间进行稳定训练，接着通过相关知识进课堂的方式，以兴趣为引导，在各区中小学开展冬季运动项目的推广和普及。第二种是市场合作。区体育局加强政策引领，联合社会力量，将各方资源整合起来，与市场上专业的培训机构或冰雪俱乐部合作，借助社会上已经成形的较完善的培养策略和师资力量，组建和训练本区青少年冬季项目运动队。第三种是自主培养。各区体育局在本区内或区外，积极发现冰雪运动人才或职业运动员，与其签订长期合作协议，使其能够将竞赛经验与技巧传授给本地区青少年运动队伍，科学稳定提高本区运动队的运动水平。第四种是利用社会资本。这种方式是由各社会俱乐部自己培养业余运动队即“俱乐部队”。“俱乐部队”的成员包括了绝大部分的冰雪爱好者，其中很大一部分冰雪爱好者成绩优异，因此“俱乐部队”也是普及冰雪运动和储备冰雪人才的重要力量。

2. 北京市青少年冰雪运动的项目布局

自申办 2022 年冬奥会以来，我国冰雪运动进入跨越式发展的新时期。我国 2016 年就颁布了《冰雪运动发展规划（2016～2025 年）》《全国冰雪场地设施建设规划（2016～2022 年）》等文件，以期进一步促进冰雪运动及相关产业稳步发展。

2022 年冬奥会的成功申办对未来很长一段时间内我国冰雪运动基础设施建设、冰雪运动知识和运动项目普及推广和有关资源的整合十分有利。所以，有关冰雪运动的资源整合以及项目推广，更应该在此时积极展开。具体内容应该包括冰雪运动场馆建设、冰雪特色课程开展、冰雪运动后备人才发掘和培养以及冰雪文化产业创新发展等。

目前，“南冰北练”“北冰南展”“北雪西拓”等战略正在逐步改变我国冰雪运动发展缓慢的状况。对于 2022 年冬奥会举办城市——北京来说，冰雪运动发展较快的特征则表现得更加鲜明。北京自 2016 年起就制定颁布了一系列文件，从群众、竞技、青少年、赛事、产业、设施、人才等七个方面制定了冰雪运动发展规划。此外，北京市体育局还特别成立了冬季运动管理中心，统筹管理北京市冰雪运动的开展和推广，对促进北京市冰雪运动发展发挥了很大作用。北京市依据“城六区以冰上运动项目为主，远郊区以雪上运动项目为主”的原则，使得北京市各区的冰雪运动项目布局实现三个全覆盖，即项目全覆盖，冰雪运动项目（短道速滑、冰球、花样滑冰、冰壶、滑雪）在北京市都有开展；布局全覆盖，每个区都至少开设一个冰雪运动项目；参赛全覆盖，所有区都组队参加全市青少年冰雪运动项目比赛。

伴随社会发展和冰雪运动进入发展热潮，目前冰雪运动已经成为北京市重点支持和发展的体育活动。现如今，北京市青少年冰雪运动后备人才的培养体系也逐渐完善，已经初具规模，冰雪运动项目发展也逐渐深入社会、学校、各社会俱乐部中。但在越发火热的建设氛围之中，仍有一系列问题亟待解决。第一，需要做好顶层设计，促进社会、学校、政府多方协力，全力培养青少年冰雪运动人才。第二，建立有针对性的、现代化冰雪运动标准场馆，提供冰雪运动场地和器材保障。第三，在各部门通力合作的前提下，进一步打造独具我国特色、汇集冬奥会文化、传扬奥运会精神的冰雪运动品牌，为日后我国冰雪文化走向世界做好铺垫。根据国家体育总局体育经济司发布的《2021 年全国体育场地统计调查数据》，至 2021 年底，全国冰雪运动场地已达 2261 个，场地面积 0.77 亿平方米。其中，滑冰场地 1450 个，占 64.13%；滑雪场地 811 个，占 35.87%。[①]

3. 北京市青少年冰雪运动竞赛状况

2022 年冬奥会的成功举办，给北京市青少年冰雪运动的发展带来了一个全新的契机。青少年冰雪运动的发展有利于促进我国冰雪运动整体良性发展、培养青少年健康文明的生活方式和丰富多彩的业余爱好、推动体育项目多样化普及、发展我国体育文化产业。作为一项体育运动，青少年冰雪运动的发展离不开优良的比赛氛围和财政支持。

首先，政策支持。为了进一步支持青少年冰雪运动竞赛发展，北京市从以下方面给予重点保障：一是财政和经费支持；二是培养冰雪运动后备人才；三是强化冰雪运动师资队伍；四是加强对冰雪文化的宣传和指导。

其次，社会力量参与。同夏季运动项目有体校作为后备人才输送基地不同，北京市青少年冬季运动项目不具有相关的人才输送机制，主要依赖于完善发达的冬季运动项目市场，具体来讲就是社会俱乐部的参与。比如海淀区的世纪星滑冰场，教练员和运动员资源丰富，各级制度和管理也较为完备，在北京市青少年体育俱乐部星级评定名单中，是全市唯一一家 5A 级机构。同时，北京市借助首都地域优势、人才优势，开办了许多冠军俱乐部，利用名人效应培养后备人才。这些俱乐部成为北京市青少年冰雪运动后备人才的重要来源地，也取得了较好的竞赛成绩。

最后，家长广泛支持。乘着 2022 年冬奥会的东风，很多家长让孩子投身冰雪运动之中。冬季运动项目往往设备昂贵、占地成本高，并且对于中国人来说很陌生且是从零基础开始学习的，没有家长的大力支撑，是难以为继的。

（1）北京市青少年冰雪运动竞赛整体情况

北京的青少年冬季运动项目竞赛以北京市体育局组织的 U 系列冠军赛、单项锦标赛和北京市教委组织的冬季学校比赛为主。2015 年以来，北京市体育局组织和管理的青少年 U 系列冠军赛、单项锦标赛数量逐渐增多，每

---

① 国家体育总局体育经济司：《2021 年全国体育场地统计调查数据》，https://www.sport.gov.cn/jjs/n5043/c24251191/content.html。

年参赛的运动员都比往年多，比赛的规模和比赛质量也在稳步扩大和提高。为此，市体育局重点组织了以下几个青少年冰雪运动品牌赛事。一是北京市中小学生校际冰球联赛。该赛事以学校为单位组队参赛，充分调动了各学校和学生参加比赛的积极性。2019 年北京市中小学生校际冰球联赛有 118 所中小学校 132 支球队，共进行了 325 场比赛，近 2000 名运动员近 1 万人次参与其中，在北京市中小学掀起了参与冰球运动的热潮。2020 年因为疫情没有举办。二是北京市青少年冰球俱乐部联赛。2020 年，有 24 个俱乐部 213 支运动队 3000 名运动员报名参赛，比赛场次达 890 场，是目前亚洲地区规模最大、历时最长的青少年冰球赛事。三是北京市青少年 U 系列滑雪冠军赛。这是目前北京市规模最大的青少年滑雪赛事，比赛分为竞技组和群众组，每年有来自北京、天津、河北的近 600 名青少年运动员参赛。四是北京市青少年花样滑冰冠军赛。该赛事逐渐成为北京市的一项传统性冰雪赛事。通过这项比赛，参与花样滑冰的青少年逐渐增多，2020 年有 11 个区的 138 名运动员参赛。五是 2020 年首次举办的北京市青少年 U 系列冰壶冠军赛，有 8 个区的 101 名运动员报名参赛。六是北京市冰球、冰壶、花样滑冰、短道速滑、滑雪锦标赛，是代表北京市最高水平的青少年冰雪赛事。七是 2018 年底组织举办了北京市首届冬季运动会，其间共进行了短道速滑、花样滑冰、滑雪 3 个项目的预选赛和滑冰（短道速滑、花样滑冰）、滑雪（双板滑雪、单板滑雪）、冰球、冰壶 4 个大项 6 个分项的角逐，1556 名运动员获得参赛资格，决赛阶段参赛运动员达 1232 名，决出金牌 71 枚，开创了北京市冬季运动新的历史。

（2）近年来北京市青少年在冰雪运动竞赛中取得的优异成绩

随着冰雪运动在北京市青少年中逐渐得到推广普及，越来越多的青少年加入冰雪运动的队伍中，赛事规模持续扩大，竞赛体系不断完善，北京市青少年冰雪运动竞技水平也获得了显著提高。在第二届全国青少年运动会冰雪项目比赛中，北京市共取得 28 枚金牌、22 枚银牌、20 枚铜牌，第四至八名 80 项次的优异成绩，在所有参赛队中名列前茅。其中，在第二届全国青少年运动会冰球项目比赛中，全部 5 个组别比赛北京市夺取 4 金 1 银，为北京冰球城市名片增添了光彩。近年来，北京市在全国冰球、滑雪、短道速滑项目低年龄段的运动成绩上已经具有一定优势。

（3）北京市青少年冰雪运动竞赛发展的制约因素

第一，冰雪运动和冬奥会文化的推广宣传较少。在我国大部分地区，冬季运动项目还没有广泛开展，多数人对滑雪和滑冰的认知也停留在最浅层面，对各类项目的发展历史、竞赛内容、竞赛规则、相关文化等方面的了解就更少了。

第二，场馆的专业程度和普及率较低。北京市内地段较好的滑冰场大都沿商场的商业街或购物中心建设，其大小及设备与专业需求不符。因为商业化的原因，滑冰场时常要在同一时间内分为冰球、花样滑冰和初级教育三个部分，严重制约了专业选手的发展。另外，一些地理位置好的国家场馆经营费用高，缺少专业的经营与管理团队，且只在特别活动时间才允许群众进入。滑雪场的最大落差普遍偏小，因此对于专业选手来说局限性很大，绝大部分滑雪场离市区较远，交通、餐饮和住宿方面的配套措施也不够完备。

第三，缺乏宣传和推广冰雪赛事的专业人才。任何一个体育竞技项目要想提高知名度，都需要有专业的团队来推广宣传，提高比赛的知名度，而现在北京的大部分比赛由各队或俱乐部自己运营，没有专门的团队来做宣传。

第四，冰雪运动储备人才流失。青少年运动员是冰雪运动的后备人才，但由于青少年运动员主要处于学龄阶段，升学压力较大，大部分的青少年运动员很难兼顾项目训练和课业学习，因此大量人才流失。另外，部分学生选择了上国际学校来兼顾训练和学习，但这类学生到高中阶段就会面临出国学习的问题，也导致了人才流失。

第五，相应的奖励机制不够完善。由于各俱乐部不断发展壮大，体工队规模不断缩小，运营成本增加，而那些没有财力却有运动天赋的人群则无力支付高昂的培训经费，这就需要相应的奖励机制选拔和资助优秀人才，对他们提供鼓励和帮助，但目前北京市相应的奖励机制仍不够完善。

第六，竞赛系统和配套器材稍有落后。鉴于北京市冰雪运动项目迅猛发展，人民生活水平不断提高，参与冰雪运动的群体规模正在不断扩大。但一些冰雪运动项目的竞赛器材和竞赛系统仍旧处在过去的水准上，不能满足如今蓬勃发展的竞技需要。

（4）北京市青少年冰雪运动竞赛的未来发展路径

第一，校园加强宣传冰雪运动和冬奥会文化。在学校的体育课程中增加对冬奥会文化和冰雪运动等方面的知识普及，利用校园文化营造浓厚的冰雪运动宣传氛围，为青少年提供更多的冰雪文化、奥林匹克教育环境，在课堂、书本和日常生活中，培养冬奥会文化的青少年宣传员。我们要培育青年一代的冰雪运动热情，让他们的内心融入冬奥会和冰雪文化。现今，北京市教委已经组织开展了关于冬奥会和冬季冰雪运动的宣传教育工作，此举将对北京市青少年冰雪运动发展起到积极的推动作用。

第二，大力推广丰富多彩的冰雪运动项目。青少年应该拥有参加各种冰雪运动项目的机会，不仅仅是真雪真冰的冬季竞技运动，还应该包括像地板冰壶和旱地冰球这样的适合在学校进行的有趣运动，以激发学生的参与热情。例如，在学校建设冰场难度较大，可以转换思路在学校体育课增加轮滑项目——轮滑项目是滑冰项目的陆地训练之一，让孩子们切身感受到滑冰的乐趣，从而让更多的孩子喜欢上这项运动，进而带动相关行业的发展和社会资本的主动介入，实现滑冰人群量级的扩大。同时，考虑到冰雪设备进校园困难较大的现实，冰雪“进”校园不一定是冰场“进”校园，也可以是学生“进”冰场。学校也要配合有关部门，利用教学资源和场地，组织一系列的冰雪项目，让更多的青少年参与到冰雪运动中来，让学子们都能感受到冰雪运动的魅力。最后，应通过赛事活动改变民众对冰雪运动的传统认知。例如，滑冰虽然是一项冬季运动，但并不只是一项冬天才能参与的运动。北京目前有约 50 个商业冰场，一小部分在商场，大部分都是标准冰场。每年北京市体育局都会通过“以赛代练”的方式，以比赛为核心，引领和带动更多的青少年参与滑冰运动。

第三，重视对冰雪运动储备人才的培养。我国要发展冰雪运动，带动全民在后奥运时代了解和热爱冰雪运动，就必须培养新一代的冰雪运动员。不但要打通青少年运动员的升学通道，还要注重强化运动员的课程教育，为我国冰雪运动专业人才的发展搭建桥梁。此外，人才培养还应兼顾短期与长期目标。国家体育总局冬季运动管理中心已对全国冬季项目的参赛条件进行了修改，为广大运动员排除了参加比赛的障碍。冬季运动管理中心取消参赛运动员的国籍和身份限制，并鼓励满足基本条件的华人、华侨、外籍运动员参加比赛，这一点也能给北京带来一些启发，比如要达成短期目标，可以在竞赛中取得良好成绩，也可以开放思维，通过引进杰出的华裔运动员来解决北京奥运周期中的年龄断层问题（部分项目有最低参赛年龄限制）。希望未来可以真正实现体教融合，让体育成为孩子们一生的陪伴，而不是有目的的负担。更加希望，在升学的录取标准中对各个体育项目的优秀人才都有政策上的倾斜，而不是某个特定项目。

第四，强化冰雪运动场地的运营管理。为了统一和规范场地、设施、办赛等标准，北京市滑冰协会 2022 年制定了相关标准并予以公布。未来需加大冬季运动项目器材的研发力度，为运动员提供完整多样的设备和器材，并配备现代化先进场馆。另外，在开放的冰雪赛道上，运动员的人身安全是重中之重，要重视各项保护措施。除此之外，还可以积极发展冰雪旅游资源，请著名的国际团队参与冰雪旅游项目的运营管理。政府应颁布相应政策，给予现有商业场地支持和补助，鼓励俱乐部在专业训练场地增设训练时间，为想要进行训练的青少年提供专业训练场地。

第五，建立更全面的冰雪运动发展数据收集系统。成功申办 2022 年冬奥会之前，北京市冰雪运动处于缓慢发展的阶段，设施的建设、比赛的组织和开展、运动员的训练等都是按照运动项目的差异独立进行的，相关数据收集积累基础相对薄弱。自申办冬奥会成功后，北京的冰雪运动进入了政策驱动的快速发展期，青少年冰雪运动的发展也十分迅速。但由于时间较短，北京青少年冰雪运动发展的数据仍较少，难以进行全面研究。希望今后能建立起比较全面的竞赛、师资、训练、设施设备、人才培养等方面的数据收集体系，全面、综合地反映北京青少年冰雪运动的发展状况。

第六，重视冰雪运动组织推广的相关人才培养。近年来，我国冰雪运动的快速发展不断体现出全球化对竞技体育发展的影响。我国的专业赛事组织者和体育经纪人的培训需要跟上冰雪运动的快速发展，应通过短期培训和专业认证等举措，大力培养青少年体能研究人员、教练员、裁判员和教授等冰雪运动理论专业人员，为青少年冰雪运动的发展提供智力支持。

第七，根据冬季运动项目特点分别设计专业竞技组和大众娱乐组。降低冬季冰雪运动的参赛门槛，按照不同年龄建立 U 系列竞赛体系，鼓励更多青少年参与冰雪运动，进一步培养青少年参与冰雪运动的兴趣，为专业竞赛组提供良好的人才输送渠道。

第八，建立合理的奖励机制，助力青少年人才实现冰雪运动梦想。合理的奖励机制能够激发更多青少年的参赛热情，因此，要想让冰雪运动在未来发展中拥有源源不断的新生能量，就需要针对不同比赛设立专门奖项，对各类竞赛中表现优异的青少年冰雪运动人才给予奖金或荣誉奖励，吸引广大青少年加入冰雪运动中。

第九，充分利用社会资本。社会资本是冬季运动项目普及推广过程中不可缺少的助力，应切实建立和完善政府和社会俱乐部合作的管理体系，建立社会化的北京青少年滑冰业余运动梯队，采用“绩效”机制，改变管理模式和业训模式，使财政资金可以更加有效、最大化地推动青少年梯队建设，培养更多的且真正热爱滑冰运动的后备人才。

4. 北京市主要青少年冰雪赛事简介

（1）北京市青少年冰球联赛

“北京市青少年冰球联赛”是我国冰球运动的一个相对成熟的品牌。迄今为止该赛事已经举办了 10 年。2022 年 8 月 1 日，由中国冰球协会指导、全国体育运动学校联合会主办的 2022 中国青少年冰球联赛（北京赛区）在北京世纪星国际冰雪体育中心开赛。联赛设 U8、U10、U12 三个组别，共有 29 支球队 500 余名运动员参加为期 11 天的角逐。比赛采用单循环积分赛制，各组别积分第一名的队伍将选派运动员代表北京赛区参加全国总决赛。北京赛区的比赛由国际级裁判执裁，提升了联赛的规格和水平。

全国体育运动学校联合会理事长韦迪表示，联赛旨在为青少年冰球爱好者提供高水平竞技平台、营造优质的冰球发展环境，对冰球运动普及推广，以及发现与培养冰球运动后备人才具有重要意义。

①历史沿革。北京市青少年冰球运动起源于2008年。当时，北京市部分参与冰球运动的青少年家长自发组织开展了第一届北京少年冰球联赛，这就是现在北京市青少年冰球俱乐部联赛的前身。第一届北京少年冰球联赛共有四支队伍五六十名青少年运动员参加比赛。自此之后，北京市青少年冰球运动发展序幕缓缓拉开。在北京市体育局的支持下，北京市冰球运动协会于2012年5月28日正式成立。北京市冰球运动协会对北京市青少年冰球运动的发展起到了很大的推动作用，北京市冰球运动协会是北京市开展国际冰球交流活动的唯一一个社会团体。2012年9月，北京市冰球运动协会组织举办第一届“协会杯”青少年冰球联赛，共有34支队伍700余名运动员参加比赛。

②赛事介绍。目前为止，北京青少年冰球联赛主要分为三大类：一是北京市青少年冰球俱乐部联赛；二是北京市中小学生校际冰球比赛；三是前两类以外的其他类别赛事。前两类赛事是北京市青少年冰球联赛的主体。

首先是北京市青少年冰球俱乐部联赛。北京市青少年冰球俱乐部联赛最早源于2008年第一届北京少年冰球联赛。目前，北京市青少年冰球俱乐部联赛已经成为整个亚洲地区规模最大、时间跨度最长的青少年冰球赛事。依托该赛事的发展，北京市青少年冰球运动在这些年也有了跨越式的发展，冰球比赛的参与人数大幅增加，冰球球队的战绩也在全国名列前茅。

其次是北京市中小学生校际冰球比赛。北京市中小学生校际冰球比赛源于2013年举办的北京市首届中小学冰球校际联赛，首届比赛共有东城、西城、朝阳、海淀4个区的中小学组队参加，共计180余名运动员参加比赛，该比赛一共进行了26场。

最后是其他类别赛事。除青少年冰球俱乐部联赛和中小学生校际冰球比赛以外，北京市冰球运动还有一些其他赛事。以下对其中两个重点赛事做介绍。一是北京少年冰球联赛。北京少年冰球联赛是北京市少年冰球联盟组织的北京地区少年冰球比赛。该联赛自2008年开始举办，分为奔腾、批威、赛哥、阿童木A和阿童木B等不同年龄组别。北京少年冰球联赛还会在寒暑假期间，不定期组织一些邀请赛或锦标赛等赛事，以促进北京地区、全国乃至亚洲的青少年冰球运动发展。2012 年，北京市少年男子冰球队在此基础上建立。二是 CCM 杯北京国际青少年冰球邀请赛。2016 年，青少年冰上运动推广机构华星辉煌体育管理有限公司组织举办首届 CCM 杯北京国际青少年冰球邀请赛，在全球最大的冰球运动护具品牌 CCM 的支持下，目前该赛事已成功举办了两届。第二届 CCM 杯北京国际青少年冰球邀请赛共有 12 个国家和地区的 70 支代表队 1100 余名运动员参赛，其中有境外球队 46 支，国内参赛球队分别是来自齐齐哈尔、沈阳、上海、天津、北京等地区的球队。

③发展模式。北京市青少年冰球俱乐部联赛经过多年发展，已成为全亚洲规模最大、参赛队员人数最多、持续时间最长的青少年冰球赛事之一，该赛事的发展模式主要分为“请进来”和“走出去”两个部分。“请进来”，是指邀请冰球运动高水平国家的 3A 级别的高水平球队进来。各国的青少年冰球运动员在北京国际青少年冰球邀请赛的竞赛过程中友好交流、同台竞技，形成了北京市青少年运动员检验平时训练成果、提高冰球技术的一个良好平台。“走出去”，去的是那些冰球活动发展历史悠久的国家，如捷克、瑞典、芬兰等国。北京市青少年冰球 U12 队曾在芬兰与爱沙尼亚和当地高水平队伍同台较量，最终以四连胜的成绩赢得了国际友人的高度赞赏。

④未来规划。随着北京市青少年冰球活动地域的不断扩大、参与人数的不断增多，未来，北京市青少年冰球联赛将会纵向发展。今后，北京市将规划建立小学、初中、高中和大学四级冰球联赛体系，这将大大推动北京青少年冰球运动的发展。此外，北京市青少年冰球联赛还将进一步展开国际合作，选派优秀后备队员到海外训练基地进行交流，扩大海外训练的范围，增加海外训练的项目，以达到“中西合璧、洋为中用”的目的。

⑤存在的问题和改进措施。综合上述观点，北京市青少年冰球联赛种类齐全、内容丰富、参与面广、影响力大，现已形成了较为完善的发展模式。但研究表明，北京市青少年冰球联赛的发展依然存在着一些问题。首先，城

六区与远郊区发展不平衡。城六区缺乏冰雪场地资源，但注册运动员数量庞大，而远郊区场地资源较为丰富，注册运动员的数量却少得多。其次是运动员的管理办法还比较陈旧。再次是各区在青少年中推广冰雪运动、培养竞技冰雪运动人才的目标和发展理念不够明确。复次是各区冬季运动项目教练和运动员的选拔标准简单，日常管理的规章制度不够完善，与其他部门的沟通协调有待加强。最后是运动队补助经费使用不合理，部分地区冬季项目运动队的配套装备未能按照政府要求集中采购。

目前，国家已经出台了《冰雪运动发展规划（2016~2025 年）》，并积极推进“校园冰雪计划”，旨在培养青少年冰雪运动技能。该规划的出发点是建立冰雪运动特色学校，由体育部和教育部共同推动校园冰雪运动，为发展校园冰雪运动和推广冰雪运动项目作出贡献。北京市也应借此机会，推动北京冰球联赛持续纵深发展。

（2）北京市青少年滑雪赛事

近几年来，北京市青少年滑雪运动取得了良好的发展态势。在北京市体育局的指导下，北京市冰雪运动相关部门乘着“冬奥之风”，在发现、培养和输送滑雪运动后备人才，实施滑雪运动人才培养战略，完善人才培养体系等方面，均取得了良好成效。

①基本情况。为了鼓励更多青少年熟练掌握冰雪运动技能、参与冰雪运动，为北京市滑雪竞技队伍源源不断输送后备人才，北京市滑雪协会受市体育局委托，于 2017 年 6 月 24 日在北京银泰中心司凯泰思运动 3D 滑雪馆正式成立北京市青少年滑雪队。

队伍组建后的第一批队员共有 24 人，包括男队员 12 人、女队员 12 人；其中 6 人是单板滑雪运动员、18 人是双板滑雪运动员，队员年龄分布在 10~17 岁。这支队伍的独特之处在于，所有的运动员都是业余的，这与其他省市同龄的青少年滑雪运动员有着根本的不同。队员是北京市各个学校的学生，主要利用周末和假期时间进行练习和比赛，这些孩子重心还是在学习上面，这与专业队有很大不同。由于项目的特殊性，这些年轻的业余选手也在国家体育总局相关部门注册在案，构成了具有正式参赛资格的“学生军”，但他们的业余身份并没有改变，仍然与体制内的专业运动员有所不同。

②参赛队伍建设。北京市青少年滑雪队的建设主要有三个方面。一是海外集训。北京市滑雪协会通过各种形式的活动，为广大热爱滑雪运动的青少年提供学习和锻炼的机会。2018 年 8 月，由北京市滑雪协会及 Everkid 滑雪俱乐部举办的北京市青少年瑞士滑雪训练营在瑞士进行了为期 16 天的滑雪训练。共有 13 名队员参加了此次训练。训练期间，平昌冬奥会冠军瑞士队的队员拉蒙来到训练营，为年轻的运动员们做了专业指导。二是选拔人才。首先是通过竞赛选拔储备人才。例如，组织北京青少年滑雪锦标赛，从各地区的滑雪队中选出优秀人才。其次是组织选拔活动。例如，2018 年国庆黄金周期间举办了北京青少年滑雪队队员选拔，100 多名具有四年左右滑雪经验的青少年报名参加。三是引进国外高水平教练。北京市滑雪协会和爱上雪公司签署了战略合作协议，为北京市青少年滑雪队招募高水平教练团队。其中就包括了日本国家越野滑雪队原主教练尼古拉，除此之外，队伍新增的单板滑雪队，由来自韩国的教练负责培训。

③未来发展。未来，北京市滑雪协会将依据北京市青少年滑雪队的特点，建立起完备的培训体系，积极与滑雪运动发达国家合作，着力培养专业和业余青少年滑雪运动员，为爱好滑雪运动的北京青少年提供专业平台，为实现“三亿人参与冰雪运动”做好工作，促进我国青少年滑雪运动再上新台阶。

（3）北京市青少年滑冰赛事

北京市滑冰赛事主要包括两类，一类是面向大众的大众类赛事，另一类是竞技类赛事。大众类赛事主要包括大众冰雪北京公开赛短道速滑比赛、大众冰雪北京公开赛花样滑冰比赛、大众冰雪北京公开赛速度滑冰比赛。大众类赛事面向所有市民，参赛年龄范围在 10 岁至 65 岁。竞技类赛事主要包括滑冰联赛、U 系列冠军赛、锦标赛等针对 8 岁至 18 岁的业余选手的比赛。2022 年，已经基本完成通过赛事选拔青少年后备人才的赛事体系构建和办赛流程的标准化工作。

无论是大众类还是竞技类青少年比赛，使用的比赛计时计分系统、打分软件都是全国比赛标准，裁判队伍由曾经参加过冬奥会测试赛和北京冬奥会的裁判员、P1/P2 专业辅助工作人员以及北京市一级裁判员组成。这都是比赛专业性、公平公正性、安全性的重要保障。

同时，北京市滑冰协会也通过比赛和活动，来修正和改变大众对滑冰运动项目的传统认知，即滑冰虽然属于冬季运动项目，但事实上它也是一个全季运动项目，滑冰比赛时间覆盖了全年四季。

（4）北京市短道速滑联赛

①基本情况。北京市短道速滑联赛起源于 2020 年，比赛分为 14 个组别，42 个小项，年龄范围在 U8~U18，每站的参赛人数在 300 人左右，每天约 11 个小时的比赛时间，比赛时间通常是周末，比赛时长为两天。联赛每年三站分站赛、一站总决赛。联赛按积分排名，各组别排名前 32 的选手晋级冠军赛。在北京市短道速滑联赛中的个人项目各组别前 16 名晋级锦标赛个人比赛，接力各组别前 8 名晋级锦标赛接力比赛。

②参赛队伍和训练模式。北京市短道速滑联赛队伍由区业余体校、俱乐部、学校及外省市短道速滑队伍组成。日常训练主要是在各商业俱乐部冰场进行。

③比赛成绩。在北京市体育局青少处的大力扶持和推广下，目前北京 U8~U14 青少年运动员的短道速滑竞技水平在全国 U 系列比赛中都是领先的。在 2022 年 11 月的北京市青少年短道速滑锦标赛中，多人、多项、多次打破北京市纪录（北京市纪录是指历届北京市运动员含北京专业队运动员在国内、国际比赛中取得的最好成绩）。

（5）北京市花样滑冰联赛

①基本情况。北京市花样滑冰联赛起源于 2021 年，比赛组别和年龄组完全与全国比赛规程保持一致，并且实现了全项目（单人滑、双人滑、冰舞和队列滑项目）比赛。同时，增加了 3 岁至 5 岁年龄组别的“北京之星组”，每站参赛人数约 200 人，比赛时间安排在周末两天。联赛每年三站分站赛、一站总决赛。三站分站赛，最多只允许参加两站。参加两站联赛单人

滑比赛的取最优成绩排名，单人滑相应组别相应名次按规程要求晋级 U 系列冠军赛，U 系列花样滑冰冠军赛各组别前 16 名晋级锦标赛。

②参赛队伍和训练模式。北京市花样滑冰联赛队伍由区业余体校、俱乐部、学校及外省市花样滑冰队伍组成。日常训练主要在各商业俱乐部冰场进行。

③比赛成绩。在北京市体育局青少处的大力扶持和推广下，北京市花样滑冰的竞技水平在全国名列前茅。在 2022 年 9 月举办的全国队列滑大奖赛 5 个组别中，北京市获得了 4 个组别的全国冠军，并且全部都是北京市各区县、俱乐部和学校业余队列滑队伍获得的。在 2023 年 1 月举行的全国花样滑冰锦标赛中，女子单人滑第 1 名至第 5 名被北京运动员包揽，女子单人滑冠军是北京市花样滑冰专业队队员，第 2 名至第 5 名全部是北京市业余选手。男子单人滑冠军也由北京市花样滑冰专业队队员获得。北京市的花样滑冰成绩令人瞩目。

（三）北京市青少年冰雪运动进校园开展情况

1. 北京市冰雪运动进校园整体开展情况

为了吸引更多的青少年目光聚焦冰雪运动，并为未来冬奥会项目比赛挖掘和培养更多优秀且有潜质的冰雪运动人才，2022 年冬奥会申办过程中我国第一次提出了“冰雪进校园”的概念。随着冬奥会的举办，“带动三亿人参与冰雪运动”计划逐渐得到落实，为了达到“三亿人上冰雪”目标，“冰雪阳光运动”“百万青年上冰雪”“冰雪运动进校园”等项目持续实施。青少年是实现“带动三亿人参与冰雪运动”目标的重点和基础人群，因此将冰雪运动进校园作为推进冬季运动项目发展的重要措施是高瞻远瞩之举，具有极强的教育意义。

近年来，随着生活水平的提高，大众在体育方面的需求更加个性化、多样化。2016 年，由国家体育总局、国家发展改革委等四部门联合印发的《冰雪运动发展规划（2016~2025 年）》颁布实施，为不断满足群众多样化的体育文化需求以及促进冰雪运动繁荣健康发展提供了政策支持。

2. 北京市“冰雪运动进校园”校园情况

（1）北京市“冰雪运动进校园”校园冰雪运动场地资源

如表 1 所示，北京市校园冰雪运动场地主要集中在西城区、东城区、朝阳区、海淀区、门头沟区、延庆区。2021 年 12 月 27 日，在北京市冰雪运动发展专场发布会上，北京市体育局副局长葛军介绍，在过去，北京市几乎没有能够开展冰雪运动的场地，供需矛盾严峻。对此，北京市开始逐年增加冰雪运动场地设施供给。目前，“冰雪场地已经发展到 82 座冰场、97 块冰面，32 处雪场”①。

表 1　北京市校园冰雪运动场地的分布

地区	名称
西城区	月坛体育场滑冰馆已基本建成，在符合条件的学校、街道铺设 20 处仿真冰场地
东城区	筹划在 10 所学校校园内增设 10 个新的季节性冰场，地坛体育馆和天坛体育中心建设 2 块永久性冰场
朝阳区	“冰场”和“雪道”走进校园，每两周在两所校园内铺设移动冰场和滑雪仪
海淀区	人大附小一块仿真冰场，东北旺中心小学一座移动真冰冰场，101 中学一块仿真冰场，中关村二小百旺校区和华清校区、清华附小、六一幼儿园均铺设了仿真冰场，五棵松体育馆建有室内冰场
门头沟区	建设一个 500 平方米仿真冰的速滑馆
延庆区	让仿真冰和旱雪设施设备在各中小学巡回 1~2 周时间，在太平庄小学、珍珠泉小学等 11 所学校修建冰场

资料来源：根据相关资料整理得到。

（2）北京市各区开展的冰雪运动进校园竞赛活动

在冬奥会的带动下，北京市每年冰雪赛事活动的范围、规模和种类逐渐增加。中小学生是冰雪运动未来发展的后备力量，也是参与冰雪运动的主要力量，应早日接触和参与冰雪运动。从 2016 年春季开始，北京市教委为了将冰雪运动继续积极向青少年普及推广，每年都组织冰雪运动进校园系列活

① 《“双奥之城”的光荣与梦想》，https：//www. beijing. gov. cn/renwen/jrbj/202206/t20220629_ 2754576. html。

动，各项冰雪项目体验活动课也已经逐步在北京市 16 个区中陆续得到有效推广和普及（见表 2）。

表 2　各区域内在推进冰雪运动进校园的过程中举办的竞赛活动

地区	竞赛活动名称
西城区	冰雪嘉年华和 2016 年西城区中小学冰球友谊赛、青少年冰蹴球邀请赛、冰上龙舟比赛、冰雪定向体验赛等
东城区	“畅享冰雪运动，助力北京冬奥”主题活动、冬奥小使者主题活动及冬令营等
朝阳区	冰雪趣味运动会、冰雪冬令营、冰球文化校园系列推广活动等
昌平区	首届北京市昌平区青少年滑雪比赛、2017 北京滑雪指导员职业技能挑战赛（京津冀）、北京市第二届中小学生冬季运动雪上项目比赛、第二届 CCM 杯北京国际青少年冰球邀请赛、华星杯东亚青少年冰球邀请赛、贺岁杯全国青少年冰球邀请赛等
海淀区	举办了三届海淀区中小学冰球联赛、校际冰球友谊赛等
延庆区	冰雪越野赛、2018 国际雪联越野滑雪中国巡回赛、第三届北京野鸭湖冰雪马拉松（半程）、首都高校大学生第十二届高山滑雪比赛、全国大学生高山滑雪锦标赛、全国大众单板滑雪平行大回转系列赛、第三届中国冰蹴球邀请赛等
石景山区	“奥运城市杯”北京国际青少年冰球赛、冬奥知识竞赛、全市中小学生校际冰球联赛、中芬冰球友谊赛、北京市青少年冰球锦标赛等
平谷区	青少年滑雪节、中国大众单板滑雪平行大回转系列赛、第三届全国大学生滑雪挑战赛、大众高山滑雪比赛、中国民航滑雪比赛、京津冀第一届青少年滑雪比赛等
丰台区	“冰雪进校园·助力冬奥会”丰台区中小学生上冰雪活动、冰雪嘉年华等
门头沟区	首届中小学生冬季运动会、门头沟区校园冰雪文化节暨第三届中小学生冬季运动会
大兴区	“喜悦杯”花样滑冰比赛、中小学生冬季运动会
房山区	大众冰雪北京公开赛花样滑冰比赛

资料来源：根据相关资料整理得到。

（3）北京市“冰雪运动进校园”冰雪课开展情况

课堂是知识传递的重要地点，因此，课堂在冰雪运动的普及推广中的重要作用不言而喻。作为冬季冰雪运动进入校园工程实施的重心，北京必须高度重视且充分发挥好课堂的优势和功能。为了防止教育内容和体系千篇一律，北京市教委鼓励全市各学校充分整合挖掘自身的优势资源和教学优势，积极探索将冰雪运动的普及推广和学校体育教学内容、教学体系相融合

（见表3）。据调查，北京市中小学给学生普及推广冰雪运动相关的知识主要是通过以下形式：体验课、组建社团、课堂普及冰雪知识、开设校本课程、围绕冬奥会主题开展各类竞赛活动等。

表3　北京市“冰雪运动进校园”冰雪课开展情况

地区	课程开展情况
西城区	黄城根小学邀请花样滑冰冠军来校做讲座，让青少年接受校外冰雪运动机构的专业培训
东城区	以冬奥会为契机，开设中小学冰雪运动系列活动，33所小学开设冰雪课程或体验课
朝阳区	各中小学开设专业冰雪课程，在本区学校内陆续建立冰雪社团
昌平区	联合俱乐部开展冰雪运动进校园，由俱乐部的专业人士在校园中讲授滑雪项目相关知识，组织开展中小学生冰雪知识进校园活动，印发《昌平区冰雪知识读本》
海淀区	33所小学开设冰雪课程或体验课，编写了《海淀区中小学冰雪运动知识读本》；羊坊店中心小学开创了冬奥少年体验先锋营，成立海淀区中小学冰雪运动联盟
延庆区	从小学四年级开始全面普及冰雪课程，在5所小学内选拔100余名优秀冰雪运动队员组建校级滑雪队，选拔40名队员组建区级冰雪轮滑队，聘请专业俱乐部定期进校园进行训练
石景山区	组织20所学校（含3所幼儿园）参加冰雪教育课程，普及冬季运动课程
平谷区	在全区小学五年级学生中开设滑雪课程
怀柔区	13所学校开展冰雪运动，4所学校开设冰雪运动课程，杨宋小学被认定为北京市冰雪运动特色学校，将冰壶项目纳入学校课外活动和“2+1”项目，冰雪明星进校园
顺义区	26所小学、12所中学开设了校本课程
丰台区	开设校园滑冰公益课堂
通州区	大力推进冰雪进校园活动，建设四所冰上项目重点校，给予专项经费扶持
门头沟区	组建冰雪速滑队参加市级冰雪比赛，制定全区校园冰雪运动实施方案，为区内10所学校配备了旱地冰球项目所需的物资，开展冰雪知识讲座，发放知识读本，开设“玩转冰壶”主题课程
房山区	房山区南尚乐中学开展“助力冬奥，冰雪体验项目进校园”活动

资料来源：根据相关资料整理得到。

3. 北京市“冰雪运动进校园”学生情况

（1）北京市“冰雪运动进校园”学生的认知途径

随着经济的发展和高新技术的不断创新，多功能社交媒体在传播信息方面日益发挥着重要作用，“微工具”对现代生活方式也产生了重大影响。如今，微信、微博、抖音等媒体平台凭借自身的便捷性、即时性、超时空性等特点成为人们获取大量知识和信息的主要途径。据了解，北京市青少年主要从以下几种途径（见图 1）来了解冰雪运动的相关内容。从图 1 可以看出，通过学生活动和校内冰雪课程来认识冰雪运动的学生最多，占比在 75%以上。其次是通过较传统的方式认识冰雪运动，如校刊和校报、校园宣传栏、校园广播等，也有一些通过朋友或家人认识冰雪运动。除此之外，一些学生还通过参加校外冰雪培训讲座等方式来了解和熟知冰雪运动。

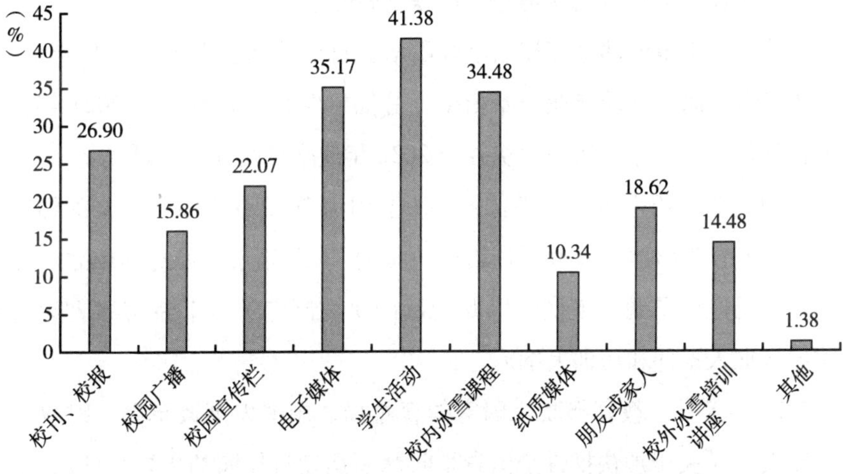

图 1　北京市青少年了解冰雪运动相关内容的途径

（2）北京市冰雪运动进校园学生的参与情况

冰雪运动进校园活动开始后，各区纷纷开展了适宜的冬季运动项目。为让学生能够更快适应冰上运动项目和雪上运动项目，2006 年，北京市教委开始联合北京市各区和各学校，利用仿真冰和仿真雪开展旱地冰球、旱地越野滑雪、旱地冰壶等项目，让学生为以后参与冰雪运动打下基础。

2022 年 1 月 4 日，北京市人民政府新闻办公室组织召开了冬奥会和冬残奥会新闻发布会——北京冰雪运动专场。目前，冰雪运动进校园推广普及活动及体验课已走进全市 16 个区 600 余所学校，覆盖学生 50 余万人。据统计，北京市中小学生上冰上雪人数已达近 210 万人次。

4. 北京市“冰雪运动进校园”教师基本情况

教师是中国冰雪运动进校园活动的主导者、引领者。然而，当前的冰雪课程很多是由于 2022 年北京冬奥会的成功申办而新开设的体育课程，北京市师资力量严重不足，教授冰雪课程的教师大多是外聘来的专业教练，以及兼职的少数体育老师。除了师资问题，教师的科研创新能力相对较弱也是冰雪运动进校园的一大现实阻碍因素，他们未经过专业且高质量的冰雪运动教育培训，在教学上存在着不少问题。毋庸置疑，只有提升冰雪运动专业教师的水平才能让我国冰雪运动走好可持续发展的道路。

目前，北京市的部分高校已经开始培养自己的冰雪人才。2017 年 9 月，首都体育学院冰雪运动专业开始招生，首批招生名额为 80 人。2021 年，首都体育学院成立了冰雪运动学院并于 2022 年迎来首批 65 名本科学生。未来冰雪运动专业的招生将持续进行，并不会因为 2022 年北京冬奥会的结束而停止。此外，为给冰雪体育师资培训“提速”，北京市教委对学校冰雪专业的老师情况进行了调查摸底，以此为基础研究制定了《北京市冰雪运动校园辅导员准入条件和培训大纲》。

2019 年 5 月，教育部联合国家体育总局、国家发展改革委、财政部等部门印发了《关于加快推进全国青少年冰雪运动进校园的指导意见》，指出冰雪项目退役运动员可以以冰雪项目校园辅导员的身份进入校园，支持其从事冰雪运动教育培训工作，并鼓励制度创新，解决“谁来教”的问题[①]。

为了突破师资方面的限制，“输血”和“造血”要齐头并进，鼓励冰雪运动专业方向的优秀高校毕业生、现役或退役冰雪项目优秀运动员走进中小学进行授课。校园冰雪运动的持续发展，离不开政府的支持以及高校和社会培训机构等的共同努力。可通过政府主导、教育和体育部门合作加强冰雪师资队伍的建设工作，按照现有的政策文件不断配齐、配实、配强冰雪师资队伍；“加强师资培训，加强高水平的冰雪专家、教师和教练员国际交流，吸

---

① 《教育部等四部门关于加快推进全国青少年冰雪运动进校园的指导意见》，http://www.moe.gov.cn/srcsite/A17/moe_938/s3276/201906/t20190613_385735.html。

纳欧美等发达国家的高水平教练员任教，推进高学历人才专家和实用性师资队伍的双向交流”①。只有多方协作，才能建立起校园冰雪运动蓬勃发展的长效机制。

2022 年 6 月 28 日，北京冬奥组委体育部速度滑冰项目竞赛主任王北星在采访中表示：“国家体育总局、中国滑冰协会也在积极推进相关工作，有计划让专业教练团队走进学校、走进社区提供培训，或者通过线上的方式提前把培训视频录好。近几年，我也在呼吁更多退役运动员、有经验的运动员走进学校，走进俱乐部去做培训。”②

5. 旱地转冰雪的开展状况

2022 年北京冬奥会的成功举办让国内青少年冰雪体育运动得到快速发展，也为加快国内冰雪运动产业的发展提供了良好的市场发展机遇。对于青少年而言，他们的体育运动课程内容也因“冰雪运动进校园”而得到全面拓展。

然而，季节的变化、稀缺的运动器材装备和运动场地等，不但是限制“冰雪运动进校园”发展的重要因素，更让“冰”上运动的校园化开展面临瓶颈。于是，“旱地转冰雪”，成为我国中小学教育现阶段解决教学场地难题的一些通行经验做法。

旱地冰雪项目及器材拥有众多优点：简易性、便捷性、安全系数高、运动趣味和休闲趣味更强、性价比较高等。这些优点不仅让更多人有机会了解和尝试冰雪运动，更为旱地冰雪运动逐渐在北京中小学校园里生根发芽提供了便利。

北京市最先尝试在中小学校园中开展旱地滑雪运动，通过不断推广普及，截止到 2017 年上半年，北京市已经有 15 所中小学校开展培训了旱地滑雪运动。在校园里开展旱地转冰雪的活动不仅可以让学生体会到冰雪运动的乐趣，更能让学生在游戏中加深对冰雪运动的认识，拉近学生与冰雪运动的距离。随着科技的发展，很多冰雪替代产品逐渐出现，如滑雪训练模拟器、越野滑轮等，参与的学生可以通过冰雪替代产品掌握了技术要领后，再到雪

① 许弘：《北京 2022 年冬奥会和冬残奥会背景下冰雪运动进校园的现状、思考与展望》，《体育科学》2021 年第 4 期。

② 《党代表对谈丨冰雪运动进校园需专业指导》，https：//www. sohu. com/a/562244311_ 114988。

上亲自体验。

6. 北京市冰雪运动特色校发展状况

普及奥林匹克教育、推动我国冰雪运动发展是举办冬奥会的另一重要意义，回顾历史不难发现，奥林匹克教育都会在成功举办过奥运会的国家形成极大的推动效用，掀起以振奋民族精神、弘扬奥林匹克理想为核心的奥运热潮[①]。因此，推进冰雪运动进校园，建设冰雪运动特色学校，是弘扬奥林匹克精神、普及奥林匹克教育，促进青少年学习冰雪运动、树立冬奥会东道主意识的重要手段；是冰雪运动普及和提高、学校体育改革和发展以及推动全民体育事业发展和体育强国建设的重要手段[②]。

《北京市人民政府关于加快冰雪运动发展的意见（2016~2020年）》中指出，北京计划建设100所冰雪运动特色学校。2017年6月，北京市正式授牌了第一批52所冰雪运动特色学校。2018年9月底，北京市教委、北京市财政局发布通知，北京市将在2022年前建设200所冰雪运动特色学校。2021年1月，北京市冰雪运动特色学校及奥林匹克教育示范学校评估认定结果显示，北京市有200所学校获评冰雪运动特色学校，199所奥林匹克教育示范学校评估验收合格。其中，海淀区共有25所冰雪运动特色学校上榜，清华大学附属小学、北京一零一中、北京市海淀区中关村第三小学、北京市第二十中学附属实验学校、北京市育英学校等以各自的特色榜上有名。特色学校除了要进行旱地冰球、轮转冰、队列滑等冰雪项目常态化教育，还要充分发挥好引领和示范作用。

2017年以来，北京市冰雪运动进校园系列活动一直在持续开展推进。各区各学校通过充分发挥各自优势和特色，在课程和活动方面积极创新，已逐步形成了具有市、区两级特色的示范学校布局，在为校园开展冰雪运动奠定了物质基础的同时，也为奥林匹克教育营造了良好环境。

---

① 马岳良：《试论北京奥运会前我国青少年的奥林匹克教育问题》，《体育与科学》2003年第2期。

② 樊佳乐：《北京市中小学冰雪运动特色学校建设情况的调查研究》，硕士学位论文，首都体育学院，2022。

北京市教委、市财政局在2018年印发了《北京市支持校园冰雪运动发展项目管理办法（试行）》，该管理办法指出在北京市中小学冰雪运动特色学校的建设过程中，教育行政部门予以招生、人才培养、经费等政策保障，支持学校发展并加强管理，支持各校冰雪课程研发。积极牵头开展冬奥系列普及推广活动、北京市中小学生冬季运动会以及各冰雪运动项目单项比赛活动，带动各区各校积极开展冰雪运动竞赛活动。①

北京冰雪运动特色学校主要通过举办冰雪运动比赛、冬奥主题演讲、主题艺术作品征集、冰雪明星进校演讲、观看高水平冰雪赛事等活动，让中小学生近距离了解冬奥文化，感受奥运精神。这些活动也都已经成为北京市普及冰雪运动、传播奥林匹克知识的生动载体。

冰雪运动特色学校的创建不仅对学生有利，也在一定程度上弥补了社会对冰雪运动认知的不足。冰雪运动特色学校通过与体育部门合作，组织开展冬季运动推广普及活动，从而激发大众参与冰雪运动的热情，起到强化宣传作用。“有效开展冰雪冬令营、冬季研学、冰雪体验等冰雪交流活动，形成自我发展的良好格局，提升家长们对冰雪运动的认知，鼓励和增加学生校外参与冰雪运动的参与频率”②。但现阶段北京市冰雪运动特色学校建设在师资力量、场地资源、条件保障、教育教学等方面仍存在一定问题，其中，运动场地紧缺与冰雪专业师资严重不足是冰雪运动特色学校建设和发展过程中亟待解决的关键难题。

（四）北京市中小学冬季奥林匹克教育开展情况

1. 北京冬季奥林匹克教育模式特征

北京青少年的“全员参与”是北京冬季奥林匹克教育模式的突出特征

① 《北京市教育委员会　北京市财政局关于印发〈北京市支持校园冰雪运动发展项目管理办法（试行）〉的通知》（京教体艺〔2018〕20号），https://www.beijing.gov.cn/zhengce/gfxwj/201905/t20190522_61511.html。

② 武力强：《北京市海淀区小学冰雪运动发展现状及特色校创建研究》，硕士学位论文，北京体育大学，2020。

和基本形态，该模式的突出特点是极具包容性。在这个综合模式之下，还有很多种微观且具体的活动模式，如“奥林匹克教育示范校”模式、“同心结”国际交流模式，以及在各学校自行举办和开展的“模拟奥运会”模式等。这些模式为我们研究冬季奥林匹克教育模式提供了一个基本分析框架，即建立在中小学各种奥林匹克教育创意活动基础上的北京冬季奥林匹克教育模式，是一种以政府为主导、以奥林匹克教育示范学校和冰雪运动特色学校的参与为支撑的周期性奥林匹克教育模式。我们可以从下面几个角度来认识这个教育模式的特征。

（1）“北京冬季奥林匹克教育模式”的主导部门：教育行政部门

从历届奥运会主办城市（举办国）的奥林匹克教育经验来看，奥组委是承担奥林匹克教育责任的主要机构，但由于具体教育实践活动都是在中小学校进行的，政府教育主管部门提供的政策和资金等方面的支持必不可少。因此，教育行政部门为奥林匹克教育的大力开展提供了重要保障。各级政府教育行政部门从北京冬季奥林匹克教育的设计到实施、指导再到推进，都与北京冬奥组委形成全面配合，承担起主要的教育责任。这不仅是一个具有中国特色的奥林匹克教育形态，更是2022年冬季奥林匹克教育计划得以全面落实的核心保障措施。

（2）北京冬季奥林匹克教育模式的支柱：示范校、“同心结”交流活动、冰雪运动特色学校

示范校是中国推进新教育项目的传统有效方式，具有鲜明的中国特色。截止到2020年10月，北京2022年冬奥会和冬残奥会奥林匹克教育示范学校共有208所。奥林匹克教育示范学校设立的目的在于发挥其“示范”作用和“辐射”功能，根本目的则在于通过示范学校的探索，让其他学校学习示范校的经验从而在开展奥林匹克教育活动时更迅速、更广泛、更深入。

“同心结”交流活动的本质特征是“一校一国”，即一所学校与一个国际奥委会成员“挽手”开展学习交流活动，通过该活动也可建设与其他国家青少年交流的桥梁。北京冬奥会期间的“同心结”交流活动已成为奥林匹克运动历史上最为广泛的一次国际交流、交往活动，为奥林匹克精神在全

世界的传递提供了一个巨大的全球性平台，受到了国际社会的广泛赞誉。

冰雪运动特色学校是2022年北京冬季奥林匹克教育模式中的创新之一。2021年，北京冰雪运动特色学校已达到200所，冰雪运动特色学校之所以能够成为北京冬季奥林匹克教育模式新的支柱，是因为它们在普及冰雪运动的过程中发挥了重要作用。

（3）北京冬季奥林匹克教育模式的基础：学校自主创新活动

北京中小学校在奥林匹克教育实践中所创造出的无数活动形式和活动内容，均可视为奥林匹克教育的创新和补充。多数学校为吸引学生的积极参与，在本地区、本民族的传统特色体育锻炼项目和青少年年龄、身材发育阶段特点上下功夫，开展各类实践活动，以达到使全体学生自觉自愿并充满兴趣地活动起来的目的。

北京中小学校在奥林匹克教育活动中发挥了不可替代的作用，不仅专业化、系统化地向学生传授奥林匹克运动知识，还在多领域进行创新。如积极开发体育和游戏实践活动、与结对国家和地区的学校开展姊妹校交流活动，让学生在快乐中游戏、在游戏中学习。

2. 北京市中小学冬季奥林匹克教育开展实践

（1）建设冰雪运动特色学校和示范校

冰雪运动特色学校和示范校是北京冬季奥林匹克教育模式的支柱，它们的建设和发展直接关乎冬季奥林匹克教育实践的开展。目前，全市已经建设了200所冰雪运动特色学校和200所奥林匹克教育示范校，示范校和特色学校的主要任务就是全面推广普及冰雪运动，让更多人了解冰雪运动并通过参与爱上冰雪运动，以及充分发挥好引领和示范带头作用。北京市对于特色学校和示范校的支持力度持续加大，鼓励各区根据各自情况因地制宜开展冬季奥林匹克教育，让冬季奥林匹克教育的内涵不断丰富，从而在推广、普及校园冰雪运动中有效发挥作用。

（2）建设教师队伍

教师是冬季奥林匹克教育的实践者，非专业出身、师资力量不足、科研能力薄弱等问题都制约着冬季奥林匹克教育实践的发展。为实施北京中小学生奥林匹克教育计划，北京市教委、北京市体育局、北京冬奥组委新闻宣传部等提出意见，“要以滑冰、滑雪、冰球等重点项目为突破口，面向全市体育教师分层、分批开展技能培训及教学教法、裁判法、单项规则及学生保护法等培训。同时，研究制定《北京市冰雪运动校园辅导员任职条件和培训大纲》，扩大全市冰雪运动的教练资源，提高学校冬季项目的师资水平，丰富教师课堂的教育教学内容”①。2022 年 6 月 28 日，北京冬奥组委体育部速度滑冰项目竞赛主任王北星也在采访中指出，现在已经有越来越多的专业教练团队、退役运动员、有经验的运动员走进校园。②

（3）编写奥林匹克教育教材

“北京 2022 年冬奥会教材和残奥会教材丛书”的出版实现了经典教育知识材料全部以现代教育实用知识读本的形式呈现，丛书取材丰富内容广泛，知识结构简明清晰，通俗易懂又便于学习，丛书的出版标志着全国奥林匹克教育和冰雪运动发展上了一个新的台阶。为保障北京市各个专业学校落实好青少年冬季奥林匹克教育，教育部、国家体育总局以及北京冬奥组委还精心组织人员编辑出版了《北京 2022 中小学生冰雪运动项目教学指南》、中小学生必备的《冬季奥林匹克知识读本》、冬季冰雪体育运动的知识介绍挂图、北京 2022 年冬奥会和冬残奥会比赛项目介绍手册以及配套光盘等。同时，北京市鼓励各地方和学校因地制宜、积极开发推广有关青少年冬季奥林匹克教育的课程内容和比赛活动器材等，让学生在校园内就能感受到冰雪运动的魅力。

（4）开展以冬奥会为主题的赛事活动

奥林匹克运动会的精神真谛是让全体青少年更快乐且能主动自由地接受参与运动，在运动参与体验中逐步实现身体素质的良好发展和社会道德品质的提高。为了尽快将青少年吸引进全国冬季奥林匹克宣传教育工作实践热潮

① 《北京市教育委员会　北京市体育局　北京冬奥组委新闻宣传部关于实施北京 2022 年冬奥会和冬残奥会北京市中小学生奥林匹克教育计划的意见》，http：//jw. beijing. gov. cn/xxgk/zfxxgkml/zfgkzcwj/zwgkxzgfxwj/202001/t20200107_ 1562717. html。

② 《党代表对谈丨冰雪运动进校园需专业指导》，https：//www. sohu. com/a/562244311_ 114988。

中，使青少年树立北京 2022 年冬奥会和冬残奥会小主人翁意识，学校在赛事活动和以冬奥会为主题的活动上下了不少功夫。尤其是在距 2022 年北京冬奥会举办两百天左右的时间里，各校奥林匹克教育系列活动精彩纷呈。

2021 年 7 月中旬，北京市中小学生奥林匹克艺术作品展巡展——迎冬奥倒计时 200 天活动在延庆区四海中心小学举行，百余名小学生观看了冬奥主题皮影戏，现场体验了皮影文化与冬奥文化相结合激起的火花；2022 年 1 月 18 日，北京举办中小学生模拟冬奥会暨“见字如面・对话冬奥”活动启动仪式。北京市几位初中生代表用中英文向全国、全世界的小朋友们发出倡议：“让我们一起行动起来！……见字如面・对话冬奥……”启动仪式结束后，同学们还体验了雪地单足接力赛、雪地拉板拉绳赛和平地滑行接力赛等趣味项目。

近年来，北京市教委为发展好中小学冬季奥林匹克教育，从课程、活动、文化、师资建设和竞赛等多方面着手，积极讲好奥林匹克故事，传播好奥林匹克文化、弘扬奥林匹克精神，吸引越来越多的青少年积极参与到冰雪运动中。

虽然目前冬奥会已经结束，但是培养冰雪运动人才是个长期的过程，对于冬奥会一结束冰雪运动相关活动就减少的情况也应给予重视，如何在后冬奥时代继续加强宣传和推广奥林匹克文化更是目前值得探讨的问题。

二　北京市青少年冰雪运动发展面临的问题及政策建议

为更好地促进未来北京市青少年冰雪运动发展，笔者运用德尔菲法对北京市青少年竞技冰雪运动、冰雪运动进校园、中小学冬季奥林匹克教育开展等方面的现存问题进行了调研，并提出了相关的对策建议。

（一）北京市青少年竞技冰雪运动存在的问题及对策

1. 北京市青少年竞技冰雪运动存在的问题

（1）运动员方面

第一，各区青少年运动员性别比例差距较大。青少年阶段的男生和女生在身体发育、兴趣爱好选择方面有非常大的差别。在各区成为运动员的青少年当中，男生选择进行冰雪运动项目训练并成为青少年运动员的数量要大于女生。竞技冰雪项目多需要一定的体力和耐力，根据男女生不同的生长发育规律，青少年男生的体力与耐力多强于女生，男生占有一定的优势，这也使得在青少年运动员当中男生比女生的数量多，同时导致各区的青少年运动员中男女生比例差距较大。各区男女生运动员数量上的差距也影响着青少年竞技冰雪项目的推广与开展。第二，多数运动员因升学无法继续训练。青少年正处于接受学校教育的重要阶段，这个阶段的主要任务是进行知识和文化方面的学习和积累。接受文化知识教育占据青少年绝大部分的时间，越是高年级的学生在学习时越需要耗费大量的时间和精力。在如今应试教育作为考查学生知识文化的学习和积累的主要手段的背景下，青少年的学习压力非常大，学习文化知识的时间也随之不断增加。我国的青少年在这一阶段的学习重点仍是文化知识的学习，这也使得青少年冰雪项目运动员的训练时间较少，投入冰雪运动项目的精力也较少。多数的青少年运动员会在学业压力的影响下，减少或暂停冰雪运动的训练。升学也成为多数青少年冰雪项目运动员暂停训练进而无法参与竞技冰雪运动项目的一个重要的原因。

（2）专业人才方面

第一，各区专业教练员稀缺。冰雪运动项目在我国的发展较晚，起步较慢，青少年冰雪运动项目训练发展得更晚，针对青少年冰雪项目运动员的训练方案与普通冰雪项目运动员的训练方案有所不同。青少年冰雪项目运动员进行竞技冰雪项目比赛之前需要投入大量的精力进行训练，而训练就需要有专业的教练员进行专业的带领与指导，但是现在各区所开展的冰雪运动项目都缺乏专业的教练员进行长期的指导，专业的冰雪项目教练员人数少并且各区各项目的专业教练员人数比例也不同，不利于青少年冰雪项目运动员的训练。专业的教练员稀缺影响着青少年冰雪项目运动员的训练质量和效果。一些教练员是从其他项目转型成为冰雪项目教练员，对于冰雪项目的学习时间短，指导不够深刻，使青少年冰雪项目运动员所接受的训练不够专业和完善，从而不利于青少年竞技冰雪运动的开展。第二，各区缺乏项目管理人员。各区积极组建不同的冰雪项目运动员队伍，不同的冰雪项目的训练特点和方式不同，所以不同的冰雪项目运动员队伍所需要的管理人员也不相同。不同项目运动员队伍的管理人员需要拥有专业的项目管理知识。但是现在各区的冰雪项目运动员队伍缺乏专业的项目管理人员。缺乏专业的项目管理人员，使各区的运动员队伍在组建初期可能会遇到更多的问题，并且没有长期的专业的项目管理人员，可能使项目运动员队伍在日常管理过程中容易出现更多的漏洞与错误。缺乏专业的项目运动员队伍管理人员，会对运动员队伍的日常维护产生不利影响，同时会影响队伍的组建和运动员日常的训练，而且会影响青少年运动员参与竞技冰雪运动，不利于青少年竞技冰雪运动的开展。

（3）队伍组建方面

第一，各项目运动员队伍组建时间不同。各区因为具体的实际情况不同，所以组建冰雪项目运动员队伍的时间也不同。不同冰雪项目的发展不同，各区的冰雪项目运动员队伍发展也不相同。组建时间早的冰雪项目运动员队伍发展的时间更长，队伍发展比后组建的队伍更成熟。要不断摸索适合冰雪项目的运动员队伍组建方式以及寻找适宜的冰雪项目成年运动员和青少年运动员培养方案。有的区项目运动员组建的时间较晚，起步晚，发展的速度不如组建更早的队伍，所以成熟的时间较晚。而对于其他区先成功组建冰雪项目运动员队伍的经验和教训，组建时间较晚的区可以进行借鉴和利用。但是因为各区的项目运动员队伍组建的时间不同，所以各区各项目的发展进度和成熟度不同，使青少年运动员训练的时间和效果也有所不同。组建时间方面的差异，不利于更多的青少年运动员参加竞技冰雪运动。第二，未搭建完善的梯队管理体系。一个成熟的冰雪项目运动员队伍需要有完善的管理体系和完整的团队理念。但是对于一些冰雪项目运动员队伍而言，管理体系和团队理念都是不完善的甚至是缺乏的，没有搭建完善的梯队管理体系。完善的梯队管理体系有助于提高运动员队伍管理工作的效率，并且有利于提升冰雪项目运动员队伍的凝聚力，使整个运动员队伍处于积极向上的氛围中，有利于冰雪项目更好发展。但是现阶段各区的冰雪项目运动员队伍中，很多队伍管理分工不明确，工作效率不高，间接影响了队伍中的运动员日常的训练和比赛。没有核心凝聚力使队伍的团结力不够，队伍的集体荣誉感不强可能会造成经常性的人员流动，在不利于运动员队伍管理的同时，也不利于运动员队伍的长期发展。没有完善的梯队管理体系不利于竞技运动项目的长期发展。

（4）场馆建设方面

滑冰、滑雪场地建设和维护成本高。正规的滑冰场、滑雪场需要有一定的场地才能够进行建设。除个别区有冰雪优势条件外，其他的大部分区域都需要人工建造滑冰场、滑雪场。滑冰场、滑雪场的建造费用非常高，虽然很多商场中都有滑冰场，青少年运动员可以在商用滑冰场进行训练，但是商用滑冰场主要还是以营利为目的，可以偶尔用来练习，长期作为运动项目的队伍练习用地不太现实。并且冰雪项目运动员队伍需要日常进行训练，所以滑冰场或者滑雪场就需要经常进行维护和管理。场馆维护需要的人工、建设材料等成本很高。各区的经费有限，对于冰雪项目运动场馆的日常维护可能不能非常及时，这也会间接影响各项目的青少年运动员的日常训练效果。不能及时维护场馆也会降低场馆的使用频率，浪费场地资源的同时不利于竞技项目的广泛开展。

（5）赛事方面

除了U系列赛事之外，参赛门槛标准普遍较高，影响爱好者的积极性。自从大力发展冰雪项目以来，我国举办了多项有关冰雪运动的赛事。其中也有许多有关青少年的专业赛事，例如北京市青少年冰球锦标赛、北京市青少年花样滑冰锦标赛、北京市青少年短道速滑锦标赛等。参加专业赛事可以积累更多的经验，暴露青少年运动员在日常训练中所出现的问题，同时可以和更多的其他区的青少年一起进行技能的交流和切磋。在相关的青少年专业冰雪赛事上获得荣誉，也可以增加青少年运动员的信心，让青少年运动员有更多的动力。青少年专业赛事的举办本应该吸引更多的青少年关注和投身冰雪项目，但是一些赛事的报名有一定的门槛要求。有一些青少年运动员或因为多种原因不符合参赛要求，这就使一些赛事的参赛人数减少，有兴趣的青少年被要求所限制，影响了冰雪项目爱好者的积极性，从而不利于专业赛事的举办与推广，使通过赛事来吸引爱好者投身冰雪项目训练的效果降低，不利于更好地推广青少年竞技冰雪项目。

（6）培养成本方面

冰雪运动员的培养经费投入不足。培养一个成熟的运动员需要很多年，每年对于不同的运动员需要调整不同的计划，制定不同的训练方案。在方案计划中除日常的训练外，还有日常饮食、生活安排、装备使用等，这些都需要经费的支持。从运动员开始训练起，就已经产生了培养成本，在培养成熟期，运动员的培养成本会越来越高。培养一个运动员的成本较高，同时在训练过程中，运动员自身的心理状况、身体损伤状况也都是不可控制的成本因素，有很多在训练过程中因为多种原因而终止训练计划的运动员。运动员的培养成本会是很多人在选择冰雪项目时考虑的一个因素。较高的培养成本不利于青少年投身冰雪项目的训练，同时不利于青少年冰雪竞技运动的开展。

2. 促进北京市青少年竞技冰雪运动开展的对策

第一，要多方面寻找符合条件的青少年运动员。在发掘符合条件的冰雪项目运动员时，应拓宽思路，从多角度、多方面去寻找适龄的运动员。要积极从各学校、兴趣班、运动场馆等地方寻找符合条件的运动员。同时不要限制运动员性别，缩小青少年运动员的性别差距。第二，要储备大量的专业人才力量。要坚持培养、储备大量的有关项目的专业人才。通过高校学习等多种方式培养专业的人才。通过大量专业人才减轻专业技能教学的压力，促进竞技冰雪运动的发展。第三，要搭建完善的梯队管理体系，每个竞技项目运动员队伍都要建设完善的梯队管理体系。完善各队伍的管理机制，明确队伍内人员各自的工作职责。明确队伍中人员的工作任务，加强队伍之间的交流，保证运动员顺利转训等，为运动员的比赛和训练提供基本的体系保障。第四，要继续完善冰雪场地。要继续建设和完善滑冰、滑雪场地，增加滑冰场、滑雪场的数量，承载更多进行训练和体验的人。要完善已有滑冰场和滑雪场的设施建设，保障运动员在训练时的安全。及时维护和检修场馆，提高场馆的使用率，同时提高运动员的训练效率。第五，要探索合适的赛事活动，适当降低参赛门槛，让更多的冰雪爱好者能够参赛，吸引更多的爱好者参与。例如，2022 年河北省冰雪联赛取消了报名报项限制，各项目及组别运动员报名人数不限，每名运动员所报的项目不限，最大限度地吸引广大青少年参赛。第六，要增加经费投入，合理分配经费。要按照实际情况增加经费的投入，做好经费的使用计划，合理安排经费的支出。同时要注重运动员的培养成本方面的经费支出。训练器械的采购要有统一的标准，规范经费的用途。

（二）北京市冰雪运动进校园存在的问题及对策

1. 北京市冰雪运动进校园存在的问题

（1）师资培训方面

第一，专业冰雪师资力量不足。北京市中小学数量众多，在推进冰雪运动进校园时会明显出现有关冰雪运动的专业教师不够的情况。专业的冰雪运动教师能够正确、深刻地向中小学生传授相关的冰雪运动知识。充足的专业的冰雪教师可以兼顾更多的学生，能够更好地观察到学生在活动中的表现和反应。充足的专业教师在照顾学生的反应的同时能够吸引越来越多的学生积极参与冰雪运动进校园活动。但是目前北京市冰雪相关的专业教师资源缺乏，不能很好地满足冰雪运动进校园活动的需求。专业教师的缺乏也降低了学生在冰雪运动进校园活动中的参与积极性，影响了学生的体验效果。第二，教师科研能力较弱。在参与冰雪运动进校园活动的教师中，大部分从事实践教学，实践技能方面的经验非常丰富，但是教师容易出现重实践、轻科研的情况，教师的科研经验没有实践经验丰富。教师的科研能力不足可能会使教师不能及时关注到最新的理论研究，教师对于冰雪运动理论方面的知识了解不够，不能在冰雪运动进校园活动中更好地将理论与实践相结合。在冰雪运动进校园活动中，如果有学生提问更深层次的有关冰雪运动的知识，可能会出现教师不能及时、准确回复的情况。教师丰富的教学实践经验可以帮助学生们深刻地体验冰雪运动，教师的较强的科研能力和知识储备可以让学生在实践的过程中准确、系统地学习到有关冰雪运动的文化知识。教师科研能力较弱使活动缺乏更好的理论支撑，同时不利于冰雪运动进校园活动的开展。第三，教师培训内容不够完善和具体。参与冰雪运动进校园活动的教师都要接受相关的培训和指导，以便更好地向学生们进行讲解和示范。但是由于我国的冰雪项目起步晚、发展较慢，进行专业冰雪运动训练的机会少，教师对于冰雪运动专业方面的内容研究得不够透彻，冰雪运动相关的知识不够系统，这就使冰雪运动进校园活动开始前教师培训的内容不够完善和具体。教师培训主要是对教师传授的内容进行系统科学的规划，以方便学生学习更多的冰雪运动知识，完善的培训内容可以让教师在活动中解答更多的问题。但是目前北京市关于教师培训的内容不够具体和完善，教师在培训时接受的知识不够系统，容易导致学生在活动中学习到的知识比较少，影响了冰雪运动进校园活动的效果，同时不利于冰雪运动进校园活动的开展。

（2）学生体验方面

第一，学生的体验次数少、体验感不足。北京市中小学学生的人数众多，冰雪运动进校园活动是鼓励全校学生都要积极参与的活动。据统计，北京市参与上冰上雪教育系统的学生累计达百万人次，中小学学生的参与度很高。但是在专业指导教师缺乏、场地场馆有限等情况下，学生在活动体验方面容易出现个人体验次数少的情况。冰雪运动进校园活动本意就在于让学生学习、体验冰雪运动相关的各项活动。但是学生平均每个人的体验次数非常少，并且由于专业教师缺乏，每个学生不能都及时得到指导和建议，这让学生在参与冰雪活动时的体验感不足。学生在活动中的体验感不足、体验次数少容易使他们对于冰雪运动的相关活动感受不够深刻，容易使冰雪运动进校园活动的开展效果受到影响，不利于展现冰雪运动进校园活动更深层次的意义。第二，冬奥会结束后学生的体验热情降低。自 2022 年冬奥会申办成功以来，全国上下对于冬季运动项目的参与热情高涨，大众积极投身冰雪运动项目的学习和体验。学生也在学校和社会营造的热烈气氛中体验了各项冰雪运动。但是随着冬奥会的圆满落幕，大众对于冬奥会、冬季冰雪运动的关注度随之降低，大家开始追寻新的热门事件，学生在日常生活中对冰雪运动项目的关注度也开始降低，相应的体验热情也有所降低，体验次数也随之减少，对于冰雪运动进校园活动的热情下降，这不利于冰雪运动进校园活动的推广。第三，冰雪文化知识与实践活动不能更好地配合。现阶段有关冰雪运动的相关活动以单独的冰雪文化知识学习和单独的实践体验学习活动为主。通过学习相关的文化知识并进行冰雪运动的体验和实践，学生能够从理论和实践中全面掌握冰雪运动的相关知识。但是学生在体验学习的过程中，冰雪运动相关的理论知识和实践活动并不能很好地融合在一起。学生在进行文化知识的学习后不能及时通过冰雪运动进行实践，容易使学生的学习体验出现衔接不够的情况，不利于学生更好地理解自己学习到的冰雪文化知识。冰雪文化知识与实践活动不能很好地配合，不利于学生学习和理解更深层次的冰雪运动文化。在冰雪运动进校园活动中，容易出现学生学习的冰雪文化知识不能很好地运用到冰雪运动实践体验中的情况。第四，学生进行冰雪运动时间短。冰雪运动进校园活动在各学校开展时多利用的是学生的课余时间。学生在校阶段主要是进行科学文化知识的掌握和学习，学习压力随着年级的升高而变得越来越大，以致学生在校的课余时间非常少。这就容易导致学生进行冰雪运动的实际时间非常短的情况。学生进行冰雪运动的时间少，就不能充分体验冰雪运动，对于冰雪运动项目的理解不到位、不够深刻，这也容易让冰雪运动进校园活动实际效果小于计划的效果。此外，学生进行冰雪运动的时间短会使学生对于冰雪运动的体验不足，难以对相关的冰雪运动项目产生兴趣，不利于冰雪运动的开展。

2. 促进北京市冰雪运动进校园的对策

第一，要加强专业教师的培养，提高教师的科研能力。要增加专业教师的数量储备，使教师能够及时在活动中指导学生。同时要加强指导教师的科研能力，使学生能够多方面、多层次进行学习和了解。第二，要完善教师的培训内容，提高教师的专业能力。针对教师的培训要尽量完善并随着形势的变化而变化，提高教师的专业水平，使教师能够在开展冰雪运动进校园活动时及时解答学生的疑问，展现教师的专业水平。第三，要增加学生的体验学习时间，及时进行理论和实践的融合。在现有的体验活动时间上增加更多的学习时间，让学生有更长的体验时间，能够尽量完整地进行学习和体验。同时让学生能够在学习理论知识后及时地应用到实践练习当中，帮助学生更好地理解和学习相关的知识和技能，使理论和技能更好地融合。第四，要通过多种活动方式激发学生兴趣。要通过举行不同的活动，让学生找到自己感兴趣的活动进行参与体验。通过多种活动形式，多方位展现冰雪运动文化，吸引学生的兴趣，提高学生的热情，让学生积极参与到各项活动中。

（三）北京市中小学冬季奥林匹克教育开展存在的问题及对策

1. 北京市中小学冬季奥林匹克教育开展存在的问题

第一，教授冬季奥林匹克文化的专业教师数量少。冬季奥林匹克文化在我国的发展较晚，冬季奥林匹克文化专业教师数量较少，能够在中小学进行冬季奥林匹克教育的专业教师更是稀缺。缺乏能够进行教授的专业教师将导致学生不能及时学习和了解冬季奥林匹克相关的文化知识。专业的教师数量少、分布不均，会导致不同学校的学生接受的教育进度不一，不同的进度不利于全体学生的发展，学生不能接受更深层次、专业准确的冬季奥林匹克文化知识。专业的教师缺乏会影响教育的效果，不利于中小学长期开展冬季奥林匹克教育。第二，相关的教材数量少、不完善。在进行冬季奥林匹克教育前需要有系统的计划和完善的知识体系。在进行教育时运用教材进行讲解更适合学生。但是中小学学生的理解能力不同，在进行教材的选择时，需要选择具备适合中小学阶段学生学习的冬季奥林匹克知识，用中小学生能够理解的语言进行编写的教材。但是目前相关的教材种类非常少，教材的选择受到限制。同时在教材中冬季奥林匹克相关的知识不够完善，知识过于浅显，不利于学生更深层次地理解和学习更多知识，容易使学生降低对冬季奥林匹克知识的兴趣，影响教育的开展。第三，冬季奥林匹克文化与中国特色文化结合较少。我国自身的传统文化中有大量关于冬季冰雪运动的文化，在促进冬季奥林匹克文化发展的同时，要与中国特色文化相结合，打造具有中国特色的冬季奥林匹克文化。有特色的冬季奥林匹克文化可以让学生在学习冬季奥林匹克相关的知识时，学习更多的有中国特色的冰雪运动文化，有助于学生理解学习，建立更强的文化自信。学生对传统的特色冰雪文化理解较少，不利于我国自身的冰雪文化输出，同时不利于冬季奥林匹克教育的开展。第四，教育课程不固定、课时少。学生在学校的主要学习任务是学习学科文化知识，学校的课程排列主要倾向于学科课程，并且学生的学业压力大，这就使很多学校更重视学科课程的数量，容易造成冬季奥林匹克教育的课程不固定，并且课时非常少。课程不固定容易让学生学习和接受的知识不连贯、不系统，同时不固定的课程也容易让学生在日常其他学科课程的学习中遗忘之前学习的知识。课程的课时少会使更多的有关冬季奥林匹克的知识不能教授给学生，课程时间有限，教师只能教授比较表面的知识，不利于学生学习更深层次的知识。教育课程不固定并且课时少，容易让学生对冬季奥林匹克文化产生不重视的心态，进而不重视相关的教育课程，造成资源的浪费，影响教育效果的同时也不利于教育活动的开展。

2. 促进北京市中小学冬季奥林匹克教育开展的对策

第一，要加强对专业教师人才的储备。要加强培养专业的教师人才，增加专业教师的数量，通过高校培养等多种方式储备专业人才，满足中小学对于专业教师指导的需求。对教师进行专业的培训，让教师在教育过程中及时应对学生出现的问题。第二，要编写多种类的教材，完善教材内容。编写更多有关冬季奥林匹克知识的教材，将不同的教材运用在实际教学中，促使不同学校不同年级根据实际情况选择适宜的教材。同时完善教材的内容，让教材的内容更全面、更深刻，在帮助学生学习内容的同时促进学生对更多知识的理解。第三，要增加课时，固定课程时间。要重视冬季奥林匹克教育就要增加课时，并且固定课程时间，让学生正确对待冬季奥林匹克教育。增加课时能让学生有更多的时间理解和学习，同时固定的课程时间能让学生形成学习的习惯，减少之前知识遗忘的速度。第四，要多与中国特色文化相结合。要不断地将冬季奥林匹克文化与中国特色文化进行结合，在原有的冰雪运动文化基础上大力发展新时代具有中国特色的冰雪运动文化，让学生们全面学习冬季奥林匹克文化，增强文化自信。第五，要通过多种方式开展活动。例如北京冬奥组委在全媒体平台推出系列冬奥会直播课程，邀请教育专家、优秀运动员代表与青少年展开互动，使学生全方位、多角度理解相关知识文化。

（四）促进北京市青少年冰雪运动发展的政策建议

1. 继续完善冰雪场地设施建设

2022 年冬奥会结束后，各区的冰雪场地数量有很大的增长，但仍要继续加大冰雪场地建设力度。冬奥会的举行让更多的青少年了解并学习了冰雪运动，青少年对冰雪运动的参与度逐渐提高，应增加新的冰雪场地以满足更多青少年进行冰雪运动的需求。在建设新冰雪场地的同时还要加强对已有冰雪场地设施的完善，使青少年在进行冰雪运动的过程中获得更好的体验。继续完善已有的冰雪场地的各项设施，同时提高冰雪场地的质量，更好地保障青少年在冰雪运动过程中的体验感与运动的安全性。

2. 完善青少年运动员管理体系

青少年运动员管理体系直接影响到对运动员的管理合适与否，完善的管理体系有利于对青少年运动员的管理以及为后续青少年运动员培养方案的制定与实施提供相应的保障。随着冰雪运动相关活动的大力开展和推广，越来越多的青少年更加关注并开始进行冰雪运动。随着注册成为冰雪运动员的青少年人数不断增加，有关青少年冰雪运动员管理方面的问题需要进一步得到重视。青少年运动员的管理体系要与成年运动员的管理体系有所区分。要制定符合青少年运动员发展特点的管理体系，同时也要将冰雪运动员的管理体系与其他运动员的管理体系区分开来。在制定新的青少年运动员管理体系的同时还要在现实的管理实践中不断地发现管理体系中出现的新问题，并不断完善管理体系，使管理体系更加规范与成熟。应采用分散与集中相结合的管理模式，分层次且有针对性地对运动员加强管理，建立青少年运动员培养体系，探索契约化、制度化、绩效化、人性化的管理模式，让财政资金效益最大化。

3. 组织青少年冰雪赛事，完善赛事体系

2022 年冬奥会的成功举办让我们感受到了冰雪赛事的激情与活力。各项冰雪赛事激发了人们对于冰雪运动的热情，也吸引越来越多的人投身于冰雪运动中。青少年作为新生力量活跃在各项冰雪运动的前沿。所以在组织各

项赛事的过程中，可以根据赛事的具体情况增加有关青少年冰雪运动的比赛项目，同时组织青少年专属的冰雪赛事。组织青少年专属的冰雪赛事可以吸引越来越多的青少年参与冰雪运动训练，并在训练过程中与其他人增加交流和互动。青少年参加专业的赛事也可以对自身训练水平进行阶段性评判。完善赛事体系也有利于青少年有序地参与到冰雪运动当中。

4. 加强冰雪运动文化教育

在提到冰雪运动时多数人会想到在冰场或者雪场进行实践训练，但是除实践训练外，冰雪理论文化的相关教育也具有重要地位。青少年要通过冰雪实践与理论知识相结合进行相关学习。通过对相关历史、发展进程等方面的文化内容进行学习后，青少年才能更好地在冰雪运动中进行实践，并且也可以直观地体验冰雪运动的文化。对青少年进行冰雪运动文化的教育不仅可以让青少年多方面、多角度对冰雪运动知识进行了解和学习，还可以激发青少年的好奇心，促使更多的青少年投入冰雪运动的实践训练中。

5. 校内外同步培养，跨区深度合作

2022 年冬奥会申办成功到现在，国家与政府一直大力推进冰雪运动的宣传和推广工作，“冰雪运动进校园”等就是面向青少年学生的冰雪推广活动。学校会带领学生进行冰雪运动项目的体验学习，同时有些青少年也会根据自己的情况选择其中的冰雪项目在校外进行培训和学习。将校园项目推广体验与校外青少年培训同步进行，能够增强青少年对于冰雪运动的体验感，同时可以带动更多的青少年进行冰雪运动的训练。而因为各区的地理位置等具体情况不同，各区主要推广和开展的冰雪运动项目也不同。但是不同的学生适合的运动项目不同，跨区域进行项目训练对于一些青少年来说存在许多问题。跨区进行各区之间的深度合作，就有利于青少年的冰雪运动项目训练，为青少年冰雪运动提供极大的便利。

6. 加强专业人才储备，积累专业教师资源

我国冰雪运动发展起步较晚，虽然发展迅速但是对比其他一些国家仍然存在一定的差距。青少年进行冰雪运动训练的一个重要条件就是要有专业的教练带领。我国的体育教师资源充足但是冰雪运动方向的专业教师、教练资

源稀缺。不管是学校还是社会层面，都缺少冰雪运动相关的专业性人才，所以需要培养大量的冰雪运动的专业性人才，做好专业性人才的储备工作。在越来越多的青少年加入冰雪运动项目的情况下，专业的师资力量要准备充分。有专业的教师、教练进行教授和指导，青少年在参与冰雪运动的过程中才能正确、规范地学习相关的知识和技能。培养和储备大量的专业性人才，才能大力推广和开展青少年冰雪运动，促进青少年冰雪运动更好发展。

三　后冬奥时代北京市青少年冰雪运动发展展望

习近平总书记在北京冬奥会、冬残奥会总结表彰大会上的讲话中指出："北京冬奥会、冬残奥会既有场馆设施等物质遗产，也有文化和人才遗产，这些都是宝贵财富，要充分运用好，让其成为推动发展的新动能，实现冬奥遗产利用效益最大化。"[①] 北京市十三次党代会报告明确了"落实场馆赛后利用计划，积极引入高水平赛事，推动向社会开放。大力发展冰雪产业，带动更多市民群众参与冰雪运动"的任务要求。据此，我们对后冬奥时代北京市青少年冰雪运动发展提出一些展望。

（一）政府将持续加强规划部署与政策引导

一是抓好政策引导。研究制定冰雪运动职业俱乐部奖励、新建场馆补贴、赛事补贴、产业示范基地奖励等引导、扶持政策，鼓励社会资本投资冰雪体育产业，参与冰雪项目。在场馆设施运营、公益健身服务体系、群众性比赛等领域推广政府和社会资本合作模式。落实公共体育场馆免费、低收费向社会开放的补贴政策，降低体育场馆开放运营成本。

二是抓好工作落实。加速工作建设，在各区、各部门共同建立健全统筹协作机制的同时，积极加强与国家相关部门的联系与沟通，实现密切配合、

① 习近平：《在北京冬奥会、冬残奥会总结表彰大会上的讲话（2022 年 4 月 8 日）》，http://www.cppcc.gov.cn/zxww/2022/04/11/ARTI1649638996796118.shtml。

协调联动，共同推进冬奥会遗产可持续利用和冰雪运动蓬勃发展。

三是抓好协同发展。将京津冀的体育设施布局、体育组织建设以及体育赛事活动组织三者之间的融合互补作为发展重点，同时大力推动三地冰雪运动协同发展，共同举办植根于京津冀、具有国际国内影响力的各类冰雪体育赛事，建设并打造立足地方、吸引全国、辐射全球的集体育、休闲、旅游于一体的产业聚集区，共同延续“双奥之城”的辉煌成就。

（二）“双奥”遗产将带来示范效应

“双奥”的举办给北京带来良好国际声誉，为此，应当把国际顶级赛事作为彰显“双奥之城”国际影响力的闪亮名片。用好“双奥之城”的丰厚遗产，立足北京丰富的高水平场馆资源，力争利用国家速滑馆、国家高山滑雪中心、国家雪车雪橇中心等冬奥会场馆申办各类顶级世界杯赛事，大力打造北京国际体育赛事新名片。各区要以冬奥会场馆与自然资源作为优势条件，积极申办各项冰雪运动赛事，打造具有国际影响力的冰雪运动特色品牌，举办具有国际影响力的群众体育赛事活动，促进“双奥之城”国际影响力的提升。

（三）后备人才储备将不断增强

人才培养是增强后冬奥时代冰雪运动发展后劲的重要支撑。北京冬奥会后，社会各方将着眼于冰雪运动长期发展的支撑力量建设，通过引进人才、集中轮训，以及到冰雪运动强国、强省培训等方式，培育高水平运动员、优秀教练员、高级管理人员队伍，制冰师、器材师等应用型专业技能人才队伍，中小学冰雪运动骨干师资队伍。通过引进国际一流冰雪人才培训系统，加强与国内外知名体育高校的合作，建立先进的冰雪运动培训体系。鼓励社会力量利用冬奥会场馆设施兴办冰雪学校、俱乐部、训练营，动员全社会力量培养冰雪运动人才。

（四）场馆建设将持续发挥效能

把冬奥会场馆设施作为促进青少年冰雪运动能力发展的平台。以培养冰雪运动人才为主要目的，完善冬夏同训的服务体系，健全普通学校、体校、社会多方面合力的青少年体育服务体系。通过利用冬奥会场馆申报创建青少年校外冰雪活动中心，建立区级青少年冬季项目运动队等方式，引导区级青少年冬季项目运动队与冬奥会场馆开展合作，鼓励冬奥会场馆承接本市青少年冬季项目赛事活动。

同时，把提高利用水平作为冬奥会场馆运营水平提升的重要途径。通过向社会公众开放，举办诸如全民健身、商业演出、展览展会、国内外冰雪运动赛事等活动，使冬奥会场馆多方面、多层次高效服务城市中的体育、文化、旅游事业等，可以四季运营，提升赛后转型利用效益。同时，对标国际化冰雪专业训练基地，提升冬奥会场馆训练服务水平，推动包括国际冰雪运动队在内的各级运动队，进驻北京市冰上项目训练基地、国家雪车雪橇中心、国家高山滑雪中心等冬奥会场馆进行各项目的训练和比赛，建立和完善属于我国的国际一流标准的冰雪运动项目运动训练和比赛基地。

（五）开展群众性冰雪运动将被摆在落实全民健身国家战略的突出位置

为贯彻落实全民健身国家战略，落实北京市“1000 万人上冰雪”的目标要求，应通过开展市民快乐冰雪季、市冬季运动会，以及各项群众性冰雪赛事活动，营造全民参与冰雪运动的良好氛围。通过举办各项活动，例如降低赛事体育场馆的收费标准或免费向公众开放、完善发展“一区一品”冰雪项目、举办“冬奥知识进万家”“冬奥大讲堂”等，保持大众对冰雪运动的关注度和热度，推动群众性冰雪运动普及，为广大群众健身休闲运动提供更多选择。

（六）促进冬夏项目均衡发展将成为竞技冰雪运动训练水平提升的主要手段

北京市体育局将重点谋划抓好米兰冬奥会备战工作，在推进与国家集训队共建、联合冰雪强省培养优秀运动员等措施的基础上，组建 21 支市级专业冰雪运动队，涉及6个大项12个分项69个小项，全面优化竞技冰雪运动项目布局，重点发展自由式滑雪大跳台、U型场地、雪橇雪车、花滑、冰壶等优势项目，充分利用北京市冰上项目训练基地等冬奥会场馆的平台条件，提升竞技冰雪运动训练水平，有效改变以往“夏强冬弱”的项目格局，力争在全国率先实现冬夏项目均衡发展。

（七）业态融合将成为冰雪产业发展的有效途径

落实“体育+”“+体育”发展理念，把冰雪产业与文化、旅游等有机结合，进一步释放发展活力。结合国际消费城市建设、京张体育文化旅游带建设、国际滑雪度假旅游胜地建设、京津冀协同发展等任务，以市民快乐冰雪季、北京冰雪消费节、京张全季体育旅游嘉年华等活动为抓手，推出精品体育旅游路线、冰雪旅游攻略与规划，举办多样化文化、旅游推广项目活动，打造冰雪文化、冰雪旅游、冰雪赛事、冰雪休闲、冰雪运动品牌等特色产品，促进体育消费提质升级。

（八）冰雪运动将成为北京市青少年体育运动重要优势项目

作为一个举办过重大冰雪体育赛事的北方城市，也是世界上唯一一座“双奥之城”，北京与上海、广州等其他中国一线城市相比，在冰雪运动上已经具有重要优势。冬奥会的举办提升了冰雪运动在北京民众中的普及度，使冰雪运动的热度迅速提升，特别是在青少年心中埋下希望的火种，使青少年成为“冰雪一代”。此外，北京市在冬奥会筹办和举办过程中积累的人才、场馆、设施、经验等优势，势必会在未来的青少年冰雪体育运动发展中发挥重要作用。

（九）冰雪产业将成为北京市经济发展的新增长点

2022年冬奥会成功举办之后，我国冰雪运动迈入一个新的发展阶段，北京市的冰雪产业也迎来了新的发展契机。北京是我国的首都，经济发达、冰雪场馆设施完备、自然条件适宜，这些都是北京发展冰雪运动的天然优势。从冰雪赛事到冰雪休闲，再到冰雪消费，冰雪经济正成为北京新的经济增长点。特别是2022年冬奥会的成功举办，不仅培养了大批运动员，更培养了众多青少年冰雪爱好者。青少年是祖国的未来，是冰雪运动的主力军，也是未来冰雪消费的主力军和冰雪产业发展的潜在推动者。随着年轻一代的成长，冰雪运动势必将成为未来北京市经济发展的新增长点。

参考文献

[1] 刘平江、马思远、金媛媛等：《基于2022年冬奥会视域下北京市青少年冰雪运动发展研究》，《南京体育学院学报》2019年第7期。

[2] 蒲珊珊、王博、梁爽：《“百万青少年上冰雪”活动的发展历程与优化路径研究》，《中国学校体育（高等教育）》2017年第1期。

[3] 许弘：《北京2022年冬奥会和冬残奥会背景下冰雪运动进校园的现状、思考与展望》，《体育科学》2021年第4期。

[4] 马岳良：《试论北京奥运会前我国青少年的奥林匹克教育问题》，《体育与科学》2003年第2期。

[5] 樊佳乐：《北京市中小学冰雪运动特色学校建设情况的调查研究》，硕士学位论文，首都体育学院，2022。

[6] 武力强：《北京市海淀区小学冰雪运动发展现状及特色校创建研究》，硕士学位论文，北京体育大学，2020。

附录1

本文关于发展问题及对策的研究运用了德尔菲法进行了三轮专家咨询，在专家意见趋于统一后，形成了相对专业和权威的问题体系。以下是在相应部分中运用德尔菲法的具体情况。

一、邀请专家信息

专家姓名	工作单位	职称
胡 *	首都体育学院	教授/全国人大代表/一级教练
邱 * *	北京体育大学	教授
祖 * *	北京广众体育文化有限公司	滑雪国职考评师/培训师

二、第一轮咨询专家意见

1. 北京市青少年竞技冰雪项目开展的问题

（1）分类中的“6、经济”修改为“6、培养成本”

（2）删除细则问题中的“1-1 各区注册运动员与训练运动员人数差距悬殊”

（3）细则问题中的“1-2 多数运动员训练年限较短”修改为“1-2 多数运动员因升学无法继续训练”

（4）删除细则问题中的“2-2 各区均没有正式在编教练员”

（5）细则问题中的“2-3 各区缺乏队伍管理人员”修改为“2-2 各区缺乏项目管理人员”

（6）细则问题中的“3-1 队伍组建时间晚”修改为“3-1 各项目队伍组建时间不同”

（7）分类“3、队伍组建”中增加细则问题“3-2 未搭建完善的梯队体系”

（8）删除细则问题中的“3-2 开展的运动项目较少”

（9）删除细则问题中的“3-3 冰上项目与雪上项目人数差距较大”

（10）删除细则问题中的“3-4 各区队伍人数增长缓慢”

（11）删除细则问题中的“4-3 场馆运营以及日常维护仍存在不足”

（12）细则问题中的“6-1 普通家庭经济承受压力大，无法承担高额培训费用”修改为“6-1 培养冰雪运动员花费较高”

2. 北京市冰雪运动进校园的问题

（1）细则问题中的“1-1 专业冰雪师资力量不足，科研能力较弱”修改为细则问题“1-1 冰雪方面专业师资力量不足”和细则问题“1-2 教师科研能力较弱”

（2）细则问题中的“1-2 对教师的培训没有丰富的经验，培训内容不够完善和具体”修改为“1-3 教师培训内容不够完善和具体”

（3）细则问题中的“2-1 进行体验时多为集体活动，学生的体验次数少、体验感不足”修改为“2-1 学生的体验次数少、体验感不足”

三、第二轮咨询专家意见

第二轮专家咨询主要针对北京市青少年竞技冰雪项目开展的问题提出如下意见：

（1）细则问题“4-1 滑冰、滑雪场地建设数量不足”修改为“4-1 滑冰、滑雪场地建设和维护成本高”

（2）删除细则问题中的“4-2 滑雪场地相比滑冰场地数量少且交通较不便”

（3）删除细则问题中的“5-1 赛事推广度不够”

（4）删除细则问题中的“5-3 缺少与各年龄段相匹配的冰雪赛事”

（5）细则问题“6-1 培养冰雪运动员花费较高”修改为“6-1 培养冰雪运动员的经费投入不足”

四、第三轮咨询专家意见趋于统一，相应地形成具有专业性与权威性的问题体系。

附录 2

北京市青少年冰雪运动开展状况与发展对策研究专家咨询表

尊敬的各位专家：

您好！我们是“北京市青少年体育发展蓝皮书”项目组，正在进行关于北京市青少年冰雪运动开展状况与发展对策的研究。该研究涉及开展状况与发展对策的相关问题，在此需要您的帮助。通过了第二轮的指标筛选，综合专家判断和意见汇总，我们对初拟的北京市青少年冰雪运动开展状况与发展对策作出如下调整：

（1）细则问题“4-1 滑冰、滑雪场地建设数量不足”修改为“4-1 滑冰、滑雪场地建设和维护成本高”

（2）删除细则问题中的“4-2 滑雪场地相比滑冰场地数量少且交通较不便”

（3）删除细则问题中的“5-1 赛事推广度不够”

（4）删除细则问题中的“5-3 缺少与各年龄段相匹配的冰雪赛事”

（5）细则问题“6-1 培养冰雪运动员花费较高”修改为“6-1 培养冰雪运动员的经费投入不足”

除此之外，我们还对一些问题的语言描述和排序做了相应的修改。经过调整后，形成了新的细则问题。希望您能再次抽出一点宝贵时间，对我们所修正的分类与细则问题予以进一步的评判筛选（第三轮）。您可以对该细则问题指出需要修改或补充的地方，并且可以提出应对这些问题的发展对策和想法。您的再次建议对我们进行下一步的分析非常重要，我们对您的帮助表示衷心的感谢！

1. 专家信息表

姓名	学历	职称	职务
单位	年龄	工作年限	电话

注：职称一栏业界专家选择性填写，职务一栏学界专家选择性填写。

＊请您在打分之前仔细阅读如下信息＊

【评分标准】本次调查以对青少年冰雪运动发展的重要性作为打分维度，共分为非常重要、重要、一般、不重要、非常不重要 5 个维度。请您在打分时综合考量：（1）单一问题在同级别内容中的重要程度；（2）内容自身能够反映北京市青少年冰雪运动状况的能力。

【修改建议】如需要删除或替换，请您在修改意见中标明具体问题，并写明修改与替换的具体原因。如需要增加指标，请您在修改意见中标明问题的具体从属级别。例如，增加分类 X 下，增加问题 Y 下。

2. 北京市青少年冰雪运动开展状况与发展对策研究问题样表汇总（修正后）

<table>
<tr><td rowspan="9">北京市青少年竞技冰雪项目开展的问题</td><td rowspan="2">1. 运动员</td><td>1-1 各区青少年运动员性别比例差距较大</td></tr>
<tr><td>1-2 多数运动员因升学无法继续训练</td></tr>
<tr><td rowspan="2">2. 专业人才</td><td>2-1 各区专业教练员稀缺</td></tr>
<tr><td>2-2 各区缺乏项目管理人员</td></tr>
<tr><td rowspan="2">3. 队伍组建</td><td>3-1 各项目队伍组建时间不同</td></tr>
<tr><td>3-2 未搭建完善的梯队体系</td></tr>
<tr><td>4. 场馆建设</td><td>4-1 滑冰、滑雪场地建设和维护成本高</td></tr>
<tr><td>5. 赛事</td><td>5-1 参赛门槛标准较高，影响爱好者的积极性</td></tr>
<tr><td>6. 培养成本</td><td>6-1 培养冰雪运动员的经费投入不足</td></tr>
<tr><td rowspan="7">北京市冰雪运动进校园的问题</td><td rowspan="3">1. 师资培训</td><td>1-1 冰雪方面专业师资力量不足</td></tr>
<tr><td>1-2 教师科研能力较弱</td></tr>
<tr><td>1-3 教师培训内容不够完善和具体</td></tr>
<tr><td rowspan="4">2. 学生体验</td><td>2-1 学生的体验次数少、体验感不足</td></tr>
<tr><td>2-2 冬奥会结束后学生的体验热情降低</td></tr>
<tr><td>2-3 冰雪文化知识与实践活动不能更好配合</td></tr>
<tr><td>2-4 学生进行冰雪运动时间短</td></tr>
<tr><td rowspan="5">北京市中小学冬季奥林匹克教育开展情况问题</td><td>1. 师资</td><td>1-1 教授冬季奥林匹克文化的专业教师数量少</td></tr>
<tr><td>2. 教材</td><td>2-1 相关的教材数量少、不完善</td></tr>
<tr><td rowspan="2">3. 课程</td><td>3-1 冬季奥林匹克内容与中国特色文化结合较少</td></tr>
<tr><td>3-2 教育课程不固定、课时少</td></tr>
<tr><td>4. 活动</td><td>4-1 疫情状况下“同心结”活动开展困难</td></tr>
</table>

3. 专家咨询表

请根据您对于指标的判断，在相应的单元格中画“√”，如果不同意请在修改建议处写明具体建议。如您有对相应细则问题的解决对策，可以写在相应的对策或建议处，并且可以提出应对这些问题的发展对策和想法。

（1）北京市青少年竞技冰雪项目开展的问题

分类评价表

	同意	不同意
运动员		
专业人才		
队伍组建		
场馆建设		
赛事		
培养成本		

修改建议：

细则问题评价表

	同意	不同意
各区青少年运动员性别比例差距较大		
多数运动员因升学无法继续训练		
各区专业教练员稀缺		
各区缺乏项目管理人员		
各项目队伍组建时间不同		
未搭建完善的梯队体系		
滑冰、滑雪场地建设和维护成本高		
参赛门槛标准较高，影响爱好者的积极性		
培养冰雪运动员的经费投入不足		

修改建议：

细则问题相应的发展对策：

（2）北京市冰雪运动进校园的问题

分类评价表

	同意	不同意
师资培训 学生体验		

修改建议：

细则问题评价表

	同意	不同意
冰雪方面专业师资力量不足 教师科研能力较弱 教师培训内容不够完善和具体 学生的体验次数少、体验感不足 冬奥会结束后学生的体验热情降低 冰雪文化知识与实践活动不能更好配合 学生进行冰雪运动时间短		

修改建议：

细则问题相应的发展对策：

(3) 北京市中小学冬季奥林匹克教育开展情况问题

分类评价表

	同意	不同意
师资		
教材		
课程		
活动		

修改建议：

细则问题评价表

	同意	不同意
教授冬季奥林匹克文化的专业教师数量少		
相关的教材数量少、不完善		
冬季奥林匹克内容与中国特色文化结合较少		
教育课程不固定、课时少		
疫情状况下"同心结"活动开展困难		

修改建议：

细则问题相应的发展对策：

Abstract

Annual Report on Development of Youth Sports in Beijing (2022-2023) is the first blue book on teenage sports in Beijing. The literature review, expert interviews, field investigations, mathematical statistics, and logical reasoning were used to conduct a comprehensive, systematic, and effective historical analysis of its development in past five years, and to especially analyze the current situation of teenage sports from 2020 to 2021 with theoretical proposals.

The report pointed out that Beijing has gradually explored and implemented the normalized consultation mechanism of sports and education departments, and conducted in-depth cooperation in policy formulation, planning seminars, event holding, teacher training, student physical health test, traditional school construction, and club management. In terms of the system, the rules and regulations have been established at the speed of one policy system per year, and the teenage sports policy system has been gradually established, which has consolidated the foundation for the development of teenage sports. It complemented the city's teenage sports policy system with gradually improved management system and coordination mechanism. Teenage sports work has basically formed a pattern of collaborative linkage between the upper and lower agencies in the whole city. The reform of teenage sports competitions were implemented via basic stabilizing development of high-quality competitions, ice and snow competitions, Beijing-Tianjin-Hebei related competitions and regular teenage sports competitions. The teenage sports training system was based on the concept of classified guidance and comprehensive promotion. It basically shows that the basic projects were making steady progress, the three major ball events were targeted, the Beijing-Tianjin-Hebei reserve talents were developed, the extreme sports events have started smoothly, and overseas training was taking the first step. Many initiatives were applied such as upgrade the teenage sports training system and expand the scope of teenage sports training, formulate a new cycle coach training plan, and organize centralized training and rotation training for coaches by event items.

According to the report, under the guidance of the Party Central Committee's new concepts, ideas, and strategies for governing the country, the teenage sports work in Beijing focused on the reform and innovation of the teenage sports system and mechanism, and focuses on enhancing teenage physique health and cultivating competitive sports reserve talents. The sports public service system, closely integrated with the new situation and new tasks, continuously promoted new development and progress in its work, and contributed to be the model for all cities. In the new era, new goals and new requirements aroused Beijing to further deepen the integration of physical education and school education. Conceptually, teenage sports, including younger children, should be included in the health enhancement of personal life course, and actively explore the overall integration and deployment of teenage sports management in terms of mechanisms. From the perspective of benefits, we will comprehensively improve the quality and efficiency of teenage sports work, thus to solve the present unbalanced and insufficient development problems. Especially, aiming at improving teenage physical and mental health, we should focus on promoting the high-quality development of Beijing teenage sports by continuously strengthening organizational leadership and supervision assessment, improving the guarantee mechanism, increasing funding, training professionals, strengthening risk prevention, and promoting digital sports.

Keywords: Beijing; Youth Sports; Integration of Sports and Education

Contents

I General Report

B.1 Opportunities and Challenges of Youth Sports Development in Beijing *Hao Xiaocen, Zhou Rui and Mao Wanqing* / 001

Abstract: "If the young people are strong, the country will be strong." Beijing's youth sports work has implemented the spirit of the 20th National Congress of the Communist Party of China, continuously strengthened the system construction, promoted the integration of sports and education, comprehensively improved the strength of youth reserve talents, promoted the development of winter sports, and made continuous efforts in the integration of sports and education, physical health, competition activities and reserve talents training, forming a "big sports" development pattern. Breakthrough mechanism adjustments and substantial management effectiveness have been made in relevant policy formulation, youth amateur training, integration of sports and education, and introduction of social forces, presenting a good situation of orderly management and full development. At present, Beijing youth sports are facing unprecedented development opportunities and challenges. The report proposes safeguard measures to promote youth sports development from the aspects of organization and leadership, supervision and assessment, guarantee mechanism, talent training, risk prevention, sports science and technology, and further proposes countermeasures for youth development in Beijing.

Keywords: Youth Sports; Integration of Sports and Education; Sport Management

Ⅱ Integration of Sports and Education

B.2 Report on Integration of Sports and Education in Beijing

Wang Liu, *Liu Dian* / 035

Abstract: Adolescents sports is the foundation and precursor of the whole sports work and the basic project of building a Leading Sports Nation. As an important concept change and strategic trend of adolescents sports work, the integration of sports and education aims to achieve the full integration of sports and education in terms of value, function and purpose, and jointly affect the development of youth. In recent years, local sports departments and education departments have innovated ideas and taken many measures at the same time. Aiming at the difficulties and pain points in adolescents sports work, they have actively carried out practical exploration on the integration of sports and education. This study uses research methods such as literature, social survey and logical analysis, and on the basis of combing and learning from the practice of sports and education integration in Shanghai, analyzes the current situation and difficult problems of sports and education integration in Beijing, and then proposes the implementation path of sports and education integration in Beijing.

Keywords: Adolescent; Sports; Education; Integration of Sports and Education

B.3 Research Report of Sports Homework of Primary and Secondary School Students in Beijing

Li Haiyan, *Hao Jie* / 070

Abstract: Homework is a bridge connecting the classroom, extracurricular, school and family, through homework, can improve students' comprehensive literacy ability. Through the investigation of the status quo of physical homework of primary and middle school students in Beijing, the questionnaire survey of the status quo of physical homework assignment, collection and evaluation is carried out. The results show that the content of physical homework assignment generally involves the basic physical quality, health knowledge popularization, special sports skills. The "management by objectives" style of homework collection can get rid of the "whether the homework is done every day" process, and let students more actively and autonomously aim at the final goal of exercise; The evaluation subject and way of PE homework is no longer limited to the single PE teacher evaluation and result evaluation, but gradually tends to the diversification of evaluation subject and way. This paper makes an attribution analysis of the problems existing in the sports homework practice in Beijing, such as the stereotype of the marginalized attributes of sports subjects, the lack of professional guidance in sports homework, the imperfect reward and punishment mechanism in sports homework and the lack of equipment required for sports homework. This paper puts forward effective improvement strategies for the improvement of sports homework, such as the diversity of sports homework content should be reflected in the layout category, the display platform of sports homework should be built in the evaluation mechanism, the utilization of sports equipment should be maximized in the guarantee of conditions, and parents' cognition and identity should be enhanced in the coordination between home and school.

Keywords: "Double Minus"; Beijing; Primary and Secondary School Students; Sports Homework

Ⅲ Physical Health

B.4 Investigation and Research on Physical Fitness Test Compliance of Primary and Secondary School Students in Beijing

Zhu Limin, Zhang Longfeng / 098

Abstract: With the increase of national attention to the physical health of primary and secondary school students, a series of intervention strategies have been carried out in recent years from the aspects of policy documents, social services, education subject intervention and family education impact, and through comprehensive and systematic intervention, the prevalence of students' teeth and malnutrition and other physical diseases have been greatly improved, but the problems of myopia rate, overweight and obesity and partial physical decline have not been fundamentally solved. Therefore, in order to scientifically and comprehensively propose targeted solutions and further understand the current situation of students' physical health, this report analyzes the national students' physical health results every five years from 1985 to 2019 and the physical health status of students in Beijing to trace the root cause of the problem. According to survey research and data analysis, it is found that from the perspective of physical health of primary and secondary school students, physical diseases such as physical development, malnutrition and dental prevalence of students have been greatly improved, but the rate of myopia has increased year by year, and there is a trend of lower aging. From the perspective of physical function, students' lung capacity showed a downward trend; From the perspective of body shape, height and weight are increasing year by year, the rate of overweight and obesity remains high, and the problem of poor body posture occurs. From the perspective of physical fitness, flexibility quality shows an upward trend, the downward trend of speed and strength quality is alleviated, growth stagnates phenomenon, and endurance quality still shows a downward trend. Through the physical health analysis results of this report, this paper comprehensively explores the current status and influencing factors of students' physical health, and proposes targeted improvement strategies from different perspectives such as government management, policy guidance, social services, education subjects (schools, teachers and students), family education and influence. It is hoped that through the research analysis and recommended strategies of this report, valuable reference suggestions will be put forward for front-line sports workers.

Keywords: Primary and Secondary Students; Physical Health; Standard Test

Ⅳ Competition Activities

B.5 Current Situation and Suggestions for Development of Youth Sports Events in Beijing

Guo Bin, Hou Yifan, Li Jiayu and Niu Jianhua / 145

Abstract: The development of municipal youth and district-level youth sports events in Beijing from 2016 to 2021 was relatively stable and positive. Although affected by the COVID-19 pandemic, the events gradually recovered to the level of previous years and a number of online events emerged after 2021. The current work of Beijing youth sports events shows a large number of events with diversified structure and program settings, high quality events with rising level and quality of events, following the situation with innovation and integration of sports and education, wide radiation, participation and competitive performance, safety and cleanliness with zero accidents and doping, etc. At the same time, there are still problems such as the coordination and integration between the main bodies of the event, the single source of funding for youth events, and the existence of a certain amount of utilitarianism in youth events. In the future, it is suggested that firstly, we should change the concept and clarify the core value of youth sports activities in the new era. Secondly, we should deepen the reform and rationalize the management mechanism of youth sports events by multiple departments. Thirdly, we should optimize the system and build a system of sports events and activities in the context of sports-education integration, and gradually establish a three-tier system of youth sports events and activities in Beijing (municipal level-district level-inter-school, intra-school and community level) covering primary, middle and high school levels, by sport, by level (municipal, district and inter-school, intra-school or community level), across districts and schools in the context of sports-education integration in the new era. Fourthly, we should expand the power and promote the deep involvement of social forces in the operation of sports events and activities. Fifthly, regional linkage should be made to strengthen the interconnection and interaction among districts and expand the exchange and sharing between Beijing, Tianjin and Hebei. Sixthly, we should strengthen the security to protect the safety of the field and ensure the anti-doping work with the zero-tolerance attitude.

Keywords: Beijing; Youth; Sports Events

Ⅴ Reserve Talents

B.6 Development Path and Optimization Measures of Beijing Sports School *Gao Xiaofeng* / 225

Abstract: The development of sports schools has made different important contributions to the development of competitive sports in Beijing in different historical periods, profoundly affecting the growth of competitive sports in Beijing, consolidating the status of sports in the country and the world, and making outstanding contributions to competitive sports in my country.. However, due to various factors such as social and cultural influences, changes in education patterns, and changes in economic development, the development of sports schools has been greatly impacted and declined. Under the current national strategic background of the integration of sports and education, how to take advantage of the east wind of national sports and education policies to tap the path-dependent advantages of the development of existing sports schools in Beijing, revitalize sports schools, and build and optimize the development of sports schools in Beijing The path is the same long-cherished wish of theoretical research in academia and practical decision-making in politics. In this study, 29 sports schools in Beijing were studied by means of literature and expert interviews. Firstly, the policy history of the birth and development of sports schools in my country is traced back, and the historical retrospective of the development and evolution of sports schools in Beijing is carried out. Then, through the overall overview and data collection of the current sports schools in Beijing, the concept and guiding ideology of running schools, the characteristics of the number and distribution of sports schools, the general situation of athletes and coaches, the project start and funding status, and the general situation of training management in each district. A realistic look at the current school run. Secondly, I made a current reflection on the development experience of Beijing sports schools, from the helplessness of sports schools after the expansion of the enrollment scale of colleges and universities, the industry barriers and goals dislocation due to the reform of the management system, and the diversified investment of social capital forces to the sports schools. This paper expounds several nodes of the transitional development of Beijing sports schools in the new century, and analyzes the current achievements and current deficiencies of the development of Beijing sports schools on this basis. Finally, four suggestions for the future development and optimization measures of Beijing sports schools are put forward: laying the foundation-strengthening training and improving the competitiveness of reserve talents for sports competition; promoting upgrading-optimizing the project layout, and excavating the characteristics of the school for upgrading and transformation; adjusting the structure-implementing The integration of sports and education, reform the management system and operation mechanism of sports schools; create linkages-push home-school-community collaboration, and revitalize the resources of sports school venues and personnel.

Keywords: Beijing; Sports School; Competitive Sports

B.7 A Study on the Development Situation and Development Countermeasures of Youth Ice and Snow Sports in Beijing

Zhao Zhuolun, Wang Zixuan, Wang Jialin and Chen Kailu / 263

Abstract: The successful hosting of the 2022 Beijing Winter Olympics and Paralympic Winter Games provides an important opportunity for the popularization of winter sports in China and the improvement of skills in winter sports. Inspired by the spirit of "driving 300 million people to participate in ice and snow sports", teenagers' participation in ice and snow sports have also been rapidly launched in Beijing. At the same time, there are many problems in the development of these sports. By using the methods of literature review and Delphi, this study analyzed the development status and countermeasures of the teenagers' ice and snow sports in Beijing. We also raise the prospect of the youth winter sports in Beijing in the post-Winter Olympics era.

Keywords: Beijing; Winter Sports for Teenagers; Olympics Education

皮书

智库成果出版与传播平台

✤ 皮书定义 ✤

皮书是对中国与世界发展状况和热点问题进行年度监测，以专业的角度、专家的视野和实证研究方法，针对某一领域或区域现状与发展态势展开分析和预测，具备前沿性、原创性、实证性、连续性、时效性等特点的公开出版物，由一系列权威研究报告组成。

✤ 皮书作者 ✤

皮书系列报告作者以国内外一流研究机构、知名高校等重点智库的研究人员为主，多为相关领域一流专家学者，他们的观点代表了当下学界对中国与世界的现实和未来最高水平的解读与分析。截至 2022 年底，皮书研创机构逾千家，报告作者累计超过 10 万人。

✤ 皮书荣誉 ✤

皮书作为中国社会科学院基础理论研究与应用对策研究融合发展的代表性成果，不仅是哲学社会科学工作者服务中国特色社会主义现代化建设的重要成果，更是助力中国特色新型智库建设、构建中国特色哲学社会科学“三大体系”的重要平台。皮书系列先后被列入“十二五”“十三五”“ 十四五”时期国家重点出版物出版专项规划项目；2013~2023 年，重点皮书列入中国社会科学院国家哲学社会科学创新工程项目。

S 基本子库
SUB DATABASE

中国社会发展数据库（下设 12 个专题子库）

紧扣人口、政治、外交、法律、教育、医疗卫生、资源环境等 12 个社会发展领域的前沿和热点，全面整合专业著作、智库报告、学术资讯、调研数据等类型资源，帮助用户追踪中国社会发展动态、研究社会发展战略与政策、了解社会热点问题、分析社会发展趋势。

中国经济发展数据库（下设 12 专题子库）

内容涵盖宏观经济、产业经济、工业经济、农业经济、财政金融、房地产经济、城市经济、商业贸易等12个重点经济领域，为把握经济运行态势、洞察经济发展规律、研判经济发展趋势、进行经济调控决策提供参考和依据。

中国行业发展数据库（下设 17 个专题子库）

以中国国民经济行业分类为依据，覆盖金融业、旅游业、交通运输业、能源矿产业、制造业等 100 多个行业，跟踪分析国民经济相关行业市场运行状况和政策导向，汇集行业发展前沿资讯，为投资、从业及各种经济决策提供理论支撑和实践指导。

中国区域发展数据库（下设 4 个专题子库）

对中国特定区域内的经济、社会、文化等领域现状与发展情况进行深度分析和预测，涉及省级行政区、城市群、城市、农村等不同维度，研究层级至县及县以下行政区，为学者研究地方经济社会宏观态势、经验模式、发展案例提供支撑，为地方政府决策提供参考。

中国文化传媒数据库（下设 18 个专题子库）

内容覆盖文化产业、新闻传播、电影娱乐、文学艺术、群众文化、图书情报等 18 个重点研究领域，聚焦文化传媒领域发展前沿、热点话题、行业实践，服务用户的教学科研、文化投资、企业规划等需要。

世界经济与国际关系数据库（下设 6 个专题子库）

整合世界经济、国际政治、世界文化与科技、全球性问题、国际组织与国际法、区域研究 6 大领域研究成果，对世界经济形势、国际形势进行连续性深度分析，对年度热点问题进行专题解读，为研判全球发展趋势提供事实和数据支持。

法律声明